NEW TEPS 완벽 반영

뉴텝스도 역시 넥서스!

그냥 믿고 따라와 봐!

600점 만점!!

마스터편 실전 500+

독해 정일상, 넥서스TEPS연구소 지음 | 17,500원 **문법** 테스 김 지음 | 15,000원 **청해** 라보혜, 넥서스TEPS연구소 지음 | 18,000원

500점

실력편 실전 400+

독해 정일상, 넥서스TEPS연구소 지음 | 18,000원 **문법** 넥서스TEPS연구소 지음 | 15,000원 **청해** 라보혜, 넥서스TEPS연구소 지음 | 17,000원

400점

기본편 실전 300+

독해 정일상, 넥서스TEPS연구소 지음 | 19,000원 **문법** 장보금, 써니 박 지음 | 17,500원 **청해** 이기헌 지음 | 19,800원

300점

입문편 실전 250+

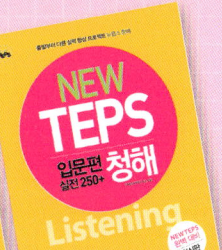

독해 넥서스TEPS연구소 지음 | 18,000원 **문법** 넥서스TEPS연구소 지음 | 15,000원 **청해** 넥서스TEPS연구소 지음 | 18,000원

MP3 듣기
모바일 단어장
온라인 받아쓰기
정답 자동 채점

넥서스 NEW TEPS 시리즈

목표 점수 달성을 위한 **뉴텝스 기본서 + 실전서**

뉴텝스 실전 완벽 대비 **Actual Test 수록**

고득점의 감을 확실하게 잡아 주는 **상세한 해설 제공**

모바일 단어장, 어휘 테스트 등 **다양한 부가자료 제공**

NEXUS Edu

LEVEL CHART

초1	초2	초3	초4	초5	초6	중1	중2	중3	고1	고2	고3

VOCA

초등필수 영단어 1-2 · 3-4 · 5-6학년용											
		The VOCA + (플러스) 1~7									
	THIS IS VOCABULARY 입문 · 초급 · 중급						고급 · 어원 · 수능 완성 · 뉴텝스				
				WORD FOCUS 중등 종합 5000 · 고등 필수 5000 · 고등 종합 9500							

Grammar

	초등필수 영문법 + 쓰기 1~2										
	OK Grammar 1~4										
	This Is Grammar Starter 1~3										
		This Is Grammar 초급~고급 (각 2권: 총 6권)									
			Grammar 공감 1~3								
			Grammar 101 1~3								
			Grammar Bridge 1~3								
			중학영문법 뽀개기 1~3								
			The Grammar Starter, 1~3								
						구사일생 (구문독해 Basic) 1~2					
							구문독해 204 1~2				
							그래머 캡처 1~2				
							[특급 단기 특강] 어법어휘 모의고사				

	초1	초2	초3	초4	초5	초6	중1	중2	중3	고1	고2	고3

Writing

공감 영문법+쓰기 1~2

도전만점 중등내신 서술형 1~4

영어일기 영작패턴 1-A, B · 2-A, B

Smart Writing 1~2

Reading

Reading 101 1~3

Reading 공감 1~3

This Is Reading Starter 1~3

This Is Reading 전면 개정판 1~4

This Is Reading 1-1 ~ 3-2 (각 2권; 총 6권)

원서 술술 읽는 Smart Reading Basic 1~2

원서 술술 읽는 Smart Reading 1~2

[특급 단기 특강] 구문독해 · 독해유형

Listening

Listening 공감 1~3

The Listening 1~4

After School Listening 1~3

도전! 만점 중학 영어듣기 모의고사 1~3

만점 적중 수능 듣기 모의고사 20회 · 35회

TEPS

NEW TEPS 입문편 실전 250⁺ 청해 · 문법 · 독해

NEW TEPS 기본편 실전 300⁺ 청해 · 문법 · 독해

NEW TEPS 실력편 실전 400⁺ 청해 · 문법 · 독해

NEW TEPS 마스터편 실전 500⁺ 청해 · 문법 · 독해

NEW
TEPS
입문편
실전 250+ 독해

NEW TEPS 입문편(실전 250+) 독해

지은이 넥서스TEPS연구소
펴낸이 임상진
펴낸곳 (주)넥서스

출판신고 1992년 4월 3일 제311-2002-2호 ③
10880 경기도 파주시 지목로 5
Tel (02)330-5500 Fax (02)330-5555

ISBN 979-11-6165-701-1 14740
      979-11-6165-700-4 14740 (SET)

www.nexusbook.com

How to
TEPS

출발부터 다른, 실력 향상 **프로젝트** 뉴텝스 독해

NEW
TEPS
입문편 독해
실전 250+

넥서스TEPS연구소 지음

Reading

NEXUS Edu

TEPS 점수 환산표 TEPS → NEW TEPS

TEPS	NEW TEPS	TEPS	NEW TEPS	TEPS	NEW TEPS	TEPS	NEW TEPS
981~990	590~600	771~780	433~437	561~570	303~308	351~360	185~189
971~980	579~589	761~770	426~432	551~560	298~303	341~350	181~184
961~970	570~578	751~760	419~426	541~550	292~297	331~340	177~180
951~960	564~569	741~750	414~419	531~540	286~291	321~330	173~177
941~950	556~563	731~740	406~413	521~530	281~285	311~320	169~173
931~940	547~555	721~730	399~405	511~520	275~280	301~310	163~168
921~930	538~546	711~720	392~399	501~510	268~274	291~300	154~163
911~920	532~538	701~710	387~392	491~500	263~268	281~290	151~154
901~910	526~532	691~700	381~386	481~490	258~262	271~280	146~150
891~900	515~525	681~690	374~380	471~480	252~257	261~270	140~146
881~890	509~515	671~680	369~374	461~470	247~252	251~260	135~139
871~880	502~509	661~670	361~368	451~460	241~247	241~250	130~134
861~870	495~501	651~660	355~361	441~450	236~241	231~240	128~130
851~860	488~495	641~650	350~355	431~440	229~235	221~230	123~127
841~850	483~488	631~640	343~350	421~430	223~229	211~220	119~123
831~840	473~481	621~630	338~342	411~420	217~223	201~210	111~118
821~830	467~472	611~620	332~337	401~410	212~216	191~200	105~110
811~820	458~465	601~610	327~331	391~400	206~211	181~190	102~105
801~810	453~458	591~600	321~327	381~390	201~206	171~180	100~102
791~800	445~452	581~590	315~320	371~380	196~200		
781~790	438~444	571~580	309~315	361~370	190~195		

※ 출처: 한국영어평가학회 (보다 세분화된 환산표는 www.teps.or.kr에서 내려받을 수 있습니다.)

기존 텝스 시험이 NEW TEPS로 개정된 이후, 문항 수와 시험 시간이 줄어 응시 부담과 피로도는 낮아졌다고는 하지만, 수험자가 느끼는 난이도는 크게 변하지 않아 여전히 어렵다는 의견들이 많습니다. 특히 독해 파트는 NEW TEPS 입문자들이 단시간 내에 실력을 높이기 어려운 분야임이 틀림없습니다. 쇼핑, 여행, 음식, 편지, 광고 등 여러 상황에서의 실용적인 지문뿐만 아니라 경제, 과학, 예술, 철학, 역사 등을 다루는 학술적, 전문적인 내용을 바탕으로 하므로 평소에 다양한 주제의 글을 읽고 배경지식을 쌓아 두는 것도 매우 중요합니다. 또한 주제 및 요지, 세부사항, 추론 등의 문제를 다루고 있어 독해 지문에 대한 핵심 내용을 파악하여 짧은 시간 내에 문제 풀이를 할 수 있는 독해 전략이 필요합니다.

그렇다면 NEW TEPS를 처음 시작하는 입문자들은 독해 영역을 어떻게 시작해야 할까요? 다른 공인 영어 시험과 마찬가지로 NEW TEPS도 단순히 영어 능력을 측정하는 것이 아니라 어떻게 영어로 종합적이며 논리적인 사고를 할 수 있는지를 평가하는 시험이기 때문에 우리말 해석에 대한 의존도를 줄여나가면서, 글 자체의 일관성과 자연스러운 흐름을 파악하는 능력을 길러나가야 합니다. 또한 수험자 본인의 취약점을 잘 파악하여 적합한 교재를 선정하고 이를 꾸준하게 학습하는 것이 관건입니다. 무조건 어려운 문제를 많이 푸는 것보다는 기초부터 실전까지 다양한 난이도의 문제를 바탕으로 주제별, 유형별 문제 풀이를 경험하고 기출 문제와 유사한 실전 문제풀이 훈련을 꾸준히 하는 것이 더욱더 효과적입니다.

〈NEW TEPS 입문편(실전250+) 독해〉에서는 이러한 독해의 기초를 잡아 주고, 실전에서 활용할 수 있는 핵심 전략과 함께 주제별, 유형별 독해 문제 풀이 및 기출 문제를 바탕으로 한 실전 문제에 가까운 Actual Test를 통해 학습 효과를 높일 수 있습니다. 실질적인 점수를 올려 줄 〈NEW TEPS 입문편(실전250+) 독해〉를 통해 여러분이 원하는 목표에 한 발 더 가까이 다가서기를 바랍니다.

넥서스TEPS연구소

Contents

I 유형별 독해 전략

어휘 잡고 독해 잡기 (유형별)

Ⅱ 주제별 독해 전략

Ⅲ NEW TEPS 실전 모의고사 3회분

 # 정답 및 해설(부록)

어휘 잡고 독해 잡기 (유형별/주제별)

처음 뉴텝스를 접하는 학습자가 독해 지문을 공부하는 데 어려움이 없도록 각 unit의 지문에서 다루는 어휘를 미리 정리하였습니다.

유형별 독해 전략

뉴텝스 독해의 문제 유형을 8개 unit으로 나눠 각 유형에 맞는 독해 전략을 구사할 수 있도록 하였습니다.

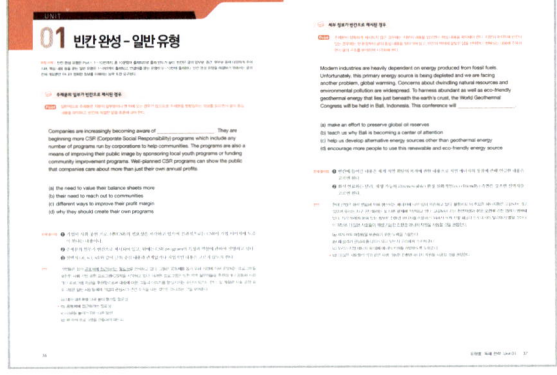

주제별 독해 전략

뉴텝스 독해 지문에서 자주 나오는 주제를 세분화하여 시간 대비 효율적으로 공부할 수 있도록 기출 문제를 분석하여 정리하였습니다.

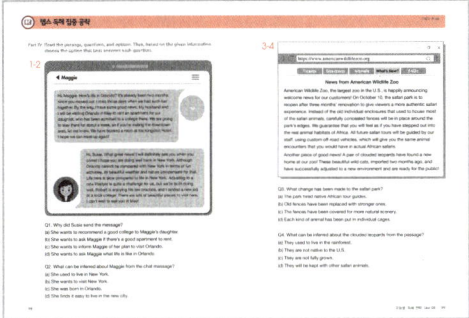

텝스 독해 집중 공략

실전 모의고사 3회분을 풀기 전에 몸풀기를
할 수 있도록 각 unit마다 연습 문제를 실었
습니다. 유형별/주제별 독해 연습으로 실전의
감을 잡을 수 있도록 구성하였습니다.

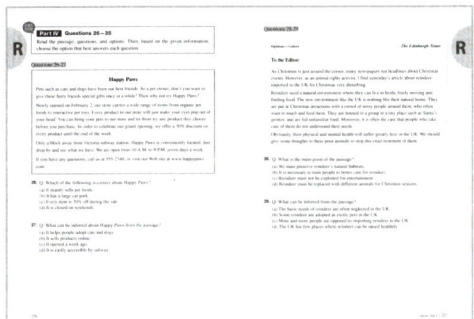

NEW TEPS 실전 모의고사 3회

뉴텝스에 맞춘 문제들로 구성된 Actual Test를
총 3회분 모의고사로 준비하여 고득점에
다가갈 수 있도록 하였습니다.

상세한 해설 수록

알기 쉬운 해석과 어휘 정리는 물론, 상세하고
친절한 해설을 수록하여 혼자 공부해도 뉴텝스
독해에 만반의 준비를 할 수 있도록 구성
하였습니다.

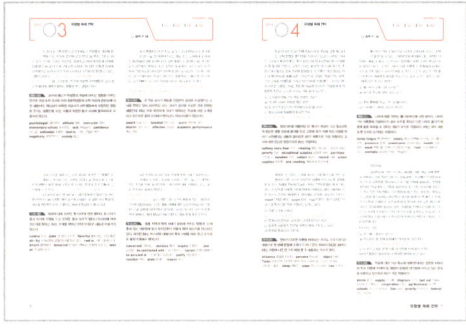

모바일 단어장
VOCA TEST
정답 자동 채점

모바일
단어장

모바일
VOCA TEST

정답
자동 채점

어휘 리스트
& 테스트

부가 제공 자료

언제 어디서든 편하게 학습할 수 있도록 QR
코드를 통해 모바일 단어장 및 VOCA TEST를
제공하며, 추가로 어휘 리스트 & 테스트를
넥서스 홈페이지(www.nexusbook.com)
에서 다운로드할 수 있습니다.

TEPS란?

TEPS는 Test of English Proficiency developed by Seoul National University의 약자로 서울대학교 언어교육원에서 개발하고, TEPS관리위원회에서 주관하는 국가공인 영어 시험입니다. 1999년 1월 처음 시행 이후 2018년 5월 12일부터 새롭게 바뀐 NEW TEPS가 시행되고 있습니다. TEPS는 정부기관 및 기업의 직원 채용이나 인사고과, 해외 파견 근무자 선발과 더불어 국내 유수의 대학과 특목고 입학 및 졸업 자격 요건, 국가고시 및 자격 시험의 영어 대체 시험으로 활용되고 있습니다.

1 NEW TEPS는 종합적 지문 이해력 평가를 위한 시험으로, 실제 영어 사용 환경을 고려하여 평가 효율성을 높이고 시험 응시 피로도는 낮춰 수험자의 내재화된 영어 능력을 평가합니다.

2 편법이 없는 시험을 위해 청해(Listening)에서는 시험지에 선택지가 제시되어 있지 않아 눈으로 읽을 수 없고 오직 듣기 능력에만 의존해야 합니다. 청해나 독해(Reading)에서는 한 문제로 다음 문제의 답을 유추할 수 있는 가능성을 배제하기 위해 1지문 1문항을 고수해 왔지만 NEW TEPS부터 1지문 2문항 유형이 새롭게 추가되었습니다.

3 실생활에서 접할 수 있는 다양한 주제와 상황을 다룹니다. 일상생활과 비즈니스를 비롯해 문학, 과학, 역사 등 학술적인 소재도 출제됩니다.

4 청해, 어휘, 문법, 독해의 4영역으로 나뉘며, 총 135문항에 600점 만점입니다. 영역별 점수 산출이 가능하며, 점수 외에 5에서 1+까지 10등급으로 나뉩니다.

NEWTEPS 시험 구성

영역	문제 유형	문항수	제한 시간	점수 범위
청해 Listening Comprehension	Part I : 한 문장을 듣고 이어질 대화로 가장 적절한 답 고르기 (문장 1회 청취 후 선택지 1회 청취)	10	40분	0~240점
	Part II : 짧은 대화를 듣고 이어질 대화로 가장 적절한 답 고르기 (대화 1회 청취 후 선택지 1회 청취)	10		
	Part III : 긴 대화를 듣고 질문에 가장 적절한 답 고르기 (대화 및 질문 **1회 청취** 후 선택지 1회 청취)	10		
	Part IV : 담화를 듣고 질문에 가장 적절한 답 고르기 (1지문 1문항) (담화 및 질문 2회 청취 후 선택지 1회 청취)	6		
	Part V : 담화를 듣고 질문에 가장 적절한 답 고르기 (1지문 2문항) (담화 및 질문 2회 청취 후 선택지 1회 청취)	신유형 4		
어휘 Vocabulary	Part I : 대화문의 빈칸에 가장 적절한 어휘 고르기	10	변경 통합 25분	0~60점
	Part II : 단문의 빈칸에 가장 적절한 어휘 고르기	20		
문법 Grammar	Part I : 대화문의 빈칸에 가장 적절한 답 고르기	10		0~60점
	Part II : 단문의 빈칸에 가장 적절한 답 고르기	15		
	Part III : 대화 및 문단에서 문법상 틀리거나 어색한 부분 고르기	5		
독해 Reading Comprehension	Part I : 지문을 읽고 빈칸에 가장 적절한 답 고르기	10	40분	0~240점
	Part II : 지문을 읽고 문맥상 어색한 내용 고르기	2		
	Part III : 지문을 읽고 질문에 가장 적절한 답 고르기 (1지문 1문항)	13		
	Part IV : 지문을 읽고 질문에 가장 적절한 답 고르기 (1지문 2문항)	신유형 10		
총계	14개 Parts	135문항	105분	0~600점

청해 (Listening Comprehension) _40문항

정확한 청해 능력을 측정하기 위하여 문제와 보기 문항을 문제지에 인쇄하지 않고 들려줌으로써 자연스러운 의사소통의 인지 과정을 최대한 반영하였습니다. 다양한 의사소통 기능(Communicative Functions)의 대화와 다양한 상황(공고, 방송, 일상생활, 업무 상황, 대학 교양 수준의 강의 등)을 이해하는 데 필요한 전반적인 청해력을 측정하기 위해 대화문(dialogue)과 담화문(monologue)의 소재를 균형 있게 다루었습니다.

어휘 (Vocabulary) _30문항

문맥 없이 단순한 동의어 및 반의어를 선택하는 시험 유형을 배제하고 의미 있는 문맥을 근거로 가장 적절한 어휘를 선택하는 유형을 문어체와 구어체로 나누어 측정합니다.

문법 (Grammar) _30문항

밑줄 친 부분 중 오류를 식별하는 유형 등의 단편적이며 기계적인 문법 지식 학습을 조장할 우려가 있는 분리식 시험 유형을 배제하고, 의미 있는 문맥을 근거로 오류를 식별하는 유형을 통하여 진정한 의사소통 능력의 바탕이 되는 살아 있는 문법, 어법 능력을 문어체와 구어체를 통하여 측정합니다.

독해 (Reading Comprehension) _35문항

교양 있는 수준의 글(신문, 잡지, 대학 교양과목 개론 등)과 실용적인 글(서신, 광고, 홍보, 지시문, 설명문, 양식 등)을 이해하는 데 요구되는 총체적인 독해력을 측정하기 위해서 실용문 및 비전문적 학술문과 같은 독해 지문의 소재를 균형 있게 다루었습니다.

★ PART I (10문항)

두 사람의 질의응답 문제를 다루며, 한 번만 들려줍니다. 내용 자체는 단순하고 기본적인 수준의 생활 영어 표현으로 구성되어 있지만, 교과서적인 지식보다는 재빠른 상황 판단 능력이 필요합니다. Part I에서는 속도 적응 능력뿐만 아니라 순발력 있는 상황 판단 능력이 요구됩니다.

Choose the most appropriate response to the statement.

W I heard that it's going to be very hot tomorrow.

M _____

(a) It was the hottest day of the year.
(b) Be sure to dress warmly.
(c) Let's not sweat the details.
(d) It's going to be a real scorcher.

W 내일은 엄청 더운 날씨가 될 거래.

M _____

(a) 일 년 중 가장 더운 날이었어.
(b) 옷을 따뜻하게 입도록 해.
(c) 사소한 일에 신경 쓰지 말자.
(d) 엄청나게 더운 날이 될 거야.

정답 (d)

★ PART II (10문항)

짧은 대화 문제로, 두 사람이 **A-B-A** 순으로 보통의 속도로 대화하는 형식입니다. 소요 시간은 약 **12초** 전후로 짧습니다. Part I과 마찬가지로 한 번만 들려줍니다.

Choose the most appropriate response to complete the conversation.

M Would you like to join me to see a musical?

W Sorry no. I hate musicals.

M How could anyone possibly hate a musical?

W _____

(a) Different strokes for different folks.
(b) It's impossible to hate musicals.
(c) I agree with you.
(d) I'm not really musical.

M 나랑 같이 뮤지컬 보러 갈래?

W 미안하지만 안 갈래. 나 뮤지컬을 싫어하거든.

M 뮤지컬 싫어하는 사람도 있어?

W _____

(a) 사람마다 제각각이지 뭐.
(b) 뮤지컬을 싫어하는 것은 불가능해.
(c) 네 말에 동의해.
(d) 나는 그다지 음악에 재능이 없어.

정답 (a)

앞의 두 파트에 비해 다소 긴 대화를 들려줍니다. NEW TEPS에서는 대화와 질문 모두 한 번만 들려 줍니다. 대화의 주제나 주로 일어나고 있는 일, 화자가 갖고 있는 문제점, 세부 내용, 추론할 수 있는 것 등에 대해 묻습니다.

Choose the option that best answers the question.

W I just went to the dentist, and he said I need surgery.

M That sounds painful!

W Yeah, but that's not even the worst part. He said it will cost $5,000!

M Wow! That sounds too expensive. I think you should get a second opinion.

W Really? Do you know a good place?

M Sure. Let me recommend my guy I use. He's great.

Q: Which is correct according to the conversation?

(a) The man doesn't like his dentist.

(b) The woman believes that $5,000 sounds like a fair price.

(c) The man thinks that the dental surgery is too costly for her.

(d) The woman agrees that the dental treatment will be painless.

W 치과에 갔는데, 의사가 나보고 수술을 해야 한대.

M 아프겠다!

W 응, 하지만 더 심한 건 수술 비용이 5천 달러라는 거야!

M 와! 너무 비싸다. 다른 의사의 진단을 받아 보는 게 좋겠어.

W 그래? 어디 좋은 곳이라도 알고 있니?

M 물론이지. 내가 가는 곳을 추천해 줄게. 잘하시는 분이야.

Q 대화에 의하면 다음 중 옳은 것은?

(a) 남자는 담당 치과 의사를 좋아하지 않는다.

(b) 여자는 5천 달러가 적당한 가격이라고 생각한다.

(c) 남자는 치과 수술이 여자에게 너무 비싸다고 생각한다.

(d) 여자는 치과 시술이 아프지 않을 것이라는 점에 동의한다.

정답 (c)

★ PART IV (6문항)

이전 파트와 달리, 한 사람의 담화를 다룹니다. 방송이나 뉴스, 강의, 회의를 시작하면서 발제하는 것 등의 상황이 나옵니다.

Part IV, Part V는 담화와 질문을 두 번씩 들려줍니다. 담화의 주제와 세부 내용, 추론할 수 있는 것 등에 대해 묻습니다.

Choose the option that best answers the question.

Tests confirmed that a 19-year-old woman recently died of the bird flu virus. This was the third such death in Indonesia. Cases such as this one have sparked panic in several Asian nations. Numerous countries have sought to discover a vaccine for this terrible illness. Officials from the Indonesian Ministry of Health examined the woman's house and neighborhood, but could not find the source of the virus. According to the ministry, the woman had fever for four days before arriving at the hospital.

Q: Which is correct according to the news report?

(a) There is an easy cure for the disease.

(b) Most nations are unconcerned with the virus.

(c) The woman caught the bird flu from an unknown source.

(d) The woman was sick for four days and then recovered.

최근 19세 여성이 조류 독감으로 사망한 것이 검사로 확인되었고, 인도네시아에서 이번이 세 번째이다. 이와 같은 사건들이 일부 아시아 국가들에게 극심한 공포를 불러 일으켰고, 많은 나라들이 이 끔찍한 병의 백신을 찾기 위해 힘쓰고 있다. 인도네시아 보건부의 직원들은 그녀의 집과 이웃을 조사했지만, 바이러스의 근원을 찾을 수 없었다. 보건부에 의하면, 그녀는 병원에 도착하기 전 나흘 동안 열이 있었다.

Q 뉴스 보도에 의하면 다음 중 옳은 것은?

(a) 이 병에는 간단한 치료법이 있다.

(b) 대부분의 나라들은 바이러스에 대해 관심이 없다.

(c) 여자는 알려지지 않은 원인에 의해 조류 독감에 걸렸다.

(d) 여자는 나흘 동안 앓고 나서 회복되었다.

정답 (c)

이번 NEW TEPS에 새롭게 추가된 유형으로 1지문 2문항 유형입니다. 2개의 지문이 나오므로 총 4문항을 풀어야 합니다. 주제와 세부 내용, 추론 문제가 섞여서 출제되며, 담화와 질문을 두 번씩 들려줍니다.

Choose the option that best answers each question.

Most of you have probably heard of the Tour de France, the most famous cycling race in the world. But you may not be familiar with its complex structure and award system. The annual race covers about 3,500 kilometers across 21 days of racing. It has a total of 198 riders split into 22 teams of 9. At the end of the tour, four riders are presented special jerseys.

The most prestigious of these is the yellow jerseys. This is given to the rider with the lowest overall time. The white jersey is awarded on the same criterion, but it's exclusive to participants under the age of 26. The green jersey and the polka-dot jersey are earned based on points awarded at every stage of the race. So what's the difference between these two jerseys? Well, the competitor with the most total points gets the green jersey, while the rider with the most points in just the mountain sections of the race receives the polka-dot one.

Q1:　What is the talk mainly about?

(a)　How the colors of the Tour de France jerseys were chosen.

(b)　How the various Tour de France jerseys are won.

(c)　Which Tour de France jerseys are the most coveted.

(d)　Why riders in the Tour de France wear different colored jerseys.

Q2:　Which jersey is given to the rider with the most points overall?

(a)　The yellow jersey　　　(c)　The green jersey

(b)　The white jersey　　　(d)　The polka-dot jersey

여러분은 아마도 세계에서 가장 유명한 사이클링 대회인 투르 드 프랑스에 대해 들어보셨을 것입니다. 하지만 여러분은 그 대회의 복잡한 구조와 수상 체계에 대해서는 잘 모를 것입니다. 매년 열리는 이 대회는 21일 동안 약 3,500킬로미터를 주행하게 되어있습니다. 이 대회에서 총 198명의 참가자가 각각 9명으로 구성된 22팀으로 나뉩니다. 대회 마지막에는 4명의 선수에게 특별한 저지를 수여합니다.

가장 영예로운 것은 노란색 저지입니다. 이것은 가장 단시간에 도착한 참가자에게 수여됩니다. 흰색 저지는 같은 기준에 의하여 수여되는데, 26세 미만의 참가자에게만 수여됩니다. 녹색 저지와 물방울무늬 저지는 대회의 매 단계의 점수에 기반하여 주어집니다. 그럼 이 두 저지의 차이점은 무엇일까요? 자, 가장 높은 총점을 딴 참가자는 녹색 저지를 받고, 산악 구간에서 가장 많은 점수를 딴 참가자는 물방울무늬 저지를 받습니다.

Q1 담화문의 주제는 무엇인가?

(a) 투르 드 프랑스 저지의 색깔은 어떻게 정해지는가

(b) 다양한 투르 드 프랑스 저지가 어떻게 수여되는가

(c) 어떤 투르 드 프랑스 저지가 가장 선망의 대상이 되는가

(d) 투르 드 프랑스의 선수들이 다양한 색의 저지를 입는 이유는 무엇인가　　　　정답 (b)

Q2 가장 많은 총점을 획득한 선수에게 어떤 저지가 주어지는가?

(a) 노란색 저지　　　(c) 녹색 저지

(b) 흰색 저지　　　(d) 물방울무늬 저지　　　　정답 (c)

어휘 Vocabulary

★ PART I (10문항)

구어체로 되어 있는 A와 B의 대화 중 빈칸에 가장 적절한 단어를 고르는 문제입니다. 단어의 단편적인 의미보다는 문맥에서 쓰인 의미가 더 중요합니다. 한 개의 단어로 된 선택지뿐만 아니라 두세 단어 이상의 구를 이루는 선택지도 있습니다.

Choose the option that best completes the dialogue.

A Congratulations on your _____ of the training course.

B Thank you. It was hard, but I managed to pull through.

(a) improvement

(b) resignation

(c) evacuation

(d) completion

A 훈련 과정을 완수한 거 축하해.

B 고마워. 어려웠지만 가까스로 끝낼 수 있었어.

(a) 개선

(b) 사임

(c) 철수

(d) 완료

정답 (d)

★ PART II (20문항)

하나 또는 두 개의 문장 속의 빈칸에 가장 적당한 단어를 고르는 문제입니다. 어휘력을 늘릴 때 한 개씩 단편적으로 암기하는 것보다는 하나의 표현으로, 즉 의미 단위로 알아 놓는 것이 제한된 시간 내에 어휘 시험을 정확히 푸는 데 많은 도움이 됩니다. 후반부로 갈수록 수준 높은 어휘가 출제되며, 단어 사이의 미묘한 의미의 차이를 묻는 문제도 출제됩니다.

Choose the option that best completes the sentence.

Brian was far ahead in the game and was certain to win, but his opponent refused to _____.

(a) yield

(b) agree

(c) waive

(d) forfeit

브라이언이 게임에 앞서 가고 있어서 승리가 확실했지만 그의 상대는 굴복하려 하지 않았다.

(a) 굴복하다

(b) 동의하다

(c) 포기하다

(d) 몰수당하다

정답 (a)

문법 Grammar

★ PART I (10문항)

A와 B 두 사람의 짧은 대화를 통해 구어체 관용 표현, 품사, 시제, 인칭, 어순 등 문법 전반에 대한 이해를 묻습니다. 대화 중에 빈칸이 있고, 그곳에 들어갈 적절한 표현을 고르는 형식입니다.

Choose the option that best completes the dialogue.

A I can't attend the meeting, either.

B Then we have no choice _____ the meeting.

(a) but canceling

(b) than to cancel

(c) than cancel

(d) but to cancel

A 저도 회의에 참석할 수 없어요.

B 그러면 회의를 취소하는 수밖에요.

(a) 그러나 취소하는

(b) 취소하는 것보다

(c) 취소하는 것보다

(d) 취소하는 수밖에

정답 (d)

★ PART II (15문항)

Part I에서 구어체의 대화를 나눴다면, Part II에서는 문어체의 문장이 나옵니다. 서술문 속의 빈칸을 채우는 문제로 수 일치, 태, 어순, 분사 등 문법 자체에 대한 이해도는 물론 구문에 대한 이해력이 중요합니다.

Choose the option that best completes the sentence.

_____ being pretty confident about it, Irene decided to check her facts.

(a) Nevertheless

(b) Because of

(c) Despite

(d) Instead of

그 일에 대해 매우 자신감이 있었음에도 불구하고 아이린은 사실을 확인하기로 했다.

(a) 그럼에도 불구하고

(b) 때문에

(c) 그럼에도 불구하고

(d) 대신에

정답 (c)

★ PART III (대화문: 2문항 / 지문: 3문항)

① A-B-A-B의 대화문에서 어법상 틀리거나 문맥상 어색한 부분이 있는 문장을 고르는 문제입니다. 이 영역 역시 문법 뿐만 아니라 정확한 구문 파악과 대화 내용을 이해하는 능력이 중요합니다.

Identify the option that contains a grammatical error.

(a) A: What are you doing this weekend?
(b) B: Going fishing as usual.
(c) A: Again? What's the fun in going fishing? Actually, I don't understand why people go fishing.
(d) B: For me, I like being alone, thinking deeply to me, being surrounded by nature.

(a) **A** 이번 주말에 뭐해?
(b) **B** 평소처럼 낚시 가.
(c) **A** 또 가? 낚시가 뭐 재미있니? 솔직히 난 사람들이 왜 낚시를 하러 가는지 모르겠어.
(d) **B** 내 경우엔 자연에 둘러 싸여서 혼자 깊이 생각해 볼 수 있다는 게 좋아.

정답 (d) me → myself

---

② 한 문단을 주고 그 가운데 문법적으로 틀리거나 어색한 문장을 고르는 문제입니다. 문법적으로 틀린 부분을 신속하게 골라야 하므로 독해 문제처럼 속독 능력도 중요합니다.

Identify the option that contains a grammatical error.

(a) The creators of a new video game hope to change the disturbing trend of using violence to enthrall young gamers. (b) Video game designers and experts on human development teamed up and designed a new computer game with the gameplay that helps young players overcome everyday school life situations. (c) The elements in the game resemble regular objects: pencils, erasers, and the like. (d) The players of the game "win" by choose peaceful solutions instead of violent ones.

(a) 새 비디오 게임 개발자들은 어린 게이머들의 흥미 유발을 위해 폭력적인 내용을 사용하는 불건전한 판도를 바꿔 놓을 수 있기를 바란다. (b) 비디오 게임 개발자들과 인간 발달 전문가들이 공동으로 개발한 새로운 컴퓨터 게임은 어린이들이 매일 학교에서 부딪히는 상황에 잘 대처할 수 있도록 도와준다. (c) 실제로 게임에는 연필과 지우개 같은 평범한 사물들이 나온다. (d) 폭력적인 해결책보다 비폭력적인 해결책을 선택하면 게임에서 이긴다.

정답 (d) by choose → by choosing

★ PART I (10문항)

지문 속 빈칸에 알맞은 것을 고르는 유형입니다. 글 전체의 흐름을 파악하여 문맥상 빈칸에 들어갈 내용을 찾아야 하는데, 주로 지문의 주제와 관련이 있습니다. 마지막 두 문제, 9번과 10번은 빈칸에 알맞은 연결어를 고르는 문제입니다. 문맥의 흐름을 논리적으로 파악할 수 있어야 합니다.

Read the passage and choose the option that best completes the passage.

Tech industry giants like Facebook, Google, Twitter, and Amazon have threatened to shut down their sites. They're protesting legislation that may regulate Internet content. The Stop Online Piracy Act, or SOPA, according to advocates, will make it easier for regulators to police intellectual property violations on the web, but the bill has drawn criticism from online activists who say SOPA will outlaw many common internet-based activities, like downloading copyrighted content. A boycott, or blackout, by the influential web companies acts to _____.

(a) threaten lawmakers by halting all Internet access
(b) illustrate real-world effects of the proposed rule
(c) withdraw web activities the policy would prohibit
(d) laugh at the debate about what's allowed online

페이스북, 구글, 트위터, 아마존과 같은 거대 기술업체들이 그들의 사이트를 닫겠다고 위협했다. 그들은 인터넷 콘텐츠를 규제할지도 모르는 법령의 제정에 반대한다. 지지자들은 온라인 저작권 침해 금지 법안으로 인해 단속 기관들이 더 쉽게 웹상에서 지적 재산 침해 감시를 할 수 있다고 말한다. 그러나 온라인 활동가들은 저작권이 있는 콘텐츠를 다운로드하는 것과 같은 일반적인 인터넷 기반 활동들이 불법화될 것이라고 이 법안을 비판하고 있다. 영향력 있는 웹 기반 회사들에 의한 거부 운동 또는 보도 통제는 <u>발의된 법안</u> 이 현실에 미치는 영향을 보여 주기 위한 것이다.

(a) 인터넷 접속을 금지시켜서 입법자들을 위협하기 위한
(b) 발의된 법안이 현실에 미치는 영향을 보여 주기 위한
(c) 그 정책이 금지하게 될 웹 활동들을 중단하기 위한
(d) 온라인에서 무엇이 허용될지에 대한 논쟁을 비웃기 위한

정답 (b)

★ PART II (2문항)

글의 흐름상 어색한 문장을 고르는 문제로, 전체 흐름을 파악하여 지문의 주제나 소재와 관계없는 내용을 고릅니다.

Read the passage and identify the option that does NOT belong.

For the next four months, major cities will experiment with new community awareness initiatives to decrease smoking in public places. (a) Anti-tobacco advertisements in recent years have relied on scare tactics to show how smokers hurt their own bodies. (b) But the new effort depicts the effects of second-hand smoke on children who breathe in adults' cigarette fumes. (c) Without these advertisements, few children would understand the effects of adults' hard-to-break habits. (d) Cities hope these messages will inspire people to think about others and cut back on their tobacco use.

향후 4개월 동안 주요 도시들은 공공장소에서의 흡연을 줄이기 위해 지역 사회의 의식을 촉구하는 새로운 계획을 시도할 것이다. (a) 최근에 금연 광고는 흡연자가 자신의 몸을 얼마나 해치고 있는지를 보여 주기 위해 겁을 주는 방식에 의존했다. (b) 그러나 이 새로운 시도는 어른들의 담배 연기를 마시는 아이들에게 미치는 간접흡연의 영향을 묘사한다. (c) 이러한 광고가 없다면, 아이들은 어른들의 끊기 힘든 습관이 미칠 영향을 모를 것이다. (d) 도시들은 이러한 메시지가 사람들에게 타인에 대해서 생각해 보고 담배 사용을 줄이는 마음이 생기게 할 것을 기대하고 있다.

정답 (c)

21

글의 내용 이해를 측정하는 문제로, 글의 주제나 대의 혹은 전반적 논조를 파악하는 문제, 세부 내용을 파악하는 문제, 추론하는 문제가 있습니다.

Read the passage, question, and options. Then, based on the given information, choose the option that best answers the question.

In theory, solar and wind energy farms could provide an alternative energy source and reduce our dependence on oil. But in reality, these methods face practical challenges no one has been able to solve. In Denmark, for example, a country with some of the world's largest wind farms, it turns out that winds blow most when people need electricity least. Because of this reduced demand, companies end up selling their power to other countries for little profit. In some cases, they pay customers to take the leftover energy.

Q: Which of the following is correct according to the passage?

(a) Energy companies can lose money on the power they produce.

(b) Research has expanded to balance supply and demand gaps.

(c) Solar and wind power are not viewed as possible options.

(d) Reliance on oil has led to political tensions in many countries.

이론상으로 태양과 풍력 에너지 발전 단지는 대체 에너지 자원을 제공하고 원유에 대한 의존을 낮출 수 있다. 그러나 사실상 이러한 방법들은 아무도 해결할 수 없었던 현실적인 문제에 부딪친다. 예를 들어 세계에서 가장 큰 풍력 에너지 발전 단지를 가진 덴마크에서 사람들이 전기를 가장 덜 필요로 할 때 가장 강한 바람이 분다는 것이 판명되었다. 이러한 낮은 수요 때문에 회사는 결국 그들의 전력을 적은 이윤으로 다른 나라에 팔게 되었다. 어떤 경우에는 남은 에너지를 가져가라고 고객에게 돈을 지불하기도 한다.

Q 이 글에 의하면 다음 중 옳은 것은?

(a) 에너지 회사는 그들이 생산한 전력으로 손해를 볼 수도 있다.

(b) 수요와 공급 격차를 조정하기 위해 연구가 확장되었다.

(c) 태양과 풍력 에너지는 가능한 대안으로 간주되지 않는다.

(d) 원유에 대한 의존은 많은 나라들 사이에 정치적 긴장감을 가져왔다.

정답 (a)

이번 NEW TEPS에 새롭게 추가된 유형으로 1지문 2문항 유형입니다. 5개의 지문이 나오므로 총 10문항을 풀어야 합니다. 주제와 세부 내용, 추론 문제가 섞여서 출제됩니다.

> **Read the passage, questions, and options. Then, based on the given information, choose the option that best answers each question.**
>
> You seem exasperated that the governor's proposed budget would triple the funding allocated to state parks. What's the problem? Such allocation hardly represents "profligate spending," as you put it. Don't forget that a third of all job positions at state parks were cut during the last recession. This left the parks badly understaffed, with a dearth of park rangers to serve the 33 million people who visit them annually. It also contributed to deterioration in the parks' natural beauty due to a decrease in maintenance work.
>
> These parks account for less than 1% of our state's recreational land, yet they attract more visitors than our top two largest national parks and national forests combined. They also perform a vital economic function, bringing wealth to nearby rural communities by attracting people to the area. The least we can do is to provide the minimum funding to help keep them in good condition.
>
> Q1: What is the writer mainly trying to do?
> (a) Justify the proposed spending on state parks
> (b) Draw attention to the popularity of state parks
> (c) Contest the annual number of state park visitors
> (d) Refute the governor's stance on the parks budget
>
> Q2: Which statement would the writer most likely agree with?
> (a) Low wages are behind the understaffing of the state parks.
> (b) State parks require more promotion than national parks.
> (c) The deterioration of state parks is due mainly to overuse.
> (d) The state parks' popularity is disproportionate to their size.

여러분은 주립 공원에 할당된 예산을 세배로 증가시키려는 주지사의 제안을 듣고 분노할지도 모른다. 무엇이 문제일까? 그와 같은 할당은 여러분들이 말하듯이 '낭비적인 지출'이라고 말하기 힘들다. 지난 경제 침체기 동안 주립 공원 일자리의 1/3이 삭감되었다는 사실을 잊지 말기 바란다. 이 때문에 공원은 부족한 관리인들이 매년 공원을 방문하는 3천3백만 명의 사람들을 처리해야 하는 인력 부족에 시달리고 있다. 또 그 때문에 관리 작업 부족으로 공원의 자연 경관이 망가지게 되었다.

이 공원들은 주의 여가지의 1%도 차지하지 않지만, 규모가 가장 큰 2개의 국립공원과 국립 숲을 합친 것보다 많은 방문객을 끌어들인다. 그들은 사람들을 그 지역으로 끌어들여 부를 주변의 공동체에게 가져다줌으로써 중요한 경제적 기능을 한다. 우리가 할 수 있는 최소한의 일은 공원이 잘 관리될 수 있도록 최소한의 자금을 조달하는 것이다.

Q1 작가가 주로 하고 있는 것은?

(a) 주립 공원 예산안을 정당화하기

(b) 주립 공원 인기에 대한 주의를 환기시키기

(c) 매년 주립 공원을 방문하는 사람 수에 대한 의문 제기하기

(d) 공원 예산에 대한 주지사의 입장에 대해 반박하기

정답 (a)

Q2 저자가 동의할 것 같은 내용은?

(a) 인력난에 시달리는 주립 공원의 배경에는 낮은 임금이 있다.

(b) 주립 공원은 국립공원보다 더 많은 지원이 필요하다.

(c) 주립 공원은 지나친 사용 때문에 망가지고 있다.

(d) 주립 공원의 인기는 그 규모와는 어울리지 않는다.

정답 (b)

※ 독해 Part 4 뉴텝스 샘플 문제는 서울대텝스관리위원회에서 제공한 문제입니다. (www.teps.or.kr)

TEPS
SCORE REPORT

YOUR SCORES

| Total Score | **418** | Level | **2+** | Percentile Rank | **81.33** |

L	V	G	R
149	**35**	**38**	**196**
Average 110	Average 32	Average 32	Average 110
Percentile Rank **74**	Percentile Rank **56**	Percentile Rank **55**	Percentile Rank **90**

YOUR ENGLISH PROFICIENCY

Advanced level of English proficiency. A score at this level typically indicates an advanced level of English proficiency for a non-native speaker. A test taker at this level is able to perform general tasks after short-term training.

Section	Subskill	Proficiency
Listening	- Understanding the connection of ideas across turns in spoken texts - Understanding the main ideas of spoken texts - Understanding specific information in spoken texts - Making inferences based on given information in spoken texts	Intermediate Advanced Advanced Intermediate
Vocabulary	- Understanding vocabulary used in spoken contexts - Understanding vocabulary used in written contexts	Intermediate Basic
Grammar	- Understanding grammar used in spoken contexts - Understanding grammar used in written contexts	Intermediate Intermediate
Reading	- Understanding the main ideas of written texts - Understanding specific information in written texts - Making inferences based on given information in written texts - Understanding the connection of ideas across sentences in written texts	Advanced Advanced Advanced Intermediate

NAME

HONG GIL DONG

DATE OF BIRTH

JUL. 12, 1990

GENDER

MALE

REGISTRATION NO.

0123456

TEST DATE

MAY 12, 2018

VALID UNTIL

MAY 12, 2020

Barcode

NO : RAAAA0000BBBB

THE TEPS COUNCIL

※자료 출처: www.teps.or.kr

NEW TEPS Q&A

1 / 시험 접수는 어떻게 해야 하나요?

정기 시험은 회차별로 지정된 접수 기간 중 인터넷(www.teps.or.kr) 또는 접수처를 방문하여 접수하실 수 있습니다. 정시 접수의 응시료는 39,000원입니다. 접수기간을 놓친 수험생의 응시편의를 위해 마련된 추가 접수도 있는데, 추가 접수 응시료는 42,000원입니다.

2 / 텝스관리위원회에서 인정하는 신분증은 무엇인가요?

아래 제시된 신분증 중 한 가지를 유효한 신분증으로 인정합니다.

일반인, 대학생	주민등록증, 운전면허증, 기간 만료전의 여권, 공무원증, 장애인 복지카드, 주민등록(재)발급 확인서 *대학(원)생 학생증은 사용할 수 없습니다.
중 · 고등학생	학생증(학생증 지참 시 유의 사항 참조), 기간 만료 전의 여권, 청소년증(발급 신청 확인서), 주민등록증(발급 신청 확인서), TEPS신분확인증명서
초등학생	기간 만료 전의 여권, 청소년증(발급신청확인서), TEPS신분확인증명서
군인	주민등록증(발급신청확인서), 운전면허증, 기간만료 전의 여권, 현역간부 신분증, 군무원증, TEPS신분확인증명서
외국인	외국인등록증, 기간 만료 전의 여권, 국내거소신고증(출입국 관리사무소 발행)

*시험 당일 신분증 미지참자 및 규정에 맞지 않는 신분증 소지자는 시험에 응시할 수 없습니다.

3 / TEPS 시험 볼 때 꼭 가져가야 하는 것은 무엇인가요?

신분증, 컴퓨터용 사인펜, 수정테이프(컴퓨터용 연필, 수정액은 사용 불가), 수험표입니다.

4 / TEPS 고사장에 도착해야 하는 시간은 언제인가요?

오전 9시 30분까지 입실을 완료해야 합니다. (토요일 시험의 경우 오후 2:30까지 입실 완료)

5 / 시험장의 시험 진행 일정은 어떻게 되나요?

	시험 진행 시간	내용	비고
시험 준비 단계 (입실 완료 후 30분)	10분	답안지 오리엔테이션	1차 신분확인
	5분	휴식	
	10분	신분확인 휴대폰 수거 (기타 통신전자기기 포함)	2차 신분확인
	5분	최종 방송 테스트 문제지 배부	
본 시험 (총 105분)	40분	청해	쉬는 시간 없이 시험 진행 각 영역별 제한시간 엄수
	25분	어휘/문법	
	40분	독해	

*시험 진행 시험 당일 고사장 사정에 따라 변동될 수 있습니다.
*영역별 제한 시간 내에 해당 영역의 문제 풀이 및 답안 마킹을 모두 완료해야 합니다.

6 / 시험 점수는 얼마 후에 알게 되나요?

TEPS 정기시험 성적 결과는 시험일 이후 2주차 화요일 17시에 TEPS 홈페이지를 통해 발표되며 우편 통보는 성적 발표일로부터 7~10일 가량 소요됩니다. 성적 확인을 위해서는 성적 확인용 비밀번호를 반드시 입력해야 합니다. 성적 확인 비밀번호는 가장 최근에 응시한 TEPS 정기 시험 답안지에 기재한 비밀번호 4자리입니다. 성적 발표일은 변경될 수 있으니 홈페이지 공지사항을 참고하시기 바랍니다. TEPS 성적은 2년간 유효합니다.

※자료 출처 : www.teps.or.kr

NEWTEPS 등급표

등급	점수	영역	능력검정기준(Description)
1+	526~600	전반	**외국인으로서 최상급 수준의 의사소통 능력** 교양 있는 원어민에 버금가는 정도로 의사소통이 가능하고 전문분야 업무에 대처할 수 있음 (Native Level of English Proficiency)
1	453~525	전반	**외국인으로서 최상급 수준에 근접한 의사소통능력** 단기간 집중 교육을 받으면 대부분의 의사소통이 가능하고 전문분야 업무에 별 무리 없이 대처할 수 있음 (Near-Native Level of Communicative Competence)
2+	387~452	전반	**외국인으로서 상급 수준의 의사소통능력** 단기간 집중 교육을 받으면 일반 분야업무를 큰 어려움 없이 수행할 수 있음 (Advanced Level of Communicative Competence)
2	327~386	전반	**외국인으로서 중상급 수준의 의사소통능력** 중장기간 집중 교육을 받으면 일반분야 업무를 큰 어려움 없이 수행할 수 있음 (High Intermediate Level of Communicative Competence)
3+	268~326	전반	**외국인으로서 중급 수준의 의사소통능력** 중장기간 집중 교육을 받으면 한정된 분야의 업무를 큰 어려움 없이 수행할 수 있음 (Mid Intermediate Level of Communicative Competence)
3	212~267	전반	**외국인으로서 중하급 수준의 의사소통능력** 중장기간 집중 교육을 받으면 한정된 분야의 업무를 다소 미흡하지만 큰 지장 없이 수행할 수 있음 (Low Intermediate Level of Communicative Competence)
4+	163~211	전반	**외국인으로서 하급수준의 의사소통능력** 장기간의 집중 교육을 받으면 한정된 분야의 업무를 대체로 어렵게 수행할 수 있음 (Novice Level of Communicative Competence)
4	111~162		
5+	55~110	전반	**외국인으로서 최하급 수준의 의사소통능력** 단편적인 지식만을 갖추고 있어 의사소통이 거의 불가능함 (Near-Zero Level of Communicative Competence)
5	0~54		

I

유형별
독해 전략

뉴텝스
신유형

Unit 01　빈칸 완성 – 일반 유형

amount to ~에 해당하다

bass 최저음

break 휴가

compact 소형의

complex 복잡한

deal 거래

destination 목적지

entitle 제목을 붙이다

getaway 단기 휴가

hire 채용하다

in nature 사실상, 현실적으로

limited 한정된

make arrangements 준비하다

neuron 뉴런, 신경세포

organize 조직하다

outsource (일을) 외부에 위탁하다

overseas 해외의

playback 재생

plug 플러그를 꽂다

portable 휴대용의

profit 이익, 수익

recharge 재충전하다

recover 회복하다

rely on ~에 의존하다

sad 처량한, 실망스러운

sector 부문, 분야

settle for ~을 불만스럽지만 받아들이다

substandard 수준 이하의

take in 받아들이다

tinny 깡통 찌그러지는 소리가 나는

treat oneself (큰맘 먹고) 즐기다

USB 컴퓨터와 주변기기 연결을 위한 표준 규격 (Universal Serial Bus)

with ease 쉽게

Unit 02　빈칸 완성 – 연결어

affect ~에 영향을 미치다

assess 평가하다

beneath ~아래에

beneficial 이로운

blend 섞다

carnivorous 육식성의

chemical 화학 물질

conservation area 보존 지구

consume 소비하다, 먹다

destruction 파괴

earth 땅

ensure 보증하다

environmental 환경의

equipment 장비, 용품

extinction 멸종

facet 양상, 측면

flavorful 맛이 좋은

foundation 토대

ground 땅바닥, 토양

habitat 서식지

heart 중앙

historic 역사상 유명한

ingredient 성분

insect 곤충

invade 침입하다

keep an eye on ~을 계속 지켜보다, 주시하다

maintain 유지하다

meet one's needs ~의 요구를 충족시키다

order 주문하다

pitcher plant 낭상엽 식물(주머니 모양의 잎을 가진 식충 식물)

pollution 오염

preservative 방부제

rare 드문, 희귀한

remaining 남아 있는

species (생물) 종

squeeze 짜내다

structural engineering 구조 공학

sustainability 자원의 지속 가능성

the youth 젊은이들

ultimate 최상의

unstable 불안정한

vegetable 채소

Unit 03 문맥 흐름 파악

academic performance 학업 성과

anxiety 불안

attitude 태도

award 상을 주다

be accused of ~의 혐의로 고발되다

be confronted with ~에 직면하다

concerned 걱정하는

confidence 자신감

cuisine 요리

district 지역, 지구

effective 유능한

elementary-school 초등학교

estimated 추정된

flavorful 풍미 있는, 맛이 좋은

inherit 물려받다

inspire 조장하다

instructor 강사

Jew 유대인

justify 정당화하다

lack 부족하다

negatively 부정적으로

plate 한 접시의 요리

psychologist 심리학자

racism 인종차별주의

reaction 반응

reason 이유

root in ~에 기초를 두다

score 점수를 내다

state 말하다

stir-fry 프라이팬을 흔들면서 센 불로 볶다

take on (특성을) 띠다

talented 재능 있는

tamarind 타마린드(열대산 콩과의 상록수)

tend to ~하는 경향이 있다

violence 폭력

Unit 04   주제나 중심 내용 찾기

agribusiness 농기업

and counting 계속해서 증가하여

bail out 자금을 지원해서 구제하다

collect 모으다

colony (동일 지역에 서식하는 동식물의) 군집

corporation 기업

disgrace 수치

donation 기부

educational supplies 교육용 자재

federal 연방 정부의

fine 벌금

health 건강, 번영

honey fungus 뽕나무버섯

host (기생 생물의) 숙주

influence 영향을 미치다

nothing more than 오직

object 사물

overtake 불시에 닥치다, 엄습하다

perceive 인지하다

poverty 빈곤

presence 존재

priority 우선순위

purchase 구입하다

record 기록

relaxing 편한, 마음을 느긋하게 해주는

rise 오르막

school supplies 학용품

shrink 줄다

slope 경사지, 비탈

steep 비탈길

subsidy (국가의) 보조금

supply 공급품

Tuvan 투바족의(구소련의 투바 자치 공화국 및 그 인근 지역에 거주하는 종족)

unwelcome 반갑지 않은

wood 목질(줄기 내부의 단단한 부분)

Unit 05   옳은 것 고르기

astronomical 천문학의

attached 첨부한

award-winning 상을 받은

balance 잔액, 잔고

Bed and Breakfast 아침식사를 제공하는 숙박 시설

cashier's check 자기앞수표

collection agency 미수금 처리 대행사

considerably 상당히

deposit 예금하다

device 장치

driveway (도로에서 차고까지의) 진입로

evolve 발전하다

facilities 시설

financial 금융의

flat 평평한 모양의

ground floor (영국) 1층

install 설치하다

institution 기관, 시설

interact 소통하다

interface 인터페이스 (사용자와 컴퓨터를 연결해 주는 장치)

irreplaceable 그 무엇으로도 대체할 수 없는

legal action 소송

light pollution 광공해(지나친 인공조명으로 별빛을 볼 수 없는 환경)

log fire 벽난로

manner 방식, 태도

mouse pointer 마우스 포인터(마우스를 움직일 때 화면에 나타나는 화살표 모양의 표시)

name 명명하다, 지정하다

navigate (인터넷을) 돌아다니다

outstanding 미결제의; 눈에 띄는

planetarium 천문관

preserve 보호구역

province (행정 구획) 주(州), 지방

renovate 개조하다

resolve 해결하다

sheltered 비바람이 들이치지 않는

situated 위치하고 있는

stargaze 별을 쳐다보다

telescope 망원경

upstairs 2층에, 위층에

waterway 수로

wilderness 황야, 미개지

Unit 06 특정 정보 파악

aboriginal (호주) 원주민의

approach 접근

associate 연관 짓다

ax 도끼

beat (게임·시합에서) 이기다

carve 조각하다

content 내용

contract 계약

cooperative 협조적인

coordinate 조화하여 움직이다

developing country 개발도상국

edge 가장자리, (칼)날

emotional 감정적인

encircle 둘러싸다

enter into ~을 시작하다

expert 전문가

function 기능

go through 겪다

herd (짐승을) 몰다

meaningless 의미 없는

migrate 이동하다

negotiate 협상ㄸ하다

net 그물로 잡다

nuclear power plant 원자력 발전소

operator 운전하는 사람

previously 이전에, 미리

rapid 빠른

reactor 원자로

relate to ~와 관련 있다

spokesperson 대변인

stage 단계, 시기

stranded 오도 가도 못하게 된

successfully 성공적으로

whaler 고래잡이배

Unit 07   추론하기

aid 도움을 주다

approximately 대략

carpool 카풀[승용차 함께 타기]을 하다

chore 하기 싫은 일

dull 따분한

energy efficient 에너지 효율적인

environment 환경

experiment 실험

fall apart 부서지다, 무너지다

goldfish 금붕어

hear of ~에 대해 듣다

ignorant 무지한

make a connection 연결하다

packaging 포장재

potential 잠재력, 가능성

reasonable 적당한, 괜찮은

reflect 반영하다

region 지역

respondent 응답자

responsibility 책임감

specific 특수한, 구체적인

trapped 좁은 장소에 가둔

underrate 과소평가하다

varied 다양한

vineyard 포도원

weariness 지루함

winery 포도주 양조장

Unit 08 1지문 2문항

admit 입학을 허가하다

authentic 진짜의

Brussels sprout 방울다기양배추

cannot help -ing ～하지 않을 수 없다

cauliflower 콜리플라워

compare 비교하다

compensate for ～을 보완하다

conceal 감추다

definitely 기필코

distinctly 확연히

domesticate (인간에 맞게) 개량하다

domestication 인간에게 맞도록 개량함

downtown 시내의

dramatically 극적으로

drastic 급격한

enclosure 울타리를 친 구역

encounter 대면, 마주침

enhance 강화하다

evidence 증거

excessively 지나치게

flesh (과일의) 과육, (사람의) 살, (동물의) 고기

genre 장르

ground-breaking 혁신적인

import 수입하다

individual 개별적인

interpret 해석하다

land a job 직장에 안착하다

modify 수정하다, 바꾸다

nothing but ～뿐인

on one's own 스스로

outcome 결과물

perplexed 당혹스러운

puzzled 혼란스러운

recommend 추천하다

remarkably 눈에 띄게

rent 임대하다

replace 대체하다

scenery 풍경, 경치

scratch 긁적거리다

solid 단색의

stylize 스타일화하다

syllable 음절

symbolism 상징

the public 일반인들

undergo 겪다

unfamiliar 낯선

unrecognizable 알아볼 수 없는

variety 품종

whatever 어떤 ～이든

01 빈칸 완성 – 일반 유형

유형 리뷰 | 빈칸 완성 유형은 Part I 1~10번까지, 총 10문항이 출제되므로 출제 빈도가 높다. 빈칸은 글의 앞부분, 중간, 뒷부분 등에 다양하게 주어지며, 핵심 내용 등을 묻는 일반 유형은 1~8번까지 출제되고, 연결어를 묻는 유형이 9~10번에 출제된다. 빈칸 완성 유형을 해결하기 위해서는 글의 전체 개요뿐만 아니라 정확한 정보를 이해하는 능력 또한 요구된다.

 주제문의 일부가 빈칸으로 제시된 경우

Point 일반적으로 주제문은 지문의 앞부분이나 맨 뒤에 오는 경우가 많으므로 주제문을 뒷받침하는 정보를 읽으면서 글의 중심 내용을 파악하고, 빈칸에 적절한 말을 추론해 내야 한다.

Companies are increasingly becoming aware of _____. They are beginning more CSR (Corporate Social Responsibility) programs which include any number of programs run by corporations to help communities. The programs are also a means of improving their public image by sponsoring local youth programs or funding community improvement programs. Well-planned CSR programs can show the public that companies care about more than just their own annual profits.

(a) the need to value their balance sheets more
(b) their need to reach out to communities
(c) different ways to improve their profit margin
(d) why they should create their own programs

문제 풀이법 ❶ 기업이 사회 공헌 프로그램(CSR)의 필요성을 자각하고 있으며 결과적으로는 CSR이 기업 이미지에 도움이 된다는 내용이다.

❷ 주제문의 일부가 빈칸으로 제시되어 있고, 뒤에는 CSR program의 특징과 역할에 관하여 설명하고 있다.

❸ 선택지 (a), (c), (d)와 같이 글의 중심 내용과 관계없거나 지엽적인 내용은 고르지 않도록 한다.

번역 기업들은 점차 공동체에 접근하려는 필요성을 인식하고 있다. 그들은 공동체를 돕기 위해 기업에 의해 운영되는 프로그램을 포함한 사회 기업 공헌 프로그램(CSR)을 시작하고 있다. 이러한 프로그램은 또한 지역 젊은이들을 후원하거나 공동체 사회 개선 프로그램 자금을 후원함으로써 대중에 대한 그들의 이미지를 향상시키는 수단이 되기도 한다. 잘 계획된 사회 공헌 프로그램은 일반 사람들에게 기업의 관심사가 연간 수익을 내는 것만은 아니라는 것을 보여준다.

(a) 대차 대조표를 더욱 높이 평가할 필요성
★(b) 공동체에 접근하려는 필요성
(c) 이윤을 높이기 위한 다른 방안
(d) 왜 자체 프로그램을 만들어야 하는지

Point 주제문이 정확하게 제시되지 않은 경우에는 지문의 내용을 읽으면서 핵심 내용을 파악해야 한다. 지문의 마지막에 빈칸이 있는 경우에는 첫 문장부터 글의 중심 내용을 찾아가며 읽고, 빈칸의 맥락에 알맞은 답을 선택한다. 반복되는 내용에 주목하면서 글의 구조를 분석하여 시각화해 본다.

Modern industries are heavily dependent on energy produced from fossil fuels. Unfortunately, this primary energy source is being depleted and we are facing another problem, global warming. Concerns about dwindling natural resources and environmental pollution are widespread. To harness abundant as well as eco-friendly geothermal energy that lies just beneath the earth's crust, the World Geothermal Congress will be held in Bali, Indonesia. This conference will _____.

(a) make an effort to preserve global oil reserves
(b) teach us why Bali is becoming a center of attention
(c) help us develop alternative energy sources other than geothermal energy
(d) encourage more people to use this renewable and eco-friendly energy source

문제 풀이법 ❶ 빈칸에 들어갈 내용은 세계 지열 회담의 목적에 관한 내용으로 지열 에너지의 장점에 관해 언급한 내용을 고르면 된다.

❷ 화석 연료와는 달리, 재생 가능하고(renewable) 환경 친화적인(eco-friendly) 측면을 강조한 선택지를 고르면 된다.

번역 현대 산업은 화석 연료에 의해 생산되는 에너지에 너무 많이 의존하고 있다. 불행히도 이 주요한 에너지원은 고갈되어 가고 있으며 우리는 지구 온난화라는 또 다른 문제에 직면하고 있다. 고갈되어 가는 천연자원과 환경 오염에 관한 염려가 팽배해 있다. 지각 아래에 묻혀 있는 풍부한 친환경 에너지를 이용하기 위해서 세계 지열 회담이 인도네시아 발리에서 열릴 것이다. 이 회담은 더 많은 사람들이 재생 가능한 친환경 에너지 자원을 사용할 것을 권장한다.

(a) 세계 석유 매장량을 보존하기 위한 노력을 기울인다
(b) 왜 발리가 관심의 중심지가 되고 있는지 우리에게 가르쳐 준다
(c) 우리가 지열 에너지 외 대체 에너지 자원을 개발하도록 도와준다
★ (d) 더 많은 사람들이 이와 같은 재생 가능한 친환경 에너지 자원을 사용할 것을 권장한다

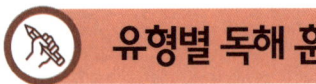

Part I Read the passage and choose the option that best completes the passage.

1

Speculators betting on lower coffee prices _____. For the past two years, speculators have made money betting on declining coffee prices. However, poor coffee crops have caused high quality Arabica coffee futures to increase by more than 10%. This unexpected rise in price has caught speculators off-guard. They were caught in a trap as traders held on to their futures contracts instead of selling them.

(a) need to sign futures contracts
(b) are expected to face heavy losses
(c) used to ask for a decline in coffee prices
(d) always made a lot of money in the past

빈칸 완성 문제 풀이 전략

전략 1 ▶ 빈칸의 위치에 따라 전략이 다르다.

▶ 빈칸의 위치가 첫 문장에 있을 때

① 빈칸을 제외한 첫 번째 문장의 내용을 파악한다.
② 두 번째 문장의 핵심을 파악하여 빈칸에 알맞은 문장의 단서를 찾는다.

▶ 빈칸의 위치가 중간에 있을 때

빈칸이 있는 문장의 앞 내용은 글의 배경이나 전제가 되는 경우가 많으므로, 빈칸 뒤의 내용에서 중심 내용을 파악한다.

▶ 빈칸의 위치가 마지막 문장에 있을 때

① 첫 문장부터 글의 주제 문장을 찾아 읽어 간다.
② 글의 중심 내용을 찾고, 마지막 빈칸의 맥락에 맞는 답을 선택한다.

2

How does cellphone radiation affect bee populations? Researchers fitted cellphones to a hive and the resulting effects were alarming. Egg production by the queen bee was halved, and the size of the hive was dramatically reduced. Researchers assume that the reason for this hinges on a certain pigment protein _____. They guess that radiation from cellphones causes damage to it, making it hard for bees to find the way back to the hive.

(a) which bees use for navigation
(b) which is used for egg production
(c) that attacks the queen bee in a hive
(d) that makes bees attach to each other

전략 2 ▶ **지문의 중심 내용 파악을 1차 목표로 삼는다.**

빈칸의 답은 대부분 글의 중심 내용이거나 그 변형된 내용이다. 따라서 항상 글의 중심 내용을 먼저 찾고, 빈칸을 중심으로 무엇과 관계된 내용인지 생각하면서 읽는다.

전략 3 ▶ **주제 문장에 집중하고, 부수적인 문장은 간단히 읽고 넘어간다.**

지문을 읽는 시간을 줄이기 위해서는 정답과 밀접한 관련이 있는 문장은 상대적으로 시간이 걸리더라도 정확히 해석하고, 부연 설명이나 예시 등 핵심 내용이 아닌 문장은 간단히 읽고 넘어간다. 단, 빈칸 앞에 부정을 나타내는 표현이 있는지를 정확히 살펴야 한다. 중심 내용의 반대 표현이 정답이 될 수 있기 때문이다.

전략 4 ▶ **패러프레이징된 선택지를 파악한다.**

정답 선택지에는 지문 속의 말을 다른 말로 표현하는 패러프레이징이 적용된다. 오답 선택지에는 오히려 지문의 주요 어휘가 그대로 쓰여 정답인 것처럼 위장하고 응시자가 고르도록 유도한다는 것에 유의하자.

1

Speculators betting on lower coffee prices _____. For the past two years, speculators have made money betting on declining coffee prices. However, poor coffee crops have caused high quality Arabica coffee futures to increase by more than 10%. This unexpected rise in price has caught speculators off-guard. They were caught in a trap as traders held on to their futures contracts instead of selling them.

(a) need to sign futures contracts 선물 계약에 서명할 필요가 있다
★ (b) are expected to face heavy losses 엄청난 손실을 볼 것으로 예상된다
(c) used to ask for a decline in coffee prices 커피 가격 인하를 요청하곤 했다
(d) always made a lot of money in the past 항상 과거에 많은 돈을 벌었다

단서

1 지문의 전체 구조를 분석해 보면 다음과 같다.
Main Idea 커피 가격의 하락에 돈을 건 투자자들은 손실을 입음
Reason 1 커피 생산량의 감소로 인한 가격 상승
Reason 2 선물 거래 계약으로 인해 물건을 팔 수 없음

2 주제문의 일부가 빈칸으로 제시되고 있으며 투자자들이 손실을 입을 것이라는 내용이 빈칸에 와야 한다. 따라서 (b)가 정답이다.

번역 낮은 커피 가격에 돈을 건 투자자들은 엄청난 손실을 볼 것으로 예상된다. 지난 2년간, 투자자들은 커피 가격 하락을 걸고 내기하여 돈을 벌어왔다. 하지만 커피 작황이 좋지 않아 질 좋은 아라비카 커피 선물 가격이 10% 이상 상승했다. 이렇게 예상치 못한 가격 상승은 투자자들을 무방비 상태로 만들었다. 무역업자들은 커피를 팔기보다는 선물 계약에 묶어 놓음으로써 옴짝달싹 못하게 되었다.

어휘 **speculator** 투기꾼, 투자자 **bet on** ~에 돈을 걸다 **declining** 떨어지는 **crop** 농작물, 수확량 **cause A to부정사** A에게 ~을 야기하다 **futures** (금융) 선물 **a rise in** ~의 상승 **catch A off-guard** A를 무방비 상태로 만들다, A의 허를 찌르다 **be caught in a trap** 덫에 걸리다 **hold on to** 고수하다, 계속 보유하다 **contract** 거래, 계약

2

How does cellphone radiation affect bee populations? Researchers fitted cellphones to a hive and the resulting effects were alarming. Egg production by the queen bee was halved, and the size of the hive was dramatically reduced. Researchers assume that the reason for this hinges on a certain pigment protein _____. They guess that radiation from cellphones causes damage to it, making it hard for bees to find the way back to the hive.

★(a) which bees use for navigation 벌들이 위치를 찾기 위해 사용하는
  (b) which is used for egg production 알을 낳는 데 사용되는
  (c) that attacks the queen bee in a hive 벌집 속 여왕벌을 공격하는
  (d) that makes bees attach to each other 벌들이 서로에게 달라붙을 수 있게 만드는

단서 1 휴대폰 전파가 벌의 개체 수 감소에 영향을 준다는 내용을 추론해 볼 수 있다. 지문의 전체 구조를 분석해 보면 다음과 같다.
  Topic 휴대폰 전파와 벌의 개체 수 감소에 관한 연구
  Case 1 휴대폰에 노출된 여왕벌의 생산력 감소
  Case 2 휴대폰에 노출된 벌집 크기의 감소
  Conclusion 휴대폰의 전자파는 벌의 위치 파악 능력을 교란시킴

  2 마지막 문장에 벌의 위치 파악 능력에 관해서 언급하고 있으므로 빈칸으로 제시된 부분은 이와 관련이 있는 (a)가 적절하다.

번역 휴대폰 전파가 벌의 개체 수에 어떤 영향을 줄까? 연구자들은 휴대폰을 벌집에 설치해 놓는데, 그 결과는 참으로 놀라웠다. 여왕벌이 생산하는 알의 수는 반으로 줄었고, 벌집 크기는 급격하게 작아졌다. 연구자들은 그 이유가 <u>벌들이 위치를 찾기 위해 사용하는</u> 색소 단백질이라고 추측한다. 그들은 휴대폰에서 나오는 전파가 그것에 손상을 입혀서, 벌들이 벌집으로 돌아가는 길을 찾는 것을 어렵게 한다고 추측한다.

어휘 radiation 전자기파, 방사선 affect 영향을 미치다 fit A to B A를 B에 설치하다 hive 벌집 alarming 놀라운 halve 반으로 줄이다 dramatically 급격히 assume 추측하다 hinge on 전적으로 ~에 달려 있다 pigment (자연) 색소 protein 단백질 cause damage to ~에게 손상을 입히다 navigation 비행

Part I   Read the passage and choose the option that best completes the passage.

1

Say goodbye to that sad, tinny noise that comes out of your laptop speakers when you play music. With the Veritech SJ-11 portable speaker, you'll never have to _____. The SJ-11 features a dual-speaker setup that combines efficient playback volume with some of the best bass you'll find in compact speakers today. Just plug the USB cable into your laptop or other portable device, push play on your music player, and prepare to be amazed.

(a) change the batteries on your speakers
(b) hunt for the proper USB cable jack
(c) worry about damage during travel
(d) settle for substandard sound again

2

Scientists have discovered that bees know how to fly the shortest course between flowers they discover, even if they discover them in a different order. Computers can solve such puzzles, but bees do it with a brain the size of a pin head. In nature, they have to know how to travel to hundreds of flowers and do it in the shortest distance, and then they have to find their way home. This amounts to complex problem solving using very limited numbers of brain neurons. Scientists have no idea how the bees _____.

(a) can tell where the best flowers are
(b) find the shortest way home at night
(c) quickly learn to fly the shortest route
(d) fly straight to exactly the right flower

3

We offer fantastic Eurotravel deals so you can travel with ease to some of Europe's finest cities, including Paris, Brussels, and Berlin. These are part of Eurotravel's wide range of popular quick city breaks. You can choose among many historic cities in Europe for your perfect short holiday. There is no better type of quick vacation for taking in new culture, history, and sights than a Eurotravel city break. We can organize your break by train, air, or car. So why not treat yourself and let us _____.

(a) take you on a package tour of one of Europe's cities
(b) recharge your batteries with a short getaway
(c) fly you to destinations throughout the UK
(d) make all of your business arrangements

4

To the Editor,

The article entitled "On the Road to Recovery" on June 6 did not fully explain what is really happening in our economy. It is true that consumers are doing a great job in helping the economy recover, but the business sector is not doing its part. While consumers are spending more money and shopping more, businesses continue to give current employees more work instead of hiring more people. Or they outsource jobs, sometimes to overseas companies. They keep doing these things despite making a profit and despite the economy starting to recover. This should not continue because consumers cannot

_____.

Yours faithfully,
Doug Walters

(a) rely on outsourcing to other companies
(b) fix the nation's economy on their own
(c) spend money if they do not have any
(d) expect businesses to do everything

02 빈칸 완성 – 연결어

 문맥의 논리적 구조 확인

Point 빈칸 앞뒤 문장의 연결 관계를 논리적으로 따져보면 연결어를 쉽게 예측할 수 있다.

What is better for a student, praise or punishment? It's easy to punish a student that misbehaves, but doing so could simply ensure that the student will continue to misbehave and perform poorly. _____, praising a student for doing well, can lead to that student continuing to do well. When people believe a child is smart, they will treat that child differently and encourage that child to be successful. This is called the Pygmalion Effect.

(a) Nevertheless
(b) As a result
(c) For example
(d) On the other hand

문제 풀이법 ❶ 빈칸 앞뒤 두 문장의 관계가 어떤지 확인해 본다.

❷ 앞에서는 처벌(punishment)에 관해서 언급하고 있고 바로 뒤에서는 칭찬(praise)에 관한 내용이 나왔다. 서로 상반된 내용이므로 대조적인 관계에 알맞은 접속사 however, in contrast, on the other hand 등이 적절하다. 따라서 (d)가 정답이다.

번역 학생들에게 칭찬과 체벌 중 어느 것이 좋을까? 품행이 좋지 않은 학생들에게 체벌을 하는 것은 쉽다. 그러나 그렇게 하면 학생들이 계속해서 버릇없고, 나쁜 행동을 하게 만들 수 있다. 반면, 잘한 것에 대해 칭찬하는 것은 학생들이 계속 잘할 수 있는 결과로 이끌어 줄 수 있다. 사람들은 한 아이가 똑똑하다고 믿을 때, 그 아이를 다르게 대하고 성공하도록 격려할 것이다. 이것을 피그말리온 효과라고 일컫는다.

(a) 그럼에도 불구하고
(b) 그 결과
(c) 예를 들어
★ (d) 반면

Point 글의 전체 흐름을 파악하여 연결어 앞뒤의 논리적 전개를 명확히 한다.

Transfusion has been recognized as a gift of life for millions of people. _____, it may lack a key ingredient. As many as 25% of patients who have received banked blood died from a heart attack within a month of the transfusion. Dr. Jonathan Stamler investigated banked blood and found serious deficiencies in the levels of nitric acid, a key factor in the ability of red blood cells to carry oxygen to tissues. In other words, patients are given blood that can't deliver oxygen properly.

(a) However
(b) As a result
(c) In addition
(d) For instance

문제 풀이법 ❶ 지문의 첫 번째와 두 번째 문장의 논리적인 관계를 따져본다. 첫 번째 문장은 수혈의 긍정적인 면을, 두 번째 문장은 부정적인 측면을 언급하고 있다.

❷ 빈칸 앞뒤 두 문장은 논리적으로 상반되는 입장이므로 역접 관계의 연결어인 (a)가 적절하다.

번역 수혈은 수백만의 사람들에게 생명의 선물로 인식되어 왔다. 하지만 그것에는 결정적인 성분이 빠져 있다. 저장 혈액에서 수혈을 받은 환자의 25% 가량이 수혈을 받은 지 한 달 이내에 심장병으로 사망했다. 조나단 스태믈러 박사는 저장 혈액을 조사해서 인체 조직에 산소를 나르는 데 있어 결정적 역할을 하는 질산이 심각하게 부족하다는 것을 알아냈다. 다시 말하면 환자들은 산소를 제대로 공급할 수 없는 혈액을 수혈받은 것이다.

★(a) 하지만
(b) 그 결과
(c) 게다가
(d) 예를 들어

연결어

☐ 비교, 대조: however, instead, in contrast, on the other hand
☐ 인과 관계: therefore, thus, as a result, consequently, in conclusion, so, accordingly
☐ 추가 정보 제시: in addition, moreover, then, furthermore, additionally
☐ 구체적인 사례 제시: for instance, for example

Part I   Read the passage and choose the option that best completes the passage.

1

> When people think of chocolate, they often assume it is bad for their health. However, dark chocolate has many health benefits. This is because it contains chemicals called flavonoids, which act as antioxidants. These flavonoids help fight the aging process by neutralizing free radicals. _____, by helping to control blood pressure and lowering cholesterol, flavonoids also help the human body to maintain a healthy heart. But, one should be aware that these health benefits only come from pure dark chocolates, and people should not assume that any chocolate product will hold the same health benefits.

(a) However

(b) Moreover

(c) As a result

(d) For instance

 Bonus Question

Q. What is the main title of the passage?

(a) How to fight off aging

(b) Health benefits of chocolate products

(c) Misconception of chocolate and the reasons

(d) Why it is helpful to consume dark chocolate

2

Madison English as a Second Language School, MESLS, is a private English education institute that helps students prepare for studying in English at a university level. The program at MESLS offers students 24 hours of class time per week with highly experienced and qualified instructors. In addition to that, Madison was recently voted the number 1 city in the United States for education, recreation, and low crime. _____, students who study at MESLS will be able to have a rewarding experience in class as well as experience a wonderful American city.

(a) Instead
(b) Furthermore
(c) In contrast
(d) As a result

🔊 **Bonus Question**

Q. Which of the following is mentioned as an advantage of MESLS?
(a) Located in a safe neighborhood
(b) Easy access to public transportation
(c) Longer class hours than other institutes
(d) Faculty members with diverse ethnicities

유형별 독해 훈련 가이드라인

1

> When people think of chocolate, they often assume it is bad for their health. However, dark chocolate has many health benefits. This is because it contains chemicals called flavonoids, which act as antioxidants. These flavonoids help fight the aging process by neutralizing free radicals. _____, by helping to control blood pressure and lowering cholesterol, flavonoids also help the human body to maintain a healthy heart. But, one should be aware that these health benefits only come from pure dark chocolates, and people should not assume that any chocolate product will hold the same health benefits.
>
> (a) However 하지만
> ★(b) Moreover 게다가
> (c) As a result 그 결과
> (d) For instance 예를 들어

단서　**1**　연결되는 두 문장은 플라보노이드(flavonoid)가 주는 건강상의 이점에 관한 설명이다.
　　　　2　노화 속도를 늦추는 것 외의 다른 건강상의 이점에 관하여 설명하고 있으므로 부가적인 설명에 어울리는 연결어 (b) Moreover가 적당하다.

번역　사람들은 초콜릿을 생각할 때, 그것은 건강에 나쁘다고 종종 추측한다. 그러나 다크 초콜릿은 건강상의 많은 이점을 가지고 있다. 항산화제 역할을 하는 플라보노이드라 불리는 화학물질을 포함하고 있기 때문이다. 플라보노이드는 활성산소를 중화시킴으로써 노화 현상 억제를 돕는다. 게다가 혈압 조절을 돕고, 콜레스테롤을 낮춰 줌으로써 인체가 건강한 심장을 유지하는 데 도움을 준다. 그러나 이러한 건강상의 이점들은 오직 순수 다크 초콜릿을 먹을 때만 가능함을 인지해야 하며, 이외 다른 초콜릿 제품들도 모두 건강에 좋을 것이라고 추측하지 말아야 한다.

어휘　**chemical** 화학물질　**flavonoid** 플라보노이드(항암, 심장질환 예방 효과가 있음)　**antioxidant** 항산화제　**aging process** 노화 현상　**neutralize** 중화하다, 상쇄시키다　**free radical** 유리기, 활성산소　**lower** 낮추다　**aware** ~을 알고 있는

🎵 **Bonus Question**

Q. What is the main title of the passage? 지문의 제목은?
(a) How to fight off aging 노화 현상을 물리치는 법
(b) Health benefits of chocolate products 초콜릿 제품이 가지고 있는 건강상 이점
(c) Misconception of chocolate and the reasons 초콜릿에 대한 오해와 그 이유
★(d) Why it is helpful to consume dark chocolate 왜 다크 초콜릿을 먹는 것이 도움이 되는가

단서　**1**　지문은 다크 초콜릿(dark chocolate)의 건강상 이점에 관해 언급하고 있으므로 답은 (d)이다.
　　　　2　초콜릿 제품 모두가 건강에 좋은 것은 아니므로 (b)를 고르지 않도록 한다. 또한 (a)처럼 노화를 방지하는 법 등의 지엽적인 내용을 답으로 고르지 않도록 유의한다.

2

Madison English as a Second Language School, MESLS, is a private English education institute that helps students prepare for studying in English at a university level. The program at MESLS offers students 24 hours of class time per week with highly experienced and qualified instructors. In addition to that, Madison was recently voted the number 1 city in the United States for education, recreation, and low crime. _____, students who study at MESLS will be able to have a rewarding experience in class as well as experience a wonderful American city.

(a) Instead 대신
(b) Furthermore 게다가
(c) In contrast 대조적으로
★(d) As a result 그 결과

단서

1 매디슨 어학원의 장점이 언급되어 있다.
2 매디슨 시가 교육, 낮은 범죄율 등으로 제 1의 도시로 선정되었기 때문에 그곳에서 공부하는 학생들이 혜택을 누릴 수 있다는 말이 되어야 알맞다. 따라서 인과 관계를 이끄는 연결어인 (d)가 가장 적절하다.

번역

영어가 모국어가 아닌 사람들을 위한 MESLS 어학원은 대학에서 영어로 공부하기 위해 준비하는 학생들을 위한 사립 영어교육 기관이다. MESLS 프로그램은 학생들에게 풍부한 경력과 충분한 자격을 갖춘 강사가 진행하는 수업을 주당 24시간 제공한다. 그뿐만 아니라, 매디슨은 최근 교육, 오락, 낮은 범죄율에 있어서 미국에서 1위 도시로 선정되었다. 그 결과, MESLS에서 공부하는 학생은 멋진 미국의 도시를 경험할 수 있을 뿐만 아니라, 수업에서도 가치 있는 경험을 할 수 있을 것이다.

어휘

private 사립의 **institute** 기관 **qualified** 자격이 갖추어진 **instructor** 강사 **in addition to** ~뿐만 아니라 **vote** 선출하다 **crime** 범죄 **rewarding** 가치 있는 **A as well as B** B뿐만 아니라 A도 역시

🔊 **Bonus Question**

Q. Which of the following is mentioned as an advantage of MESLS? 다음 중 MESLS의 장점으로 언급된 것은?
★(a) Located in a safe neighborhood 안전한 이웃 지역에 위치해 있음
(b) Easy access to public transportation 대중교통 이용이 용이함
(c) Longer class hours than other institutes 다른 교육 기관에 비해 긴 수업 시간
(d) Faculty members with diverse ethnicities 다양한 인종의 교사

단서

1 지문에서 매디슨 어학원 프로그램의 특성과 장점을 언급하고 있다.
2 장점으로 언급된 내용 중에 범죄율이 낮다고 했으므로 (a)가 정답이다. 다양한 인종의 강사진과 대중교통 시설의 편리함 및 수업 시간이 더 길다는 등의 내용은 언급되어 있지 않다.

Part I Read the passage and choose the option that best completes the passage.

1

Over time, houses are affected by the weather, changes in air quality, and especially movement of the earth beneath them. Old houses and houses in areas with unstable ground conditions can become unsafe as a result of these factors. _____, homeowners should be aware of any structural changes affecting their house and its foundation, and hiring a structural engineering team is an easy way to achieve this. Using the latest computer imaging equipment, structural engineers can assess the safety of a home and point out areas of weakness to keep an eye on.

(a) By comparison
(b) Therefore
(c) However
(d) In fact

2

Our sunny café sits in the heart of Bethel's beautiful and historic neighborhood of Park Hill. At Bethel Juice Company, all of our juices, smoothies, and shakes are freshly squeezed or blended when you order them, ensuring ultimate freshness. _____, we avoid fruits or vegetables that have been processed with chemicals or preservatives. We respect our customers and would not dream of using anything other than all-natural ingredients in our juices. We consider our work both an art and a science, and our goal is to offer products that blend beneficial ingredients in a way that is flavorful and healthy.

(a) Even so
(b) In addition
(c) Despite that
(d) On the other hand

3

Most of the species of pitcher plants, which are considered carnivorous because they consume insects, grow in about 50 large remaining sites. They are thought to be safe from extinction because they grow in large numbers in these areas, many of which are national parks and conservation areas. _____, these plants are becoming rarer at a fast rate elsewhere due to habitat destruction because of human development. Water pollution and the increase of invading species are other problems. Within a generation, the pitcher plants in these areas will most certainly be lost.

(a) If not

(b) Even so

(c) Accordingly

(d) Especially

4

Sustainability does not only mean maintaining environmental balance. Rather, it involves all facets of life and well-being. It also concerns the future, because sustainability means that meeting our needs today must be done without hurting the people of tomorrow. _____, we cannot make decisions just based on what we need now, without considering the impact our actions are going to have in the future. That is why it is important to get young people thinking about sustainability and how their actions will affect the youth of the future.

(a) However

(b) Regardless

(c) In other words

(d) At the same time

03 문맥 흐름 파악

유형 리뷰 | 문맥 흐름 파악 문제 유형은 Part II 11~12번까지 출제되는 2문제에 해당된다. 이 유형은 지문의 요지와 주제를 판단해서 이를 뒷받침하는 내용과 관계없는 문장을 고르는 유형과, 흐름상 순서에 맞지 않는 엉뚱한 위치에 들어간 선택지를 고르는 유형이 출제된다.

 문맥의 흐름 예측하기

Point 지문의 전체적인 흐름을 살펴보기 위해 글의 대의나 주제, 요지 등을 파악하면 이것에 어울리는 내용으로 어떤 것이 나올지 예측할 수 있으므로 문맥에 어울리지 않는 정보를 찾아낼 수 있다.

Read the passage and identify the option that does NOT belong.

Jeju Island in Korea is no longer exclusively known as a honeymoon and school trip destination. (a) The addition of a Global Education City and new cutting-edge health facilities are transforming it into what could be an international business center comparable to Singapore or Hong Kong. (b) Jeju Island is also famous as one of the New 7 Wonders of Nature. (c) The changes were made possible when the Korean government designated Jeju as a self-governing province. (d) This also allowed it to adapt its laws in order to promote economic and educational growth.

문제 풀이법 ❶ 지문 전체 요지는 제주도가 점차 국제적인 도시로 변해가고 있다는 내용이므로 뒤에 국제적인 도시로 성장하기 위한 변화에 관한 내용이 전개될 것임을 예상해 볼 수 있다.

❷ (b)는 제주도가 신 세계 7대 자연불가사의라는 내용으로 지문 전체 흐름과 어울리지 않는다.

번역 한국의 제주도는 더 이상 신혼여행과 학교 단체여행을 위한 장소로만 알려져 있지 않다. (a) 국제적인 교육도시와 새로운 첨단 건강 시설이 그곳을 싱가포르나 홍콩에 견줄 만한 국제 비즈니스 센터로 변모시키고 있다. ★(b) 제주도는 또한 신 세계 7대 자연불가사의의 한 곳으로 유명하다. (c) 이러한 변화는 한국 정부가 제주를 행정자치 지역으로 선정했을 때에 가능해졌다. (d) 이로 인해 경제와 교육 육성을 위해 그곳의 법을 바꿀 수도 있게 되었다.

Point 지문의 주제를 파악하고 난 후, 이에 어울리는 세부 사항인지 아닌지 여부를 확인해야 한다. 주제와 어울리지 않는 세부 사항은 지문의 흐름에 어울리지 않으며 논리적으로 성립되지 않는다.

Read the passage and identify the option that does NOT belong.

Negative reinforcement can be explained as the removal of an unpleasant negative thing to strengthen a behavior. (a) For example, if you drive to work during rush hour, you will encounter the negative condition of heavy traffic. (b) The next day, you decide to leave early to avoid the traffic. (c) Your behavior of leaving early is strengthened by the avoidance of heavy traffic. (d) You will understand how stressful it is to drive in congested areas.

문제 풀이법 ❶ 부정적 강화(negative reinforcement)가 어떤 것인지에 관한 내용이다. 전체 지문의 주제 문장은 처음에 제시된 Negative ... behavior이다.

❷ 세부 사항으로 어떤 행동을 강화시키기 위해 부정적인 조건을 제거한 예가 설명되고 있다.

❸ (d)는 부정적 강화 과정과 관계가 없다.

번역 부정적 강화는 어떤 행동을 강화시키기 위해 유쾌하지 않은 부정적 요소를 제거하는 것이라고 설명될 수 있다. (a) 가령, 교통이 혼잡한 시간대에 직장까지 차를 몰고 간다면, 교통 체증이라는 부정적인 상황에 마주치게 될 것이다. (b) 다음 날, 당신은 교통체증을 피하기 위해 일찍 집을 나설 것이다. (c) 당신이 일찍 집을 나서는 행동은 교통 체증을 피하려는 것에 의해서 강화된 것이다. ★(d) 당신은 교통 체증이 심한 지역에서 운전하는 것이 얼마나 스트레스를 받는 일인지 이해하게 될 것이다.

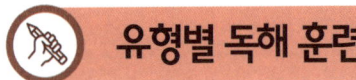

Part II Read the passage and identify the option that does NOT belong.

1

The Honda Motor manufacturing plant in China recently offered pay raises to workers at two factories, and this was a victory for workers on strike.
(a) In China, it is still illegal for workers to organize into groups in order to bargain against their employers. (b) This tough policy has caused a lot of migrant workers to leave the nation. (c) Ironically the reduction in the workforce is giving the employees more bargaining power against their employers. (d) The government should have taken tougher measures to crack down on strikes.

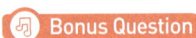 Bonus Question

Q. What can be inferred from the passage?

(a) Employers should give more bargaining power to employees.

(b) It is the unsatisfactory labor environment that stimulated migrant workers.

(c) The government should have intervened at the Honda Motor strikes earlier.

(d) The Honda Motor strike is a good example of the relationships in a labor market.

2

An experiment on New Caledonian crows showed that they used a shorter stick as a tool when they needed to get a long stick that was out of reach. (a) It is still a mystery how they could get a longer stick. (b) They then used the long stick to reach some food. (c) More amazingly the crows teach these skills to their offspring by demonstrating a task and getting the young birds to copy. (d) Their problem solving intelligence is enough to make a person crow with envy!

🎵 Bonus Question

Q. What does the experiment on New Caledonian crows with sticks prove?

(a) The abilities of New Caledonian crows are often underestimated.

(b) The crows are able to tackle their own problems in a creative way.

(c) Animals have the ability to distinguish a shorter stick from a longer one.

(d) Only a few species of animals educate their offspring on how to get food.

1

The Honda Motor manufacturing plant in China recently offered pay raises to workers at two factories, and this was a victory for workers on strike. (a) In China, it is still illegal for workers to organize into groups in order to bargain against their employers. (b) This tough policy has caused a lot of migrant workers to leave the nation. (c) Ironically the reduction in the workforce is giving the employees more bargaining power against their employers.★(d) The government should have taken tougher measures to crack down on strikes.

단서 1 중국의 강경한 노동정책이 오히려 노동자들에게 협상을 할 수 있는 유리한 조건으로 작용한다는 내용이다.
2 중국 정부가 파업에 대해 좀 더 강경하게 대처했어야 한다는 (d)는 전체 내용의 흐름상 어울리지 않는다.

번역 중국의 혼다 자동차가 최근에 공장 두 곳의 노동자들의 월급을 올려주었는데, 이는 파업을 한 노동자들의 승리였다. (a) 중국에서는 아직도 고용주를 상대로 협상을 하기 위해 조직을 결성하는 것이 불법이다. (b) 이러한 강경한 정책은 이주 노동자로 하여금 그 나라를 떠나게 했다. (c) 아이러니하게도 노동력의 감소는 노동자들에게 고용주와 협상할 수 있는 힘을 더해주고 있다. (d) 정부는 파업을 단속하기 위해 더 강경한 대책을 취했어야 했다.

어휘 **manufacturing plant** 제조 공장 **on strike** 파업 중인 **illegal** 불법의 **organize into groups** 조직을 결성하다 **bargain** 협상하다, 흥정하다 **migrant** 이주자 **reduction** 감소 **workforce** 노동력, 노동자 **crack down on** ~에 단호한 조치를 취하다

🔖 **Bonus Question**

Q. What can be inferred from the passage? 지문에서 추론할 수 있는 것은?

(a) Employers should give more bargaining power to employees. 고용주는 직원들에게 협상력을 더 주어야 한다.

★(b) It is the unsatisfactory labor environment that stimulated migrant workers.
만족스럽지 못한 근무 환경이 이주 노동자들을 자극했다.

(c) The government should have intervened at the Honda Motor strikes earlier.
정부는 혼다 자동차 파업 사태에 좀 더 일찍 개입했어야 했다.

(d) The Honda Motor strike is a good example of the relationships in a labor market.
혼다 자동차 파업은 노동 시장에서 노사 관계의 좋은 본보기이다.

단서 1 중국의 강경한 노동 정책으로 인해 이주 노동자들이 그 나라를 떠난다고 했으므로 (b)를 유추할 수 있다.
2 (c) 정부가 혼다 자동차의 파업 사태에 일찍 개입했어야 했다거나, (d) 이것이 노사 관계에 좋은 본보기가 되었다는 내용은 나와 있지 않다.

2

An experiment on New Caledonian crows showed that they used a shorter stick as a tool when they needed to get a long stick that was out of reach.★(a) It is still a mystery how they could get a longer stick. (b) They then used the long stick to reach some food. (c) More amazingly the crows teach these skills to their offspring by demonstrating a task and getting the young birds to copy. (d) Their problem solving intelligence is enough to make a person crow with envy.

단서

1 뉴칼레도니아 까마귀의 우수한 지능을 설명하고 있으며 이에 대한 예로 도구 사용 능력을 들고 있다.
2 짧은 막대를 이용해서 긴 막대를 사용할 수 있는 지능에 대한 내용이므로, (a)의 긴 막대를 구할 수 있었는지가 미스터리라는 내용은 연관성이 없다.

번역

뉴칼레도니아 까마귀를 이용한 실험에서 손이 닿지 않는 곳에 있는 긴 막대를 사용해야 할 때 그들은 짧은 막대를 도구로 활용했다. (a) 그들이 어떻게 긴 막대를 구할 수 있었는지는 여전히 미스터리이다. (b) 그리고 나서 그들은 음식에 닿기 위해 긴 막대를 사용했다. (c) 더 놀라운 것은, 까마귀는 새끼에게 시범을 보여주고, 어린 새끼들이 따라하게 함으로써 그 기술을 가르친다는 것이다. (d) 그들의 문제 해결 능력은 사람들로부터 부러움의 탄성을 자아내기에 충분하다.

어휘

experiment 실험 **crow** 까마귀 **out of reach** 손이 닿지 않는 **amazingly** 놀랍게도 **offspring** 새끼 **demonstrate** 보여주다 **task** 일, 과제 **intelligence** 능력, 지능 **crow with envy** 부러움으로 탄성을 지르다

🎵 **Bonus Question**

Q. What does the experiment on New Caledonian crows with sticks prove?
막대를 이용한 뉴칼레도니아 까마귀에 관한 실험이 입증하는 것은?

(a) The abilities of New Caledonian crows are often underestimated.
뉴칼레도니아 까마귀의 능력이 과소평가되는 경우가 종종 있다.

★(b) The crows are able to tackle their own problems in a creative way.
뉴칼레도니아 까마귀는 창의적인 방법으로 문제를 스스로 해결할 수 있다.

(c) Animals have the ability to distinguish a shorter stick from a longer one.
동물들은 짧은 막대기와 긴 막대기를 구별하는 능력이 있다.

(d) Only a few species of animals educate their offspring on how to get food.
극소수의 동물들만이 새끼들에게 식량을 구할 수 있는 방법을 교육한다.

단서

1 뉴칼레도니아 까마귀가 보여준 도구 사용 능력과 문제 해결 능력에 관해 언급하고 있으므로 (b)가 정답이다.
2 실험을 통해 뉴칼레도니아 까마귀가 긴 막대를 잡기 위해 짧은 막대를 사용했다는 것에서 스스로 문제를 해결하는 능력을 가지고 있음을 알 수 있다.

Part II   Read the passage and identify the option that does NOT belong.

1

Two psychologists have been studying the ways in which teachers' attitudes affect how students learn. (a) In particular, they focused on the relationship between female math instructors and the elementary-school girls they teach. (b) In cases where teachers lacked confidence in their own math skills, female students were more likely to believe that boys are better at math than girls. (c) An estimated nine out of every ten elementary school teachers is a woman. (d) Thus, according to the study, female students tend to be negatively affected by their teacher's math anxiety.

2

If one dish could be said to represent Thai cuisine, it would have to be the widely exported plate known as "pad thai." (a) A flavorful combination of stir-fried rice noodles and sauce, pad thai is rooted in Chinese cooking traditions. (b) The influence of Chinese cuisine is extremely widespread in Asia. (c) Noodles and stir-frying were both inherited from Thailand's neighbor to the north. (d) But with the addition of local ingredients like fish sauce and tamarind, the flavor took on a Thai character.

3

A Los Angeles school teacher has won a $25,000 prize. (a) Jean McAlester said she was surprised when she was awarded the $25,000 prize for talented teachers. (b) But in a teacher test, McAlester had scored well and came in the top 5% of her district's most effective teachers. (c) It is no surprise that her skill has helped her school, Pinewood Elementary, show a strong improvement in academic performance in recent years. (d) Pinewood Elementary is located in the southeast of Los Angeles, and many of its students are still learning English.

4

Government officials in Europe are concerned that violence in the Middle East is inspiring violence in Europe. (a) Because of actions by Israel, Jews are confronted with racism and have been attacked in the streets in Europe. (b) A 27-year-old born to Palestinian parents in Israel is accused of shooting two young Israelis there. (c) But people behind such attacks justify them, saying that they are a natural reaction to events in the Middle East. (d) European politicians need to stand up and state that there is never a good reason for this kind of violence against Jews.

04 주제 / 중심 내용 찾기

유형 리뷰 | 지문의 주제나 중심 내용 혹은 목적 등을 묻는 유형은 Part III에 해당된다. 주제나 요지 등을 파악하기 위해서는 지문의 핵심을 판단하는 것이 관건이다. 선택지 중 지문의 내용에서 벗어난 것은 물론이고 지문의 내용을 일부만 담고 있는 것도 정답이 될 수 없다는 점에 주의한다. 지문의 목적을 파악하기 위해서는 여러 상황에서 다양하게 활용되고 있는 실용문을 골고루 읽어두는 것이 좋다.

 주제나 요지 찾기

> **Point** 지문을 빠른 속도로 읽어 가면서 주제와 관련된 문장을 찾아본다.

It is obvious that mankind needs clean and reliable energy sources. Of all fossil fuels, natural gas is expected to be one of the fastest growing energy sources over the next 20 years. This is because natural gas is the cleanest burning of the fossil fuels. Moreover, the earth seems to hold abundant reserves of it. In fact, methane, the primary component of natural gas is said to be a powerful greenhouse gas. In spite of the methane's ability to trap heat, natural gas is becoming one of the most attractive energy sources.

Q. What is the main idea of the passage?
(a) Methane is regarded as a potent greenhouse gas.
(b) We can't estimate the unlimited reserves of natural gas.
(c) Natural gas will be used more widely in place of other fossil fuels.
(d) Natural gas has the ability to trap heat more effectively than other sources.

문제 풀이법 ❶ 주제문은 대개 지문의 앞이나 뒷부분에 위치하는 경우가 많으며 위 지문의 주제문은 두 번째 문장인 Of all fossil fuels, ... over the next 20 years이다.

❷ 천연가스(natural gas)가 앞으로 화석 연료 중 가장 빠르게 성장할 에너지원이라고 말하고 있으므로 (c)가 가장 적절하다.

번역 인간에게 깨끗하고 의존할 만한 에너지원이 필요한 것은 분명하다. 모든 화석 연료 중에서 천연가스는 앞으로 20년간 가장 빠르게 성장할 수 있는 에너지원 중의 하나이다. 이것은 천연가스가 화석 연료 중에서 가장 깨끗하게 연소하기 때문이다. 더욱이 지구에는 그 보유량이 풍부한 것 같다. 사실, 천연가스의 가장 주된 성분인 메탄은 강력한 온실가스라고 불리고 있다. 열을 가두는 메탄의 능력에도 불구하고, 천연가스는 가장 매력적인 에너지원 중의 하나가 되어 가고 있다.

Q. 지문의 요지는?
(a) 메탄은 강력한 온실가스로 여겨진다.
(b) 천연가스의 무한한 매장량을 측정할 수 없다.
★(c) 천연가스는 다른 화석 연료 대용으로 더욱 널리 사용될 것이다.
(d) 천연가스는 다른 에너지원보다 열을 더 효과적으로 가둘 수 있는 능력이 있다.

Point 실용문이나 상업적인 글의 목적을 파악하기 위해서는 상황에 대한 이해가 필요하다. 대개는 지문의 도입문이나 마지막 문장을 주목하여 읽어보면 지문의 목적을 파악할 수 있다.

Dear GTL Electronics,

I am writing to complain about your Cool 5 model air conditioner. I know that GTL has a reputation for making exceptional products that rarely break. I myself already own several other GTL products, and they have all been very reliable and easy to use. However, my Cool 5 air conditioner has been nothing but a nuisance. It never stops blowing ice cold air, and it frequently shuts off for no reason at all. Since it is still covered under your 1 year guarantee, I expect that you will fix it for free.

Q. What is the main purpose of this letter?
(a) To ask for free repair service
(b) To request an extension of the guarantee period
(c) To post positive reviews on an air conditioner
(d) To complain about the design of a newly released model

문제 풀이법
❶ 편지의 목적이 가장 잘 나타나 있는 글의 시작 부분과 끝 부분에 주목한다.

❷ 첫 문장 to complain ... air conditioner와 마지막 문장 I expect that ... for free에 지문의 목적이 드러나 있으며, 에어컨에 생긴 문제점 때문에 무상 수리해 줄 것을 요구하는 내용이므로 (a)가 정답이다.

❸ 제품의 디자인에 관한 불만이라고 말하고 있으므로 (d)는 오답이다.

번역
GTL 전자 앞

귀사의 Cool 5 에어컨에 대해서 불만 사항을 말하고자 메일을 보냅니다. GTL사는 좀처럼 고장이 없는 우수한 제품을 만드는 걸로 명성이 나 있다는 것을 알고 있습니다. 저도 GTL사의 여러 가지 다른 제품들을 이미 소유하고 있고, 그것들은 매우 신뢰할 만하며, 사용이 용이합니다. 그러나 Cool 5 에어컨은 골칫거리일 뿐입니다. 계속 얼음처럼 차가운 공기가 나오고 특별한 이유 없이 자주 전원이 꺼집니다. 이 제품은 1년 동안 품질 보증이 되기 때문에, 귀사에서 무료로 수리해 주기를 바랍니다.

Q. 편지의 주요 목적은?
★(a) 무상 수리 서비스 요청하기
(b) 품질 보증 기간 연장 요청하기
(c) 에어컨 관련 긍정적인 사용 후기 보내기
(d) 신제품 디자인 관련 불만 사항 보내기

질문 유형
□ What is the passage mainly about? 지문의 주된 내용은?
□ What is the best title for the passage? 지문의 제목은?
□ What is the main purpose/topic/idea of the passage? 지문의 주요 목적/주제/요지는?
□ What is the writer's main point about ~? ~에 관한 필자의 요점은?

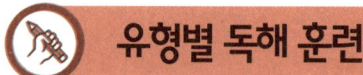

Part III Read the passage, question, and options. Then, based on the given information, choose the option that best answers each question.

1

If you ask 5 different people what jazz music sounds like, you'll likely get 5 different answers. This is because the term "jazz music" covers an incredibly wide range of styles and sounds. What actually defines jazz music is somewhat controversial, but most artists agree that all jazz music contains a few of the same key elements. Those key elements are improvisation, personal interpretation, and spontaneity. Jazz music has many different sounds, but all jazz music comes with a personal twist put on by the musician playing it.

Q. What is the best title for the passage?

(a) What Makes Jazz Music Distinctive

(b) Why Jazz Music Brings about Controversy

(c) How Many Styles and Sounds Are Used in Jazz Music

(d) How Musicians Express Their Personal Taste with Jazz Music

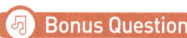 Bonus Question

Q. Which best represents the quality of jazz?

(a) Romantic and official

(b) Improvisatory and original

(c) Formal and full of variety

(d) Impersonal and spontaneous

2

Dear University of Maryland Alumni Association,

I am writing to inform you of a few changes that need to be made to your latest edition of the annual alumni book. First of all, the alumni book reports that our former valedictorian is now studying particle physics in Prague. That is incorrect. She is now studying Law at Stanford University. The book also has a story about our former business club members starting a successful marketing company. This is also a mistake as, sadly, their company went bankrupt after 5 months. Please make these corrections to the book.

Q. What is the main purpose of writing this letter?
(a) To introduce the change in the writer's jobs
(b) To correct some information on an alumni publication
(c) To find out if the updated information about a Stanford student is true
(d) To report the news about bankruptcy of some businesses

Bonus Question

Q. What happened to the person who graduated with the highest mark?
(a) She is studying in Prague.
(b) Her company went bankrupt.
(c) She changed her major to law.
(d) No one is keeping contact with her.

유형별 독해 훈련 가이드라인

1

If you ask 5 different people what jazz music sounds like, you'll likely get 5 different answers. This is because the term "jazz music" covers an incredibly wide range of styles and sounds. What actually defines jazz music is somewhat controversial, but most artists agree that all jazz music contains a few of the same key elements. Those key elements are improvisation, personal interpretation, and spontaneity. Jazz music has many different sounds, but all jazz music comes with a personal twist put on by the musician playing it.

Q. What is the best title for the passage? 이 지문의 제목으로 가장 적절한 것은?
★ (a) What Makes Jazz Music Distinctive 무엇이 재즈 음악을 특색 있게 만드는가
   (b) Why Jazz Music Brings about Controversy 왜 재즈 음악은 논란을 불러일으키는가
   (c) How Many Styles and Sounds Are Used in Jazz Music
       재즈 음악에 얼마나 많은 스타일과 사운드가 사용되는가
   (d) How Musicians Express Their Personal Taste with Jazz Music
       음악가들은 어떻게 재즈 음악에 자신의 취향을 나타내는가

단서   1 주제문은 네 번째 문장인 Those key elements ... spontaneity이다.
       2 재즈의 특징에 관해서 언급하고 있으므로 알맞은 제목은 (a)이다.

번역   5명의 각기 다른 사람들에게 재즈 음악에 대해 묻는다면, 아마도 다섯 가지 다른 대답을 얻을 것이다. '재즈 음악'이란 용어가 믿을 수 없을 만큼 다양한 스타일과 사운드를 포함하기 때문이다. 실제로 재즈 음악을 정의하는 것은 다소 논란의 여지가 있지만, 대부분의 음악가들은 모든 재즈 음악이 동일한 몇 가지 주요 요소를 공유하고 있음에 동의한다. 그 주요 요소들은 즉흥성, 개인적인 해석, 그리고 자연스러움이다. 재즈 음악은 매우 다양한 사운드를 가지고 있지만 그것은 연주하는 음악가들이 각자 다르게 연주하기 때문이다.

어휘   **term** 용어   **incredibly** 믿을 수 없을 정도로   **a wide range of** 광범위한   **define** 정의하다, 규정하다   **somewhat** 다소   **controversial** 논란이 많은   **element** 요소, 성분   **improvisation** 즉석에서 하기   **interpretation** 해석, 이해   **spontaneity** 자발적임; 자연스러움   **twist** 전환   **put on** 공연하다   **distinctive** 독특한

🎵 Bonus Question

Q. Which best represents the quality of jazz? 재즈의 특성을 가장 잘 나타내는 것은?
(a) Romantic and official 로맨틱하고 공적인
★(b) Improvisatory and original 즉흥적이고 독창적인
(c) Formal and full of variety 격식 있고 다양한
(d) Impersonal and spontaneous 비개인적이고 자연스러운

단서   1 지문에서 재즈의 특성을 improvisation, personal interpretation, spontaneity 등으로 나타내고 있다.
       2 지문에서 설명한 재즈의 특성을 가장 잘 반영하고 있는 선택지는 즉흥적이며 독창적이라고 표현한 (b)이다.

2

Dear University of Maryland Alumni Association,

I am writing to inform you of a few changes that need to be made to your latest edition of the annual alumni book. First of all, the alumni book reports that our former valedictorian is now studying particle physics in Prague. That is incorrect. She is now studying Law at Stanford University. The book also has a story about our former business club members starting a successful marketing company. This is also a mistake as, sadly, their company went bankrupt after 5 months. Please make these corrections to the book.

Q. What is the main purpose of writing this letter? 편지의 주요 목적은?
(a) To introduce the change in the writer's jobs 필자의 직업이 변경됐음을 알리려고
★(b) To correct some information on an alumni publication 동창회 책자의 일부 정보를 수정하려고
(c) To find out if the updated information about a Stanford student is true
     스탠퍼드 학생에 대한 새 소식이 진짜인지 알아보려고
(d) To report the news about bankruptcy of some businesses
     일부 기업체의 파산 소식을 전하려고

단서 1 편지를 쓴 목적은 첫 번째 문장에 나타나 있다.
     2 동창회 책자에 나타난 오류를 바로잡기 위해서 관련 정보를 알려주고 있는 내용으로서 알맞은 답은 (b)이다.

번역 메릴랜드 대학 동창 연합회 앞

저는 최근 동창회 연례 책자에 기재된 내용에 몇 가지 수정 사항이 있음을 알려드리고자 편지를 씁니다. 우선, 동창회 책자를 보면 지난번 수석 졸업한 학생이 프라하에서 소립자 물리학을 공부하고 있다고 되어 있습니다. 이것은 맞지 않습니다. 그녀는 지금 스탠퍼드 대학에서 법학을 공부하고 있습니다. 이 책자에는 또한 예전의 비즈니스 클럽 회원들이 성공적으로 마케팅 사업을 시작했다고 나와 있습니다. 안타깝게도 그들의 회사는 5개월 만에 문을 닫게 되었습니다. 부디 책의 내용을 정정해 주시기 바랍니다.

어휘 **alumnus** 동창생 (pl. alumni) **association** 연합회 **latest** 최근의 **valedictorian** 수석 졸업생 **particle physics** 소립자 물리학 **go bankrupt** 파산하다 **make a correction** 수정하다, 바로잡다

🎁 **Bonus Question**

Q. What happened to the person who graduated with the highest mark?
   수석으로 졸업한 학생에게 무슨 일이 일어났는가?
(a) She is studying in Prague. 프라하에서 공부하고 있다.
(b) Her company went bankrupt. 그녀의 회사가 파산됐다.
★(c) She changed her major to law. 법학으로 전공을 변경했다.
(d) No one is keeping contact with her. 그녀와 연락하는 사람이 아무도 없다.

단서 1 First of all 이하에서 수석 졸업한 학생(valedictorian)에 관한 최근 정보가 나와 있다.
     2 프라하에서 소립자 물리학(particle physics in Prague)을 공부한다고 동창회 책자에 나와 있지만 스탠퍼드 대학에서 법학(Law at Stanford)을 공부하고 있다고 정정해 주고 있다. 따라서 알맞은 답은 (c)이다.

Part III Read the passage, question, and options. Then, based on the given information, choose the option that best answers each question.

1

When Camden Inez traveled to Cambodia 5 years ago, she was expecting nothing more than a relaxing vacation. But she was deeply affected by the poverty she saw there, especially among young Cambodians. So when she returned home to Canada, Camden founded the Cambodian Youth Education Fund. Every year since, Camden has visited Cambodia with books, pencils, notebooks, and other educational supplies purchased with donations that she collects through her website. According to her records, she has given school supplies to over 3,000 Cambodian students and counting.

Q. What is the best title for the passage?

(a) How to Help Students in Poor Countries

(b) Teacher Volunteers in Cambodian Schools

(c) Why School Supplies Are Needed in Cambodia

(d) Woman Starts Charity for Cambodian Students

2

Sometimes, one language can influence its speakers to perceive everyday objects in a different way from speakers of other languages. An example is the Tuvan language, which includes the word iy, meaning "the short side of a hill." Through being able to use this word, the Tuvan people have a different way of looking at hills than English speakers do. English offers words such as "steep," "slope," and "rise" to describe a hill, but it has no word to show a difference between one side of a hill and the other.

Q. What is the passage mainly about?

(a) How language affects our view of the world

(b) Why Tuvan has words that describe hills

(c) Why Tuvans see nature in a unique way

(d) How English differs from Tuvan

3

While honey fungus is an impressive species of mushroom that can grow in colonies covering more than a square mile and survive for hundreds of years, it is harmful to trees. That makes its presence unwelcome in terms of the health of a forest. It grows on the wood of trees and other plants and can quickly spread to the point that it kills its host. Once its host is dead, the honey fungus continues to feed on the wood. Eventually it grows and overtakes another tree.

Q. What is the main idea about honey fungus?

(a) It has many amazing qualities.

(b) It can be destructive for forests.

(c) It prefers to feed on dead material.

(d) It spreads quickly from tree to tree.

4

Dear Editor,

I congratulate you for publishing "School Shopping List," concerning the issue of shrinking funding for public schools. Nowadays, schools have to ask students to provide their own supplies, whereas in the past schools would have provided them. This is a disgrace, especially when political leaders help big businesses. They allow Wall Street CEOs to avoid taxes, bail out banks and corporations, and help big oil and agribusiness companies with subsidies and low fines for environmental destruction. It goes to show where the priorities are in this nation. No wonder American kids are academically behind students in many other developed countries.

Brian Green

Q. What is the writer's main point in the letter?

(a) Schools have a difficult time in this economy.

(b) Federal aid goes to big businesses not education.

(c) Education in the U.S. is now behind other countries.

(d) Big businesses get huge benefits from the government.

05 옳은 것 고르기

유형 리뷰 | 세부 정보를 파악하는 유형은 Part III 문제에 해당된다. 이 중 옳은 것을 고르는 유형(Which is correct)은 지문의 내용을 꼼꼼히 확인해서 정확한 정보를 파악하는 것이 중요하다.

 선택지에 나온 정보 비교하기

Point 옳은 것 고르기 유형은 무엇보다 정확성이 요구되므로 선택지에 나온 내용을 지문의 흐름에 따라 한 문장씩 비교해 본다.

Ansel Adams was a twentieth-century American photographer who is today best remembered for his compelling landscape images, which helped turn the public's attention to conservation. Adams was raised to value and appreciate the natural world, and he had a great love of the outdoors. His passion for the wilderness is quite evident in his photographs emphasizing the drama and power of the environment. After his death, the U.S. government honored Adams's legacy by designating more than 200,000 acres of land in California as the Ansel Adams Wilderness Area.

Q. Which of the following is correct about Ansel Adams?
(a) He founded the field of landscape photography.
(b) The public was unaware of his conservation efforts.
(c) He was famous for photography of city environments.
(d) A California wilderness area was designated in his honor.

문제 풀이법 ❶ 선택지에 나온 정보를 지문과 비교하면서 하나씩 대조해 본다.

❷ 자연 환경 사진작가로 유명했던 안셀 애덤스라는 인물에 관한 내용이다. 지문 마지막 문장에서 정부가 그를 기리기 위해 20만 에이커 이상의 땅을 자연 보호 구역으로 지정했다고 했으므로 (d)가 정답이다.

번역 20세기 미국의 사진작가였던 안셀 애덤스는 사람들이 자연 환경 보호에 관심을 돌리는 데 일조한 그의 강렬한 풍경 사진으로 오늘날 가장 많이 기억되고 있다. 애덤스는 소중함과 감사함으로 자연을 대하도록 교육받고 자랐으며 전원을 무척 사랑했다. 자연 세계에 대한 그의 열정은 자연 환경의 극적인 모습과 힘을 강조하는 그의 사진에 명백히 드러나 있다. 그의 사망 후에 미국 정부는 캘리포니아에 있는 20만 에이커 이상의 땅을 안셀 애덤스 자연 보호 구역으로 지정함으로써 애덤스가 남긴 업적을 기렸다.

Q. 안셀 애덤스에 대해 지문 내용과 일치하는 것은?
(a) 풍경 사진 분야를 최초로 발달시켰다.
(b) 대중은 그의 자연 환경 보호 노력을 모르고 있었다.
(c) 도시 환경 사진으로 유명했다.
★(d) 그를 기리어 캘리포니아 자연 보호 구역이 지정되었다.

Point 지문의 내용을 있는 그대로 옮기지 않고 다른 말로 바꾸어 표현한 형태의 선택지가 많다. 따라서 평소에 패러프레이징을 해 보는 훈련이 도움이 된다.

Sometimes, in movies or stories we see people so overcome by the immense beauty of art that they get dizzy, confused, and even faint. This condition is called Stendhal syndrome. It was named after the French author, Marie-Henri Beyle, who wrote under the pen name Stendhal. He depicted his experience with the phenomenon in his book *Naples and Florence*. Later, in 1979, Italian psychiatrist Graziella Magherini named the syndrome after observing numerous cases of it.

Q. Which of the following is correct about Stendhal syndrome?
(a) Stendhal syndrome was named after a French writer.
(b) The term, Stendhal syndrome was coined by Marie-Henri Beyle.
(c) It was Graziella Magherini who first experienced Stendhal syndrome.
(d) The book *Naples and Florence* contains an experience of an Italian psychiatrist.

문제 풀이법 ❶ 스탕달 증후군(Stendhal syndrome)의 증상과 유래에 관해서 서술하고 있다. 선택지를 읽으면서 지문의 내용이 어떻게 패러프레이징되어 있는지 꼼꼼히 따져본다.

❷ 스탕달 증후군은 프랑스 작가의 필명에서 따온 이름이며, 스탕달 증후군이라고 이름을 붙인 사람은 그라지엘라 마게리니(Graziella Magherini)라고 했으므로 (a)가 정답이다.

번역 가끔 영화나 소설에서 우리는 정신이 몽롱해지고, 혼란스럽고, 아찔할 정도로 엄청난 예술의 아름다움에 압도당한 사람들을 본다. 이 상태를 스탕달 증후군이라고 부른다. 그것은 스탕달이라는 필명을 썼던 프랑스의 작가 마리 앙리 베일의 이름에서 따온 것이다. 그는 그의 책 〈나폴리와 피렌체〉에서 이러한 현상에 대한 그의 경험을 묘사했다. 그 후 1979년에 이탈리아 정신과 의사 그라지엘라 마게리니는 여러 사례들을 관찰한 후, 그 증후군의 이름을 지었다.

Q. 스탕달 증후군에 대한 내용과 일치하는 것은?
★(a) 스탕달 증후군은 프랑스 작가의 이름에서 따온 것이다.
(b) 스탕달 증후군이라는 용어는 마리 앙리 베일이 만든 것이다.
(c) 스탕달 증후군을 처음으로 경험한 사람은 그라지엘라 마게리니였다.
(d) 〈나폴리와 피렌체〉는 이탈리아 정신과 의사의 경험담을 담고 있다.

질문 유형

□ Which of the following is correct according to the passage? 지문에 따르면 옳은 것은?
□ Which of the following is correct about ~ according to the passage?
지문에 따르면 ~에 대한 내용 중 옳은 것은?

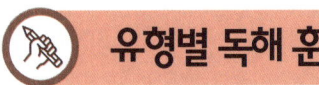

Part III Read the passage, question, and options. Then, based on the given information, choose the option that best answers each question.

1

Many school boards have been changing the types of food available to students in an effort to improve students' diets. The Board of Education started this policy to help students to concentrate better and to reduce health problems like obesity. Instead of high-sugar soft drinks, schools will offer fruit juice, low-fat milk, and water. Instead of foods like french fries, which contain a high level of saturated fat, students will have healthier alternatives such as grilled meat and potatoes. These changes, along with physical education, should make a big difference in the health of today's children.

Q. Which of the following is correct according to the passage?

(a) New physical education programs will be enacted at school.

(b) Foods with saturated fat will be replaced by healthier options.

(c) French fries and meat will be left out of the school lunch menu.

(d) The Board of Education will start a new policy about the school lunch menu.

🎵 Bonus Question

Q. Which of the following is likely to be included on a new menu?

(a) Low-fat milk with diet coke

(b) Grilled spicy chicken with French fries

(c) Bottled mineral water

(d) Juice with artificial banana flavor

2

Now anyone can have a figure like a movie star with the new line of body sculpting undergarments from Spanc! Redefine your body without strenuous exercise or a strict diet. The special nylon and lycra materials are breathable and have good elasticity which stretches comfortably over the body. The four-way stretch material provides a non-restrictive, slimming effect, creating an eye-catching silhouette. Spanc body shapers allow you to slip into your favorite pair of jeans or evening gown without any lumps or bulges. Spanc undergarments are seamless, making them the best beauty secret.

Q. Which of the following is correct about Spanc?

(a) Spanc has super elasticity and no seams.

(b) The materials used in Spanc are hard to get.

(c) People are not aware of the health benefits of Spanc.

(d) The best feature of Spanc is that it helps burn calories.

Bonus Question

Q. What might be the main purpose of wearing Spanc?

(a) To keep body temperature warmer

(b) To create a clear outline of the body

(c) To give a stretching effect on our body

(d) To maximize the effect of physical exercise

유형별 독해 훈련 가이드라인

1

Many school boards have been changing the types of food available to students in an effort to improve students' diets. The Board of Education started this policy to help students to concentrate better and to reduce health problems like obesity. Instead of high-sugar soft drinks, schools will offer fruit juice, low-fat milk, and water. Instead of foods like french fries, which contain a high level of saturated fat, students will have healthier alternatives such as grilled meat and potatoes. These changes, along with physical education, should make a big difference in the health of today's children.

Q. Which of the following is correct according to the passage? 지문 내용과 일치하는 것은?

(a) New physical education programs will be enacted at school.
새로운 체육 프로그램이 학교에 도입될 것이다.

★(b) Foods with saturated fat will be replaced by healthier options.
포화지방이 함유된 음식은 보다 건강에 좋은 음식들로 대체될 것이다.

(c) French fries and meat will be left out of the school lunch menu.
감자튀김과 고기는 학교 점심 식사 메뉴에서 제외될 것이다.

(d) The Board of Education will start a new policy about the school lunch menu.
교육위원회가 학교 점심 메뉴에 대한 새로운 정책을 시작할 것이다.

단서 1 학교의 새로운 점심 메뉴에 관해 언급하고 있다. 선택지 내용을 차례로 지문과 꼼꼼하게 비교해 보아야 한다.

2 학교 식단이 건강에 좋은 음식으로 대체되어, 포화지방이 많이 든 음식 대신 구운 고기가 메뉴에 포함될 것이므로 알맞은 설명은 (b)이다. 교육위원회의 새로운 정책은 이미 시작되었고, 새로운 체육 프로그램에 관한 언급은 없으므로 나머지는 오답이다.

번역 다수의 교육위원회가 학생들의 식습관을 향상시키려는 노력의 일환으로 학생들이 먹을 수 있는 음식 메뉴를 변화시키고 있다. 교육위원회는 학생들의 집중력을 향상시키고 비만과 같은 건강문제를 감소시키기 위해 이 정책을 시작했다. 학교에서는 당도가 높은 청량음료 대신에, 과일주스, 저지방 우유와 물을 제공할 것이다. 포화지방이 많이 들어 있는 감자튀김 같은 음식 대신에, 학생들은 보다 건강에 좋은 그릴에 구운 육류나 감자와 같은 식품을 제공받을 것이다. 체육과 더불어 이런 변화들은 오늘날 아이들의 건강에 큰 변화를 가져올 것이다.

어휘 **school board** 교육위원회 **in an effort to** ~하려는 노력으로 **policy** 정책 **concentrate** 집중하다 **obesity** 비만 **instead of** ~대신에 **saturated fat** 포화지방 **alternative** 대안 **along with** ~와 함께 **enact** (법을) 제정하다 **replace** 대체하다

Bonus Question

Q. Which of the following is likely to be included on a new menu? 다음 중 새 메뉴에 포함될 것으로 보이는 것은?

(a) Low-fat milk with diet coke 저지방 우유와 다이어트 콜라

(b) Grilled spicy chicken with French fries 구운 양념치킨과 감자튀김

★(c) Bottled mineral water 병에 든 생수

(d) Juice with artificial banana flavor 인공 바나나맛 주스

단서 1 메뉴에 포함된 것과 그렇지 않은 것이 선택지에 함께 나오고 있으므로 특히 주의해서 구분해야 한다.

2 저지방 우유, 물, 구운 치킨 등은 메뉴에 포함될 것이며, 인공 과일 맛이 들어간 주스나 콜라, 감자튀김은 빠질 것이다. 따라서 정답은 (c)이다.

2

Now anyone can have a figure like a movie star with the new line of body sculpting undergarments from Spanc! Redefine your body without strenuous exercise or a strict diet. The special nylon and lycra materials are breathable and have good elasticity which stretches comfortably over the body. The four-way stretch material provides a non-restrictive, slimming effect, creating an eye-catching silhouette. Spanc body shapers allow you to slip into your favorite pair of jeans or evening gown without any lumps or bulges. Spanc undergarments are seamless, making them the best beauty secret.

Q. Which of the following is correct about Spanc? 스팽크에 관한 설명으로 일치하는 것은?
★(a) Spanc has super elasticity and no seams. 스팽크는 신축성이 뛰어나고 봉제선이 없다.
(b) The materials used in Spanc are hard to get. 스팽크에 쓰이는 재료는 구하기 힘들다.
(c) People are now aware of the health benefits of Spanc.
사람들은 이제 스팽크의 건강상 장점들을 안다.
(d) The best feature of Spanc is that it helps burn calories.
스팽크가 가지고 있는 최고의 특징은 칼로리 연소에 도움이 된다는 것이다.

단서 1 보정용 속옷 스팽크(Spanc)를 광고하는 글이다.
2 스팽크(Spanc)는 봉제선이 없고(seamless) 신축성이 뛰어난(good elasticity) 속옷이라고 했으므로 (a)가 정답이다. 재료가 귀하다든지 건강상의 장점이 있다거나 칼로리 연소를 돕는다는 언급은 없으므로 나머지 선택지들은 오답이다.

번역 이제 누구든지 체형을 만드는 신제품 속옷 스팽크로 영화배우와 같은 몸매를 가질 수 있습니다! 격렬한 운동이나 엄격한 식이요법을 하지 않고 당신의 몸매를 다시 만들어 보세요. 특수 나일론과 라이크라 소재는 통기성이 있으며, 몸에 편안하게 늘어날 수 있도록 신축성이 우수합니다. 사방 스판으로 제한이 없으며 날씬해 보이는 효과가 있어 시선을 끌 만한 자태를 만들어 줍니다. 보정용 속옷 스팽크는 여러분이 좋아하는 청바지나 이브닝 드레스를 군살 없이 입도록 해줍니다. 스팽크는 봉제선이 드러나지 않으며, 아름다움을 만드는 비결이 됩니다.

어휘 **sculpt** 조각하다 **undergarment** 속옷 **redefine** 재정립하다 **strenuous** 격렬한 **breathable** 통기성이 있는 **elasticity** 탄력성 **stretch** 늘이다. 뻗다 **non-restrictive** 비제한적인 **slimming effect** 날씬해 보이는 효과 **eye-catching** 시선을 끄는 **silhouette** 실루엣. 윤곽 **allow A to B** A가 B하게 하다 **slip into** 옷을 재빨리 입다 **lump** 덩어리 **bulge** (불거져 나온 몸의) 지방 **seamless** 솔기가 없는, 봉제선이 없는

Bonus Question

Q. What might be the main purpose of wearing Spanc? 스팽크를 착용하는 주요 목적은?
(a) To keep body temperature warmer 체온을 따뜻하게 유지하기 위해
★(b) To create a clear outline of the body 확실한 몸매 라인을 만들기 위해
(c) To give a stretching effect on our body 신체에 스트레칭 효과를 주기 위해
(d) To maximize the effect of physical exercise 신체 운동 효과를 최대화하기 위해

단서 1 첫 문장을 통해 보정용 속옷 스팽크(Spanc)의 기능을 언급하고 있다.
2 body sculpting undergarments라고 소개되어 있고 slimming effect, creating an eye-catching silhouette 등을 통해 몸매 보정 효과가 있는 속옷임을 알 수 있다. 따라서 (b)가 정답이다.

Part III Read the passage, question, and options. Then, based on the given information, choose the option that best answers each question.

1

Welcome to our home! We have lived and worked at this award-winning Red Cottage Bed and Breakfast for more than 40 years. Red Cottage was built from local stone around 1838, and we bought and renovated it into a B&B in 1979. It is situated in a quarter-acre garden, which includes large trees that date back to 1840. We have plenty of car parking and a sheltered driveway. On the ground floor are sitting and dining rooms with views over the garden. All of our guest rooms are upstairs and have real log fires in winter and UHD TVs.

Q. Which of the following is correct according to the advertisement?

(a) The owner recently renovated Red Cottage.

(b) Red Cottage was originally built as a B&B.

(c) The trees at Red Cottage date back to 1838.

(d) Guest rooms are located on the upper floor.

2

Humans have been using computers for a relatively short time, but the manner in which we do so has already evolved. A keyboard with mouse has been the standard interface for much of that time, but in the last few years it has been replaced in many devices. Touchscreen technology has considerably affected the way people interact with computers. Whereas once users navigated with mouse pointers and clicks, they now rely on hand gestures and finger taps. Future interfaces may not require touch at all, but rather will sense movements or recognize spoken commands.

Q. Which of the following is correct according to the passage?

(a) Computers have improved but interfaces have not.

(b) The keyboard is an irreplaceable part of computers.

(c) Touchscreens had a small effect on computer interactions.

(d) Speech recognition may be widely used to control computers some day.

3

Dear Sir,

Your outstanding balance requires immediate payment. As mentioned earlier, your check (see the attached photocopy) was returned by your financial institution unpaid due to low funds. There are various ways for paying the balance. You can replace your check immediately with cash, credit card, or a cashier's check. Bank checks, however, will be returned without being deposited. Please note the return check fee is $35. If this problem is not resolved soon, we will have no other choice but to take legal action. This will include the charging of fines to cover the cost of hiring a collection agency.

Sincerely,
Kelly Wilson
Accounts Manager

Q. Which of the following is correct according to the letter?

(a) The man's original payment was wrongly returned.

(b) Bank checks are the preferred form of payment.

(c) Fines will be charged if the issue stays unresolved.

(d) Collection agency costs will amount to an extra $35.

4

In July, Kejimkujik ("Keji" for short) National Park in Canada's Nova Scotia province was named a Dark Sky Preserve by the Royal Astronomical Society of Canada. It is one of only 12 such preserves in the country. Keji covers 404 square kilometers of hills and waterways. As such, it is a wilderness area with very little light pollution and excellent night skies for viewing stars. Park officials plan to start offering astronomy evenings free to park visitors, and there are plans to install an outdoor planetarium and a telescope.

Q. Which of the following is correct according to the passage?

(a) Keji was made into a national park in July.

(b) Keji is one of 12 Dark Sky Preserves in Nova Scotia.

(c) Keji officials hope to expand stargazing facilities.

(d) Keji visitors can enjoy a planetarium and telescope.

06 특정 정보 파악

유형 리뷰 | 특정 정보를 묻는 유형은 Part III 문제 중에서 나온다. 앞에서 다룬 옳은 것 고르기 유형을 제외한 나머지 세부 정보 파악 유형 중 하나로, 무엇보다도 질문(Question)을 정확하게 이해해야 선택지 중에서 정답과 오답을 구분해 낼 수 있다.

 질문과 선택지를 정확하게 이해한다.

Point 질문에서 요구하는 것과 선택지 내용을 정확하게 이해하는 것이 세부 정보 유형을 해결하는 데 중요하다.

If you've ever been interested in how aircraft evolved, you should visit the Museum of Aviation at Robins Air Force Base, Warner Robins, Georgia. There you will be able to see planes from many different eras of aviation. Visit our World War I, II, and Korean War exhibits to see the fighters flown in those wars. Bring your kids to one of our many teen team-building workshops where they can learn about planes and teamwork together. Or, just spend the day perusing our many other exhibits. For a wonderful family day, visit the Museum of Aviation today.

Q. What exhibit might be on display?
(a) Model planes assembled by visitors
(b) Fighter jets used during the Korean War
(c) Aircrafts and warships used in the World Wars
(d) Deadly weapons equipped on modern aircrafts

문제 풀이법 ❶ 전시회의 전시품을 가려내는 문제이다.

❷ 비행기 발달 역사와 전쟁에 사용된 비행기 전시품을 볼 수 있다고 언급되어 있으므로 (b)가 답이다. 전함(warship)이나 무기(weapons)에 관한 내용은 언급되어 있지 않다.

번역 항공기가 어떻게 발달했는지에 관심이 있다면, 조지아 주 워너 로빈스에 있는 로빈스 공군 기지의 항공 박물관을 방문해 보세요. 그곳에서 여러 시대에 사용된 비행기를 볼 수 있을 거예요. 1, 2차 세계대전과 한국전쟁 전시관을 가 보면 그 당시에 사용된 전투기를 볼 수 있어요. 자녀들이 항공기와 팀워크에 관해 배울 수 있는 십 대들의 팀워크 형성 워크숍에 자녀들을 데려오세요. 또는 다른 많은 전시품들을 찬찬히 살펴보면서 하루를 보내 보세요. 가족들과 좋은 시간을 보내기 위해 오늘 항공 박물관을 방문해 보세요.

Q. 전시될 전시품은?
(a) 관람객들이 조립한 모형 항공기
★(b) 한국전쟁 동안 사용된 전투기
(c) 세계대전에 사용된 항공기와 전함
(d) 현대 항공기에 장착된 살상 무기

Point 세부 정보에 관한 문제를 해결하기 위해서 정보가 나타난 부분을 찾아서 정확하게 파악하는 것이 중요하다. 세부 정보를 묻는 유형은 지문을 다 읽지 않고, 정보가 나타난 부분만을 빠르게 읽어 나가는 훈련을 하면 도움이 된다.

The largest flying reptiles in our Earth's history were the pterosaurs. The pterosaurs could grow to have wingspans as great as 40 feet and they weighed as much as 220 pounds. They had large brains and some had fur on their bodies. Their bones were hollow, which allowed them to keep a light weight body for flying. They had arms with a leather-like membrane which attached to their body to form wings. The Pterosaurs lived in the Mesozoic Era during the time of the dinosaurs. They became extinct about 65 million years ago during the Cretaceous period.

Q. What is the benefit of pterosaurs having lightweight bones?
(a) They could fly better than other reptiles.
(b) Their wings grew faster than other reptiles.
(c) Their arms were easily transformed into wings.
(d) They were better able to survive the Cretaceous period.

문제 풀이법 ❶ 익룡류의 뼈가 비어 있음으로 해서 나타난 장점을 묻고 있으므로 지문 중에서 익룡의 뼈에 관해 언급한 부분을 주의해서 읽어본다.

❷ 네 번째 문장인 Their bones were hollow … flying을 통해서 비행에 유리했음을 알 수 있으므로 (a)가 정답이다.

번역 지구 역사상 날 수 있는 가장 큰 파충류는 익룡류였다. 그들은 다 자라면 40피트 길이의 날개를 갖게 되고, 220파운드의 무게가 나갔다. 그들은 큰 두뇌를 가졌고, 몸에 털이 난 것도 있었다. 그들의 뼈는 속이 비어 있어 비행하는 데 있어 몸을 가볍게 해주었다. 그들은 날개 형태로 몸에 붙어 있는 가죽 같은 막으로 된 팔을 가지고 있다. 익룡류는 공룡시대 중 중생대에 살았다. 그들은 약 6천 5백만 년 전 백악기에 멸종되었다.

Q. 익룡이 가벼운 뼈를 가지고 있어서 유리했던 점은?
★(a) 다른 파충류보다 더 잘 날 수 있었다.
(b) 다른 파충류보다 날개가 더 빨리 자랐다.
(c) 팔이 날개로 쉽게 변할 수 있었다.
(d) 백악기에 더 잘 살아남을 수 있었다.

질문 유형

□ What do impressionists think most important? 인상주의들이 가장 중요하게 여기는 것은?

□ Why did Patrick send the e-mail? 패트릭이 왜 이메일을 보냈는가?

Part III Read the passage, question, and options. Then, based on the given information, choose the option that best answers each question.

1

Banff Springs Resort in the heart of the Rocky Mountains of Canada offers something for everyone. This Scottish castle-like hotel provides lavish comfort as well as scenic beauty. This perfect place for travelers offers a fun-filled educational program for children and many amenities for adults. Whether you like golfing, skiing, or just a day of relaxation at the grand spa, you will not be disappointed. A weekend BBQ Academy will help take your barbeque skills to the next level. We offer luxuriously decorated and spacious rooms for all of our guests along with complimentary Internet in the business service rooms.

Q. What kind of facilities may be available in Banff Springs Resort?

(a) Horse racing for enjoyment

(b) A luxurious spa for relaxation

(c) A BBQ cooking class during the week

(d) Free Internet service in guest rooms

🎵 Bonus Question

Q. Which of the following is correct according to the passage?

(a) Banff Springs Resort is located in the heart of Scotland.

(b) Facilities of Banff Springs Resort are exclusively for adults.

(c) All the facilities of the resort are styled after a Scottish castle.

(d) Banff Springs Resort is equipped with various entertainment facilities.

2

Welcome to the annual Accessibility Design Workshop. This is a workshop to help building design students understand the needs of disabled people. Over the next few days, we will show you what it is like to experience daily life as a blind person. By wearing eye patches for 72 hours to live as a handicapped person, you will be able to better understand their specific needs. Through this understanding we feel that you will be able to develop more accessible and convenient buildings for visually impaired people.

Q. Who is this notice for?

(a) Building design companies

(b) Blind people who design buildings

(c) Students who volunteer for people with disabilities

(d) Students who contrive buildings for disabled people

🎵 Bonus Question

Q. Which of the following is correct according to the passage?

(a) The Accessibility Design Workshop will last for a week.

(b) The Accessibility Design Workshop is held once a year.

(c) Participants are allowed to wear eye patches if they want to.

(d) People will experience many types of disabilities including blindness.

1

Banff Springs Resort in the heart of the Rocky Mountains of Canada offers something for everyone. This Scottish castle-like hotel provides lavish comfort as well as scenic beauty. This perfect place for travelers offers a fun-filled educational program for children and many amenities for adults. Whether you like golfing, skiing, or just a day of relaxation at the grand spa, you will not be disappointed. A weekend BBQ Academy will help take your barbeque skills to the next level. We offer luxuriously decorated and spacious rooms for all of our guests along with complimentary Internet in the business service rooms.

Q. What kind of facilities may be available in Banff Springs Resort?
밴프 스프링스 휴양지에서 이용 가능한 시설은?

(a) Horse racing for enjoyment 오락용 경마
★(b) A luxurious spa for relaxation 휴식용 고급 스파
(c) A BBQ cooking class during the week 주중 바비큐 요리 교실
(d) Free Internet service in guest rooms 객실 내 무료 인터넷

단서 1 밴프 스프링스 휴양지에서 이용할 수 있는 시설을 묻고 있으므로 네 번째 문장 이후를 주의하여 읽어 본다.
2 관광객들이 이용할 수 있는 시설로 스파에 관한 언급이 있으므로 답은 (b)이다. 승마에 관한 언급은 없고, 바비큐 교실은 주말에 수강 가능하며, 무료 인터넷 서비스는 객실이 아니라 비즈니스 실에서 제공된다.

번역 캐나다 로키 산맥 한가운데에 위치한 밴프 스프링스 휴양지는 모든 이들을 위해 특별한 것을 제공한다. 스코틀랜드의 성 같은 이 호텔은 아름다운 풍경뿐만 아니라 호화로운 편의시설을 제공한다. 이처럼 여행객들에게 완벽한 이 장소는 어린이들을 위한 흥미로운 교육 프로그램과 어른들을 위한 다양한 생활 편의시설을 제공한다. 골프나 스키를 좋아하든, 넓은 온천에서 하루 동안 휴식을 취하길 원하든, 실망하지 않을 것이다. 주말 바비큐 아카데미는 바비큐 요리 실력을 한 단계 높여줄 것이다. 모든 이용객들을 위해 호화롭게 꾸며진 넓은 방이 제공되며, 비즈니스 실에서는 무료 인터넷 사용이 가능하다.

어휘 **in the heart of** ~의 한가운데에 **lavish** 호화로운 **comfort** 편의시설 **scenic** 경치가 좋은 **amenity** 생활 편의시설
relaxation 휴식 **disappointed** 실망한 **luxuriously** 호화롭게, 사치스럽게 **spacious** 넓은 **complimentary** 무료의

🔊 Bonus Question

Q. Which of the following is correct according to the passage? 지문 내용과 일치하는 것은?
(a) Banff Springs Resort is located in the heart of Scotland. 밴프 스프링스 휴양지는 스코틀랜드 중심부에 위치해 있다.
(b) Facilities of Banff Springs Resort are exclusively for adults. 밴프 스프링스 휴양지 시설은 성인만 이용 가능하다.
(c) All the facilities of the resort are styled after a Scottish castle.
휴양지의 모든 시설은 스코틀랜드 성의 스타일을 따랐다.
★(d) Banff Springs Resort is equipped with various entertainment facilities.
밴프 스프링스 휴양지에는 다양한 오락시설이 있다.

단서 1 휴양지의 특징으로 호화로운 편의시설, 골프, 스키, 온천 등이 언급되어 있으므로 (d)가 정답이다.
2 밴프 스프링스 휴양지는 캐나다의 로키 산맥에 위치하고 있으며, 모든 편의시설들은 아이들과 어른들 모두를 위한 것이다. 또한 스코틀랜드 스타일을 닮은 것은 밴프 스프링스 휴양지 호텔의 외관이지 시설이 아니다.

2

Welcome to the annual Accessibility Design Workshop. This is a workshop to help building design students understand the needs of disabled people. Over the next few days, we will show you what it is like to experience daily life as a blind person. By wearing eye patches for 72 hours to live as a handicapped person, you will be able to better understand their specific needs. Through this understanding we feel that you will be able to develop more accessible and convenient buildings for visually impaired people.

Q. Who is this notice for? 공지문의 대상은?
(a) Building design companies 건축 디자인 업체
(b) Blind people who design buildings 시각 장애가 있는 건축 디자이너
(c) Students who volunteer for people with disabilities 장애인을 돕기 위한 봉사 활동 학생
★(d) Students who contrive buildings for disabled people 장애인을 위한 건물을 연구하려는 학생

단서 1 두 번째 문장과 마지막 문장을 확인해 본다.
  2 본문 중 design students와 마지막 문장에 you will be able to … impaired people을 보면 이 공지문이 시각 장애인용 건물을 연구하는 학생들을 위한 것임을 알 수 있으므로 (d)가 정답이다.

번역 접근 가능성 디자인 연례 워크숍에 오신 것을 환영합니다. 이번 워크숍은 건축 디자인 전공생들이 장애인들이 원하는 것을 이해하는 데 도움을 주기 위해 개최되었습니다. 앞으로 며칠 동안, 시각 장애인으로서 일상생활을 경험하는 것이 어떤지 보여드릴 것입니다. 장애인 체험 72시간 동안 안대를 착용함으로써, 그들의 구체적인 요구 사항을 보다 잘 이해할 수 있을 것입니다. 이런 이해를 통하여, 여러분들이 시각 장애인을 위해 보다 접근이 쉽고 편리한 건물을 개발할 수 있을 것이라 생각합니다.

어휘 **annual** 연례의 **accessibility** 접근 가능성 **disabled** 장애를 가진 **handicapped** 장애가 있는 **eye patch** 안대 **specific** 특정한 **convenient** 편리한 **visually** 시각적으로 **impair** 손상시키다 **contrive** 고안하다

🎵 **Bonus Question**

Q. Which of the following is correct according to the passage? 지문 내용과 일치하는 것은?
(a) The Accessibility Design Workshop will last for a week. 접근 가능성 디자인 워크숍은 일주일 동안 열릴 것이다.
★(b) The Accessibility Design Workshop is held once a year. 접근 가능성 디자인 워크숍은 일 년에 한 번 개최된다.
(c) Participants are allowed to wear eye patches if they want to. 참가자들은 원한다면 안대를 착용해도 된다.
(d) People will experience many types of disabilities including blindness.
   시각 장애를 비롯한 여러 장애를 경험하게 될 것이다.

단서 1 행사의 취지와 장애인 체험을 진행하는 목적에 대한 내용이다.
  2 첫 문장에서 the annual Accessibility Design Workshop이라고 했으므로 일 년에 한 번 개최되는 행사라는 것을 알 수 있다. 따라서 정답은 (b)이다. Over the next few days를 통해 2~3일간 진행됨을 짐작할 수 있고, 모든 참가자는 안대를 하고 행사 기간 동안 시각 장애를 체험하게 되며, 이외 다른 장애에 관해서는 언급되어 있지 않다.

Part III Read the passage, question, and options. Then, based on the given information, choose the option that best answers each question.

1

Early humans carved stones to create sharp edges so they could use them as axes for cutting food. Until recently, the oldest axes of this type were 20,000 to 30,000 years old. These were found in Europe, and it was thought that this kind of tool was invented in Europe by people living in forests at the end of the Ice Age. However, a stone axe that is 35,500 years old has been found in northern Australia, making it the oldest of its type ever found. It means that possibly Australian aboriginals were the world's first axe users.

Q. What does the discovery tell us about early humans?

(a) They used naturally formed stone axes.

(b) They first made axes around 30,000 years ago.

(c) They created axes earlier than previously thought.

(d) They migrated from Europe to northern Australia.

2

Whales have been a part of the tradition and culture of the Shetland Islands for centuries, and it is believed that whaling has been practiced there for at least 1,000 years. The species most closely associated with the Shetland whaling industry is the pilot whale, which traditionally was hunted by a process known as "driving." Driving required the participation of the whole community, as all available boats were sent out to encircle the whales. The fishermen would slowly and carefully drive the animals toward a bay, where they would become stranded and could be killed more easily.

Q. What happens when whalers engage in "driving?"

(a) Fishermen chase whales away from the Shetland Islands.

(b) Boat operators coordinate to herd whales into a bay.

(c) One whale at a time is driven to shore and killed.

(d) Pilot whales drown after they have been netted.

3

Experts on dreams say they are not meaningless creations of the mind. While sleeping, a person goes through five stages of sleep. The first are two stages of light sleep, then two stages of deep sleep, and finally, a fifth stage of rapid eye movement (REM) sleep. Although most people think dreams happen during the REM stage, they also happen during stage four. Each stage has different functions. Stage four dreams relate to memories of things, while stage five dreams have more emotional and story-like content.

Q. What is a factor of the fourth stage of sleep?

(a) People enter into a light sleep.

(b) Rapid eye moment takes place.

(c) Dreams related to memories occur.

(d) Emotional content fills one's dreams.

4

A Japanese company has successfully negotiated a contract to build two nuclear power plants in Vietnam. The company beat rivals that included France and Russia. The contract is part of the second stage of Vietnam's nuclear power project. The contract for the project's first stage, also to build two nuclear plants, was won by Russia. A spokesperson for Energy Japan Co. said that Vietnam's government is very cooperative in its approach to business. He also said that the contract will help Energy Japan win nuclear power plant contracts in other developing countries.

Q. What happened previously in Vietnam's nuclear power project?

(a) Japan contracted Vietnam to do the building.

(b) Russia was contracted for a two-reactor project.

(c) Four reactors were built by Japan altogether.

(d) Japan gave building plans to the Vietnamese.

UNIT

07 추론하기

 단순 지문 이해에서 논리적 추론까지 확장하기

Point 앞에서 학습한 주제나 세부 내용 파악 유형보다 다소 난이도가 높다고 느낄 수 있다. 단순한 지문 이해에서 한 단계 발전해 지문 내용을 토대로 한 논리적 추론 능력까지 확장할 수 있어야 한다.

Daliya came to Israel five years ago to earn money for her parents in Sudan. Her visa has expired and she has no option but to work illegally while living in fear of being caught and deported by the authorities. Even though her son was born in Israel, sadly he has no legal right to stay there. Israeli immigration law lacks consideration from a humanitarian perspective. Human rights activists are campaigning on behalf of illegal immigrants like her. They argue that hard working immigrants contribute a lot to Israeli society and should be given the chance to stay.

Q. What can be inferred from the passage?
(a) Illegal immigrants in Israel are living under the constant threat of arrest.
(b) The Israeli government is aware that a new immigration law is necessary.
(c) Daliya is campaigning with human rights groups about the right of immigrants.
(d) Human rights groups claim that immigrants should be rewarded with more money.

문제 풀이법 ❶ 이스라엘에 거주하는 불법 체류자들이 겪는 어려움을 댈리야라는 여성의 상황을 통해 나타내고 있다.

❷ 인권 운동가들이 댈리야와 같은 불법 이민자들에게 체류 기회를 주어야 한다는 캠페인을 벌이고 있지만 현재는 법적으로 체류할 권리가 없다고 했으므로 (a)가 정답이다.

번역 댈리야는 수단에 계시는 부모님을 위해 돈을 벌기 위한 목적으로 5년 전 이스라엘로 왔다. 그녀는 비자가 만료되어, 붙잡히면 강제 추방될 것이라는 두려움을 갖고 살면서도 불법으로 일을 할 수 밖에 없다. 그녀의 아들은 이스라엘에서 태어났으나, 애석하게도 그가 이스라엘에 머물 법적 권리는 없다. 이스라엘의 이민법은 인도주의적인 관점에서 배려가 부족하다. 인권 운동가들은 그녀와 같은 불법 이민자들을 대표해서 캠페인을 벌이고 있다. 열심히 일하는 이민자들은 이스라엘 사회에 많은 공헌을 하고 있기에 그곳에 체류할 수 있는 기회가 주어져야 한다고 그들은 주장한다.

Q. 지문에서 추론할 수 있는 것은?
★(a) 이스라엘의 불법 이민자들은 항상 체포의 위협 속에 살아가고 있다.
(b) 이스라엘 정부는 새로운 이민법이 필요하다는 것을 인식하고 있다.
(c) 댈리야는 인권 단체와 함께 이민자들의 권리에 대한 캠페인을 벌이고 있다.
(d) 인권 단체는 이민자들이 더 많은 금전적 보상을 받아야 한다고 주장한다.

Point 지문에 쓰인 어휘를 통해 전체 글의 분위기나 어조 및 필자의 태도 등을 추론해 볼 수 있다. 또한 정작 필자가 하려는 말이 지문 뒷부분에 나타나는 경우도 있으므로 끝까지 주의하여 읽어야 한다.

The BP oil spill has been described as America's worst environmental disaster, spilling over 200 million gallons of oil onto the Gulf coast. With other volunteers, I spent three days trying to soak up the oil from black tar covered rocks and beaches. The fishermen I encountered were in despair. Hotels and restaurants which had been bustling with tourists were empty. But, in the middle of all the despair, I found a ray of hope. There were some volunteers who were already making plans on how to rebuild this community. It made me feel that our participation could help make something good out of this mess.

Q. Which statement does the writer suggest?
(a) There should be campaigns for wild life protection.
(b) More people should boycott the oil company's products.
(c) People's participation can help the community out of trouble.
(d) Immense damage from environmental disasters cannot be recovered.

문제 풀이법 ❶ 미국 최악의 환경 재앙으로 손꼽히는 BP사의 석유 유출에 관한 내용이다.

❷ 필자는 지문의 마지막 부분에서 자원 봉사자들의 참여를 보면서 희망을 느끼고 있으므로 (c)가 정답이다.

번역 걸프만에 2억 갤런 이상의 석유가 유출된 BP사의 석유 유출은 미국 최악의 환경 재앙으로 여겨져 왔다. 다른 자원봉사자들과 함께, 검은 타르로 덮인 바위와 해변으로부터 기름을 흡수하는 데 3일을 보냈다. 내가 만난 한 어부는 절망에 빠져 있었다. 관광객들로 북적거리던 호텔과 식당은 텅텅 비었다. 하지만 절망 가운데 한 줄기 희망의 빛을 보았다. 이미 이 마을을 어떻게 재건할지에 대해 계획을 세우고 있는 자원 봉사자들이 있었던 것이다. 우리의 참여가 이러한 혼란 속에서 좋은 결과를 만들어내는 데 도움이 된다는 것을 그들을 통해 느끼게 되었다.

Q. 필자가 제시하고 있는 주장은?
(a) 야생 동식물 보호 캠페인이 있어야 한다.
(b) 석유 업체 제품의 구매를 거부하는 사람들이 더 많아져야 한다.
★ (c) 사람들의 참여가 마을을 어려움에서 구하는 데 도움이 된다.
(d) 환경 재앙으로 인한 막대한 피해는 회복될 수 없다.

질문 유형

□ What can be inferred from the passage? 지문에 대해 추론할 수 있는 것은?

□ Which of the following is most likely to follow this passage? 지문 다음에 나올 만한 내용은?

□ What is the tone of the passage? 지문의 어조는?

□ What can best describe the author's attitude toward the lecture? 강의에 대한 필자의 태도는?

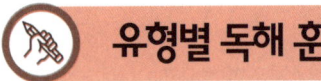

Part III   Read the passage, question, and options. Then, based on the given information, choose the option that best answers each question.

1

> The crew in the International Space Station was given a scare when it was reported that debris might pass close to the station. According to NASA, the station is constantly in danger of being struck by space debris which can travel at speeds exceeding 17,000 mph. Most of the debris is closely monitored by NASA's satellites, but there is some debris that is very difficult to track. NASA has a set of guidelines which determines whether or not the crew should evacuate the station. These guidelines aim to help crew members to better understand the dangers they might face when left in the station and what may happen in the event of a collision with space debris.

Q. What will the passage most likely discuss next?
(a) How to calculate the speed of space debris with accuracy
(b) A variety of ways to change the moving route of space debris
(c) Scientific development of NASA's monitoring satellites over the decade
(d) The impact that may be caused by a collision between debris and the space station

🎵 Bonus Question

Q. Which is correct according to the passage?
(a) Space debris is estimated to travel at speeds of less than 17,000 mph.
(b) There is an ongoing discussion about the possibility of a collision.
(c) Crew members have been given instructions on how to escape the station.
(d) NASA's satellites are under investigation due to serious damage by space debris.

2

We, the Japanese consumers, sincerely request that you label and segregate all GMO (genetically modified organism) products. It is widely known that these foods are higher in toxins, cause allergic reactions, and are lower in nutritional value. Regardless of their potential hazard to our health, GMO crops such as tomatoes, soybeans and corn are imported on a large scale. Although their harmful effects are not thoroughly proven, we deserve to know exactly what it is that we are eating. We trust that processing companies like yours will acknowledge our concerns and make the necessary changes.

Q. What can be inferred from the passage?

(a) Food producers are making a scientific analysis on GMO foods.

(b) Japanese consumer groups are suspicious about the safety of GMO products.

(c) The writer suggests mandatory labeling on GMO foods to the Japanese government.

(d) The importers of GMO crops are being faced with obstacles by Japanese consumers.

🎵 Bonus Question

Q. What does the writer suggest?

(a) Japanese consumers should stop GMO crops from being imported.

(b) People should be aware of potential dangers imposed by GMO products.

(c) Food companies should not neglect consumers' rights to be aware of GMO products.

(d) Harmful effects of GMO products need to be admitted by food processing companies.

1

The crew in the International Space Station was given a scare when it was reported that debris might pass close to the station. According to NASA, the station is constantly in danger of being struck by space debris which can travel at speeds exceeding 17,000 mph. Most of the debris is closely monitored by NASA's satellites, but there is some debris that is very difficult to track. NASA has a set of guidelines which determines whether or not the crew should evacuate the station. These guidelines aim to help crew members to better understand the dangers they might face when left in the station and what may happen in the event of a collision with space debris.

Q. What will the passage most likely discuss next? 지문 다음에 논의될 내용은?

(a) How to calculate the speed of space debris with accuracy
우주 잔해의 속도를 정확하게 계산하는 방법

(b) A variety of ways to change the moving route of space debris
우주 잔해의 이동 경로를 바꿀 수 있는 다양한 방법

(c) Scientific development of NASA's monitoring satellites over the decade
지난 10년간 NASA의 위성 감시 분야의 과학적 발전

★(d) The impact that may be caused by a collision between debris and the space station
우주 잔해와 우주 정거장의 충돌로 야기될 영향

단서 1 우주 잔해(space debris)가 우주 정류장과 충돌할 가능성이 있어 승무원들의 대피 여부에 관해 논의가 진행 중임을 언급하고 있다.

2 지문 후반부에 나사(NASA)가 갖고 있는 지침을 통해 승무원들이 우주 정류장에 남겨졌을 때의 위험성을 숙지할 것이라고 언급하고 있으므로, 지문 다음에는 우주 잔해와 우주선의 충돌로 인한 피해에 관한 내용이 이어지는 것이 자연스럽다. 따라서 (d)가 정답이다.

번역 국제우주정거장(ISS)의 승무원은 우주 잔해가 정거장 가까이 지나갈지도 모른다고 보고되었을 때 공포를 느꼈다. NASA에 따르면, 그 정거장은 시속 17,000마일을 초과하는 속도로 부유하는 우주 잔해에 충돌할 위험에 끊임없이 놓여 있다고 한다. 대부분의 잔해는 NASA의 위성에 의해 면밀히 감시되고 있으나 추적이 어려운 잔해들도 있다. NASA는 승무원들이 정거장에서 대피해야 하는지, 아닌지에 관해 결정할 수 있는 지침을 가지고 있다. 이 지침은 승무원들이 우주 정거장에 남겨졌을 때 우주 잔해와 충돌할 경우에 어떤 위험을 겪을 수 있는지를 더 잘 이해하도록 도움을 준다.

어휘 **give a scare** 공포를 주다 **debris** 잔해, 파편 **exceed** 초과하다 **closely monitored** 면밀하게 감시되고 있는 **satellite** 위성 **track** 추적하다 **determine** 결정하다 **evacuate** 대피하다 **collision** 충돌

🎵 Bonus Question

Q. Which is correct according to the passage? 지문 내용과 일치하는 것은?

(a) Space debris is estimated to travel at speeds of less than 17,000 mph.
우주 잔해는 시속 17,000마일 미만의 속도로 이동하는 것으로 추정된다.

★(b) There is an ongoing discussion about the possibility of a collision. 충돌 가능성에 대한 논의가 진행되고 있다.

(c) Crew members have been given instructions on how to escape the station.
승무원들은 어떻게 정거장을 탈출할지에 관해 이미 지침을 받았다.

(d) NASA's satellites are under investigation due to serious damage by space debris.
NASA의 인공위성은 우주 잔해로 인한 심각한 손상 때문에 조사 중에 있다.

단서 지문 앞부분에서 국제 우주 정거장에 우주 잔해가 빠르게 접근하고 있다는 내용이 나와 있으므로 (b)가 정답이다.

2

We, the Japanese consumers, sincerely request that you label and segregate all GMO (genetically modified organism) products. It is widely known that these foods are higher in toxins, cause allergic reactions, and are lower in nutritional value. Regardless of their potential hazard to our health, GMO crops such as tomatoes, soybeans and corn are imported on a large scale. Although their harmful effects are not thoroughly proven, we deserve to know exactly what it is that we are eating. We trust that processing companies like yours will acknowledge our concerns and make the necessary changes.

Q. What can be inferred from the passage? 지문에서 추론해 볼 수 있는 것은?

(a) Food producers are making a scientific analysis on GMO foods.
식품 생산업체들은 유전자 변형 식품에 대한 과학적 분석 작업을 하고 있다.

★(b) Japanese consumer groups are suspicious about the safety of GMO products.
일본 소비자 단체들은 유전자 변형 제품의 안전성을 의심스러워한다.

(c) The writer suggests mandatory labeling on GMO foods to the Japanese government.
필자는 유전자 변형 식품에 라벨 부착을 의무화할 것을 일본 정부에 제안하고 있다.

(d) The importers of GMO crops are being faced with obstacles by Japanese consumers.
유전자 변형 작물 수입업체들은 일본 소비자들 때문에 어려움에 직면해 있다.

단서　1　일본 소비자 단체에서 유전자 변형 식품 가공업체에 유전자 변형이 된 식품에 대하여 의무적으로 표시를 해줄 것을 요구하는 내용이다.

　　　2　안전성에 관한 연구가 철저하게 이루어지지 않은 상황에서 유전자 변형 식품이 대량으로 수입되는 것을 우려하고 있는 것이 주된 내용이므로 (b)가 알맞다.

번역　우리 일본 소비자들은 모든 유전자 변형 생물(GMO) 제품에 표를 붙이고 구분할 것을 진심으로 요구합니다. 이 식품들은 독성이 높고, 알레르기 반응을 일으킬 수 있으며, 영양가가 낮다고 널리 알려져 있습니다. 건강에 대한 잠재적 위험 요소는 등한시한 채 토마토, 콩, 옥수수 같은 유전자 변형 농작물이 대규모로 수입되고 있습니다. 그 유해성이 철저히 입증되지는 않았지만, 우리가 먹고 있는 것이 어떤 것인지 우리는 정확히 알 필요가 있습니다. 귀사와 같은 가공업체들이 우리의 걱정을 받아들이고, 필요한 개선을 수행하리라 믿습니다.

어휘　**segregate** 구분하다　**GMO** 유전자 변형 생물　**allergic reaction** 알레르기 반응　**nutritional value** 영양가　**potential** 잠재적인 **hazard** 위험 (요소)　**crop** 농작물　**on a large scale** 대규모로　**acknowledge** 인정하다

Bonus Question

Q. What does the writer suggest? 필자가 제안하는 것은?

(a) Japanese consumers should stop GMO crops from being imported.
일본 소비자들은 유전자 변형 작물 수입을 중단해야 한다.

(b) People should be aware of potential dangers imposed by GMO products.
사람들이 유전자 변형 제품으로 인해 야기될 수 있는 잠재적 위험성을 알아야 한다.

★(c) Food companies should not neglect consumers' rights to be aware of GMO products.
식품업체들은 유전자 변형 제품에 대한 소비자들의 알 권리를 무시하지 말아야 한다.

(d) Harmful effects of GMO products need to be admitted by food processing companies.
식품 가공업체들이 유전자 변형 제품의 유해성을 인정할 필요가 있다.

단서　1　유전자 변형 식품의 안전성에 관해 매우 우려하면서 유전자 변형 식품 가공업체에게 보낸 편지이다.

　　　2　식품업체에 요구하는 내용은 지문의 첫 문장에 잘 나타나 있다. 유전자 변형 식품임을 알리는 라벨을 붙여서 소비자들이 유전자 변형 농산물 제품을 정확히 인식할 수 있도록 해야 한다는 것이므로 답은 (c)이다.

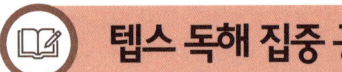

Part III Read the passage, question, and options. Then, based on the given information, choose the option that best answers each question.

1

In most school environments, tests are used only to measure the knowledge that students have learned. But studies show that testing can actually aid in the learning process and help students remember what they learn. The most effective way to remember information is to make a connection between it and something you already know. This can be done while studying, but recent experiments suggest that connections are more strongly drawn when the student is being tested. Based on this research, some experts are calling for increased use of practice tests in schools.

Q. What can be inferred from the passage?

(a) The full potential of testing is largely ignored in schools.

(b) Exams should test the connections between information.

(c) Increased testing will be ordered by the government.

(d) Most students are unaware of good study habits.

2

The one-man play *It's My Business* opened this week. It's about a man called Mr. Filter who spends most of the play talking on the telephone, trying to save his business from falling apart. Although it has moments of humor and the acting is reasonable, the drama is not varied or strong enough to prevent weariness. It is just too dull—most of the time it is Mr. Filter talking to himself. At one point he talks to his goldfish, but by this time the audience might feel as trapped as the goldfish and equally tired of the view.

Q. What would the writer of the review likely agree with?

(a) *It's My Business* is somewhat underrated.

(b) People will be bored with *It's My Business*.

(c) *It's My Business* is too complex for audiences.

(d) Audiences will find *It's My Business* too short.

3

You've probably heard of the Napa and Sonoma Valleys in California, but did you know you can find good wines a lot closer to home? The village of Stonewall invites you to tour some of the best vineyards in the southern US. Winemaking is a tradition with old roots in this region, but only recently have vineyards opened their doors to visitors. That means you won't see the crowds that can make other wine regions a chore to visit. Why don't you come to Stonewall and experience a different side of wine tourism?

Q. What can be inferred from the advertisement?

(a) Stonewall is well known among wine tourists.

(b) Napa and Sonoma are popular wine destinations.

(c) Sonoma Valley wines are better than Stonewall's.

(d) There are a high number of wineries around Stonewall.

4

Approximately 60% of Americans feel a strong responsibility towards protecting the environment, according to a recent survey. Most believed their actions were helping to protect the environment. They said that recycling packaging and cans and purchasing energy efficient and recycled products help a lot. Just over 6 out of 10 said that carpooling would help. Many respondents said these actions would save the environment. But when asked about the specific actions they did, there was a gap between what they did and what they said everyone should do for the environment.

Q. What can be inferred about Americans from the survey?

(a) Most are ignorant about environmental issues.

(b) Their attitudes do not always reflect their actions.

(c) Around 40% cause environmental damage.

(d) They are changing their views about carpooling.

08 1지문 2문항

유형 리뷰 | 독해 Part IV는 26~35번 문제에 해당한다. 총 5개의 지문이 나오며, 지문 하나당 2문제씩 출제된다. 지문 하나당 문제 구성은 [전반적인 내용 문제+세부 내용 문제], [전반적인 내용 문제+추론 문제], [세부 내용 문제+세부 내용 문제], [세부 내용 문제+추론 문제] 등 다양하게 구성될 수 있다.

📖 전반적인 내용 문제 + 세부 내용 문제

Point 한 지문에서 주제, 목적, 세부 내용 문제, 추론 문제가 결합하여 출제되므로 전체적인 내용 이해가 필요하다.

To: Joy's Hamburgers

This notice is to inform you that changes have been made to the occupancy limit of your building. As you know, legal limits are set on the maximum number of people allowed within buildings, and they are based on the size and structure of a building. The restrictions are to ensure public safety. The maximum occupancy of your establishment, which used to be 100 people, has been reduced to 90 people after assessing your newly renovated property.

You must make sure that future gatherings on your premises do not violate these updated standards. Exceeding that limit can create safety hazard, and the owner of the premises may end up paying a fine of up to $1,000.

Sincerely,
Stuart Smith
Buffalo Fire & Rescue Service

* occupancy limit (건물 내) 수용 인원 제한

Q1. What is the main purpose of the notice?
(a) To notify the premises owner of some adjustment in safety standards
(b) To inform the premises owner that a new safety law has been passed recently
(c) To order the premises owner to pay a fine for violation of a law
(d) To advise the premises owner on how to prevent a safety hazard

Q2. Why was Joy's Hamburgers reassessed?
(a) The law has been revised.
(b) The structure underwent renovation.
(c) More buildings have been added to the area.
(d) The building is too old to run a business.

문제 풀이법   Q1   ❶ 소방서에서 조이 햄버거의 최대 수용 인원 제한 기준이 100명에서 90명으로 줄었다고 통보하고 있다.

❷ 인원 제한은 안전을 위한 것이라고 했으므로 안전 기준이 변경되었음을 알 수 있다. 따라서 정답은 (a)이다.

Q2   ❶ 최대 수용 인원 제한은 건물의 크기와 구조에 따라 결정된다고 했다.

❷ 조이 햄버거의 최대 수용 인원 제한 기준이 조정된 것은 개보수 공사 후에 이루어진 것이다.

❸ 개보수 공사로 건물 내부 구조가 바뀌었을 것이므로 그에 맞춰 인원 제한이 조정된 것이므로 정답은 (b)이다.

오답 탈출법   Q1   건물 내 최대 수용 인원 제한을 어긴 경우 벌금을 물 수 있다고 했지만, 건물주가 실제로 규정을 위반한 것은 아니므로 (c)는 오답이다.

Q2   지문에 안전 기준법에 대한 언급은 있지만, 이 법이 개정되었다는 내용은 없다. 인원 제한수가 조정된 것은 법이 개정되어서가 아니라, 건물 내부 구조가 바뀌었기 때문이다. 따라서 (a)는 오답이다.

번역   수신: 조이 햄버거

귀하에게 건물 점유율 제한에 변경이 이루어졌다는 것을 알려드리기 위해 통지문을 보냅니다. 귀하도 알다시피 건물 내 수용 허용 최대 인원수를 법적으로 정해 놓고 있으며, 이 제한은 건물의 크기와 구조에 기반한 것입니다. 이 제한은 안전을 보장하기 위한 것입니다. 귀하의 시설물의 최대 허용 인원수는 100명이었지만, 새롭게 개보수된 귀하의 건물을 다시 평가한 결과 90명으로 줄어들었습니다.

귀하는 앞으로 있을 시설물 내의 모임이 바뀐 기준을 위배하지 않도록 해야 합니다. 이 제한선을 초과하면 안전 문제를 일으킬 수 있고, 건물주는 최대 1,000달러의 벌금을 물게 될 수도 있습니다.

스튜어트 스미스
버펄로 소방서

Q1 공지의 주요 목적은?
★(a) 건물주에게 안전 기준이 조정되었다는 것을 통지하려고
(b) 건물주에게 최근 안전에 관한 법이 통과되었음을 알리려고
(c) 건물주에게 법 위반에 대해 벌금을 낼 것을 명령하려고
(d) 건물주에게 안전 문제를 예방하는 법에 대해 조언하려고

Q2 조이 햄버거 건물이 다시 평가된 이유는?
(a) 법이 개정되어서
★(b) 건물이 보수 공사를 거쳐서
(c) 더 많은 건물이 지역에 추가되어서
(d) 건물이 사업을 운영하기에 너무 오래되어서

어휘   **maximum** 최대의   **restriction** 제한, 규제   **establishment** 시설물   **assess** 평가하다   **renovate** 개보수하다   **property** 건물, 부동산   **premises** 건물 부지   **exceed** 넘어서다, 초과하다   **hazard** 위험   **end up -ing** 결국 ～하게 되다

Point   Part 4는 학술문에 보다 실용문이 많이 나오는 편이다. 뉴스, 사설, 구인광고는 물론 채팅 메시지나 문자 메시지 등 다양한 형태가 출제된다.

Wanted: Customer Service Representative

Speedway is a successful shipping company based in Denver with an exceptional reputation. We invite jobseekers for a customer service position.

Primary duties:

- Assisting with customer inquiries, comments, and concerns
- Compiling customer feedback to improve our delivery and customer service

Requirements:

- Must have at least two years of experience in customer service
- Must be able to work on a fixed schedule
- Must be able to deal with customer complaints successfully
- Must be able to use Microsoft Office software (Excel, Word, etc.)

Benefits:

- Besides a competitive daily wage, we provide all our employees with perks including free lunch, health insurance, discounts for the fitness club, and paid leave.

Successful candidates will be working with our specially designed software to help our customers, but prior knowledge of using it is not required, as intensive training will be given.

* **perk** (봉급 이외에 직원에게 제공되는) 혜택

Q3. Which of the following is correct according to the advertisement?

(a) One of the main duties is to package shipments.

(b) Special training is given for new employees.

(c) Customer relations experience is not required.

(d) Employees can choose flexible working hours.

Q4. Which of the following is NOT an employee benefit provided by Speedway?

(a) Paid time off

(b) Free access to a gym

(c) Free meals

(d) Medical insurance

Q3 ❶ 구인광고에서 고객센터 직원들은 특별히 제작된 업무용 소프트웨어를 사용한다고 했다.

　　　　❷ 합격자에게 이 프로그램 사용법에 대해 집중적으로 교육할 것이라고 했으므로 정답은 (b)이다.

　　　Q4 ❶ 구인광고에서 봉급 이외의 직원 혜택을 나열하고 있다.

　　　　❷ 헬스장은 무료로 이용하는 것이 아니라 할인된 가격에 이용할 수 있다고 했으므로 정답은 (b)이다.

오답 탈출법 Q3 이 회사가 배송회사라고 해서 (a)를 정답으로 고르지 않도록 유의하자. 수송품을 포장하는 것은 업무 내용에 포함되어있지 않다.

　　　Q4 유급 휴가, 무료 식사, 의료 보험 등은 모두 직원 혜택에 포함되는 내용이다.

번역

구함: 고객 서비스 직원

스피드웨이는 덴버에 본사를 두고 있는 뛰어난 명성을 가진 배송 회사입니다. 저희는 고객 서비스직에 지원할 구직자를 찾습니다.

주요 직무:
– 고객 문의나 의견, 문제점 해결
– 배송 및 고객 서비스 개선을 위한 고객 피드백 수집

조건:
– 적어도 2년 이상의 고객 서비스 경험이 있어야 함
– 정해진 시간에 일할 수 있어야 함
– 고객 불만을 성공적으로 처리할 수 있어야 함
– 마이크로소프트 오피스 프로그램을 사용할 수 있어야 함 (엑셀, 워드 등)

혜택:
– 높은 일급 외에 저희는 모든 직원에게 무료 중식, 건강 보험, 헬스장 할인, 유급 휴가와 같은 혜택을 제공합니다.

합격한 지원자는 고객을 돕기 위해서 저희가 특별히 제작한 소프트웨어를 업무에 쓸 것인데, 집중 훈련이 제공될 예정이므로 사용법을 미리 알아둘 필요는 없습니다.

Q3 광고의 내용과 일치하는 것은?
　(a) 주요 업무 중 하나는 수송품을 포장하는 것이다.
　★(b) 새로운 직원에게 특별 교육이 제공될 것이다.
　(c) 고객 서비스 경험은 필요하지 않다.
　(d) 직원들은 탄력적인 근무 시간을 선택할 수 있다.

Q4 다음 중 스피드웨이에서 제공하는 직원 혜택이 <u>아닌</u> 것은?
　(a) 유급 휴가
　★(b) 헬스장 무료 이용
　(c) 무료 식사
　(d) 의료 보험

어휘　**representative** 직원　**exceptional** 뛰어난　**reputation** 명성　**jobseeker** 구직자　**compile** 수집하다　**competitive** (봉급이) 높은　**wage** 봉급　**paid leave** 유급 휴가　**prior** 이전의　**intensive** 집중적인

Part IV Read the passage, questions, and options. Then, based on the given information, choose the option that best answers each question.

1-2

> A group of astronomers has discovered a new planet which they believe could support life. The planet was named HD 40307g. It is a huge planet, with a mass seven times the size of the Earth. It is a part of a six-planet solar system, which was formerly believed to have only three planets. And their orbits are too close to the sun for them to support life. Of the three newly discovered planets, HD 40307g is farthest from the sun, which would give it a hospitable environment to support life. The planet is only 42 light years away from the Earth, a much shorter distance than that between the Earth and Kepler-22b, another Earth-like planet, which is located 600 light years away.

Q1. What is the main topic of the passage?

(a) The discovery of a new habitable planet

(b) A space probe to be launched soon

(c) Conditions needed to support life

(d) How long it takes to reach HD 40307g

Q2. Which of the following is correct about HD 40307g?

(a) It is a part of a solar system with six planets and a star.

(b) It is too close to its sun to support life.

(c) It is the first Earth-like planet that was ever discovered.

(d) It is 42 light years away from Kepler-22b.

🎵 **Bonus Question**

Q. What makes HD 40307g hospitable?

(a) It has a moon as the Earth does.

(b) It is seven times as big as the Earth.

(c) The distance from its sun is far enough.

(d) It is closer to the Earth than Kepler-22b is.

1-2

A group of astronomers has discovered a new planet which they believe could support life. The planet was named HD 40307g. It is a huge planet, with a mass seven times the size of the Earth. It is a part of a six-planet solar system, which was formerly believed to have only three planets. And their orbits are too close to the sun for them to support life. Of the three newly discovered planets, HD 40307g is farthest from the sun, which would give it a hospitable environment to support life. The planet is only 42 light years away from the Earth, a much shorter distance than that between the Earth and Kepler-22b, another Earth-like planet, which is located 600 light years away.

Q1 What is the main topic of the passage? 지문의 주제는?
★(a) The discovery of a new habitable planet 생명이 살 수 있는 새로운 행성의 발견
(b) A space probe to be launched soon 곧 발사될 탐사선
(c) Conditions needed to support life 생명을 지탱하기 위해 필요한 조건들
(d) How long it takes to reach to HD 40307g. HD 40307g에 도달하는 데 걸리는 시간

Q2 Which of the following is correct about HD 40307g? HD 40307g에 대해서 일치하는 것은?
★(a) It is a part of a solar system with six planets and a star. 6개 행성과 항성으로 된 태양계의 일부이다.
(b) It is too close to its sun to support life. 태양과 너무 가까워서 생명을 지탱할 수 없다.
(c) It is the first Earth-like planet that was ever discovered. 첫 번째로 발견된 지구형 행성이다.
(d) It is 42 light years away from Kepler-22b. Kepler-22b와 42광년 떨어져 있다.

단서 **Q1** 주제문은 첫 번째 문장인 A group of astronomers has discovered a new planet …이므로 주제를 가장 잘 나타낸 것은 (a)이다.
Q2 HD 40307g는 6개의 행성이 공전하는 태양계의 일부분이므로 (a)가 정답이다.

번역 한 천체물리학자 집단이 생명을 지탱할 수 있다고 믿는 새로운 행성을 발견했다. 그 행성은 HD 40307g라고 이름 지었다. 그것은 매우 큰 행성으로, 지구 크기의 일곱 배이다. 그것은 6개의 행성으로 구성된 태양계에 속하며, 전에는 이 태양계에 3개의 행성만 있다고 여겼다. 이 행성들의 궤도는 태양과 너무 가까워 생명이 살 수 없다. 새로 발견된 3개의 행성 중 HD 40307g는 태양과 거리가 가장 먼데, 이 덕분에 이 행성은 생명을 지탱하기 적합한 환경을 제공한다. 이 행성은 지구에서 42광년밖에 떨어져 있지 않은데, 이 거리는 또 다른 지구형 행성인 Kepler-22b와 지구 사이의 거리인 600광년보다 훨씬 가깝다.

어휘 **astronomer** 천체 과학자 **hospitable** 생명이 살 수 있는 **light year** (거리 단위) 광년 **habitable** 살 수 있는 **probe** 우주 탐사선 **launch** 발사하다

🔔 **Bonus Question**

Q. What makes HD 40307g hospitable? HD 40307g가 살기 적합한 장소인 이유는?
(a) It has a moon as the Earth does. 지구처럼 위성이 있다.
(b) It is seven times as big as the Earth. 지구보다 7배 크다.
★(c) The distance from the sun is far enough. 태양과의 거리가 적당히 멀다.
(d) It is closer to the Earth than Kepler-22b is. Kepler-22b와 지구 사이의 거리보다 더 가깝다.

단서 6개의 행성 중 HD 40307g가 태양과 가장 멀리 떨어져 있어서 생명이 살아갈 수 있는 환경을 갖추게 되었다고 했으므로 정답은 (c)이다.

Part IV Read the passage, questions, and options. Then, based on the given information, choose the option that best answers each question.

1-2

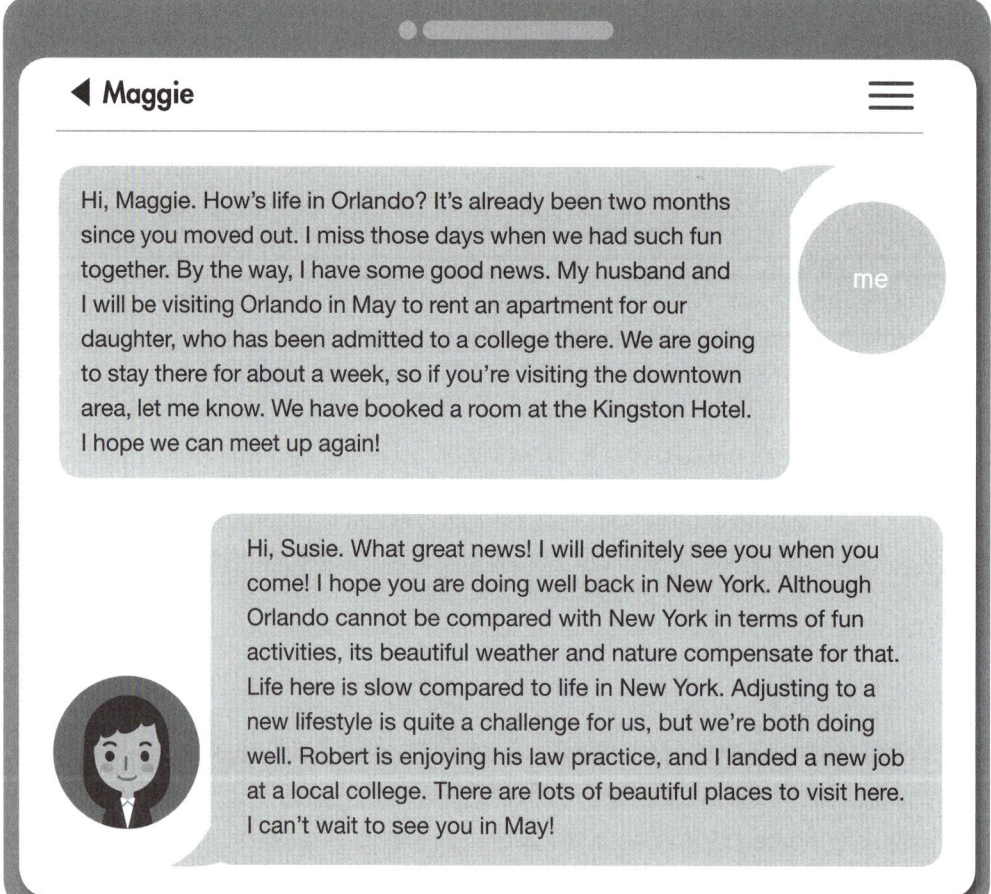

Hi, Maggie. How's life in Orlando? It's already been two months since you moved out. I miss those days when we had such fun together. By the way, I have some good news. My husband and I will be visiting Orlando in May to rent an apartment for our daughter, who has been admitted to a college there. We are going to stay there for about a week, so if you're visiting the downtown area, let me know. We have booked a room at the Kingston Hotel. I hope we can meet up again!

me

Hi, Susie. What great news! I will definitely see you when you come! I hope you are doing well back in New York. Although Orlando cannot be compared with New York in terms of fun activities, its beautiful weather and nature compensate for that. Life here is slow compared to life in New York. Adjusting to a new lifestyle is quite a challenge for us, but we're both doing well. Robert is enjoying his law practice, and I landed a new job at a local college. There are lots of beautiful places to visit here. I can't wait to see you in May!

Q1. Why did Susie send the message?

(a) She wants to recommend a good college to Maggie's daughter.

(b) She wants to ask Maggie if there's a good apartment to rent.

(c) She wants to inform Maggie of her plan to visit Orlando.

(d) She wants to ask Maggie what life is like in Orlando.

Q2. What can be inferred about Maggie from the chat massage?

(a) She used to live in New York.

(b) She wants to visit New York.

(c) She was born in Orlando.

(d) She finds it easy to live in the new city.

3-4

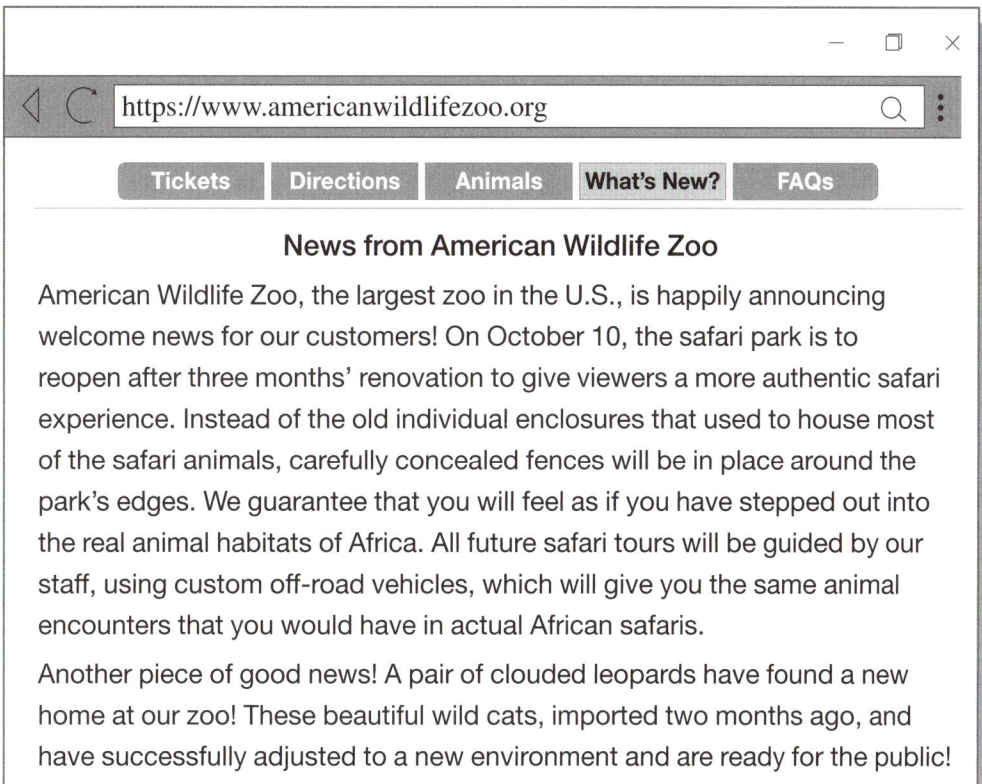

https://www.americanwildlifezoo.org

| Tickets | Directions | Animals | **What's New?** | FAQs |

News from American Wildlife Zoo

American Wildlife Zoo, the largest zoo in the U.S., is happily announcing welcome news for our customers! On October 10, the safari park is to reopen after three months' renovation to give viewers a more authentic safari experience. Instead of the old individual enclosures that used to house most of the safari animals, carefully concealed fences will be in place around the park's edges. We guarantee that you will feel as if you have stepped out into the real animal habitats of Africa. All future safari tours will be guided by our staff, using custom off-road vehicles, which will give you the same animal encounters that you would have in actual African safaris.

Another piece of good news! A pair of clouded leopards have found a new home at our zoo! These beautiful wild cats, imported two months ago, and have successfully adjusted to a new environment and are ready for the public!

Q3. What change has been made to the safari park?

(a) The park hired native African tour guides.

(b) Old fences have been replaced with stronger ones.

(c) The fences have been covered for more natural scenery.

(d) Each kind of animal has been put in individual cages.

Q4. What can be inferred about the clouded leopards from the passage?

(a) They used to live in the rainforest.

(b) They are not native to the U.S.

(c) They are not fully grown.

(d) They will be kept with other safari animals.

The Green Times

Rolling Rocks' Second Album

Lisa Parker

When I had a first look at the cover of the Rolling Rocks' new album, I just couldn't help scratching my head. First, you will encounter a blank box for a title on its front, and then ten untitled songs on its back. And inside the cover is a booklet where there is nothing but solid grey pages. They all seem to send me a silent message: It's up to you whatever titles the album and songs should have. That's not it. Put the CD in a player to listen to the songs, and you will be even more puzzled with the songs' lyrics made up of random syllables. The reactions from its fans were clearly divided. Some like it because they find it totally ground-breaking. However, other fans find themselves completely perplexed with an approach they have never experienced before.

For me, this new album is interesting in that the band makes listeners interpret on their own, by avoiding using commonly known symbols, which throw listeners into a totally unfamiliar experience.

Q5. What is the writer's main point about the album?

(a) Its excessively stylized symbolism makes its meaning unclear.

(b) It is based on a distinctly rock concept.

(c) It does not effectively deliver the emotional message it intends to.

(d) The cover design and songs encourage listeners' own analyses.

Q6. Which of the following is correct according to the passage?

(a) Each song is written in a different language.

(b) The new album is widely loved by its fans.

(c) There are no titles for the album and its songs.

(d) Many different genres are mixed in the new album.

https://www.thehealthmagazine.ca/food

The Evolution of Fruit and Vegetable Production

Many of the fruits and vegetables we eat today are remarkably different from those eaten in ancient times. Though ancient grapes, plums, pears, apples, and oranges were similar to their modern shapes, many fruits and vegetables have changed dramatically since humans invented farming.

For instance, wild carrots, which are purple or white root-like shapes, are unrecognizable today. The carrot we know today is an outcome of domestication. Many fruits underwent drastic changes, too. The wild peach is one example. The cherry-like fruit with little flesh to bite, which tastes earthy and salty, was first domesticated around 4000 BC in China. It has been modified to become today's peach, about 60 times larger, much juicier and sweeter. Humans also used a single plant variety to develop different foods like cauliflower, broccoli, cabbage, and Brussels sprouts.

Q7. What is the writer's main point about fruits and vegetables?

(a) More fruits have undergone changes than vegetables.

(b) Many ancient fruits and vegetables have been enhanced to take modern shapes.

(c) There was little evidence that shows today's fruits are the same as ancient ones.

(d) They were too dangerous to eat before they were domesticated.

Q8. Which of the following is NOT produce generated with the same plant variety?

(a) Cauliflower

(b) Carrots

(c) Cabbage

(d) Brussels sprouts

II

주제별
독해 전략

어휘 잡고 독해 잡기 (주제별)

NEW TEPS 어휘 잡고 독해 잡기 (주제별)

Unit 01　건강 & 음식

additive 첨가제

adjust 조정하다

appetite 식욕

at least 최소한

be less likely to ~할 가능성이 더 적다

behavioral 행동의

bipolar disorder 조울증

blame 비난하다, 탓하다

blood sugar 혈당

blood vessel 혈관

boost 증가시키다

build up 축적되다

calorie-controlled 열량이 제한된

code 규약

cognitive 인지의

complete 완수하다

consumption 소비

cushion 완충제

daily routine 일상사

dehydration 탈수

depression 우울증

diabetes 당뇨병

disc 디스크, 추간 연골

dubious 의심스러운, 불확실한

effectiveness 효과

estimate 추정하다

ethics 윤리

experience 경험하다

falsely 그릇되게

frequency 빈도수

glucose 포도당

heart failure 심장마비

immune system 면역 체계

impression 인상

inappropriate 부적절한

ingredient 성분

inner 내부의

lack 부족

lactose 락토오스, 젖당

layer 층, 켜

mania 조증

medication 약물 치료

metabolism 신진대사

misleading 호도하는; 오해의 소지가 있는

moderate 적당한

nutrient 영양분

out of place 제자리에 있지 않은

outer 외부의

overcome 극복하다

pharmacist 약사

pharmacy 약국

placebo 플라시보, 위약(심리적 안정을 위한 가짜 약)

preservative 보존제

properly 적절하게

psychotherapy 심리 치료

qualification 자격

reportedly 전하는 바에 따르면

resistance 저항력, 내성

side effect 부작용

sign up for ~을 신청하다

spine 등뼈, 척추

strict 엄격한

surveyor 조사원

tough 힘든

treatment 치료

unreliable 신뢰할 수 없는

unscientific 비과학적인

vertebra 등골뼈, 척추골

wage 임금[급료]

weight loss 체중 감소

well-balanced 균형 있는

what is called 소위

willpower 의지력

Unit 02   쇼핑 & 여행

a variety of 다양한

annual 연례의

antiquities 유물, 골동품

appliance 가전제품

arrangement 준비

bargain 싸게 산 물건

breath-taking 숨 막히게 아름다운

brief 짧은

bullet train 고속열차

canyon 협곡

charm 매력

civil war 내란

classic 고전적인, 최고 수준의

closing sale 마감 세일

common sense 상식

complex 복합 단지

continent 대륙

cover (여러 지역에) 걸치다

dining car 식당차

disaster 대실패, 재난

encounter 마주치다

especially 특히

excellent 훌륭한

factory outlet 공장 직판장

famine 기근

fellow 동료

fit (몸이) 탄탄한, 건강한

frustrating 실망스러운

furnishings 비품, 가구

glimpse 힐끗 보기

graduation 졸업

hardship 곤경

high-profile 인기가 많은

home (사물·사상 등의) 고향, 발상지

ideal 이상적인

interactive 상호작용하는

kitchenware 주방용품

length 길이

lively 생기 넘치는

local 지역만; 지역의

modernize 현대화하다

multi-day 여러 날의

name brand 유명 상표

offer (짧은 기간 동안의) 할인

off-season 비수기의

old-fashioned 예스러운

organizational 정리의

prestigious 명성 있는

purchase 구매

re-create 개조하다

rejuvenate 활기를 되찾게 하다

replacement 대체, 교체

rival 경쟁하다

run 운영하다

rush 서두르다

scenery 풍경

scenic 경치가 아름다운

scope 범위

sightseeing 관광

sociable 사교적인

specifically 특히

state 주(州)

take advantage of ~을 활용하다

terrain 지역

Thanksgiving 추수감사절

the public 대중, 일반 사람들

top ~보다 뛰어나다, 최고이다

unclear 불확실한

valued 귀중한

violent 폭력적인

waitstaff 종업원들

warmth 따뜻함

wildlife 야생생물

wrap 감싸다

Unit 03   예술 & 오락

accompany 수반하다

adulthood 성년

affect 영향을 주다

and so on 기타 등등

art song 예술 가곡

ashen 잿빛의

authenticity 진정성

be dedicated to ~에 헌신하다

believable 믿을 만한

captivating 매혹적인

career 경력

challenging 힘든, 어려운

childhood 어린 시절

commercial 상업적인

contemporary 현대의

controversial 논란이 되는

costume 의상

court painter 궁정 화가

court 궁전

craft 공들여 만들다

Cubism (미술 운동) 입체파

decline 쇠퇴, 몰락

defend 변호하다

depict 묘사하다

direction 방향

do A justice A를 정확히 처리하다

dynasty 왕조

encourage 장려하다

entertainer 연예인

establish 설립하다

exhibition 전시

faith 신념

filmmaker 영화 제작자

frequent 빈번한

in progress 진행 중인

innovative 혁신적인

intimidating 위협적인

investigation 조사

laid-back 느긋한

learn of ~에 대해 알게 되다

loyal 충실한

lyrical 서정적인

lyrics 가사

mainly 주로

master 숙달하다

meet the needs of ~의 요구를 충족시키다

mellow 부드럽고 풍부한

mural 벽화

narrative 설명, 이야기

object 반대하다

offering 내놓은 것

passion 열정

performer 공연자

performing arts 공연 예술

piece together 종합하다

portray 묘사하다

poverty-stricken 가난에 찌든

prestige 명성

primarily 주로

prior to ~보다 전에

professional 전문의; 전문가

project 투사하다, 투영하다

provoke 촉발시키다

pursuit 추구

rather than ~라기 보다

recital 독창회

reflect 투사하다, 투영하다

relative 친척

represent 표현하다

scholarly 학문적인

school 학파

script 대본

spark 촉발하다

style 양식, 스타일

subject matter 소재

superior to ~보다 뛰어난

surround 둘러싸다

technique 기법, 기술

throughout ~을 통해서, ~내내

unjust 부당한

upsetting 화나게 하는

victim 희생자

work 작품

wreckage 잔해

Unit 04 교육 & 사회

achieve 성취하다

achievement 성취도

ambition 야망

analysis 분석

assist 돕다

at the beginning 처음에는

be behind in ~에 뒤처지다

be to blame 책임이 있다

beat 이기다

celebrity 유명인

comparison 비교

confirm 확인하다

curriculum 교과 과정

deal with ~을 다루다

disability 장애

district 지역

dropout 중퇴(자)

educator 교육자

emotional 감정적인

emotionally 감정적으로

enable 가능하게 하다

explanation 설명

extrinsic 외부적인

failure 실패

finding 조사 결과

freshman 신입생

ghetto 빈민가

grade 학년

grader ~학년생

hopeless 희망 없는

housing project (정부 자금으로 개발한) 저소득층 주택단지

in the long term 장기적으로

indicator 지표

initial 처음의

intellect 지성; 지식인

intelligence 지능

interact 상호작용하다

interestingly 흥미롭게도

intrinsic 내재적인

keep up with ~을 뒤처지지 않고 따라가다

key 열쇠

link 관계

low-income 저소득의

make it through 통과하다

motivator 동기를 주는 것

negative 부정적인

obvious 뻔한, 명백한

optimistic 낙관적인

parental 부모의

performance 성취도

phenomenon 현상

physical 물리적인

poverty 빈곤

praise 칭찬

predict 예상하다

put A at risk A를 위태롭게 하다

rapidly 급격하게

researcher 연구자, 연구원

resident 주민, 거주자

reward 상, 보상

rural 시골의

satisfaction 만족

senior year 고학년

sisterly 자매의

strengthen 강화하다

subject 연구 대상, 피실험자

track 추적하다

trap 덫; 덫으로 잡다

value 소중히 여기다

Unit 05 경제 & 비즈니스

an insured person 피보험자

applicant 지원자

appropriately 적절하게

approximately 대략

as usual 평상시처럼

attempt 시도

auditor 회계 감사관

be exposed to ~에 노출되다

be limited to ~에 제한되다

bone fracture 골절

calculate 계산하다

call for ~을 요구하다

candidate 후보자

certificate 증명서

certification 자격증

cheat 속이다

compulsory 의무적인

condition 질환

conduct 수행하다

consider 고려하다

construction 건설

costly 비용이 많이 드는

dependent 부양가족

duty 임무, 업무

employee 직원

employer 고용주

employment 고용

examine 조사하다

expense 비용

feed 먹이다

generate 산출하다

give away 공짜로 나눠 주다

go up and down 오르내리다

health-care 의료 서비스, 보건

hire 채용하다

honor system 자율 시행 제도

hourly 시간당의, 시간당

in the eye of ~이 보는 바로는

in the interest of ~을 위해

insurance company 보험 회사

job opening (직장의) 빈자리

junk mail 정크 메일, 광고 메일

merge 합병하다

multiple 여러 개의

must 필수 사항

non-smoker 비흡연자

occasional 가끔의

on-site 현장의

outlet 대리점

pay 급료, 봉급

permanent 영구적인

policy 정책, 방침

position 직위, 자리

potential 잠재적인

profit 이익

punctuality 시간을 지키는 것

recruiting 인력 채용 활동

related 관련된

reminder 상기시켜 주는 편지

retail 소매점

reusable 재사용할 수 있는

shot 주사

sick day 병으로 인한 휴가일

spouse 배우자

stock exchange 증권거래소

suffer (부상을) 겪다

temporary 임시의

the board 이사회

translate 의미하다, 번역하다

upcoming 곧 있을

vaccination 예방 접종

valid 유효한

vehicle 차량

verify 확인하다

Unit 06 역사 & 문화 & 철학

address (문제를) 다루다

alternative 대안이 되는

arise 일어나다

associate 연상하다

assume 추정하다

astonishing 놀랄 만한

ban 금지하다

brilliant 영리한

citizen 시민

combine 합치다

community 공동체

compare 비교하다

contrast 대조

conquest 정복

construct 건설하다

contrast 대조

contribute 기여하다

criticize 비판하다

deserve ~할 자격이 있다

distinguished 출중한

dumping 투기

Dutch 네덜란드(인)의

escape 벗어나다

evolution 진화

exact 정확한

excavate 발굴하다

factor 요인

fragile 부서지기 쉬운

genius 천재

golden age 황금기, 전성기

goodness 선량함, 착함

greedy 탐욕스러운

hail 묘사하다

heritage 유산

historian 역사가

humble 초라한

humidity 습도

incorrect 부정확한

inferior to ~보다 하위의

learned 학식 있는

legend 전설

location 위치

master 거장

material 재료

monument 기념물

music career 음악 분야에서의 경력

organic 유기체의, 생물체의

outbreak 발생

outshine ~보다 우수하다

paradise 낙원

personality 인격

philosopher 철학자

political 정치적인

positivity 긍정성

preserve 보존하다

psychology 심리(학)

reflection 반영

reformer 개혁가

religious 종교적인

remains 유해, 잔해

remedy 바로잡다, 개선하다

reputation 명성

satire 풍자

slavery 노예 제도, 노예 신분

solely 단지 ~만

state 서술하다

statesman 정치가

suburb 교외

swine flu 신종 플루

theologian 신학자

theory 이론

toxic-waste 유독성 폐기물

unsuitable 부적합한

when it comes to ~에 대해서라면

worship 숭배하다

Unit 07 과학 & 환경

agriculture 농업

altogether 완전히

astronaut 우주 비행사

atmosphere 대기

be adapted to ~에 적응하다

be associated with ~와 관련이 있다

be located in ~에 위치하다

be supposed to ~하기로 되어 있다

cling onto 매달리다

colon cancer 대장암

commitment 전념

concentration 농도

consume 섭취하다, 먹다

coronary 관상동맥의

crater 분화구

crop yield 작물 수확량

deliver (타격을) 가하다

dirt 먼지

dissimilar 다른

dose (어느 정도의) 양

eel 뱀장어

efficiently 효과적으로

empty 비어 있는

equivalent to ~에 상당하는

eventually 마침내

experiment 실험

fair 공정한

fatal 치명적인

fungus 곰팡이

greenhouse gas 온실가스

hang 매달리다

hijack 빼앗다

host 숙주

household 가족, 세대

inevitable 불가피한

jaw 턱

lunar 달의

megaliter 메가리터(백만 리터)

method 방법

moisture 습기

native 토착의, 원산의

natural enemy 천적

numerous 수많은

overgrow 무성해지다

paddle-shaped 노 모양의

parking space 주차 공간

particularly 특히

productive 생산적인

protect 보호하다

rejection 거부

release 풀어주다

replace A with B A를 B로 대체하다

reproduce 번식하다

river system 수계

shortage 부족

sinister 악랄한, 사악한

slender 가느다란

stroke 뇌졸중

surprisingly 놀랍게도

sustainable (환경 파괴 없이) 유지되는

temperature 온도

tightly 단단히

transportation 교통수단

treatment 취급

underestimate 실제보다 낮게 어림하다

underwater 물속에서

usage 사용(량)

valuable 귀중한

vegetation 식물

venom 독

waterway 수로

willow tree 버드나무

Unit 08 정치 & 법률

accidentally 실수로

administration 행정

apart from ~이외에

argue 주장하다

as a general rule 일반적으로

association 협회

attempt 시도

attract 끌어들이다

background 배경

brilliant 훌륭한

bullying 약자를 괴롭힘

carry out ~을 수행하다

claim 주장하다

classified 기밀의

client 의뢰인, 고객

complaint 불만, 고소

confident 확신하는

constant 끊임없는

constitutional 헌법의

contribution 기여, 기부(금)

damage 피해, 손상

deceased 죽은

deliberately 고의로

dismiss 폄하하다

diverse 다양한

do one's best 최선을 다하다

donor 기부자

educate 교육시키다

effort 노력

elect 선출하다

election 선거

federal 연방의

file a lawsuit 소송을 제기하다

furthermore 더욱이

gather 모으다

harassment 괴롭힘

harsh 호된, 엄격한

identify 밝히다

incompetent 무능한, 무자격의

intend to ~할 예정이다

junior high (school) 중학교

last 계속되다

logic 논리

make fun of ~을 놀리다

make sense 이해가 되다

mess 혼란

movement 움직임, 운동

need-based 요구를 기반으로 한

nutrition 영양

official 당국, (고위) 공무원

oppose 반대하다

opposition 반대

presidential 대통령의

prevent 막다

pro-gun 총기 소지 찬성의

provide 제공하다

public 공공의, 공립의

purpose 목적

put an end to ~을 끝내다

quality 질, 품질

radical 급진적인

reduce 줄이다

resource 자원

reveal 드러내다

ridicule 조롱하다

rifle 소총

run for office 공직에 출마하다

scheme 계획, 체제

school district 학구

secure 확실한

self-esteem 자존감

tax payer 납세자

trip 발을 걸어 넘어뜨리다

unhealthy 건강에 나쁜

universal 보편적인

unregulated 규제되지 않은

voice (의견을) 말하다

voter 유권자

will 유언장

worsen 악화되다

01 건강&음식

토픽 리뷰 | 과일과 채소의 섭취 등 올바른 식습관 및 의학 상식에 관한 지문이 주로 등장하며, 특정 질병을 소재로 한 글의 경우 그 병의 주요 원인이나 증상 또는 해결책 등에 관한 정보가 빈칸으로 제시되기도 한다. 건강이나 음식과 관련된 지문을 읽으면서 빈출 어휘를 정리해 보는 것이 필요하다.

Health

Depression is a mental disorder _____. The major symptoms include a negative attitude and withdrawal from daily activities. Aside from medical treatments, there are a number of activities which can help someone who is diagnosed with depression. Doctors suggest depression sufferers contribute to meaningful activities such as volunteering at nurseries. Laughter, exercise, and spending time in nature are also good ways to get over the blues.

(a) that is difficult to live with and cure permanently
(b) that has symptoms which are hard to describe
(c) which causes people to suffer from a downturn in mood
(d) whose sufferers contribute to something meaningful in life

문제 풀이법 ❶ 우울증(depression)에 관한 소개와 증상 및 치료법에 대한 내용이다.

❷ 빈칸에는 우울증이 어떤 질병인지에 관한 정보가 필요하므로 (c)가 적절한 답이다. 우울증의 증상과 치료법이 나와 있기 때문에 (a), (b)를 답으로 고르지 않도록 한다.

번역 우울증은 사람들로 하여금 기분이 가라앉도록 만드는 정신적 장애이다. 주요 증상으로는 부정적인 태도와 일상적인 활동을 회피하는 것 등이 포함된다. 의학적 치료 외에, 우울증 진단을 받은 사람들에게 도움이 되는 몇 가지 활동들이 있다. 의사들은 우울증으로 고통받는 사람들에게 놀이방에서 봉사하는 것과 같은 의미 있는 활동에 기여할 것을 제안한다. 웃음, 운동, 자연 속에서 시간을 보내는 것 또한 우울함을 이겨내는 좋은 방법이다.

(a) 증세를 지닌 채 사는 것과 영구 치료가 힘든
(b) 설명하기 힘든 증상을 가진
★(c) 사람들로 하여금 기분이 가라앉도록 만드는
(d) 우울증 환자들이 인생에서 의미 있는 것에 기여를 하는

Power Vocabulary

☐ **depression** 우울증
☐ **treatment** 치료
☐ **volunteer** 자원 봉사하다
☐ **disorder** 장애
☐ **diagnose** 진단을 내리다
☐ **nursery** 놀이방
☐ **symptom** 증상
☐ **sufferer** 환자
☐ **downturn** 가라앉음, 침체

 **Food**

Eating a selection of different colored fruits and vegetables ensures good nutrition. We've developed a 5-color-a-day eating plan to help you make healthy meal choices. Different colored plants contain many types of vitamins and minerals, each with their own benefits. For example, grapes are packed with beta carotene for good eyesight. Raspberries contain folate for brain power. Eggplant has antioxidants to fight off aging and avocados are full of B vitamins that give you energy. Tomatoes have vitamin A for strong, healthy teeth. Start following the 5-color program today to improve your health and well-being. For more information go to www.5colors4betterliving.com.

Q. What is the main point of the passage?
(a) Eating a lot of fruit and vegetables lifts our spirits.
(b) Different colored vegetables will stimulate appetite.
(c) Each colored fruit and vegetable has its own health benefit.
(d) Purple colored vegetables are good for increasing brain power.

문제 풀이법 ❶ 여러 색상의 과일과 채소를 골고루 섭취함으로써 얻는 건강상의 이점에 관하여 설명하고 있다.

❷ 지문의 요지는 과일과 야채가 가지고 있는 색상마다 특유의 영양소가 함유되어 있다는 내용이므로 (c)가 가장 적절하다. 일반 상식에 근거하여 (a), (b)와 같은 선택지를 답으로 고르지 않도록 주의한다. (d)는 진위 여부와 상관없이 지엽적인 내용이므로 지문의 요지가 될 수 없다.

번역 각기 다른 색깔의 과일과 채소를 섭취하는 것은 충분한 영양을 보장해 줍니다. 저희는 여러분이 건강한 식사를 하는 데 도움이 되도록 매일 5가지 색상의 음식을 섭취하는 방안을 개발했습니다. 제각기 다른 색상의 야채는 여러 가지 비타민과 미네랄을 함유하고 있으며, 그것은 각각의 장점을 가지고 있습니다. 가령, 포도에는 시력에 좋은 베타카로틴이 가득합니다. 라즈베리는 지능을 높여주는 엽산을 함유하고 있습니다. 가지는 노화를 방지하는 산화방지제가 가득하고, 아보카도는 힘을 주는 비타민 B가 풍부합니다. 토마토에는 치아 건강에 좋은 비타민 A가 들어 있습니다. 5가지 색깔 프로그램을 따라 건강을 증진시키세요. 더 궁금하신 사항은 www.5colors4betterliving.com에서 확인하시기 바랍니다.

Q. 지문의 요지는?
(a) 과일과 채소를 많이 먹는 것은 우리의 기분을 고양시킨다.
(b) 다양한 색깔의 채소는 식욕을 자극할 것이다.
★(c) 각기 다른 색깔의 과일과 채소는 각각 건강상의 장점을 지니고 있다.
(d) 보라색 채소는 지능을 향상시키는 데 좋다.

Power Vocabulary

□ **selection** 선정된 것   □ **nutrition** 영양   □ **eyesight** 시력
□ **eggplant** 가지   □ **antioxidant** 산화방지제   □ **stimulate** 자극하다
□ **appetite** 식욕

주제별 독해 훈련

Part I **Read the passage and choose the option that best completes the passage.**

1

> Chicken pox is very common and highly infectious among children under 10 years of age. A common myth about chicken pox is that it is impossible to catch it twice. In fact, 4.5% to 13% of people diagnosed with the virus claim that it is not their first time. In most cases, antibodies develop in the body during the first infection to protect the body from future infection. _____, there may be multiple strains of the virus that our body is not immune to. In addition, you may get chicken pox more than once if you have a weakened immune system.

(a) However

(b) In addition

(c) As a result

(d) Accordingly

Vocabulary Questions

주어진 단어와 비슷하거나 반대의 의미를 지닌 어휘를 보기에서 고르세요.

diagnose	multiple	infectious	immune	virus

1 vulnerable, unprotected ⇔ _____

2 germ, microbe = _____

3 spot, analyze = ___ _____

4 contagious, epidemic = _____

5 single, unvaried ⇔ _____

Part III Read the passage, question, and options. Then, based on the given information, choose the option that best answers each question.

2

The history of curry can be traced back as far as 1700 BC in Mesopotamia. Curry originated from the word "kari" in the Tamil language and its recipe was recorded in an English cooking book in the 1300s. Curry, which was first used in India, became a popular dish in most countries during the Second World War. Curry itself is not one spice, but a combination of several spices. Although today's curry is usually spicy, the original Indian curry was not. When Christopher Columbus returned from America with chili seeds, they were traded with the Indian people, which added an extra spicy kick to the dish.

Q. What can be inferred from the passage?

(a) Curry received world-wide recognition in the 14th century.

(b) The original taste of Indian curry was similar to today's curry.

(c) It was the English who started to use curry powder blended with different spices.

(d) Chili was added to curry only after Christopher Columbus returned from America.

Vocabulary Questions

빈칸에 적절한 어휘를 보기에서 고르세요.

recipe   spicy   originated   dish

1 Grilled steak was served as a main _____.

2 A: How can I fix a combo sandwich for lunch?
   B: I put the _____ for it on the fridge.

3 A: This pepper is so _____. I feel as if my mouth is on fire.
   B: Why don't you drink water?

4 According to some historians, pancakes _____ in China.

1

Chicken pox is very common and highly infectious among children under 10 years of age. A common myth about chicken pox is that it is impossible to catch it twice. In fact, 4.5% to 13% of people diagnosed with the virus claim that it is not their first time. In most cases, antibodies develop in the body during the first infection to protect the body from future infection. _____, there may be multiple strains of the virus that our body is not immune to. In addition, you may get chicken pox more than once if you have a weakened immune system.

★(a) However 하지만
 (b) In addition 게다가
 (c) As a result 그 결과
 (d) Accordingly 따라서

단서 1 수두(chicken pox)는 한 번만 걸린다는 일반적인 속설과는 다르게 한 번 이상 감염될 수도 있다는 내용을 다루고 있다.
 2 빈칸에 적절한 연결어는 대부분 처음 감염되었을 때 항체(antibody)가 생긴다는 내용과, 면역이 생기지 않는 바이러스가 존재한다는 두 문장을 연결하고 있다. 따라서 역접 관계에 해당하는 연결어 (a) However가 정답이다.

번역 수두는 10살 미만의 아이들에게 매우 흔하게 나타나며 전염성이 강하다. 수두에 관한 일반적인 속설은 그것에 두 번 걸리는 것이 불가능하다는 것이다. 사실, 바이러스에 감염되었다고 판단되는 4.5~13%의 사람들은 처음 감염된 것이 아니라고 주장한다. 대부분의 경우에는 나중에 감염되는 것을 막기 위해서 첫 번째 감염되었을 때 항체가 발생된다. 하지만 우리 몸이 면역성을 갖지 않는 여러 종류의 바이러스가 존재한다. 그리고 당신은 면역 체계가 약해졌을 때 수두에 한 번 이상 걸릴 수 있다.

어휘 **chicken pox** 수두 **infectious** 전염성의 **myth** 신화, 근거 없는 믿음 **diagnose** 병을 진단하다 **antibody** 항체 **infection** 감염 **multiple** 다양한 **a strain of** ~종류의 **immune** 면역성이 있는

🎵 **Vocabulary Questions**

정답   1. immune   2. virus   3. diagnose   4. infectious   5. multiple

118

2

The history of curry can be traced back as far as 1700 BC in Mesopotamia. Curry originated from the word "kari" in the Tamil language and its recipe was recorded in an English cooking book in the 1300s. Curry, which was first used in India, became a popular dish in most countries during the Second World War. Curry itself is not one spice, but a combination of several spices. Although today's curry is usually spicy, the original Indian curry was not. When Christopher Columbus returned from America with chili seeds, they were traded with the Indian people, which added an extra spicy kick to the dish.

Q. What can be inferred from the passage? 지문으로부터 추론할 수 있는 것은?

(a) Curry received world-wide recognition in the 14th century.
카레는 14세기에 전 세계적으로 인정을 받았다.

(b) The original taste of Indian curry was similar to today's curry.
원래 인도 카레 맛은 오늘날 카레 맛과 비슷했다.

(c) It was the English who started to use curry powder blended with different spices.
카레 가루를 다른 향신료와 섞어 쓰기 시작한 사람들은 영국인들이었다.

★(d) Chili was added to curry only after Christopher Columbus returned from America.
고추는 크리스토퍼 콜럼버스가 아메리카에서 돌아온 이후에야 카레에 더해졌다.

단서　1　카레의 유래와 역사에 관해 설명하고 있다.

　　　2　본래 인도 카레는 지금처럼 매운 맛이 아니었는데, 콜럼버스가 인도인들과 고추를 교역하게 되면서 지금과 같은 매운 맛을 내게 되었다고 했으므로 (d)가 정답이다. 또한 카레가 세계적으로 알려지게 된 것은 2차 세계대전 때라고 언급되어 있다.

번역　카레의 역사는 기원전 1700년경 메소포타미아 지역으로 거슬러 올라간다. 카레는 타밀어인 '카리'에서 유래되었고, 그 조리법은 1300년대 영국 요리책에 기록되어 있다. 인도에서 처음 사용된 카레는 제2차 세계대전 중에 많은 나라에서 인기를 끌었다. 카레는 그 자체만으로 하나의 맛을 내는 것이 아니라 여러 향신료가 혼합되어 있다. 오늘날 카레는 대개 매운 맛이지만, 원래 인도 카레는 그렇지 않았다. 크리스토퍼 콜럼버스가 고추 씨앗을 가지고 아메리카로부터 귀국했을 때 고추 씨앗은 인도인들과 거래되었고, 이 때문에 카레에 매운 맛을 더해 주었다.

어휘　**be traced back** 거슬러 올라가다　**originate** 유래하다, 비롯되다　**recipe** 조리법　**dish** 요리　**spice** 맛, 양념, 향신료　**combination** 조합(물)　**spicy** 매운, 양념 맛이 강한　**original** 원래의, 본래의　**trade A with B** A를 B와 교역하다

🎧 **Vocabulary Questions**

정답　1. dish　2. recipe　3. spicy　4. originated

Part I   Questions 1~3
Read the passage and choose the option that best completes the passage.

1

Older women who eat chocolate _____. This was discovered during a study on 1,266 women over 70 years of age. If they ate or drank chocolate at least once per week, they were 35% less likely to get sick or die from heart disease. And nearly 60% were less likely to die from heart failure. This seems to agree with another study in 2018, which found that eating dark chocolate may help prevent heart and blood vessel disease. Of course, the results are for moderate chocolate consumption, not daily eating.

(a) will age less quickly than other women
(b) are less likely to develop heart problems
(c) are 50% less likely to need medical care
(d) are reportedly happier and feel less lonely

2

Experiments using placebos _____. Placebos are the fake drugs given to people in experiments so they can be compared to the effectiveness of real drugs given to other people. However, research has found some serious problems in medical studies that used inappropriate ingredients in placebos. In some cases, the results gave a falsely positive impression of the real test drug. For instance, in a study on a cancer drug, a lactose placebo was used. But cancer patients can suffer from stomach problems if they take lactose. That meant the ones who had the real drug didn't suffer such problems, making it seem like the real drug worked better.

(a) remain the best way to test new medicines
(b) are in some cases completely unreliable
(c) depend on people who are already sick
(d) have always had a dubious reputation

3

People who have type 1 diabetes have immune systems that destroy insulin-producing cells. In other words, they cannot produce insulin. People with type 2 diabetes can produce insulin, but it is not enough or not used properly in their bodies. They have what is called insulin resistance, which results in glucose or blood sugar not getting into the body's cells. _____, glucose builds up in the blood instead of going into cells, with the result being that the body's cells are not able to function properly. The problems that occur include dehydration, nerve damage, and damage to small blood vessels.

(a) Moreover
(b) By contrast
(c) Despite this
(d) Consequently

Part II   Question 4
Read the passage and identify the option that does NOT belong.

4

One of the main reasons why people seek medical help is lower back pain. (a) In the U.S. alone, the economic cost of lower back pain is estimated to be around $200 billion a year. (b) Problems with the discs that are between the vertebrae of the spine are what cause lower back pain. (c) Discs in the spine are like cushions for the bones, and they have an outer and an inner layer. (d) Pain results when a disc moves out of place or something causes its inner layer to push through its outer layer.

Part III Questions 5~6

Read the passage, question, and options. Then, based on the given information, choose the option that best answers each question.

5

Along with medication, psychotherapies such as "talk" therapy are important for the treatment of bipolar disorder. This is a disorder involving episodes of mania and depression. In talk therapy, the patient discusses feelings, behaviors, and thoughts that cause problems. Talk therapy helps people in a general way to understand and overcome problems that hurt their ability to function properly in society. Other therapies with similar aims focus on more specific areas. Some examples of these are behavioral therapy to decrease stress, cognitive therapy to change thinking patterns, and social rhythm therapy to help patients keep daily routines.

Q. What is the passage mainly about?

(a) Which bipolar psychotherapies are best

(b) How many bipolar therapies currently exist

(c) Various psychotherapies for bipolar patients

(d) Talk therapy as a treatment for bipolar disorder

6

When surveyors visited staff in health food stores across the nation to ask for medical advice, the staff mainly tried to sell them expensive products. Unscientific and misleading advice was given by health food staff 88% of the time. Staff at pharmacies, however, offered advice that was scientific and correct 73% of the time. This is not surprising, because pharmacists must complete several years of tough training and follow a code of ethics. Health food stores, on the other hand, might hire people off the street who have no more qualifications than somebody working at Starbucks.

Q. What can be inferred about health food stores?

(a) They are cheaper to shop at than pharmacies.

(b) They can assist with minor medical problems.

(c) They often sell unnecessary kinds of products.

(d) They pay their staff similar wages to coffee shops.

Read the passage, questions, and options. Then, based on the given information, choose the option that best answers each question.

7-8

Beauty and Health Together!

Are you tired of strict calorie-controlled diets, or too busy to prepare healthy, well-balanced meals to reach your weight-loss goals? Stop blaming yourself for lack of willpower and try our EasyDiet100! If you sign up for this one-month program, we deliver fresh meals to your door! The meals help you curb your appetite and boost your metabolism, providing all the necessary nutrients you need for healthy life.

You don't have to worry about side effects that you often experience when using diet products because we use only natural ingredients. Furthermore, our product is made from only organic food, with no additives or preservatives. And you can adjust the time and frequency of the deliveries that best fit your daily routine. Call us at 555-2345 and start your diet today!

Q7. What is the main purpose of the passage?

(a) To stress the importance of a balanced diet

(b) To show how life-styles affect daily diet

(c) To promote a weight loss program

(d) To teach how to increase willpower

Q8. What can be inferred from the passage?

(a) Consumers can decide when and how often the meals are delivered.

(b) People with higher metabolism use the program.

(c) The program needs at least a year to take effect.

(d) The program is very expensive because it only uses organic foods.

토픽 리뷰 | 쇼핑이나 여행에 관한 지문은 주로 광고 및 공지문 등의 실용문 형태로 출제된다. 상품과 관련된 광고 및 유람선이나 휴양지 광고, 여행 상품 및 호텔 광고 등이 출제되며, 국립 공원 등에서 방문객이 주의할 사항 등이 나오기도 한다.

 Shopping

Dear Valued Cardholder,

Thank you for choosing our credit card. We'd like to welcome you to Lucky Department Store. Our Lucky Department Store will have a 3-day special clothing sale starting this Monday. During the sale, as a new cardholder we invite you to see a free movie along with a Big Mac lunch meal and privilege to use a herbal spa. Your new card is for more than just buying special sale merchandise. The movie preview plus lunch and spa treatment is our way of saying thank you.

Q. What is the purpose of this letter?
(a) To inform card holders of a special sale
(b) To introduce exclusive benefits to card holders
(c) To thank cardholders for using their credit card
(d) To encourage more people to watch a movie preview

문제 풀이법 ❶ 카드 신규 발급 회원이 누리게 될 특별 혜택에 관한 소개이므로 (b)가 정답이다.

❷ During the sale … spa에서 편지의 목적이 나타나 있다. 세부 내용만을 보고 (c)나 (d)와 같은 오답을 고르지 않도록 주의한다.

번역 소중한 카드 고객님께,

저희 신용카드를 선택해 주셔서 감사드립니다. 럭키 백화점에 오신 것을 환영합니다. 저희 럭키 백화점에서는 이번 주 월요일부터 3일간 의류 특별 세일 예정입니다. 세일 기간 동안 신규 카드 발급 회원님을 빅맥 런치 세트가 함께 제공되는 무료 영화 감상과 허브 스파 이용 특권에 초대합니다. 귀하의 신규 카드는 특별 세일 물품을 구입하는 것 이상의 값어치를 하게 될 것입니다. 점심 식사와 스파, 그리고 영화 시사회 초대권을 제공함으로써 저희는 고객 여러분께 감사의 마음을 전하고 있습니다.

Q. 편지의 목적은?
(a) 카드 고객 특별 세일에 관해 안내하려고
★ (b) 카드 고객 특별 혜택을 소개하려고
(c) 카드 고객에게 신용카드 사용에 대해 감사의 표시를 하려고
(d) 더 많은 사람들에게 영화 시사회 관람을 권장하려고

 **Travel**

All passengers flying on Delta Airlines flight DA593,

We're sorry to inform you that your flight for Venice has been canceled due to the volcanic eruption in Iceland. You will all be re-booked on the next outbound flight. Please make your way to the information desk located on the second floor where our staff will be happy to assist you. Should you require overnight accommodation we will make arrangements for this. Also, we will give all passengers meal coupons for the duration of their wait. Thank you for your patience and understanding.

Q. Which of the following is correct about the passengers?
(a) They will be staying at a hotel for two nights.
(b) They will receive a full refund for their canceled flight.
(c) They will be provided with free meal coupons.
(d) They will be automatically upgraded to first class.

문제 풀이법 ❶ 갑작스러운 화산 폭발로 인해 비행기가 취소됨에 따라 승객들이 취해야 할 행동에 관해 공지하고 있다.

❷ 항공사는 승객들에게 다음 비행기로 모두 재예약될 것이라고 안내한 후 숙박이 필요한 고객에게는 준비해 줄 것이며, 무료 식사 쿠폰을 제공해 준다고 했다. 선택지 중 지문 내용과 일치하는 것은 (c)이다.

번역 델타 항공 DA593편 탑승객 여러분께.

유감스럽게도 여러분의 베니스행 비행기편이 아이슬란드 화산 분출로 인해 취소되었음을 알려드립니다. 여러분은 다음에 출발하는 비행기로 재예약될 것입니다. 2층에 위치한 안내 데스크로 가시면 저희 직원이 여러분들을 친절하게 도와드릴 것입니다. 하룻밤 숙박을 원하신다면 저희가 준비해 드리겠습니다. 또한 모든 탑승객 여러분께서 기다리시는 동안 이용 가능한 식사 쿠폰을 제공할 예정입니다. 기다려 주시고 이해해 주셔서 감사드립니다.

Q. 승객들에 대해서 지문 내용과 일치하는 것은?
(a) 호텔에서 이틀 밤을 묵을 것이다.
(b) 취소된 비행에 대해 전액 환불 받을 것이다.
★ (c) 무료 식사 쿠폰을 제공받을 것이다.
(d) 자동적으로 1등석으로 업그레이드 될 것이다.

Power Vocabulary

[쇼핑]
□ **cardholder** 카드소지자
□ **privilege** 특권
□ **merchandise** 상품

[여행]
□ **outbound** (비행기가) 떠나는
□ **accommodation** 숙박
□ **arrangement** 준비
□ **meal coupon** 식권
□ **duration** 기간
□ **check in** 탑승 수속을 하다

Part III Read the passage, question, and options. Then, based on the given information, choose the option that best answers each question.

1

Would you like to visit a place loaded with culture, nature, history, and science? Uluru-Kata Tjuta National Park may be the place for you. Located in the middle of Australia's Outback, it is the home of Ayers Rock, which stands 330m high and approximately 8.8km in circumference. This sand rock is just one of many exciting and unique features including water springs, rock caves, and ancient paintings in the national park. As a sacred place, it has been preserved by the aboriginal people for tens of thousands of years. Visitors will witness the wonder of nature at this World Heritage Site.

Q. Which of the following is correct about the Uluru-Kata Tjuta National Park?

(a) It is located in northern Australia.

(b) The park will become a World Heritage Site.

(c) The national park is culturally significant to its natives.

(d) The world-renowned sandstone in the park is 8.8km in height.

Vocabulary Questions

빈칸에 적절한 어휘를 보기에서 고르세요.

preserve   heritage   aboriginal   site

1   A: Did you see the stone ornaments made by the natives?
    B: Yeah, the beauty of the _____ _____ art pieces was beyond description.

2   This temple remains a part of our cultural _____ _____.

3   A: What is the demonstration about?
    B: They are campaigning to _____ the natural environment.

4   There is a rumor that ancient kings were buried at this _____.

2

The new hiking backpack by Trekkers is ideal for weekend hikers. Made from strong and lightweight Gore-Tex, this pack is fully waterproof. The back straps are padded for comfort and their length is easily adjustable. The backpack has a large, 45 liter capacity and includes bottle pockets, a pole loop, and an extra large zippered lid for easy access. A 15 liter daypack is zipper-attached to the main pack so it can be removed when the extra space is not needed. This practical design also makes use of clear plastic side pockets so that you can locate your smaller items by sight.

Q. Which is mentioned as a feature of the backpack?

(a) Elastic back straps

(b) Water-resistant material

(c) Two separable large packs

(d) Zipper attached side pockets

🎵 Vocabulary Questions

주어진 단어와 비슷하거나 반대의 의미를 지닌 어휘를 보기에서 고르세요.

capacity	locate	attach	comfort	adjustable

1 range, size   =   _____
2 inflexible, unalterable   ⇔   _____
3 unfasten, separate   ⇔   _____
4 relief, well-being   =   _____
5 spot, uncover   =   _____

1

Would you like to visit a place loaded with culture, nature, history, and science? Uluru-Kata Tjuta National Park may be the place for you. Located in the middle of Australia's Outback, it is the home of Ayers Rock, which stands 330m high and approximately 8.8km in circumference. This sand rock is just one of many exciting and unique features including water springs, rock caves, and ancient paintings in the national park. As a sacred place, it has been preserved by the aboriginal people for tens of thousands of years. Visitors will witness the wonder of nature at this World Heritage Site.

Q. Which of the following is correct about the Uluru-Kata Tjuta National Park?
   울루루-카타쥬타 국립공원에 대한 서술로 옳은 것은?

(a) It is located in northern Australia. 호주 북부에 위치해 있다.

(b) The park will become a World Heritage Site. 이 공원은 세계 문화유산이 될 것이다.

★(c) The national park is culturally significant to its natives.
   국립공원은 원주민들에게 문화적으로 중요한 곳이다.

(d) The world-renowned sandstone in the park is 8.8km in height.
   공원 안에 세계적으로 유명한 사암은 높이가 8.8km이다.

단서
1 울루루-카타쥬타 국립공원이 어떤 곳인지 소개하고 있다.
2 세부적인 정보에 유의해야 한다. 지문 속에 등장한 aboriginal people, sacred를 natives, significant로 각각 패러프레이징해서 제시한 (c)가 정답이다. 공원은 호주의 아웃백 중심부에 위치하고 있으며, 이미 세계 문화유산으로 지정되어 있다. 또한 사암의 높이는 330m이다.

번역
문화, 자연, 역사, 과학으로 가득 찬 장소에 방문하길 원하시나요? 울루루-카타쥬타 국립공원은 그런 당신을 위한 장소입니다. 이곳은 호주 아웃백 중앙에 위치하고 있으며, 330미터 높이에 둘레가 약 8.8킬로미터인 에어즈 록이 있는 곳입니다. 이 사암은 국립공원에 있는 샘물과 암석동굴, 고대 벽화를 비롯한 많은 흥미진진하고 특이한 특징들 중 하나에 불과합니다. 이곳은 신성한 장소로써, 수만 년 동안 호주 원주민들에 의해 보존되어 왔습니다. 방문객들은 이 세계 문화유산 현장에서 자연의 경이로움을 목격할 것입니다.

어휘 **loaded with** ~로 가득 찬 **in the middle of** ~의 중앙에 **Outback** (호주의) 오지; 미개간지 **approximately** 대략 **circumference** 둘레 **sand rock** 사암 **water spring** 샘물, 약수터 **rock cave** 암석 동굴 **ancient** 고대의 **sacred** 신성한 **preserve** 보존하다 **aboriginal** (호주) 원주민의 **tens of thousands of years** 수만 년 **witness** 목격하다 **wonder** 경이로움 **heritage** 유산 **site** 유적지, 현장

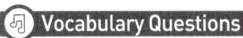 **Vocabulary Questions**

정답 **1.** aboriginal **2.** heritage **3.** preserve **4.** site

2

The new hiking backpack by Trekkers is ideal for weekend hikers. Made from strong and lightweight Gore-Tex, this pack is fully waterproof. The back straps are padded for comfort and their length is easily adjustable. The backpack has a large, 45 liter capacity and includes bottle pockets, a pole loop, and an extra large zippered lid for easy access. A 15 liter daypack is zipper-attached to the main pack so it can be removed when the extra space is not needed. This practical design also makes use of clear plastic side pockets so that you can locate your smaller items by sight.

Q. Which is mentioned as a feature of the backpack? 배낭의 특징으로 언급된 것은?

(a) Elastic back straps 탄력 있는 가방 끈
★(b) Water-resistant material 방수 소재
(c) Two separable large packs 분리되는 두 개의 대형 가방
(d) Zipper attached side pockets 지퍼가 달린 옆 주머니

단서
1 하이킹용 배낭에 관한 광고문으로 제품의 구체적인 특징이 언급되어 있다.
2 this pack is fully waterproof에서 방수 기능이 있다는 것을 알 수 있으므로 (b)가 정답이다. 조절이 가능한 배낭의 끈이 탄성이 있다는 내용은 없으므로 (a)는 맞지 않고, (c)와 (d)에서 분리되는 두 가방 중 하나는 작으며, 옆 주머니에 지퍼가 있다는 내용은 없다.

번역
트렉커스의 새로운 하이킹 배낭은 주말 도보 여행자에게 이상적이다. 강하고 가벼운 고어텍스 소재로 만들어진 이 배낭은 완전 방수가 된다. 뒤에 달린 끈은 편안함을 위해 패드가 덧대어져 있으며, 쉽게 길이 조절이 가능하다. 이 배낭은 45리터 대용량이며, 병을 넣을 수 있는 주머니와 장대를 걸 수 있는 고리, 이용하기 쉽도록 추가로 지퍼 달린 큰 덮개가 있다. 15리터의 하이킹용 소형 배낭은 본래 배낭에 지퍼로 부착되어 있어서, 여분의 공간이 필요치 않을 때 분리시킬 수 있다. 이런 실용적인 디자인은 또한 투명한 비닐 옆 주머니를 이용해서 작은 물품을 눈으로 보고 쉽게 찾을 수 있도록 해준다.

어휘
ideal 이상적인 **lightweight** 가벼운 **strap** 끈, 줄 **pad** 패드[완충재]를 대다 **comfort** 편안함 **adjustable** 조절 가능한 **capacity** 용량 **pole** 막대기, 장대 **loop** 고리 **zippered lid** 지퍼가 달린 뚜껑 **easy access** 이용하기 쉬운 **daypack** (하이킹용) 소형 배낭 **be attached to** ~에 붙어 있다. 속하다 **make use of** ~을 활용하다 **locate** ~의 위치를 찾아내다

🎵 **Vocabulary Questions**

정답 1. **capacity** 2. **adjustable** 3. **attach** 4. **comfort** 5. **locate**

Part I **Questions 1~3**
Read the passage and choose the option that best completes the passage.

1

You will find that Africa _____. Sure, it is not always easy to travel within Africa, and you might encounter hardships. It can be frustrating at times, and travel arrangement disasters can happen. But don't let what you see on TV give you the wrong impression. Not all of Africa suffers from civil wars or famine or violent crime. There is so much more to this surprising and interesting continent, including amazing scenery and wildlife. You'll also love the warmth and honesty of the African people.

(a) is often a difficult place to travel in
(b) can be dangerous if you are not careful
(c) is not like the place shown in the media
(d) does not have the best facilities for tourists

2

Dear Customer,

This is to announce our annual Thanksgiving 10% Special Discount Offer! For this month only, we are discounting all online orders and store purchases for the following items. Kitchen wares and appliances, side tables, lamps, and other home furnishings, as well as organizational items—they're all here for the taking. This 10% discount is available in the month of November only. It is our way of saying thank you for being such a valued customer, so we hope you will take advantage of this offer. Either send us your purchase order or visit one of our many stores. Remember, _____.

Matt Scully,
Director, Home Stuff

(a) we look forward to your quick reply
(b) everything must go during this closing sale
(c) discounts will start on the first of November
(d) this is a limited-time offer good through next year

3

San Diego has many places to shop, including its famous factory outlet malls. San Diego's outlet malls are impressive complexes that rival traditional shopping malls. They offer high-profile brands, each with its own store. Some people say not all of them are true outlet stores, and their prices may not be discounted. _____, it is possible to find bargains, and many shoppers go to the outlet malls specifically for this reason. Whether people really are getting bargains on name brands or not is unclear. But people certainly believe they are, and they keep going back for more.

(a) Indeed
(b) Therefore
(c) Moreover
(d) Nonetheless

Part II   **Question 4**
Read the passage and identify the option that does NOT belong.

4

There is always a risk your money could be stolen when traveling. (a) There are a variety of different money belts that you can wear either inside your shirt or wrapped around your waist. (b) You are less likely to lose money, however, if you follow some common sense rules when on the road. (c) Although you probably keep all your bank cards in one place at home, don't do this while traveling. (d) If you lose all your cards on the road, it is hard to get replacements, so keep different items in different places.

Part III **Questions 5~6**

Read the passage, question, and options. Then, based on the given information, choose the option that best answers each question.

5

> The English city of Cambridge, home of a university that is over 800 years old, is more than just a college town. It is now re-creating itself for tourists. Students are choosing to stay after graduation to work in and run businesses. Lively new bakeries, bars, and restaurants have opened that are similar to those in London. The antiquities museum now displays ancient as well as modern works of art, and new art galleries have appeared. Even the prestigious university is now admitting the traveling public as hotel guests during the off-season. This classic old town is truly being rejuvenated.

Q. What is the main idea of the passage?

(a) Tourists will be surprised by Cambridge.

(b) Cambridge is modernizing for the public.

(c) New businesses are starting in Cambridge.

(d) Cambridge provides much more for students.

6

> One thing about modern travel is that people are always rushing to travel the world in jet planes, bullet trains, and fast cars. It might be fun, but those styles of travel only give you a brief glimpse of other cities, peoples, and cultures. On an Explore tour, we give you the time to get to know the countries you visit. Instead of driving through and seeing things from a bus window, we stop and give you guided walking tours. You can spend time talking with the locals, taste local food and drink, and experience their culture.

Q. What would Explore tour operators most likely agree with?

(a) Modern buses are ideal for sightseeing.

(b) Walking tours waste valuable traveling time.

(c) Traveling requires people to be fit and healthy.

(d) Travel is about getting an interactive experience.

Part IV **Questions 7~8**

Read the passage, questions, and options. Then, based on the given information, choose the option that best answers each question.

7-8

I take trips by train a lot. Of all the train trips I've taken, the one on the California Zephyr tops my list. It is one of the most scenic rides through North America and it offers travelers the chance to cover a wide scope of terrain through seven states. Along the way, riders can get glimpses at breath-taking natural beauty, such as the Rocky Mountains, the snow-covered Sierra Nevadas, Glenwood Canyon and more.

Plus, one of my favorite things about the California Zephyr is dining cars with waitstaff serving meals. I love that old-fashioned charm you can only find in train rides, especially when making a long, multi-day journey. Finally, the length of the journey allows me to get to know fellow travelers. A long train rides is an excellent opportunity for a sociable person like me to meet new people! The beautiful nature you can see through windows provides a lot to talk about with other travelers!

Q7. What is the passage mainly about?

(a) The beautiful views visible along the California Zephyr ride

(b) What makes the California Zephyr ride fascinating for travelers

(c) What travelers need onboard the California Zephyr

(d) The different trans-American railway routes available

Q8. Which of the following is correct about California Zephyr rides?

(a) It takes seven days to cover all the legs of the journey.

(b) It passes through both North and South America.

(c) Dining service is provided to travelers.

(d) It is a train system that operates within the State of California.

03 예술&오락

 Art

Toy Symphony is a seven-minute, three-movement symphony. It calls for a number of instruments including a trumpet, ratchet, nightingale, cuckoo, and a drum. Originally it was believed that a composer known as Haydn created the song. However, more recent evidence suggests that it was actually Leopold Mozart, the father or Wolfgang Mozart. In the 1930s, people began to doubt that Haydn composed the song because it was not included in the compilation of his life's work. After discovering a manuscript copied by Leopold Mozart in 1759, it seemed certain that he was the composer.

Q. Which of the following is correct according to the passage?
(a) Haydn and Mozart wrote *Toy Symphony* together.
(b) A variety of musical instruments are used to play *Toy Symphony*.
(c) The identity of true composer of *Toy Symphony* was known in 1759.
(d) Haydn excluded *Toy Symphony* from a compilation of his work on purpose.

문제 풀이법 ❶ 〈장난감 교향곡〉이 하이든이 작곡한 것으로 알려져 있으나 사실은 볼프강 아마데우스 모차르트의 아버지인 레오폴드 모차르트에 의해 작곡되었다는 내용이다.

❷ 〈장난감 교향곡〉을 연주하는 데 트럼펫, 톱니바퀴, 새소리 등의 여러 가지 악기가 사용됐다고 했으므로 (b)가 정답이다. 작곡가에 관해 알려진 것은 1930년대 이후이고, 하이든이 고의적으로 본인의 작품집에서 장난감 교향곡을 누락시켰다거나 하이든과 모차르트가 함께 작곡했다는 내용은 언급되지 않았다.

번역 〈장난감 교향곡〉은 7분짜리, 3악장으로 구성된 교향곡이다. 이 곡은 트럼펫, 톱니바퀴, 나이팅게일, 뻐꾸기 피리, 드럼을 포함한 여러 가지 악기들이 필요하다. 원래는 하이든이라는 작곡가가 이 곡을 만들었다고 알려져 있었다. 그러나 최근의 증거에 따르면 이 곡의 작곡가는 사실 볼프강 모차르트의 아버지인 레오폴드 모차르트였다고 제시되고 있다. 1930년대에 사람들은 하이든 전 생애 동안의 모든 작품을 모아 놓은 음반에 이 곡이 포함되지 않았기 때문에 그가 직접 이 곡을 만들었다는 사실을 의심하기 시작했다. 1759년 레오폴드 모차르트에 의해 복사된 악보가 발견된 후, 그가 이 곡의 작곡가라는 것은 확실해진 것 같았다.

Q. 지문에 대해 옳은 것은?
(a) 하이든과 모차르트가 〈장난감 교향곡〉을 같이 썼다.
★(b) 〈장난감 교향곡〉을 연주하는 데에는 다양한 악기가 사용된다.
(c) 〈장난감 교향곡〉의 진짜 작곡가의 정체는 1759년에 알려졌다.
(d) 하이든은 그의 작품 모음집에 〈장난감 교향곡〉을 의도적으로 포함시키지 않았다.

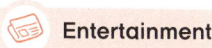 **Entertainment**

There is no doubt that Robert Johnson, one of the original American bluesman, was a talented musician. But the lack of confirmed information about him and the rumors created about his life give him an almost mythical quality. The best-known and wildest such story is that Johnson sold his soul to the devil in exchange for supernatural guitar playing abilities. Two key details are responsible for this rumor, the first being the fact that he died at the young age of 27, apparently poisoned by a jealous bar owner. The second was his _____.

(a) habit of playing music for money
(b) unique and unarguable skill on guitar
(c) singing of songs with mythical themes
(d) confession of playing someone else's music

문제 풀이법 ❶ 27세에 요절한 미국 블루스 음악의 거장 로버트 존슨에 관한 내용이다

❷ 로버트 존슨이 악마에게 영혼을 팔았다는 소문이 난 근거 중 하나를 묻고 있는데, 그의 신기에 가까운 기타 연주 실력 때문에 사람들이 그런 소문을 낸 것으로 추정할 수 있으므로 정답은 (b)이다.

번역 독창적인 미국 블루스 연주자 중의 한 명인 로버트 존슨이 재능 있는 음악가였다는 것은 의심할 여지가 없다. 하지만 그가 신비스러운 모습으로 감춰져 있는 것은 그에 대한 확인된 정보가 없고 그의 인생에 대해 떠도는 소문들 때문일 것이다. 그러한 소문들 중 가장 유명하고 터무니없는 이야기는 존슨이 신기에 가까운 기타 연주 실력을 얻는 조건으로 악마에게 영혼을 팔았다는 것이다. 이 소문의 근거가 되는 두 가지 주요 사실을 들자면, 첫째는 그가 겨우 27세 때 질투심에 사로잡힌 술집 주인에게 독살당했다는 것이고, 둘째는 아무도 이의를 달 수 없는 그의 출중한 기타 실력이었다.

(a) 돈을 대가로 음악을 연주하는 습관
★(b) 아무도 이의를 달 수 없는 출중한 기타 실력
(c) 신비로운 주제의 노래를 부른 것
(d) 다른 사람의 음악을 연주했다고 자백

Power Vocabulary

[예술]
□ **movement** 악장
□ **compilation** 모음집
□ **instrument** 악기
□ **manuscript** 원고
□ **compose** 작곡하다

[오락]
□ **confirm** 사실임을 보여주다
□ **responsible** ~의 원인이 되는
□ **mythical** 신비로운
□ **unarguable** 이론의 여지가 없는
□ **supernatural** 초자연의, 신비한
□ **confession** 고백

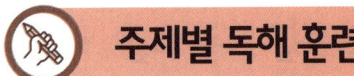

주제별 독해 훈련

Part I   **Read the passage and choose the option that best completes the passage.**

1

> Looking at the work of Andy Warhol shows us _____. As
> a former commercial illustrator during the 1950s, Warhol was trained in
> advertising, transforming unremarkable objects into the next must-have
> trend. This training carried over to his career as an artist during the pop
> art movement of the 1960s. He made his works interesting by playing on
> his American audience's thirst for brand names and celebrities. His mass
> production of art reflected the mass advertising, giving objects such as the
> Campbell's soup can much more than 15 minutes of fame.

(a) how to use celebrities for mass advertising

(b) even simple objects can be turned into works of art

(c) a soup can has a greater effect on advertising than celebrities

(d) why commercial illustrators use everyday objects in advertising

Vocabulary Questions

주어진 단어와 비슷한 의미를 지닌 어휘를 보기에서 고르세요.

commercial	unremarkable	illustrator	career	transform

1 ordinary, typical   = _____

2 occupation, vocation   = _____

3 comic artist, cartoonist   = _____

4 public notice of sale, advertisement   = _____

5 convert, transfigure   = _____

Part III Read the passage, question, and options. Then, based on the given information, choose the option that best answers each question.

2

Ars Electronica is a unique art form where artists use computers and technology to create digital art. The focus is never just on art, but on the interrelationship between art, technology and our society. The Ars Electronic Center houses a media art lab where artistic expertise is researched and developed. There is also a museum with interactive art exhibitions such as "Godmode." Godmode lets you draw creatures and scan them into a machine which will animate them, thereby bringing them to life. "The Universe of the Retina" teaches visitors about eyes through interactive displays.

Q. What is the main idea of the passage?

(a) The popularity of digital art is increasing thanks to Ars Electronica.

(b) Godmode is a digital art center where artists develop their expertise.

(c) Modern society requires interrelationships between technology and art.

(d) Ars Electronica is engendering a new concept combining cutting-edge methods with art.

🎵 **Vocabulary Questions**

빈칸에 적절한 어휘를 보기에서 고르세요.

interrelationship	expertise	interactive	display

1 A: Do you know much about classical music?

   B: Not really, classical music doesn't come within my area of _____.

2 This _____ needs to be handled with extra care. It's fragile.

3 There is a strong _____ between stress and poor health.

4 A: What is the advantage of playing computer games?

   B: I can even play with strangers because computer games are _____.

1

Looking at the work of Andy Warhol shows us _____. As a former commercial illustrator during the 1950s, Warhol was trained in advertising, transforming unremarkable objects into the next must-have trend. This training carried over to his career as an artist during the pop art movement of the 1960s. He made his works interesting by playing on his American audience's thirst for brand names and celebrities. His mass production of art reflected the mass advertising, giving objects such as the Campbell's soup can much more than 15 minutes of fame.

(a) how to use celebrities for mass advertising 어떻게 대량 광고에 유명인을 이용하는지를
★(b) even simple objects can be turned into works of art 간단한 사물조차 예술 작품이 될 수 있음을
(c) a soup can has a greater effect on advertising than celebrities
유명인보다 수프 캔이 더 큰 광고 효과가 있을 수 있다는 것을
(d) why commercial illustrators use everyday objects in advertising
왜 광고 삽화가들은 일상 용품을 광고에 사용하는지를

단서
1 앤디 워홀과 팝아트 운동에 관해 언급하고 있다.
2 주어진 빈칸에는 앤디 워홀이 추구한 작품세계의 특징에 관한 것이 와야 한다. 두 번째 문장에서 평범한 물건들(unremarkable objects)을 차세대의 유행으로 탈바꿈시켰다고 했으므로 간단한 물건(simple objects)이 예술 작품으로 변할 수 있다는 (b)가 정답으로 가장 적절하다.

번역
앤디 워홀의 작품은 우리에게 간단한 사물조차 예술 작품이 될 수 있음을 보여준다. 1950년대에 전직 광고 삽화가였던 워홀은 광고를 통해 평범한 물건들을 차세대에 꼭 필요한 트렌드로 탈바꿈하는 훈련을 받았다. 이 훈련은 1960년대 팝아트 운동을 하는 동안 예술가로서의 그의 경력으로 이어졌다. 그는 브랜드와 유명인사에 대한 미국 대중의 갈망을 이용하여 그의 작품을 흥미롭게 만들었다. 그가 예술품을 대량 생산한 것은 대량 광고에 반영되었으며, 그 광고는 캠벨 수프 캔과 같은 대상이 갑자기 유명해지는 것 이상이 되도록 만들었다.

어휘
commercial 광고 **illustrator** 삽화가 **transform A into B** A를 B로 바꾸다 **unremarkable** 평범한 **must-have** 꼭 필요한 **carry over to** ~까지 이어지다 **career** 경력, 직업 **play on** ~을 이용하다 **audience** 관중 **thirst for** ~에 대한 열망 **celebrity** 유명인 **15 minutes of fame** 벼락 유명세

 **Vocabulary Questions**

정답 1. **unremarkable** 2. **career** 3. **illustrator** 4. **commercial** 5. **transform**

2

Ars Electronica is a unique art form where artists use computers and technology to create digital art. The focus is never just on art, but on the interrelationship between art, technology and our society. The Ars Electronic Center houses a media art lab where artistic expertise is researched and developed. There is also a museum with interactive art exhibitions such as "Godmode." Godmode lets you draw creatures and scan them into a machine which will animate them, thereby bringing them to life. "The Universe of the Retina" teaches visitors about eyes through interactive displays.

Q. What is the main idea of the passage? 지문의 요지는?

(a) The popularity of digital art is increasing thanks to Ars Electronica.
아스 일렉트로니카 덕분에 디지털 아트의 인기가 오르고 있다.

(b) Godmode is a digital art center where artists develop their expertise.
갓모드는 예술가들이 그들의 전문성을 계발하는 디지털 아트 센터이다.

(c) Modern society requires interrelationships between technology and art.
현대 사회는 기술과 예술 간의 상호 작용을 요구한다.

★(d) Ars Electronica is engendering a new concept combining cutting-edge methods with art. 아스 일렉트로니카는 첨단 방식을 예술에 결합하는 새로운 개념을 만들어내고 있다.

단서
1 아스 일렉트로니카에서 추구하는 예술의 특징에 관해 언급하고 있다.
2 전체 개요는 컴퓨터와 예술 및 사회의 조화에 초점을 맞춘 예술 세계를 추구한다는 내용이므로 가장 적절한 답은 (d)이다.

번역
아스 일렉트로니카는 예술가들이 디지털 예술 작품을 창조하기 위해 컴퓨터와 기술을 사용하는 독특한 예술 형태이다. 비단 예술만이 아닌 예술과 기술, 그리고 우리 사회 간의 연관성에 초점을 두고 있다. 아스 전자센터에는 예술적 전문 기술을 연구 개발하는 미디어 예술 연구소가 있다. 또한 '갓모드'처럼 상호 교류를 나누는 예술 전시를 하는 미술관이 있다. 갓모드는 각자가 만들어낸 작품을 스캔해서 작품에 생기를 불어넣는 기계에 저장하는데, 그렇게 함으로써 작품이 살아날 수 있다. '망막의 우주'는 방문자들에게 대화형 전시물을 통해 눈에 대해 가르쳐 준다.

어휘
interrelationship 연관성 **artistic** 예술의 **expertise** 전문 기술 **interactive** 상호적인 **creature** 창조물 **scan A into B** A를 스캔해서 B에 저장하다 **animate** 생기를 불어넣다 **thereby** 그렇게 함으로써 **retina** (눈의) 망막 **display** 전시, 진열 **engender** 불러일으키다 **cutting-edge** 최첨단의

 **Vocabulary Questions**

정답 1. **expertise** 2. **display** 3. **interrelationship** 4. **interactive**

Part I **Questions 1~3**
Read the passage and choose the option that best completes the passage.

1

Adam Ginner's latest album, *Love and Leaves*, is likely to
_____. If you're someone who has been used to
Ginner's fast beat and controversial lyrics, you're probably going to be very
disappointed by *Love and Leaves*. It's not a bad album—the songs are carefully
crafted, and Ginner's voice is just as captivating as usual. But the mood of
the record is much mellower than the singer's usual offerings. Whether this
represents a new direction for Ginner or just a fun side project, only time will
tell.

(a) become an instant bestseller
(b) create serious public controversy
(c) surprise fans with its laid-back pace
(d) mark a new direction for the musician

2

An art song can be intimidating for singers, because they have to
_____. Art songs are lyrical songs generally sung in recital
and accompanied by a piano. But they can be complex and challenging to
even the most talented singers. A singer needs to express the narrative, the
language, the melody, and the emotion all in a single voice. They also must
keep the harmony with the piano part. Art songs have none of the comfort of
opera's costumes, lights, and orchestral sound, so every mistake is easy to
hear. It takes real talent to do an art song justice.

(a) carry the entire song by themselves
(b) learn so many different kinds of tunes
(c) reach a lot of high notes and low notes
(d) be experts in all aspects of orchestral music

3

After the decline of the Song dynasty (960-1279), the styles and techniques of China's court artists were taken into professional studios. This led to the start of the Zhe School of painting during the Ming dynasty (1368-1644). Professional painters of the Zhe School mastered brush and color and produced art that was often superior to that of court painters. _____, professional painting did not have the prestige of courtly painting until well into the 19th century. This was because it was commercial rather than scholarly art. But it was unjust to see it as lower quality.

(a) In fact
(b) Even so
(c) As a result
(d) In that case

Part II   **Question 4**
Read the passage and identify the option that does NOT belong.

4

Authenticity is the key to the new film about the early life of Bruce Lee. (a) The main issue for the director was who was going to play Bruce Lee and how believable he would be. (b) The filmmakers pieced together the kung fu star's early childhood and young adulthood from the memories of his family. (c) The Lee family gave many details of family life, and the filmmakers were extra careful about being loyal to the truth. (d) That made it difficult to create a script that would work as a movie, but they managed to do it.

Read the passage, question, and options. Then, based on the given information, choose the option that best answers each question.

5

Our Performing Arts High School is an innovative and exciting school for students with a passion for learning and performing arts. Established in 2015, the Performing Arts High School is open to students with special artistic and academic ability and is dedicated to developing talent. The school is designed to meet the needs of young people who want to focus on Music, Drama, Dance, or Visual Arts, in addition to their academic studies. We encourage the highest quality in both artistic performance and academic pursuits. Students complete their academic studies prior to the lunch break, and afternoons are dedicated to arts study.

Q. What is the main idea about the school in the advertisement?

(a) It primarily focuses on performing arts.

(b) It is unlike any other kind of arts school.

(c) It is for the most talented young artists only.

(d) It balances academic and artistic excellence.

6

The Sanders Gallery is currently showing work by painter Steven Hollis. The collection includes a controversial mural that shows bus wreckage from a terrorist attack surrounded by angels. Hollis defends his work, saying that it was designed to make people question the impact of religious faith and the effects of turning wrong thoughts into action. But relatives of the victims of the bus attack have found the exhibition upsetting. They complain that the event is too recent to be making art out of it. In fact, the investigation of the terrorist attack is still in progress.

Q. What can be inferred from the passage?

(a) Hollis is not considered a good painter.

(b) Most of Hollis's work deals with violence.

(c) Hollis's timing is what victim's families object to most.

(d) Most people against Hollis's work are religious.

Part IV Questions 7~8

Read the passage, questions, and options. Then, based on the given information, choose the option that best answers each question.

7-8

https://www.contemporaryartmiami.org

The Museum of Contemporary Art

Pablo Picasso's Early Works

Pablo Picasso developed various styles of painting throughout his 79-year career. His art can be divided into several periods: Blue Period, Rose Period, African Period, Cubism, and so on.

The Blue Period began during the early twentieth century. The Blue Period works project a sad mood both through their topics and colors. Frequent subject matters during the Blue Period were mothers and their children, poor and blind people. Perhaps the most famous is *The Old Guitarist*, which uses ashen blue to portray a poverty-stricken musician.

The sad mood reflected in his Blue Period works was provoked by his close friend's death. Picasso once said, "I started painting in blue when I learned of Casagemas's death." The Blue Period lasted until 1904, and then he changed to his Rose Period, during which he depicted entertainers like circus performers.

Q7. Which of the following is correct about Picasso's Blue Period?

(a) It was affected by African art.

(b) It is the longest period in his career.

(c) It mainly portrayed old musicians.

(d) It was sparked by a tragic event.

Q8. What can be inferred about the subjects of the Blue Period?

(a) They helped Picasso develop his own African style.

(b) Picasso painted them in blue to express positive energy.

(c) They were mostly talented musicians with disabilities.

(d) Society's poor and outcast were often chosen as subjects to be painted.

04 교육&사회

 Education

If you want to develop your photography skills we have a convenient online photography course that's just right for you. Learn in the comfort of your own home at your own pace. You'll receive weekly photographic assignments that you can shoot and upload to our website. You can ask questions and receive quick answers from our tutors and you'll even get feedback on your work. There are no academic prerequisites but you will need to do a placement test. If you're interested, please upload some samples of your work, and we'll send you an e-mail explaining how to register.

Q. What can be inferred from the passage?
(a) Students will be assigned to different classes according to their skills.
(b) It is optional to take a placement test to sign up for this course.
(c) Before registering, candidates will get feedback about their samples.
(d) Candidates are supposed to send their sample work and self-introduction.

문제 풀이법 ❶ 온라인 사진 강좌 수강에 대한 안내문이다.

❷ 레벨 테스트(placement test)를 치른다는 말은 학생들을 수준별로 나눠서 수업을 제공한다는 뜻이므로 (a)가 정답이다. 자기 소개서를 보내야 한다는 내용은 나와 있지 않고, 작품에 관한 피드백을 받을 수 있는 것은 수강을 한 후이다.

번역 사진 촬영 실력을 향상시키고자 한다면, 여러분에게 꼭 맞는 편리한 온라인 사진 강좌가 있습니다. 여러분의 속도에 맞추어 집에서 편하게 배우세요. 여러분은 매주 사진 과제를 받고, 사진을 찍어서 웹 사이트에 올리면 됩니다. 질문을 하면 강사들이 빠르게 답변해 드리고 작품에 관한 피드백도 받게 됩니다. 학문적으로 필요한 자격 요건은 없지만 레벨 테스트는 해야 합니다. 관심이 있으시면 작품 중 일부를 올려 주세요. 등록 절차 안내 메일을 보내드리겠습니다.

Q. 지문에서 추론할 수 있는 것은?
★(a) 학생들은 능력에 따라 다른 수업에 배치될 것이다.
(b) 강좌를 수강하기 위해 레벨 테스트를 치르는 것은 선택 사항이다.
(c) 지원자들은 수강 이전에 그들의 샘플에 관한 피드백을 받을 것이다.
(d) 지원자들은 본인 샘플 작품과 자기 소개서를 보내야 한다.

It would be nice if the "glass ceiling," the barrier that prevents women from being given positions of power, no longer existed. Unfortunately, European statistics show that 50% of employees are disadvantaged. Compared to their male colleagues, female employees receive less pay and fewer benefits. In high paying managerial positions the pay gap typically increases. Even when a woman has the same job title as a man and manages exactly the same work, she gets paid less. In addition, women have less chance of being promoted to a managerial position. Isn't it unfair to give half the population an unequal opportunity for wages and benefits?

Q. What is the main idea of the passage?
(a) Glass ceiling is used to describe the inequality of genders.
(b) Gender inequality is prevalent in the working environment.
(c) Female workers need to ask for more pay and work benefits.
(d) European women have the hardest time competing against the opposite sex.

문제 풀이법 ❶ 직장에서 남녀 성차별이 여전히 존재한다는 내용이다.

❷ 유럽의 통계에 의하면 직장 내에서 급여와 복지 혜택 및 승진에 있어서 남녀 차이가 존재한다고 설명하고 있으므로 (b)가 요지로 적합하다.

번역 여성이 높은 지위에 오르는 데 장애가 되는 '유리 천장'이 더 이상 존재하지 않는다면 좋을 것이다. 불행히도, 유럽의 통계는 고용인의 50%가 불이익을 당하고 있다는 것을 보여준다. 함께 일하는 남성 동료와 비교해볼 때, 여성 고용인들은 월급을 덜 받고 복지 혜택도 덜 받는다. 월급을 많이 받는 관리직에서 월급 차이는 일반적으로 늘어난다. 여성이 남성과 직급이 같고 똑같은 일을 하는 경우에도 급여를 덜 받는다. 게다가 여성은 관리자로 승진할 기회가 훨씬 적다. 인구의 절반에게 급여나 복지 혜택에 있어 불공평한 기회를 주는 것은 부당하지 않은가?

Q. 지문의 요지는?
(a) 유리 천장은 성 차별을 표현하는 말로 쓰인다.
★(b) 성 차별은 근무 환경에 널리 퍼져 있다.
(c) 여성 근로자들은 임금 인상과 더 많은 복지 혜택을 요구할 필요가 있다.
(d) 유럽 여성은 남성과 가장 힘든 경쟁을 하고 있다.

Power Vocabulary

[교육]
□ **assignment** 과제
□ **prerequisite** 필수 이수 과목
□ **tutor** 강사
□ **placement test** 레벨 테스트
□ **academic** 학술적인
□ **register** 등록하다

[사회]
□ **glass ceiling** 유리 천장; 보이지 않는 장벽
□ **benefit** 수당, 복지 혜택
□ **inequality** 불평등
□ **statistics** 통계
□ **managerial** 경영 관리의
□ **disadvantaged** 불이익을 당하는
□ **be promoted to** ~로 승진하다

Part II Read the passage and identify the options that does NOT belong.

1

Imagine a carpet factory where children as young as four are forced to work long hours for minimal wages, suffering from ill health, such as damaged eyesight and lung disease caused by the carpet dust. (a) If consumers were made aware of the reality of the carpet industry, they wouldn't buy such unethical products. (b) People worry that these products are polluting the market with cheap prices. (c) Fair trade campaigns have started to promote ethical consumption by raising people's awareness of child labor abuses. (d) These campaigns contribute to the enhancement of these children's lives.

Vocabulary Questions

빈칸에 적절한 어휘를 보기에서 고르세요.

| contribute | unethical | enhancement | abuse |

1 A: Would you like to donate to my charity?

B: I'm sorry, but I normally _____ to another organization.

2 A: Why did James quit the job?

B: I heard that the owner's _____ behavior led him to quit.

3 Some laws are enacted to crack down on stock market _____.

4 For the _____ of the flavor, she added a slice of lemon to the dish.

Part III Read the passage, question, and options. Then, based on the given information, choose the option that best answers each question.

2

The Montessori teaching method is named after its creator, an Italian physician and educator, Dr. Maria Montessori. The teaching method was developed as a result of observing young children's interactions in their natural environment. The method does not simply focus on teaching a specific body of knowledge. The method is designed to teach educators how to respect individual differences in the learner and to emphasize social interactions and the education of the whole personality. This means that children should be taught in a way which allows them to develop spiritually, emotionally, physically and intellectually.

Q. What can be inferred about the Montessori teaching method?

(a) It is used in the natural environment, but not in the classroom.

(b) Educators are encouraged to educate children about spirituality.

(c) Dr. Maria Montessori focused on nurturing the learners' whole personalities.

(d) This teaching method is only used to treat children with emotional problems.

🎵 **Vocabulary Questions**

주어진 단어와 비슷하거나 반대 어휘를 보기에서 고르세요.

| interaction | specific | emphasize | personality | observe |

1	monitor, scrutinize	=	_____
2	vague, unclear	⇔	_____
3	highlight, accentuate	=	_____
4	individuality, character	=	_____
5	disconnection, disassociation	⇔	_____

1

Imagine a carpet factory where children as young as four are forced to work long hours for minimal wages, suffering from ill health, such as damaged eyesight and lung disease caused by the carpet dust. (a) If consumers were made aware of the reality of the carpet industry, they wouldn't buy such unethical products. ★(b) People worry that these products are polluting the market with cheap prices. (c) Fair trade campaigns have started to promote ethical consumption by raising people's awareness of child labor abuses. (d) These campaigns contribute to the enhancement of these children's lives.

단서 1 공정 무역 운동(Fair trade campaigns)이 생겨나게 된 배경으로 노동 시장에서 벌어지는 아동 학대의 현실을 폭로하고 있다.
2 소비자들이 아동 학대의 현실을 알게 되면 비윤리적인 제품을 사지 않게 될 것이고, 그런 목적으로 공정 무역 운동이 시작되었으며, 이는 결국 아동의 삶을 향상시킬 것이라는 내용이다. 이러한 제품이 싼 가격으로 시장을 오염시키지는 않을지 사람들이 우려한다는 (b)는 문맥의 흐름에 맞지 않는다.

번역 네 살짜리 아이가 최소한의 급료를 받고 장시간 일하도록 강요받는 카펫 공장을 상상해 보라. 아이들은 시력이 나빠지거나 카펫에서 나오는 먼지로 생긴 폐질환 때문에 건강이 나빠져서 고통받는다. (a) 만일 소비자들이 카펫 산업의 현실을 안다면, 이렇게 비윤리적인 제품은 구입하지 않을 것이다. (b) 사람들은 이러한 제품들이 싼 가격 때문에 시장을 오염시킨다고 우려한다. (c) 공정 무역 캠페인은 사람들에게 아동 노동력 착취에 관한 인식을 고취시킴으로써 윤리적인 소비를 촉진하기 위해 시작되었다. (d) 이 캠페인은 이런 아이들의 삶을 향상시키는 데 기여한다.

어휘 **be forced to** ~하도록 강요 당하다 **minimal** 최소한의 **damaged** 손상된 **unethical** 비윤리적인 **pollute** 오염시키다 **promote** 촉진하다 **abuse** 학대 **contribute to** ~에 기여[기부]하다 **enhancement** 향상

🔊 Vocabulary Questions

정답 1. contribute   2. unethical   3. abuse   4. enhancement

2

The Montessori teaching method is named after its creator, an Italian physician and educator, Dr. Maria Montessori. The teaching method was developed as a result of observing young children's interactions in their natural environment. The method does not simply focus on teaching a specific body of knowledge. The method is designed to teach educators how to respect individual differences in the learner and to emphasize social interactions and the education of the whole personality. This means that children should be taught in a way which allows them to develop spiritually, emotionally, physically and intellectually.

Q. What can be inferred about the Montessori teaching method?
몬테소리 교수법에 대해 추론 가능한 것은?

(a) It is used in the natural environment. but not in the classroom.
자연 환경에서 사용되지만, 교실에서는 사용되지 않는다.

(b) Educators are encouraged to educate children about spirituality.
교육자들이 아이들에게 영성을 교육하도록 권장된다.

★(c) Dr. Maria Montessori focused on nurturing the learners' whole personalities.
마리아 몬테소리 박사는 학습자의 전인교육에 집중했다.

(d) This teaching method is only used to treat children with emotional problems.
이 교수법은 정서적인 문제를 가지고 있는 아이들을 치료하는 목적으로만 사용된다.

단서

1 몬테소리 교수법의 개발 목적과 배경에 대한 내용이다.

2 지문 후반부에서 몬테소리 교수법은 학습자의 개인차를 존중하고, 사회적인 교감과 전인적인 교육에 목적을 두고 있다고 했으므로 (c)를 추론할 수 있다. 교육자들에게 아이들의 영성에 관해 교육시킬 것을 강조했다거나 정서적인 문제가 있는 아이들을 치료하는 목적으로만 쓰인다는 말은 없으므로 (b)와 (d)는 오답이다.

번역 몬테소리 교수법은 이탈리아 내과 의사이자 교육자였던 창시자 마리아 몬테소리 박사의 이름을 따서 만들어졌다. 이 교수법은 자연 속에서 서로 교감을 나누는 아이들을 관찰함으로써 개발되었다. 이 방법은 단지 특정한 지식 체계를 가르치는 데에 중점을 두고 있지 않다. 교육자들이 학습자의 개인차를 존중하고 사회적인 교감과 전인적인 교육을 강조하도록 만들어졌다. 이 교수법은 아이들이 정신적, 정서적, 신체적, 지적으로 개발되도록 가르침을 받아야 함을 의미한다.

어휘 **method** 방법 **physician** 내과 의사 **as a result of** ~의 결과로 **focus on** ~에 초점을 맞추다 **specific** 특정한 **emphasize** 강조하다 **observe** 관찰하다 **interaction** 상호교감 **personality** 인격 **spiritually** 정신적으로 **intellectually** 지적으로 **nurture** 양육하다. 교육하다 **treat** 치료하다

🎵 **Vocabulary Questions**

정답 1. observe   2. specific   3. emphasize   4. personality   5. interaction

Part I Questions 1~3
Read the passage and choose the option that best completes the passage.

1
A series of studies has shown that, in both young and old subjects, people with sisters tend to be happier and more optimistic than those without. One theory of explanation says that this is because women talk more about their emotions than men. Thus, people with sisters have more meaningful emotional talks and get the satisfaction that comes from them. But further analysis reveals there is more to it than that. Even when emotional issues are not discussed, people report that sisterly conversations help improve their well-being. So, perhaps what is most important is _____.

(a) the act of talking itself
(b) how many sisters one has
(c) who starts the conversation
(d) understanding your emotions

2
It is known that teacher experience, curriculum, and school social life can influence children's learning. Yet, a new study has added other key factors to this list. Physical environment is also important and can put a child's learning at risk. Furthermore, schools with rapidly changing student populations can have negative results on learning. According to the study, this pair of circumstances usually occurs in low-income districts, where children attend schools with lower quality buildings. They are also more likely to change schools more often. The study's results prove that low building quality _____.

(a) occurs more often in low-income areas
(b) negatively affects student achievement
(c) makes students less likely to attend school
(d) affects the way teachers and students interact

3

Special education teachers are more than just educators. They need to have a good knowledge of disabilities, legal rights, technology, medicine, and health. But it does not stop there: they should be skilled in dealing with parents, too. Parental support and understanding is important when teaching students that have special needs. _____, special education teachers need to learn to deal with parents and help them understand the special needs of their child. Special education resources can be especially useful in assisting this process. Through them, parents can learn to help their child keep up with class work.

(a) However

(b) Hence

(c) Instead

(d) Otherwise

Part II   Question 4

Read the passage and identify the option that does NOT belong.

4

Crowded housing projects in Britain are seen as a symbol of failure for everyone. (a) They are similar to what in the United States is called a ghetto and are full of the same problems. (b) Poverty and violence are common because of drugs, and youths without ambition face hopeless futures. (c) These places are not just traps in a physical sense, but they also cause residents to feel trapped emotionally and lose hope. (d) Even though housing projects are seen as ghettos, many social differences exist within them.

Part III Questions 5~6

Read the passage, question, and options. Then, based on the given information, choose the option that best answers each question.

5

Last year an international comparison survey was done on 4th and 8th graders. It found that students in the United States were behind students in many Asian and European nations in science. So U.S. educators are trying to find out what is wrong with the nation's science education. One problem is that they "teach to the test," to simply teach students enough to pass exams rather than think beyond them. Another problem is that students feel that science is too hard, so they avoid doing it. But a wider social phenomenon might also be to blame — our culture values celebrity and money over intellect.

Q. What is the passage mainly about?

(a) Why U.S. students do not like science

(b) How students in the U.S. are not educated

(c) Why science education is failing in the U.S.

(d) How Asia and Europe beat the U.S. at science

6

According to an analysis of Education Department data, approximately 1,700 high schools in the U.S. — 12% of all schools — can be called "dropout factories." These are schools where less than 60% of freshmen make it through their senior year. Most of these schools are located in either poor rural areas or large cities. At least 20% of them in eight different states have graduation rates less than 60%. South Carolina and Florida were the worst states, where more than 50% of schools are considered dropout factories.

Q. Which is correct about the U.S. according to the passage?

(a) Some schools have a 12% dropout rate.

(b) Dropout factory schools are all in poor cities.

(c) Some schools graduate less than 60% of students.

(d) Florida is worse than South Carolina for dropout rates.

Read the passage, questions, and options. Then, based on the given information, choose the option that best answers each question.

7-8

Researchers who studied the link between IQ and math skills tracked 3,500 students from fifth to tenth grade. Interestingly, they found that although IQ is an indicator of initial math skills, it does not necessarily predict long-term math ability. The students with higher IQs showed better performance in math at the beginning. However, it was not intelligence but commitment, or hard work, that enabled the students to perform better in the long term.

Actually, the findings confirm the obvious. Like everything else in life, math is easy at first, but it gets more and more difficult, making us give up. It is commitment that makes us achieve good results when things get difficult.

The problem is that the commitment must be intrinsic. Extrinsic motivators, or outside rewards, like praises or prizes, are not as effective as intrinsic ones in the long term. Therefore, sparking and strengthening intrinsic motivation is the key to improving math skills.

Q7. What is the main point of the passage?

(a) You can strengthen your commitment by improving math skills.

(b) Those with stronger commitment show better math results in the end.

(c) It is hard to improve math skills solely by enhancing intrinsic motivation.

(d) High IQs have little to do with math skills.

Q8. What can be inferred from the passage?

(a) People with high IQs do not necessarily do well in math in the long run.

(b) People with lower IQs but stronger commitment most likely do well in math.

(c) People with higher IQs perform better as math gets more and more difficult.

(d) People with high IQs and weak commitment quickly give up on math.

UNIT

05 경제 & 비즈니스

토픽 리뷰 | 경제나 비즈니스에 관한 지문으로 비즈니스 송장, 임금 삭감이나 부서 이동에 관한 공고문 등 전문적인 지식을 요하는 지문이 출제되거나 현 경제 상황이나 투자에 관한 지문이 등장하기도 한다. 뉴스에서 자주 접할 수 있는 경제 관련 용어를 미리 익혀두면 지문을 이해하는 데 도움이 된다.

 Economy

Japanese consumers are grabbing bargains. The yen is now stronger than it has been in 15 years, which makes imported items cheaper. Consumers are delighted with bargains and the greater ability to invest or travel overseas. They are benefiting with 30% to 50% discounts on things like imported shoes and bags. For example, four pairs of sneakers can be bought for just over 5,000 yen, or $60 US. But while imports are cheaper, the yen's high value makes Japanese products and exports more expensive around the world. That hurts the economy, as it relies almost entirely on exports to promote growth.

Q. Which of the following is correct according to the passage?

(a) Japanese products are cheaper these days.

(b) Half-price discounts are available on some shoes.

(c) A pair of sneakers costs more than 5,000 yen.

(d) The Japanese economy is improving at all levels.

문제 풀이법 ❶ 엔화 강세에 따라 소비자들은 수입품을 싸게 사서 좋으나, 수출품은 비싸져서 일본 경제에는 악영향을 미친다는 내용이다. 수입 신발을 50%까지 할인된 가격에 사는 혜택을 보고 있다고 했으므로 (b)가 정답이다.

❷ 일본 제품 가격이 내린 것이 아니라 수입품 가격이 상대적으로 낮아진 것이므로 (a)는 알맞지 않고, 수출은 타격을 받고 있으므로 (d)도 적절하지 않다.

번역 일본 소비자들은 값싸고 좋은 물건을 집어 들고 있다. 엔화는 15년 만에 가장 강세를 띠고 있는데, 이 때문에 수입품 가격이 더 싸졌다. 소비자들은 값싸고 좋은 물건과 해외 투자 및 여행을 더 많이 할 수 있는 것에 만족하고 있다. 그들은 수입 신발이나 가방 등에 30~50% 할인을 받는 혜택을 보고 있다. 예를 들어, 운동화 네 켤레를 5,000엔, 즉 미화 60달러 약간 넘는 가격에 살 수 있다. 하지만 수입품이 싸진 반면, 엔화의 강세는 전 세계에서 일본 제품 및 수출품 가격을 비싸게 만들고 있다. 경제 성장을 증진시키는 것은 거의 전적으로 수출에 의존하고 있기 때문이고, 이는 경제에 악영향을 끼친다.

Q. 지문 내용과 일치하는 것은?

(a) 일본 제품은 요즘 가격이 내렸다.　　　　　★(b) 일부 신발에 대해 반값 할인이 가능하다.

(c) 운동화 한 켤레 가격이 5,000엔이 넘는다.　　　(d) 일본 경제는 모든 수준에서 향상되고 있다.

Power Vocabulary

□ **grab** 움켜잡다　　　　　□ **bargain** 값싸고 좋은 물건　　　　□ **imported** 수입된

□ **delighted** 기뻐하는　　　□ **overseas** 해외로　　　　　　　□ **benefit** 혜택을 입다

□ **export** 수출품　　　　　□ **rely on** ~에 의존하다　　　　　□ **promote** 조장하다

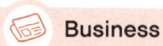

Due to the current economic environment, the demands on our company have changed over the last financial year. To remain one of the fields' top investment firms it is important to have a flexible workforce that is able to adapt with the times. We regret to say that the Venture Capital department will be eliminated as of this September. This policy will offer investors the best service possible. All the staff in the Venture Capital department will be relocated to the Pension Funds department. Renovation for our head office will start next week.

Q. What is correct according to the passage?
(a) The Venture Capital department will be downsized.
(b) The company's main building will be constructed soon.
(c) The company will change into an investment firm this September.
(d) Some employees will be transferred to the Pension Funds department.

문제 풀이법 ❶ 회사 경영 방침의 변화로 벤처 캐피털 부서에 근무했던 직원들이 연금 관리 부서로 재배치될 것이다.

❷ 선택지의 정보를 지문의 내용과 꼼꼼히 비교하며 확인해 보아야 한다. (a)에서 벤처 캐피털 부서는 규모 축소가 아니라 없어지는(eliminated) 것이고, (b)에서 본사 건물은 새로 짓는 것이 아니라 보수 공사 (renovation)가 진행될 예정이라는 점에 유의한다.

번역 현재의 경제 상황으로 인해 우리 회사에 대한 수요는 지난 회계 연도에 걸쳐 변화해 왔습니다. 이 분야 최고의 투자 회사 중 하나로 남기 위해, 시대에 맞춰 갈 수 있는 탄력적인 노동력을 가지는 것이 중요합니다. 유감스럽게도 벤처 캐피털 부서는 올해 9월부터 없어집니다. 이 정책은 투자자들에게 가능한 최상의 서비스를 제공할 것입니다. 벤처 캐피털 부서의 모든 직원들은 연금 관리 부서에 재배치될 것입니다. 본사 수리는 다음 주에 시작할 예정입니다.

Q. 지문에 대해 옳은 것은?
(a) 벤처 캐피털 부서가 축소될 것이다.
(b) 회사 본사 건물이 곧 건축될 것이다.
(c) 회사는 올해 9월 투자 회사로 전환될 것이다.
★(d) 일부 직원들은 연금 관리 부서로 이동될 것이다.

Power Vocabulary

- financial year 회계 연도
- eliminate 없애다, 제거하다
- fund 자금
- flexible 융통성 있는; 탄력 시간제의
- relocate 이전하다
- renovation 수리, 혁신
- workforce 노동력
- pension 연금
- downsize 축소하다

Part I   Read the passage and choose the option that best completes the passage.

1

> Counterfeit money is a cause for concern to many small business owners. The victims of counterfeit money schemes are usually faced with financial losses. To guard against the losses from counterfeit money, staff members should be trained to identify fake money with their eyes. When inspected closely, many counterfeit bills have lines printed on the surface rather than embedded in the paper. A genuine bill should have a treasury seal of authenticity and serial numbers. _____, the quality of paper used in fake money is often noticeably different from the real thing.

(a) Therefore
(b) Ironically
(c) Additionally
(d) Nevertheless

🎵 Vocabulary Questions

빈칸에 적절한 어휘를 보기에서 고르세요.

genuine	counterfeit	Treasury	authenticity

1 Department of _____ will issue federal bonds.

2 A: What was the boy charged with?
   B: He was charged with circulating _____ checks.

3 No one dared to verify the _____ of his statement.

4 Even professionals have difficulty identifying a _____ Monet.

Part III Read the passage, question, and options. Then, based on the given information, choose the option that best answers each question.

2

> After suffering a $100 billion loss last year, the California Public Employees' Retirement System (CalPERS), known as Calpers, is preparing a new asset allocation strategy. The US's largest pension fund is attempting to cushion the fall of its stock by diversifying its portfolio. They are also becoming more selective about their real estate investments and discussing with diverse investment groups about investment risks and opportunities. Lastly, they are terminating the partnerships which are not performing up to their set of standards.

Q. Which of the following can be inferred from the article?
(a) Calpers needs to simplify their investment strategies.
(b) The real estate investment plan is likely to be the best this year.
(c) A new asset allocation strategy was started by Calpers last year.
(d) Calpers is forming a new strategy to make up for a loss.

Vocabulary Questions

빈칸에 적절한 어휘를 보기에서 고르세요.

real estate   portfolio   investment   assets

1 A: Why did the company go bankrupt?
   B: It had heavy losses due to its imperfect _____ plan.
2 To reduce the risk, they decided to diversify their _____.
3 A: Why do you think it's a perfect time to buy houses?
   B: You know, prices of _____ have dramatically fallen this year.
4 Investors should keep their economic _____ evenly divided between bonds, stocks, and equities.

1

Counterfeit money is a cause for concern to many small business owners. The victims of counterfeit money schemes are usually faced with financial losses. To guard against the losses from counterfeit money, staff members should be trained to identify fake money with their eyes. When inspected closely, many counterfeit bills have lines printed on the surface rather than embedded in the paper. A genuine bill should have a treasury seal of authenticity and serial numbers. _____, the quality of paper used in fake money is often noticeably different from the real thing.

(a) Therefore 그러므로
(b) Ironically 반어적으로
★(c) Additionally 또한
(d) Nevertheless 그럼에도 불구하고

단서
1 위조지폐(counterfeit money)를 구별하는 법에 관하여 언급하고 있다.
2 위폐 감별법에 관한 정보를 하나씩 나열하고 있는데, 빈칸 뒤에는 앞에서 열거된 정보 외에 새로운 감별법이 언급되었다. 따라서 추가적인 정보를 제시할 때 사용되는 (c) Additionally가 오는 것이 적절하다.

번역
위조지폐는 소규모 기업을 운영하는 많은 사람들에게 걱정거리이다. 위조지폐 수법의 희생자들은 보통 경제적 손실을 입게 된다. 위조지폐로 인한 손실을 막기 위해 직원들은 육안으로 위조지폐를 구별할 수 있도록 훈련을 받아야 한다. 면밀히 검사하면 많은 위조지폐들은 지폐 종이 깊숙이 인쇄되지 않고 지폐 표면에 인쇄 선들을 갖고 있다. 진짜 지폐는 진짜임을 알리는 재무부 직인과 일련번호가 있어야 한다. 또한 위조지폐에 사용된 종이의 질은 진짜 지폐와 확연히 구별된다.

어휘
counterfeit 위조의 victim 피해자 scheme 책략 be faced with ~에 직면하다 fake 가짜의 embed 깊숙이 박다
genuine 진짜의 treasury 재무부 seal 직인, 마크 authenticity 진본 noticeably 두드러지게

 **Vocabulary Questions**

정답 1. Treasury 2. counterfeit 3. authenticity 4. genuine

2

After suffering a $100 billion loss last year, the California Public Employees' Retirement System (CalPERS), known as Calpers, is preparing a new asset allocation strategy. The US's largest pension fund is attempting to cushion the fall of its stock by diversifying its portfolio. They are also becoming more selective about their real estate investments and discussing with diverse investment groups about investment risks and opportunities. Lastly, they are terminating the partnerships which are not performing up to their set of standards.

Q. Which of the following can be inferred from the article? 기사로부터 추론할 수 있는 것은?

(a) Calpers needs to simplify their investment strategies.
칼퍼스는 투자 전략을 간소화할 필요가 있다.

(b) The real estate investment plan is likely to be the best this year.
부동산 투자 계획은 올해 최고가 될 것이다.

(c) A new asset allocation strategy was started by Calpers last year.
신규 자산 배분 전략은 작년에 칼퍼스에 의해 시작됐다.

★(d) Calpers is forming a new strategy to make up for a loss.
칼퍼스는 손실을 충당하기 위해 새로운 전략을 구상하고 있다.

단서
1 캘리포니아 공무원 퇴직 연금(CalPERS)이 주식 폭락으로 인한 손실을 만회하기 위해 새로운 자산 배분 전략을 계획하고 있다는 내용이다.
2 손실을 입은 후에 투자 전략을 보다 다양화하려는 계획을 가지고 있다고 했으므로 (d)가 올바른 추론이다.

번역
작년 1,000억 달러의 손실을 입은 후에, 칼퍼스라고 알려진 캘리포니아 공무원 퇴직 연금은 새로운 자산 배분 전략을 준비하고 있다. 미국에서 가장 큰 이 연금 기금은 포트폴리오를 다양화함으로써 주식 시장의 하락으로 인한 충격을 줄이려고 시도하고 있다. 그들은 또한 부동산 투자에 관해 좀 더 신중을 기하고 있으며, 투자 위험과 기회에 대해 다양한 투자 기관들과 상의하고 있다. 마지막으로 그들은 정해진 기준만큼 기량을 발휘하지 못하는 협력업체와의 관계를 정리하고 있다.

어휘 asset allocation 자산 배분 strategy 전략 cushion the fall 충격을 흡수하다 diversify 다양화하다 portfolio 포트폴리오 real estate 부동산 investment 투자 diverse 다양한 terminate 종료하다 perform 수행하다

Vocabulary Questions

정답 1. investment 2. portfolio 3. real estate 4. assets

Part I Questions 1~3

Read the passage and choose the option that best completes the passage.

1

In the eyes of insurance companies, amateur runners represent
_____. On the one hand, their habit of long-distance running
means they are generally more fit than the average insured person. And better
fitness translates to less money the insurance company has to pay since the
person will stay healthy. On the other hand, frequent running can also lead to
sports-related health problems. For example, many runners suffer from bone
fractures and other conditions as a result of their running.

(a) the most valuable type of customer

(b) an advantage to their business model

(c) both an advantage and a disadvantage

(d) a troubling shift in the insurance market

2

It is not always easy in the construction business to _____.
Part of the problem is that it is an industry in which employment goes up and
down. That makes recruiting for construction jobs difficult. To make it easier
to find the right employees, it is important to know where to advertise job
openings. Then you need to appropriately analyze applicants to create the
top team. Some key points to remember are not to be lazy in the process —
verify all candidates' claims, and make sure you know regional construction
standards and salaries.

(a) make a large profit on projects

(b) put together the best work team

(c) get people to invest in your projects

(d) find the right construction company

3

Advertising is one of the largest expenses for small business owners. But there are cheap ways to deliver your message to potential customers. One is to give away strong reusable bags with your business name on it. Everyone throws out most junk mail they get, but few throw away a good useful bag. This will always remind them of your business. _____, whenever they use the bag in public, your business name is exposed to new consumers. The bags can add value to any business, generating extra sales and getting your name, brand, and services into peoples' minds.

(a) And yet
(b) Otherwise
(c) In addition
(d) Nevertheless

Part II Question 4
Read the passage and identify the option that does NOT belong.

4

Go-Mart Inc. has announced that it made a cash offer of $2.5 billion to buy 51% of Allmart Holdings Ltd. (a) It is Go-Mart's first attempt at entering the growing retail market in the United Arab Emirates. (b) Allmart, which has approximately 1600 employees, will continue to operate as usual in its Dubai outlets. (c) It will also remain listed on the United Arab Emirates stock exchange if the deal goes ahead as planned. (d) The board said that joining the strengths of these groups is an important step toward becoming an industry leader.

Read the passage, question, and options. Then, based on the given information, choose the option that best answers each question.

5

This is a reminder to all Chrome Statistics employees that HealthZone will be conducting an On-site Employee Flu Prevention Program at the Dallas offices on Friday, September 14. The program offers everything that employees will need to defend themselves against the flu this season, including informational material and flu vaccination shots. Remember, an average of three days of work are lost every time an employee catches the flu. In the interest of your own health as well as the health of Chrome Statistics, we are asking employees to seriously consider attending the On-site Employee Flu Prevention Program.

Q. What is the announcement mainly about?

(a) An upcoming workplace vaccination program

(b) The compulsory health check for all employees

(c) The merging of Chrome Statistics and HealthZone

(d) A change in a company's policy regarding sick days

6

Employers concerned about rising employee health-care expenses have started a new trend. They are now checking that employee health-insurance dependents are valid. It is not something companies did in the past—they generally relied on an honor system and simply believed what employees said. But now many are hiring auditors to make sure they will not have to pay for invalid dependents. Auditors check all employees' dependents, such as spouses and children, by examining documents like marriage and birth certificates. In most cases where invalid dependents are found, the employee has made an honest mistake.

Q. What can be inferred about company health care from the passage?

(a) It was far more complicated in the past.

(b) It will not save money to conduct audits.

(c) It used to be easy for employees to cheat.

(d) It will become more costly for employers.

Read the passage, questions, and options. Then, based on the given information, choose the option that best answers each question.

7-8

Wanted: Dog Walker

We are looking for a dog walker who can begin in September. A related certification is not necessary, but at least one year of experience is a must. A minimum of $15 hourly rate will be paid. The wage can be adjusted according to your experience and certification you have. Non-smokers only.

- This is a part-time, but permanent job. A person who can work for more than 3 years is desired.
- You are required to work from 6 p.m. to 8 p.m. Monday through Friday. We call for punctuality.
- Your duties will be limited to walking three dogs: one Siberian Husky and two Welsh Corgis.
- An applicant with a vehicle and a valid driver's license is preferred.

Phone: 555-3456

Address: 874 Fox Road Middletown, Ohio 45042

Q7. Which of the following is correct according to the advertisement?

(a) The duty includes feeding dogs.

(b) A successful candidate will take care of two dogs.

(c) Pay is calculated hourly.

(d) It is a temporary position.

Q8. What can be inferred from the advertisement?

(a) Occasional weekend work may be required.

(b) An applicant without a certification will be considered.

(c) There are multiple parking garages in the employer's home.

(d) A successful applicant will be provided with meals.

UNIT

06 역사 & 문화 & 철학

토픽 리뷰 | 역사, 문화 및 철학에 관한 지문이 출제된다. 특정 문화 현상이나 여러 고대 문명들과 관련된 토픽이 나오기도 하고 문화재 반환, 청교도 혁명에 관한 내용이나 동서양 사상을 비교하는 내용이 나오기도 하고, 주요 사상가들의 철학 이론 외에 고대 종교의 기원과 영향에 관한 지문이 출제되기도 한다.

 History

During the rule of Elizabeth I in England, a big change called the Puritan Revolution occurred. A new group of Christians, now known as the Puritans, began to arise. The Puritans wanted to reform the Church of England. They longed for reformation badly because they felt the Church of England was still too close to Catholicism. Eventually they became separated from the Church of England altogether, forming their own Church.

Q. What is the best title of the passage?
(a) Religious Conflicts throughout English History
(b) Historical Background of the Birth of the Church of England
(c) How Puritans Contributed to the Reformation of Their Religion
(d) Ceaseless Efforts to Regain the Fame of the Church of England

---

문제 풀이법 ❶ 청교도 혁명(Puritan Revolution)이 일어나게 된 동기와 과정에 관해서 서술하고 있으며 이로 인해 영국 국교회에 어떤 변화가 생겼는지를 설명해 주고 있다. 따라서 (c)가 정답이다.

❷ 영국 역사 전반에 걸친 종교 갈등이라고 표현한 (a)는 과장된 것이며, 국교회 탄생이 아니라 청교도 탄생의 배경에 관한 글이므로 (b)도 맞지 않다.

번역 영국에서 엘리자베스 1세 통치 기간 동안에 청교도 혁명이라 부르는 큰 변화가 일어났다. 현재 청교도라고 알려진 새로운 기독교 단체가 들고 일어나기 시작했다. 청교도는 영국 국교회를 개혁하고자 했다. 그들은 영국 국교회가 여전히 가톨릭과 너무 밀접한 관계를 맺고 있다고 여겼기 때문에 개혁을 몹시 열망했다. 결국 그들은 영국 국교회로부터 완전히 분리되어 그들만의 교회를 형성하였다.

Q. 지문의 제목으로 가장 적당한 것은?
(a) 영국 역사 전반에 걸친 종교 갈등
(b) 영국 국교회 탄생에 관한 역사적 배경
★(c) 어떻게 청교도가 종교 개혁에 공헌했는가
(d) 영국 국교회의 명성을 되찾기 위한 끊임없는 노력

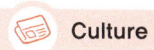

A special holiday known as "The Day of the Dead" is observed on November 1st and 2nd in Mexico to honor their deceased ancestors. Common activities include building a private altar or visiting the graves of the deceased. Mexicans usually bring along offerings including sugar skulls, marigolds, and the favorite foods or drinks of the deceased. Elaborately decorated sugar skulls symbolize that death is nothing but an extension of life. Believe it or not, this celebration is quite joyful, as the participants tell funny stories about the lives of the deceased.

Q. What is correct according to the passage?
(a) Sugar skulls symbolize how life continues after death.
(b) Children are given sugar sweets on The Day of the Dead.
(c) "The Day of the Dead" holiday takes place for one week in November.
(d) "The Day of the Dead" ceremonies are conducted in a gloomy manner.

문제 풀이법 ❶ 멕시코의 '죽은 자들의 날(The Day of the Dead)'에 관해 설명하고 있다.

❷ '죽은 자들의 날'에는 아이들이 아니라 조상들에게 설탕 해골을 포함한 음식을 바치고 2일간 즐거운 분위기 속에서 보낸다고 언급하고 있다. 또한 설탕 해골 장식은 죽음이 삶의 연장이라는 멕시코인들의 믿음을 나타낸다고 했으므로 정답은 (a)이다.

번역 '죽은 자들의 날'이라고 알려진 특별한 공휴일은 멕시코에서 11월 1일과 2일에 죽은 조상들을 기리는 날이다. 이날 사람들은 보통 개인적으로 제단을 세우거나 고인의 무덤을 방문한다. 멕시코 사람들은 설탕으로 만든 해골, 금잔화와 함께 고인이 생전에 즐겨 먹던 음식이나 음료수 같은 제물을 가지고 간다. 공들여 꾸민 설탕 해골은 죽음은 단지 삶의 연장일 뿐임을 상징한다. 믿기지 않겠지만, 사람들은 고인의 삶에 대한 재미있는 이야기를 하면서 이 의식을 즐긴다.

Q. 지문에 대해 옳은 것은?
★ (a) 설탕 해골은 사후에도 어떻게 삶이 계속 이어지는지를 상징한다.
(b) '죽은 자들의 날'에 아이들은 캔디류를 받는다.
(c) '죽은 자들의 날' 공휴일은 11월에 일 주일간 계속된다.
(d) '죽은 자들의 날' 의식은 우울한 방식으로 치러진다.

Power Vocabulary

[역사]
□ **rule** 통치, 지배   □ **Puritan Revolution** 청교도 혁명   □ **reformation** 개혁

[문화]
□ **altar** 제단   □ **the deceased** 고인   □ **offering** 헌금, 제물
□ **elaborately** 공들여, 정교하게   □ **symbolize** 상징하다   □ **celebration** 기념행사
□ **participant** 참가자

Part II Read the passage and identify the option that does NOT belong.

1

The Khmer Empire was one of the largest empires in history. (a) From the 9th to the 15th century AD, they were able to maintain control of much of Southeast Asia. (b) Due to a strong political doctrine they could effectively unite their people and their intelligent irrigation system aided in their agriculture. (c) They were also great stoneworkers and left behind several notable monuments including Angkor Wat and Angkor Thom.
(d) Undoubtedly, such structures remain convincing evidence that they were skilled artisans, perishing quickly with times.

Vocabulary Questions

빈칸에 적절한 어휘를 보기에서 고르세요.

Empire   doctrine   irrigation   monument

1 Proper _____ systems are essential for farming.
2 A: Who had the greatest impact on architecture?
   B: It was the Roman _____ which influenced architecture around the world.
3 His _____ is more in line with Buddhism than Catholicism.
4 The _____ was built in memory of unknown soldiers.

Part III Read the passage, question, and options. Then, based on the given information, choose the option that best answers each question.

2

Aesthetic Realism is a philosophy that was developed by the poet, critic, philosopher, and educator, Eli Siegel. He observed that the most beautiful art is created by combining opposites such as intensity and calmness, or sameness and change. He argues that to make an ideal world, everyone must give an honest effort to respect opposite values. He also claims that if we give in to selfish temptations — and hurt someone or something as a way of raising our self-esteem, we make the world a less beautiful place. This philosophy stems from the belief that contempt causes social evils like racism and war.

* Aesthetic Realism 심미적 사실주의

Q. What is the main point of Aesthetic Realism?
(a) Social evils are caused by selfishness.
(b) Hurting other people can raise your self-esteem.
(c) Beauty can be created by combining opposing themes.
(d) Most philosophers and educators believe in Aesthetic Realism.

 **Vocabulary Questions**

빈칸에 적절한 어휘를 보기에서 고르세요.

racism   intensity   aesthetic   self-esteem

1 The team failed to predict the _____ of the earthquake.
2 Prior to the World Cup, people were campaigning against _____.
3 A: What's wrong with her?
   B: I think low _____ is her most serious problem.
4 A: Why did they use garbage to build the structure?
   B: In modern art, various materials are used for _____ purposes.

1

The Khmer Empire was one of the largest empires in history. (a) From the 9th to the 15th century AD, they were able to maintain control of much of Southeast Asia. (b) Due to a strong political doctrine they could effectively unite their people and their intelligent irrigation system aided in their agriculture. (c) They were also great stoneworkers and left behind several notable monuments including Angkor Wat and Angkor Thom.
★(d) Undoubtedly, such structures remain convincing evidence that they were skilled artisans, perishing quickly with times.

단서
1 크메르 제국(The Khmer Empire)이 9세기에서 15세기까지 동남아시아를 지배할 수 있었던 요인에 관해서 설명하고 있다.
2 강력한 정치 강령과 뛰어난 관개 시설을 주요 요인으로 설명하고 있다.
3 시간이 지나면서 빠르게 석조 건축물이 사라졌다는 (d)는 지문의 흐름과 어울리지 않는다.

번역 크메르 제국은 역사상 가장 큰 제국 중 하나였다. (a) 서기 9세기부터 15세기까지 그들은 동남아시아의 많은 나라들을 지배할 수 있었다. (b) 강력한 정치 강령을 이용하여 그들은 효과적으로 국민들을 통합할 수 있었고, 훌륭한 관개 시스템은 농업에 도움이 되었다. (c) 그들은 또한 위대한 석조가들이었고, 앙코르 와트와 앙코르 텀을 비롯한 여러 개의 유명한 기념비적인 건축물들을 남겼다. (d) 의심할 여지없이 그런 구조물들은 그들이 실력 있는 장인이었다는 것을 보여주는 설득력 있는 증거로 남아 있지만, 시간이 갈수록 빠르게 사라지고 있다.

어휘 **empire** 제국 **political** 정치적인 **doctrine** 교리, 강령 **unite** 통합시키다 **irrigation** 관개, 물을 끌어들임 **aid** 돕다 **agriculture** 농업 **stoneworker** 석조가 **notable monument** 유명한 기념물 **undoubtedly** 의심할 여지없이 **convincing** 설득력 있는 **artisan** 장인 **perish** 소멸하다

 **Vocabulary Questions**

정답 1. irrigation 2. Empire 3. doctrine 4. monument

2

Aesthetic Realism is a philosophy that was developed by the poet, critic, philosopher, and educator, Eli Siegel. He observed that the most beautiful art is created by combining opposites such as intensity and calmness, or sameness and change. He argues that to make an ideal world, everyone must give an honest effort to respect opposite values. He also claims that if we give in to selfish temptations — and hurt someone or something as a way of raising our self-esteem, we make the world a less beautiful place. This philosophy stems from the belief that contempt causes social evils like racism and war.

Q. What is the main point of Aesthetic Realism? 심미적 사실주의의 요지는?

(a) Social evils are caused by selfishness. 사회악은 이기심에서 유발된다.

(b) Hurting other people can raise your self-esteem. 다른 사람을 해하면 본인의 자존심을 키울 수 있다.

★(c) Beauty can be created by combining opposing themes.
아름다움은 상반되는 주제들을 결합하여 창조할 수 있다.

(d) Most philosophers and educators believe in Aesthetic Realism.
대부분의 철학자와 교육자들은 심미적 사실주의를 믿는다.

단서 1 심미적 사실주의(Aesthetic Realism)에 관해서 설명하고 있다.

2 일라이 시겔이 주장하는 심미적 사실주의는 서로 상반된 것을 혼합시켜서 아름다운 예술이 창조되는 것이므로 (c)가 요지로 적합하다. 또한 자존심을 지키기 위해 다른 사람에게 상처를 주지 말아야 하고 경멸이 사회악의 원인이라고 했으므로 나머지 선택지들은 맞지 않다.

번역 심미적 사실주의는 시인이자 비평가이며 교육자이기도 한 일라이 시겔이 발전시킨 철학이다. 그는 가장 아름다운 예술은 강렬함과 고요함 또는 항일성과 변화 등과 같은 서로 반대되는 것을 결합함으로써 창조된다고 보았다. 그는 이상적인 세상을 만들기 위해서 모든 사람들이 상대적인 가치를 존중하는 성실한 노력을 해야 한다고 주장한다. 그는 또한 우리가 자존심을 높이기 위해 이기적인 유혹에 굴복해서 어떤 사람이나 사물에 상처를 주면 우리는 세상을 아름답지 않게 만드는 것이라고 주장하고 있다. 이러한 철학은 경멸이 인종주의나 전쟁과 같은 사회적인 악을 유발시킨다는 믿음에 근거한다.

어휘 **aesthetic** 심미적, 미학적 **philosophy** 철학 **critic** 비평가 **observe** 보다, 깨닫다 **intensity** 강렬함 **opposite** 반대의 **give in to** ~에 굴복하다 **selfish** 이기적인 **temptation** 유혹 **self-esteem** 자존심 **stem from** ~에서 기인하다 **contempt** 경멸 **racism** 인종주의

🎵 **Vocabulary Questions**

정답 1. **intensity** 2. **racism** 3. **self-esteem** 4. **aesthetic**

텝스 독해 집중 공략

Part I   Questions 1~3
Read the passage and choose the option that best completes the passage.

1

> In psychology, what is called the positivity effect influences our thoughts about people we like or prefer. Because of the effect, we explain the positive words and actions of these people as the result of their natural goodness. When it comes to any negative words and actions, these are thought to be caused by factors that are out of their control. In other words, we believe their positive behavior is a reflection of their true personality, while we assume any negative behavior _____.

(a) just cannot be explained
(b) shows their true self
(c) can be remedied
(d) is not their fault

2

> Some historians think that the ancient Greek philosopher Democritus may have created a theory on the _____. The traditional ancient view was that the human past had a golden age but then went into decline. However, an alternative idea, possibly from Democritus, states that humans in the past did not have a golden age but lived life much like animals did. As time went on, human communities gradually developed and improved for purposes of survival and culture. Democritus saw human societies arising from small and humble beginnings rather than from a kind of ideal golden age as told in ancient legends.

(a) evolution of early humans from animals
(b) historical development of human communities
(c) origins of ideas surrounding a paradise on Earth
(d) golden age when humans lived in peace and harmony

3

Antoine Arnauld (1612-1694) was a famous theologian and philosopher of seventeenth-century Europe. He had a distinguished career, but his work as a theologian is seen differently by different historians. Dr. John Herald, for example, writes that Arnauld was perhaps the most brilliant theologian of his age. _____, Dr. Richard Brennan says that certain groups of the time hailed Arnauld as a great theologian, even though this was incorrect. But of course, everyone agrees that Arnauld was a very learned man.

(a) Indeed

(b) Moreover

(c) On the other hand

(d) In the same manner

Part II **Question 4**

Read the passage and identify the option that does NOT belong.

4

Frederick Douglass (1818-1895) was an American social reformer, writer, speaker, and statesman. (a) He was born a slave but was able to learn how to read and write, believing that knowledge was the way to freedom. (b) Douglass showed that slaves were as smart as anyone else and deserved to be free American citizens. (c) He escaped from slavery in 1838 and became a leader of the movement to ban slavery. (d) Soon, he gained a good reputation for his speeches against slavery and his anti-slavery writings.

Read the passage, question, and options. Then, based on the given information, choose the option that best answers each question.

5

Kenwood House in north London is a monument to British culture and houses works by some of the Britain's most famous painters. Britain's best, such as Gainsborough, Reynolds, and Hogarth, are there. It also has great works by other European artists. Yet the European masters make Britain's art heritage seem weak. Works by Rembrandt and Vermeer and other Dutch artists simply outshine the British painters. In the history of European culture, British art contributed little to art history compared to the astonishing genius of the European painters.

Q. What is the main idea of the passage?

(a) Britain lacks a great painting heritage.

(b) Kenwood House's art is Britain's best.

(c) European culture is not as great as it was.

(d) Dutch painters were once the world's best.

6

In an average London suburb, two men in their forties, with families and jobs, have started music careers. They mix '70s reggae with their own lyrics that address the issues in their lives, such as politics, money, and community. In one song, they tackle the swine flu outbreak. In another, they sing about greedy lawyers. And in another still, they complain about toxic-waste dumping. No subject is safe from their satire, and many politicians are strongly criticized in their songs. It is quite a contrast to hear such laid-back music married with such sharp lyrics.

Q. What can be inferred about the musicians?

(a) Their family life inspires their songwriting.

(b) Their music deals with serious social issues.

(c) They think reggae songs today are inferior to past songs.

(d) They were born and raised in poor suburbs.

Read the passage, questions, and options. Then, based on the given information, choose the option that best answers each question.

7-8

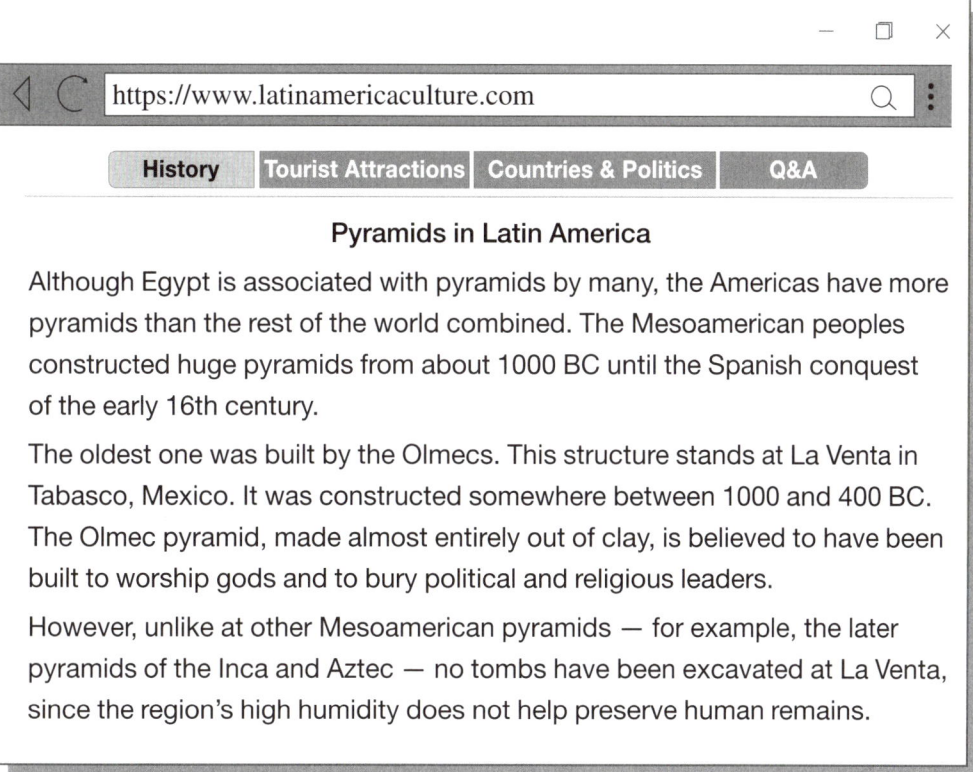

https://www.latinamericaculture.com

History | **Tourist Attractions** | **Countries & Politics** | **Q&A**

Pyramids in Latin America

Although Egypt is associated with pyramids by many, the Americas have more pyramids than the rest of the world combined. The Mesoamerican peoples constructed huge pyramids from about 1000 BC until the Spanish conquest of the early 16th century.

The oldest one was built by the Olmecs. This structure stands at La Venta in Tabasco, Mexico. It was constructed somewhere between 1000 and 400 BC. The Olmec pyramid, made almost entirely out of clay, is believed to have been built to worship gods and to bury political and religious leaders.

However, unlike at other Mesoamerican pyramids — for example, the later pyramids of the Inca and Aztec — no tombs have been excavated at La Venta, since the region's high humidity does not help preserve human remains.

Q7. Which of the following is correct according to the passage?

(a) The oldest Olmec pyramid was constructed before 400 BC.

(b) The Olmecs built pyramids until the early 16th century.

(c) The Olmec pyramids were built solely for political purposes.

(d) La Venta has more pyramids than any other place in the world.

Q8. Why were the tombs at La Venta not explored?

(a) The material used for the structure is highly fragile.

(b) The region's climate has been unsuitable for organic preservation.

(c) They are placed too deep to be explored.

(d) It is hard to find the exact locations in the structure.

07 과학 & 환경

토픽 리뷰 | 과학 기술이나 환경에 관한 지문은 매회 빠짐없이 출제된다. 각 분야의 첨단 기술 및 컴퓨터 관련 지식, 천문 현상에 관련된 내용이 자주 출제되며, 지구 온난화 같은 환경 문제와 동물 실험 등을 다루기도 한다.

 Science

Nanotechnology is the science of developing technology and machines on a tiny molecular scale. This technology could be used to treat human diseases, such as cancer. For example, miniature nano machines are being developed that could be injected into a sick person's bloodstream. These machines would act like "finders," detecting cancer cells, adhering to them and pushing them together in groups so that they can be easily viewed under a microscope. As the technology improves, these machines could be programmed to search for and destroy the cancer cells, leaving normal tissues unharmed.

Q. What is the best title for the passage?
(a) Definition of Nanotechnology
(b) Application of Nanotech for Curing Cancer
(c) Medical Development of Cancer Treatment
(d) How Nanotech Has Been Used in the Field of Medicine

문제 풀이법 ❶ 나노 기술이 질병, 특히 암을 치료하는 데 어떻게 활용되는가에 관해 다루고 있다.

❷ (d)처럼 의학 전반에 나노 기술이 어떤 식으로 이용되는가를 다루고 있지는 않으므로 답으로 고르지 않도록 주의한다.

번역 나노 기술은 미세한 분자 규모상의 기술 및 기계를 개발하는 과학이다. 이 기술은 암과 같은 인간의 질병들을 치료하는 데 사용될 수 있다. 예를 들어, 초소형 나노 기계들이 환자의 혈류에 주입될 수 있도록 개발이 진행되고 있다. 이 기계들은 암세포를 감지하고, 들러붙어 집단을 이루며 암세포를 밀어내어 결국 현미경에 쉽게 보이도록 하는 '발견자'와 같은 역할을 할 것이다. 나노 기술이 향상됨에 따라 이 기계들은 정상 조직은 손상시키지 않고 암세포만을 찾아내어 파괴하도록 설정할 수 있다.

Q. 지문의 제목으로 가장 적당한 것은?
(a) 나노 기술의 정의
★(b) 암 치료를 위한 나노 기술 응용
(c) 암 치료의 의학적인 발전
(d) 의학 분야에 나노 기술이 어떻게 사용되어 왔는가

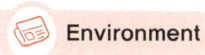

Al Gore, a former vice president of U.S., worked with the Clinton administration from 1993 to 2001. As the son of a U.S. senator, he graduated from Harvard University with a degree in government and also attended Law School. Since the beginning of his career in politics, Gore has been a leading advocate for confronting the issues of global warming. His keen interest in environment is depicted in his best-selling book and award winning documentary film entitled *An Inconvenient Truth* (2006), and its sequel released in 2017. These presented _____.

(a) the story of Al Gore's political career to readers
(b) people with various ways to write a best-selling book
(c) some reasons why environmental problems are exaggerated
(d) the issue of the global warming and its solutions to the mainstream audience

문제 풀이법 ❶ 미국의 전 부통령인 엘 고어의 환경운동에 관한 내용이 담겨 있다.

❷ 빈칸 앞 문장에서 엘 고어 전 부통령의 환경에 관한 관심이 〈불편한 진실(Inconvenient Truth)〉에 잘 나타나 있다고 언급하고 있으므로 (d)가 와야 한다.

번역 미국의 전 부통령 앨 고어는 1993년부터 2001년까지 클린턴 정부 시절 재임했다. 미국 상원의원의 아들로서 그는 하버드 대학에서 행정학 학위를 받고 졸업했으며, 법과 대학도 다녔다. 정치계 입문 초기부터 앨 고어는 지구 온난화 문제 해결을 앞장서서 지지해 왔다. 환경에 대한 깊은 관심은 그의 베스트 셀러이자 상을 수상한 〈불편한 진실(2006)〉이라는 다큐멘터리와 2017년 개봉한 속편에 잘 드러나 있다. 이것은 주류 관객에게 지구 온난화 문제와 그에 대한 해결책을 제시해 주었다.

(a) 독자들에게 앨 고어의 정치 경력 이야기를
(b) 사람들에게 베스트 셀러를 쓰는 다양한 방법을
(c) 환경 문제들이 과장되는 몇 가지 이유를
★(d) 주류 관객에게 지구 온난화 문제와 그에 대한 해결책을

Power Vocabulary

[과학]
□ **nanotechnology** 나노 기술
□ **bloodstream** 혈류
□ **molecular** 분자로 된
□ **microscope** 현미경
□ **inject** 주입하다
□ **tissue** (세포들로 이루어진) 조직

[환경]
□ **advocate** 지지자
□ **keen interest** 깊은 관심
□ **confront** 직면하다
□ **exaggerate** 과장해서 말하다
□ **global warming** 지구 온난화
□ **solution** 해결책

Part III Read the passage, question, and options. Then, based on the given information, choose the option that best answers each question.

1

Plate tectonics is the theory describing the moving forces that create mountains, volcanoes, and earthquakes. According to plate tectonics, Earth's outer layer is divided into several plates that move over the mantle. Plate movement leads to several types of interactions along the plate boundaries: transform boundaries, divergent boundaries, and convergent boundaries. California's San Andreas fault is a result of transform boundaries, where plates grind sideways past each other, often creating earthquakes. Africa's Great Rift Valley was created by divergent boundaries, plates pulling apart and causing a huge split in the land. Mount Everest rises high above other mountains because of convergent boundaries that push plates into each other, squeezing the land upwards to create mountains.

* plate tectonics 판 구조론

Q. What is correct according to the passage?

(a) There are lots of different categories of plate tectonics.

(b) Divergent boundaries created California's San Andreas fault.

(c) Mount Everest was formed in the same way as the Great Rift Valley.

(d) Plate tectonics explains how different types of landscapes are formed.

Vocabulary Questions

빈칸에 적절한 어휘를 보기에서 고르세요.

divergent   boundaries   fault

1 They drew a line to mark _____ between two groups.

2 The San Andreas _____ caused the disaster with a death toll of over 3,000.

3 A: What makes it hard for them to reach an agreement?
   B: Their opinions were so ____ _____ that they couldn't reach a conclusion.

2

A supernova occurs at the final stage of a star's life. Amazingly, one supernova can create as much light as the sun will create in its entire lifespan and is even visible in daylight. In November 1572, a new star suddenly seemed to appear in the constellation Cassiopeia as a result of a supernova which released intense amounts of light for several weeks. Surprisingly, the light continues to be reflected between celestial bodies several million light years away from Earth. This allows today's scientists to investigate the star's death.

* supernova 초신성

Q. What can be inferred from the passage?

(a) A new star was formed in the constellation Cassiopeia in 1572.

(b) A supernova is luminous enough to be observed during the day.

(c) Supernovae provide clues of formation of the constellation Cassiopeia.

(d) Generally, supernovae radiate extremely strong light for several million years.

 Vocabulary Questions

빈칸에 적절한 어휘를 보기에서 고르세요.

constellation   reflected   lifespan

1 A: How long does a hedgehog live?

   B: A hedgehog has an average _____ of 5 years.

2 A: Can you find the Big Dipper?

   B: Sure, the Big Dipper is in the _____ of Ursa Major.

3 Narcissus fell in love with an image _____ in the water.

1

Plate tectonics is the theory describing the moving forces that create mountains, volcanoes, and earthquakes. According to plate tectonics, Earth's outer layer is divided into several plates that move over the mantle. Plate movement leads to several types of interactions along the plate boundaries: transform boundaries, divergent boundaries, and convergent boundaries. California's San Andreas fault is a result of transform boundaries, where plates grind sideways past each other, often creating earthquakes. Africa's Great Rift Valley was created by divergent boundaries, plates pulling apart and causing a huge split in the land. Mount Everest rises high above other mountains because of convergent boundaries that push plates into each other, squeezing the land upwards to create mountains.

Q. What is correct according to the passage? 지문에 대해 옳은 것은?

(a) There are lots of different categories of plate tectonics.
판 구조론에는 다양한 카테고리가 있다.

(b) Divergent boundaries created California's San Andreas fault.
발산 경계가 캘리포니아의 산안드레아스 단층을 만들었다.

(c) Mount Everest was formed in the same way as the Great Rift Valley.
에베레스트 산은 그레이트 리프트 밸리와 같은 방식으로 형성되었다.

★(d) Plate tectonics explains how different types of landscapes are formed.
판 구조론은 다양한 형태의 풍경이 어떻게 만들어졌는지를 설명해 준다.

단서　1　판 구조론(plate tectonics)의 세 가지 유형을 변환 경계(transform boundary), 발산 경계(divergent boundary), 수렴 경계(convergent boundary)로 설명하고 있다.

　　2　산안드레아스 단층은 변환 경계이고, 에베레스트 산이 형성된 것은 수렴 경계이다. 판 구조론은 세 가지 다른 영역으로 설명될 수 있다고 말하고 있다. 판 구조론으로 지형의 형성을 설명하고 있는 (d)가 정답으로 가장 적절하다.

번역　판 구조론은 산, 화산, 지진을 생성하는 움직이는 힘을 설명하는 이론이다. 판 구조론에 따르면 지구의 바깥층은 맨틀 위로 이동하는 몇 개의 판으로 나뉜다. 판의 이동은 변환 경계, 발산 경계, 수렴 경계라는 판 경계를 따라 몇 가지 상호 작용을 일으킨다. 캘리포니아의 산안드레아스 단층은 판이 서로 옆으로 지나치면서 갈려지는 변환 경계의 결과로, 종종 지진을 유발한다. 아프리카의 그레이트 리프트 밸리는 대륙이 서로 갈라지며 거대한 분리를 야기시키는 발산 경계에 의해 생성된 것이다. 에베레스트 산은 대륙이 서로 안으로 밀려 위쪽으로 비집고 올라가 산을 생성한 수렴 경계에 의한 것으로, 다른 산들 위로 높이 솟아 있다.

어휘　**plate tectonics** 판 구조론　**transform boundaries** 변환 경계　**divergent boundaries** 발산 경계　**convergent boundaries** 수렴 경계　**fault** 단층　**grind** 갈다　**sideways** 옆에서　**pull apart** ~을 갈라놓다　**split** 분리, 쪼개짐　**push A into B** A를 B에 밀어 넣다　**squeeze** 짜다, 밀어 넣다　**upwards** 위쪽으로

🎵 **Vocabulary Questions**

정답　**1.** boundaries　**2.** fault　**3.** divergent

2

A supernova occurs at the final stage of a star's life. Amazingly, one supernova can create as much light as the sun will create in its entire lifespan and is even visible in daylight. In November 1572, a new star suddenly seemed to appear in the constellation Cassiopeia as a result of a supernova which released intense amounts of light for several weeks. Surprisingly, the light continues to be reflected between celestial bodies several million light years away from Earth. This allows today's scientists to investigate the star's death.

Q.   What can be inferred from the passage? 지문으로부터 추론할 수 있는 것은?

(a)   A new star was formed in the constellation Cassiopeia in 1572.
1572년에 카시오페이아 별자리에 한 개의 새로운 별이 형성됐다.

★(b)   A supernova is luminous enough to be observed during the day.
초신성은 낮에도 관찰될 정도로 밝다.

(c)   Supernovae provide clues of formation of the constellation Cassiopeia.
초신성은 카시오페이아 별자리 생성에 관한 단서를 제공해 준다.

(d)   Generally, supernovae radiate extremely strong light for several million years.
일반적으로 초신성은 몇 백만 년 동안 아주 강력한 빛을 발산한다.

단서   1   초신성(supernova)을 관찰함으로써 과학자들이 알게 된 사실에 대해 언급하고 있다.
2   초신성은 강렬한 빛을 발산하기 때문에 낮에도 관찰이 가능하고 초신성이 빛을 발산하는 기간은 몇 주간이라고 언급하고 있으므로 (b)가 정답이다.

번역   초신성은 별의 일생에서 마지막 단계에 나타난다. 놀랍게도 하나의 초신성은 태양이 일생 동안 내뿜는 에너지에 견줄 만큼 환하며 심지어 낮에도 보인다. 1572년 11월, 몇 주간에 걸쳐 강렬한 빛을 내뿜는 초신성 때문에 카시오페이아 별자리에 새로운 별이 나타난 것처럼 보였다. 놀랍게도, 이 빛은 지구에서 몇 백만 광년 떨어진 천체 사이에서 계속 반사되고 있다. 이것은 오늘날 과학자들이 별의 죽음에 관해 조사할 수 있도록 해준다.

어휘   **supernova** 초신성 (pl. supernovae)   **amazingly** 놀랍게도   **lifespan** 수명   **visible** 보이는   **in daylight** 낮에
constellation 별자리   **as a result of** ~의 결과로서   **release** 방출하다   **celestial body** 천체   **investigate** 조사하다
luminous 밝은, 빛을 발하는

🎵 **Vocabulary Questions**

정답   1. **lifespan**   2. **constellation**   3. **reflected**

Part I   Questions 1~3
Read the passage and choose the option that best completes the passage.

1

Sea snakes cannot breathe underwater, but they are otherwise fully adapted to life in the world's oceans. Most can dive hundreds of meters and can stay underwater for hours before coming up for air. Their bodies are more slender than land snakes, and they have a paddle-shaped tail, so they may be mistaken for eels. Nearly all of the 40 or so species of sea snakes can deliver poisonous bites. In fact, it is believed that some species may _____.

(a) possess similarities to other species
(b) be unable to deliver a fatal dose of venom
(c) represent the most lethal snakes in the world
(d) have developed the ability to breathe underwater

2

According to recent investigation, water on the moon may be _____. Scientists have found large quantities of frozen water mixed in with lunar dirt at the bottom of a large, deep crater on the moon. The ice makes up about 5-8% of the dirt, they say, which is a higher concentration than is found in the sands of the Sahara Desert on Earth. Moreover, it would be easy to remove the water from the crater, and it could then be used by astronauts for drinking or making fuel.

(a) dissimilar to that on Earth
(b) not just present in craters
(c) rather difficult to access
(d) quite easily available

3

Drinking coffee, particularly in large doses, has been associated with a number of health problems. One of the most serious is that it is supposed to increase the risk of stroke and coronary heart disease. Some people therefore think coffee should be avoided altogether. _____, scientific studies have revealed that drinking coffee may actually lower the risk of stroke and can be good for you in many ways. According to numerous studies, it reduces the risk of Parkinson's disease, diabetes, colon cancer, and even suicide. But of course, it should not be taken in huge amounts.

(a) Of course
(b) For instance
(c) On the contrary
(d) As a matter of fact

Part II **Question 4**
Read the passage and identify the option that does NOT belong.

4

Sustainable agriculture is a rejection of industrial-style food production.
(a) The philosophy of sustainability covers a broad range of areas, including the fair treatment of farm workers. (b) But critics of sustainable farming say that its methods require higher land use and result in lower crop yields. (c) They also add that a commitment to it will cause inevitable food shortages by the year 2030 because of population increases. (d) Recent evidence, however, suggests that sustainably farmed lands can be made as productive as industrial farms.

Read the passage, question, and options. Then, based on the given information, choose the option that best answers each question.

5

> Scientists have discovered that if willow trees are located in a stream, their water usage is very large. Therefore, removing them would save a lot of water. A hectare of willow trees in a stream uses about five and a half megaliters of water a year. That is equivalent to what 17 average households would use each year. Experiments have shown that taking willows out of streams and rivers could keep valuable water in our river systems. Replacing the willows with native vegetation that is less thirsty is another option.

Q. What is the passage mainly about?

(a) Removing willows in order to save water

(b) Why willows use more water than humans

(c) Stopping environmental damage by willows

(d) How willows are overgrowing in waterways

6

> Vehicles add many greenhouse gases to Earth's atmosphere. However, not much research has been done on the role of parking spaces, where vehicles spend 95% of their time. In researching the issue, climate scientists found that 250 million cars and trucks are used on America's roads. About 800 million parking spaces exist for them, and at least 500 million are empty at any given time — more than first estimated. The scientists found that 95% of trips end in free parking, and this influences transportation choices. So, parking spaces do greatly impact the environment.

Q. Which of the following is correct according to the passage?

(a) Parking spaces are full 95% of the time.

(b) At any one time 250 million cars are on the road.

(c) Empty parking space numbers were underestimated.

(d) Most parking spaces have little environmental impact.

Part IV Questions 7~8

Read the passage, questions, and options. Then, based on the given information, choose the option that best answers each question.

7-8

The Microbe World

The zombie-ant fungus has developed a surprisingly sinister method of spreading. If you happen to travel in the jungle, find a leaf hanging about 25 centimeters above the ground. If you are lucky, you may find an ant tightly clinging onto the leaf with its jaws. This is a dead ant.

When the fungus's spores enter the bodies of carpenter ants, it slowly consumes their body from the inside and hijacks their mind at the same time. As the fungus eats the ants, it controls their behavior, forcing them to climb a plant to the height of 25 centimeters, and then to hang onto a leaf there before they eventually die.

This aids the fungus; the ants are hanging at a place where the perfect temperature and moisture is provided for the fungus to grow. When the fungus finishes growing inside the hosts, it releases its spores from them. Because the spores fall from such a height, they can easily spread over a wider area.

Q7. What is the passage mainly about?

(a) How the zombie-ant fungus reproduces

(b) Where the zombie-ant fungus grows best

(c) Where carpenter ants can be found

(d) Species that use other animals as hosts

Q8. Why does the zombie-ant fungus make an ant hang at a certain height?

(a) So that it can consume the ant's body better

(b) So that it can control the ant's mind and body better

(c) So that it can be protected from its natural enemies

(d) So that it can efficiently grow and spread

UNIT

08 정치 & 법률

토픽 리뷰 | 정치나 법률에 관한 지문이 매회 출제된다. 국제 분쟁 이슈 및 인권에 관한 내용이나 투표 제도에 관한 내용이 나오고, 신원 도용이나 음주 운전 같은 위법 사례를 다룬 글들도 출제된다. 정치나 범죄, 재판 등 법률 관련 용어를 정리해 두자.

 Politics

Martin Luther King, Jr., was a great man. He helped improve civil rights in the U.S. He believed that all people are created equally. King grew up in the South, where he experienced racism. He wanted to change the system so that he and others like him could have fair treatment. However, he was against violence. Instead, he used peaceful methods to work for change. He won the Nobel Peace Prize in 1964. King was inspired by the teachings of Mahatma Gandhi, who _____.

(a) damaged his health by going on hunger strikes

(b) fought for change with different methods

(c) shared his belief in non-violence

(d) found his work too elementary

문제 풀이법 ❶ 마틴 루터 킹과 그가 간디에게서 받은 영향에 대해 이야기하고 있는 글이다.

❷ 빈칸이 있는 마지막 문장은 간디를 부연 설명하는 관계대명사절이다. 앞에 킹은 인종 차별에 반대했지만 평화로운 방법을 통해 변화를 추구했다는 내용이 나오고 간디에게 영향을 받았다고 했으므로, 간디 역시 비폭력을 지향했다고 하는 (c)가 적절하다.

번역 마틴 루터 킹 주니어는 위대한 인물이다. 그는 미국에서 시민권 향상을 도왔다. 그는 모든 사람들이 평등하게 태어났다고 믿었다. 킹은 남부에서 자라면서 인종 차별을 경험했다. 그는 체제를 개선하여 그와 그와 같은 다른 사람들이 평등한 처우를 받을 수 있도록 하고 싶었다. 그러나, 그는 폭력에 반대했다. 대신 평화로운 방법을 통해 변화를 가져오려 했다. 그는 1964년 노벨 평화상을 수상했다. 킹은 비폭력이라는 신념을 공유했던 마하트마 간디의 가르침에 영감을 받았다.

(a) 단식 투쟁을 통해 건강이 손상되었던   (b) 다른 방법으로 변화를 위해 싸웠던

★(c) 비폭력에 대한 그의 신념을 공유했던   (d) 그의 일이 너무 기본적이라고 생각했던

In the U.S., identity theft is becoming a growing concern. In particular, people with credit cards are at highest risk. This is true of John Harrison, a Connecticut salesman. His identity was stolen and about a quarter of a million dollars was stolen from his credit cards in only 3 months. The purchases included shopping sprees, cars, and a motorcycle. Finally, the thief was arrested and had to spend three years behind bars. Meanwhile, John is still responsible for paying back $14,000 to creditors _____.

(a) in spite of the fact that he was a victim
(b) because the thief was found to be innocent
(c) recognizing that he had been overspending
(d) to repay a quarter of a million dollars after his identity theft

문제 풀이법 ❶ 신원 도용(identity theft) 관련 범죄 증가와 그러한 범죄의 실제 사례를 소개하고 있다.

❷ 존은 신원 도용을 당했지만 14,000달러를 갚아야 할 처지에 놓였으므로, '그가 피해자임에도 불구하고'라는 내용의 (a)가 오는 것이 흐름상 가장 자연스럽다.

번역 미국에서는 신원 도용이 점점 골칫거리가 되고 있다. 특히 신용카드를 사용하는 사람들은 위험에 가장 많이 노출되어 있다. 이것은 코네티컷의 판매원인 존 해리슨의 경우에도 해당된다. 그는 신원을 도용당했고 불과 3개월 만에 그의 신용카드에서 25만 달러를 도둑맞았다. 그 돈은 흥청망청 쇼핑을 하거나, 차를 구입하고 오토바이를 사는 데 쓰였다. 마침내 도용자는 체포되었고 3년을 유치장에서 살아야 했다. 한편, 존은 피해자임에도 불구하고 14,000달러를 채권자에게 갚아야 한다.

★(a) 피해자임에도 불구하고
(b) 도둑이 무죄로 밝혀졌기 때문에
(c) 그가 과소비를 해왔다는 사실을 인정하면서
(d) 신원이 도용된 후 25만 달러를 갚기 위해

Power Vocabulary

[정치]
□ **civil rights** 시민권
□ **go on a hunger strike** 단식 투쟁을 하다
□ **equally** 동등하게, 평등하게
□ **non-violence** 비폭력주의, 비폭력 데모
□ **racism** 인종 차별주의, 민족적 우월감
□ **elementary** 기존적인, 초보적인

[법률]
□ **identity theft** 신원 도용
□ **creditor** 채권자
□ **spree** 흥청망청 거리기
□ **victim** 희생자
□ **behind bars** 투옥된
□ **innocent** 무죄의

Part I   **Read the passage and choose the option that best completes the passage.**

1

> Immediately following the end of World War II, a clause known as "Article 9," was added to the Japanese constitution. This clause formally banned Japan from engaging in war or using force to settle international disputes. Article 9 came into effect in 1947 in order to prevent the nation from obsessing over rearming. Despite the clause, by 1990 Japan was ranked third in the world in self-defense expenditures and was asked by the U.S. to play a larger role in the defense of the western pacific region. For this reason, _____.

(a) Japan is demilitarizing faster than ever

(b) many Japanese people think Article 9 is no longer relevant

(c) Article 9 has been added to the Japanese constitution

(d) peace talks for the Pacific region were adjourned until next year

Vocabulary Questions

빈칸에 적절한 어휘를 보기에서 고르세요.

constitution   dispute   obsessed   armed

1   A: What is her main interest?

   B: The greedy owner seems to be _____ with making more money.

2   The fighter jet was _____ with over 100 missiles.

3   A: What makes the people in these countries poverty-stricken?

   B: The two countries are still in _____ to secure more territory.

4   Any discrimination runs counter to the spirit of the _____.

Part Ⅲ Read the passage, question, and options. Then, based on the given information, choose the option that best answers each question.

2

The American Political Science Association (APSA) offers support to all political scientists who face challenges to professional ethics, academic freedom, or human rights while performing their professional duties. The APSA is ready to offer assistance for any problems that fall within these categories. Political scientists are encouraged to contact us as soon as they feel victimized. This might take the form of a lack of due process, mistreatment, discrimination, or other violations of academic standards. The association is also able to help in "anticipatory situations" prior to them becoming more serious.

Q. What can be inferred about APSA?

(a) It helps settle academic disputes.

(b) It defends scholarly freedom.

(c) It investigates college admission scandals.

(d) It mainly deals with plagiarism.

🔊 **Vocabulary Questions**

주어진 단어와 비슷하거나 반대 어휘를 보기에서 고르세요.

assistance	category	standard	violation	due

1 proper, suitable   =   _____

2 requirement, principle   =   _____

3 obedience   ⇔   _____

4 class, division   =   _____

5 interference, handicap   ⇔   _____

주제별 독해 훈련 가이드라인

1

Immediately following the end of World War II, a clause known as "Article 9," was added to the Japanese constitution. This clause formally banned Japan from engaging in war or using force to settle international disputes. Article 9 came into effect in 1947 in order to prevent the nation from obsessing over rearming. Despite the clause, by 1990 Japan was ranked third in the world in self-defense expenditures and was asked by the U.S. to play a larger role in the defense of the western pacific region. For this reason, _____.

(a) Japan is demilitarizing faster than ever 일본은 그 어느 때보다 신속히 무장해제하고 있다
★(b) many Japanese people think Article 9 is no longer relevant
    9조항은 더 이상 적절하지 않다고 생각하는 일본인들이 많다
(c) Article 9 has been added to the Japanese constitution 9조항이 일본 헌법에 추가되었다
(d) peace talks for the Pacific region were adjourned until next year
    태평양 지역 평화 회담이 내년으로 연기됐다

단서   1   일본 평화조항인 '9조항(Article 9)'에도 불구하고 일본이 방위비 지출을 늘리면서 군사력을 키우고 있다는 내용이다.
      2   빈칸에는 일본의 방위비 지출 증가와 미국이 일본에게 태평양 지역의 방위에 대한 책임을 요구함으로 나타나는 결과에 관한 내용이 와야 하므로, 일본 평화조항인 9조항이 실질적으로 큰 의미가 없다고 생각하는 일본인들이 많다는 것을 나타내는 (b)가 적절하다.

번역   제2차 세계대전이 끝난 직후, '9조항'이라고 알려진 조항이 일본 헌법에 추가되었다. 이 조항은 공식적으로 일본이 전쟁에 연루되거나 국제 분쟁을 해결하기 위해 무력을 사용하는 것을 금했다. 9조항은 국가가 재무장에 전념하는 것을 방지하기 위해 1947년에 효력이 발휘됐다. 이 조항에도 불구하고, 1990년 즈음에 일본은 방위비 지출에 있어 세계 3위였으며, 미국으로부터 태평양 서부 지역 방위라는 더 큰 역할을 요청받았다. 이러한 이유 때문에 9조항은 더 이상 적절하지 않다고 생각하는 일본인들이 많다.

어휘   **immediately** 직후   **clause** 조항   **article** 조항, 조목   **constitution** 헌법   **ban A from B** A가 B하는 것을 금하다
force 무력   **dispute** 분쟁   **obsess over** ~에 강박관념을 갖다   **rearm** 재무장하다   **self-defense** 자기 방어   **expenditure**
지출   **demilitarize** 무장해제하다   **relevant** 적절한, 타당한   **adjourn** (재판 · 회의를) 중단하다

 **Vocabulary Questions**

정답   1. obsessed   2. armed   3. dispute   4. constitution

2

The American Political Science Association (APSA) offers support to all political scientists who face challenges to professional ethics, academic freedom, or human rights while performing their professional duties. The APSA is ready to offer assistance for any problems that fall within these categories. Political scientists are encouraged to contact us as soon as they feel victimized. This might take the form of a lack of due process, mistreatment, discrimination, or other violations of academic standards. The association is also able to help in "anticipatory situations" prior to them becoming more serious.

Q. What can be inferred about APSA? APSA에 대해 추론할 수 있는 것은?

(a) It helps settle academic disputes. 학술 논쟁을 중재하는 데 돕는다.
★(b) It defends scholarly freedom. 학문적 자유를 지킨다.
(c) It investigates college admission scandals. 대학 입학 부정을 조사한다.
(d) It mainly deals with plagiarism. 표절 문제를 주로 다룬다.

단서 1 APSA가 하는 일은 정치학자들이 직무와 관련된 업무를 수행하는 중에 입은 부당한 피해를 구제해 주는 것이다.
2 (b)는 본문에서 언급한 violations of academic standards에 해당하므로, APSA의 소관 업무라고 볼 수 있다.

번역 미국 정치 과학 협회(APSA)는 직업상 업무를 수행하는 중에 직업윤리나 학문적 자유, 인권에 대해 난관에 봉착한 모든 정치학자들에게 지원을 제공합니다. APSA는 이 범주에 해당하는 어떤 문제에 대해서도 지원할 준비가 되어 있습니다. 정치학자들은 피해를 입었다고 느끼면 바로 저희에게 연락주실 것을 당부드립니다. 적법 절차 무시, 부당 대우, 차별, 기타 학문적 기준 위반 사례가 이에 해당될 수 있습니다. 협회는 또한 상황이 더 심각해지기 전에 '예측 가능한 상황'에서 도와드릴 수 있습니다.

어휘 **association** 협회 **professional** 직업의 **ethics** 윤리 **assistance** 도움 **category** 카테고리, 범주 **victimize** 희생시키다 **due process** 적법 절차 **mistreatment** 부당 대우 **discrimination** 차별 **violation** 위반 **anticipatory** 예측하는 **prior to** ~전에 **dispute** 논쟁 **plagiarism** 표절

🔊 **Vocabulary Questions**

정답 1. due   2. standard   3. violation   4. category   5. assistance

Part I   Questions 1~3
Read the passage and choose the option that best completes the passage.

1

The Law Society has received many complaints over the years about clients who have problems because of unregulated will writers. When this happens, lawyers have to clean up the messes made by incompetent will writers. But it is often difficult to prevent problems from occurring when a will is poorly written. Unfortunately, the victims are usually relatives of the deceased person. The Law Society now intends to gather information for an investigation into the issue. Hopefully, it will contribute to the _____.

(a) arrests of those making false wills

(b) improvement of services for will writers

(c) will writing industry becoming regulated

(d) better public understanding of will writing

2

There's a popular movement in America today that says people without a political background should be elected over those currently serving in office. While this may make sense in some cases, I can't agree with it as a general rule. Just because someone is new to the political scene doesn't mean they bring new ideas, or that they have the ability to carry them out. Furthermore, if we follow this logic, the people we elect this time will have to be voted out of office at the next election. _____, we should vote for the candidates with the best ideas.

(a) To achieve the same successes as the last election

(b) Instead of blindly supporting political outsiders

(c) In order to put an end to radical movements

(d) Rather than running for office ourselves

3

During the last few presidential campaigns, we have seen politicians using the Internet more and more. This all began from a presidential candidate's innovative use of the Internet, which changed things forever. Then, during the last presidential campaign, another major change occurred. More low-income voters went to the polls, leading to a much more diverse kind of election. _____, financial contributions to politicians were made by a record number of low-income donors. In the last election, online contributions were 10 times greater than the previous election. They generated more income for political candidates than any other source.

(a) However
(b) Likewise
(c) Despite this
(d) For example

Part II Question 4
Read the passage and identify the option that does NOT belong.

4

Voters in four states will be asked to vote on a constitutional right to hunt. (a) Some say the vote was organized by pro-gun groups wishing to make their positions more secure. (b) The National Rifle Association says constitutional changes are needed to stop attempts to limit hunting and fishing by anti-hunting groups. (c) It is still unknown whether gun groups have more money and resources than animal rights groups that want to ban hunting. (d) Since there has been a strong movement among gun groups and businesses to attract more people, pro-gun groups feel confident of winning.

Read the passage, question, and options. Then, based on the given information, choose the option that best answers each question.

5

Everyone complains about their work sometimes. But while in the past complaints might have been made to friends and relatives, these days they are expressed in social media. That can create all sorts of problems, including legal ones. The biggest legal problems can happen when employees deliberately or accidentally reveal classified information, criticize company staff, or complain about company policies. It becomes a legal problem when something is published that a company wants to keep private. Apart from that, social media users can cause problems for themselves. Sometimes, things they write or upload can hurt their chances of employment in the future.

Q. What is the main idea of the passage?

(a) Harsh social media messages might cause future trouble.

(b) Posting about your workplaces on social media creates many problems.

(c) Social media users might have to deal with legal issues.

(d) More people are complaining through social media nowadays.

6

African American Winston Winchester has filed a federal lawsuit against the Aberdeen School District. He claims that he suffered constant racial bullying as a student. The 19-year-old said that during his school years, other students tripped him, threw things at him, and created a website that made fun of him. But when he asked for help, officials did nothing. When he went from junior high to high school, the harassment worsened. Even a no-contact court order won by Winchester's parents did not stop the harassment.

Q. Which is correct about Winchester according to the passage?

(a) He was the subject of a lawsuit.

(b) Classmates at his college bullied him.

(c) Students ridiculed him on his website.

(d) Harassment aimed at him increased after junior high.

Read the passage, questions, and options. Then, based on the given information, choose the option that best answers each question.

7-8

To the Editor,

The city's plan for universal school lunch — providing free meals to all students in public schools — is a brilliant idea, yet many people are voicing opposition to it. I don't understand why they want to prevent the effort to provide child nutrition. Children need to eat properly to grow and learn better, and public schools must do their best to educate students of every background.

Many people who oppose the universal lunch scheme argue that free lunch must be only given to poor kids. I believe this is a bad idea because it means that poor kids must identify themselves as poor! This will leave lasting damage on their self-esteem! In addition, the free lunch program will save money as administration will be much simpler than previous need-based schemes.

This genuinely helpful plan must not be dismissed for political purposes.

Peggy Smith

Q7. Which statement would the writer most likely agree with?

(a) Helping children eat properly is a part of public education.

(b) The quality of school meals must be improved.

(c) Unhealthy snacks should be banned in school.

(d) Public schools need to reduce lunch prices.

Q8. Why does the writer oppose providing free meals only to poor students?

(a) It can be used for political purposes.

(b) It will worsen public service.

(c) It will shame poor students.

(d) It will be a waste of tax payers' money.

III

NEW TEPS 실전 모의고사

Reading
Comprehension

R

Read the passage and choose the option that best completes the passage.

1. When you need a gift for an anniversary or Valentine's Day, consider
   _____. These can include items such as chocolates,
   cheeses, chocolate-covered fruits, and wine. They are usually made of several smaller
   themed gifts in a basket or another type of container. Often you can choose what you
   like. During occasions such as Valentine's Day, retailers offer seasonal gift baskets online
   or in their stores, so there is a lot of choice.

   (a) sending a romantic gift basket
   (b) giving a voucher instead of flowers
   (c) going online to do all of your shopping
   (d) buying your partner a nice box of chocolates

2. As the population ages, more elderly people will be using home monitoring devices.
   If an elderly person is in trouble, he or she can simply push a button they carry with
   them that is connected to the monitoring device, which automatically contacts a central
   station to say the person has a problem. Operators at the station can then call for help
   and tell relatives that something is wrong. These devices are great around the home for
   _____. The devices will have GPS tracking and will work
   outside of the home.

   (a) making a loud alarm noise
   (b) controlling home appliances
   (c) helping old people in emergencies
   (d) preventing accidents with medication

3. California's coast has surfing, tourism, and ocean views, and it will soon provide the
   benefit of _____. Up to a fifth of the state's energy needs
   could be obtained in this way. California utility Pacific Electric has plans to begin a wave
   energy project that will generate 100 megawatts of electricity from waves. It will put
   devices under water that would convert wave energy into electricity, and a cable would
   then carry the electricity to shore, where it would go into the electrical grid.

   (a) energy through using wave power
   (b) electricity from the wind
   (c) artificial wave generation
   (d) cheaper solar energy production

4.

> ## Consumer Report
>
> Critics say the full-sized Primo 8X42 binoculars are an excellent choice for most users. Its optics are nearly as good as those of luxury binoculars, so it is good value for the money. The Primo can be used for most purposes and in most situations. It is even designed to be comfortable for eyeglass wearers. Also, you can take them anywhere because they are waterproof and fog-proof. Most reviews say the Primo _____.

R

(a) is the best luxury brand available
(b) represents quite a good all-round buy
(c) lacks the quality of expensive binoculars
(d) unfortunately falls short in several areas

5. According to new research, the population of European birds known as blackcaps has been _____. In less than 30 generations of breeding, what was once a single bird group is now two different groups. They have become two species, even though they live together in the same forests. The research found that this was caused by human activities. That means that humans are not only influencing the fate of endangered species, but the fate of common ones as well.

(a) split into two separate and distinct species
(b) put in serious danger of becoming extinct
(c) growing steadily for several generations
(d) forced to relocate because of humans

6.

> Dear Editor,
>
> I applaud Alice Blake's article, "End the Welfare State," of June 2. The mindset of many people in this country is to take whatever they can from the State. Hopefully, now that the election is over, the new government will address this issue. People have to start paying their way. The health and education systems would run better if users paid even a small amount for the services they get. Free benefits have ruined our public services. People need to learn responsibility and _____.
>
> Sincerely,
> Donald Fibster

(a) give to the poor in society
(b) start paying for our services
(c) stop complaining about welfare
(d) vote correctly for a better government

7. Norway and Indonesia will enter into partnership to support Indonesia's efforts to reduce greenhouse gases from deforestation, or the cutting down and burning of forests. Indonesia hopes to reduce its forest-related greenhouse gas emissions with the help of $1 billion in aid from Norway. Indonesia has the third largest forest area in the world but it is losing its forests rapidly. The Norway agreement should change all of that. It is a great step forward in _____.

(a) creating money from the cutting down of forests
(b) helping Indonesia's economy grow and prosper
(c) reducing the tragic loss of large forests
(d) studying deforestation issues more closely

8. Astronomers have found what they think is _____. The star originated in the Tarantula Nebula and astronomers think it was ejected into space with a kind of slingshot effect by the gravity of other massive stars. It is moving through space at a record-breaking 400,000 kilometers an hour and has already traveled 375 light-years. But the star's journey will come to an end in half a million years when it is due to explode.

(a) the fastest nebula system
(b) a new kind of runaway star
(c) the remains of an exploded star
(d) a star with unexplained behavior

9. Today, most countries in the Pacific are democracies. In 1945, though, only a few were. At the end of World War II, many Pacific nations' economies were in ruins. Now, they are strong and productive. _____, we cannot forget that old conflicts and new competition for resources could threaten what has been built up the last 70 years. Cooperation can help prevent that. Working together will ultimately be more fruitful than working against each other.

(a) Thus
(b) Still
(c) Therefore
(d) Furthermore

10. Two great traditions exist within the religion of Judaism, the Orthodox and Reform branches. While coming from the same origins, Reform and Orthodox Judaism differ in a number of areas. Orthodox Jews have a literal understanding of scriptures and teachings, and are very strict in the beliefs of a literal messiah who is yet to come, a promised land, and a literal life after death. _____, Reform Jews are more conceptual in their approach to scripture and historic teachings. Reform Judaism does not take scriptural texts so literally.

(a) Thus
(b) Moreover
(c) By contrast
(d) To demonstrate

Part II Questions 11—12

Read the passage and identify the option that does NOT belong.

R

11. In past centuries, the quality of life in Europe was determined by the status that one held. (a) This status could not be attained, but depended on which family you were born into. (b) If you were born to a poor family, your life would be one of poverty. (c) The Baltic states had suffered from the highest rates of poverty in Europe. (d) No matter how hard an individual worked, it was impossible to change his or her social situation.

12. Drugs worth millions of dollars have been seized in Sydney by the organized crime squad. (a) The court at first refused to issue a search warrant for those illegal drugs. (b) Officers seized the drugs after they stopped and searched a rental car yesterday. (c) The 28-year-old driver was charged with supplying drugs for an organized crime group. (d) He appeared in court yesterday and was refused bail until his appearance at Sydney's Central Court.

Part III **Questions 13—25**
Read the passage, question, and options. Then, based on the given information, choose the option that best answers each question.

R

13.

Business News

The beverage industry has failed to defeat a soda tax from being introduced in Washington. The industry had succeeded recently against a similar tax in New York. But the Washington Council was more serious about taxing non-diet sodas and has voted in its favor. A soda tax is a good way to raise money to pay for schools and roads. At the same time it can prevent obesity because fewer people will drink soda, which makes people fat perhaps more than anything else. Understandably, the beverage industry is upset by the decision.

Q: What is the main idea of the passage?

(a) Taxes in Washington are increasing.
(b) Fewer people get fat with soda taxes.
(c) Soda taxes upset the beverage industry.
(d) Washington introduced a new tax on sodas.

14. Many websites are available to consumers who want to complain about companies. Among them are sites like Twitter and Facebook. These give individuals a way to complain to the world about companies that are being dishonest, making a bad product, or maybe just doing something slightly wrong. Through the social media channels, consumers now have more power. Good corporations realize that if an unhappy customer complains online, it could be bad for business. It is like bad advertising for them.

Q: What is the main idea of the passage?

(a) Consumers make online businesses worried.
(b) Consumers have the power to complain online.
(c) Consumers complain most about faulty products.
(d) Consumers are making certain websites very popular.

15. San Francisco was the first city in the U.S. to ban plastic shopping bags. The goal of this was to get people to use reusable bags. The problem with plastic bags is that they get buried in rubbish dumps, where they stay for hundreds of years, or end up in the ocean, where they kill marine animals. But after plastic bags were banned, people started putting groceries into paper bags. This causes environmental problems, too. So now San Francisco authorities want to ban both plastic and paper bags at the check-out counter.

Q: What is the passage on San Francisco mainly about?

(a) People using too many plastic bags
(b) Types of bags shoppers like using
(c) Bans on disposable shopping bags
(d) Authorities against plastic use

16. Youth sports injuries are a growing problem. Only professional athletes used to have severe injuries. But now high school and even junior high athletes are getting them. There are many reasons behind the increase. Mainly, youth sports have become extremely organized and parents, volunteers, and coaches can be very demanding. They emphasize training and competing for the top spot. Sometimes they can produce Olympic athletes. However, the repeated training places enormous stresses on bones and muscles.

Q: What is the best title for the news report?

(a) The Participation in Organized Sports by Children
(b) The Common Occurrence of Youth Sports Injuries
(c) The Way to Train Children in Organized Sports
(d) The Main Causes of Youth Sports Injuries

17. The platypus is a strange mammal that lives in eastern Australia. It makes its home on land next to lakes or rivers where it likes to swim to look for food. For food, it eats worms and water insects. The platypus has webbed feet and looks a little like a beaver, except it also has a duck-billed nose. Platypus can grow to about 30 to 45cm in length. They have furry coats to keep warm. Another strange thing about the platypus is that it lays eggs, instead of giving birth as other mammals do.

Q: Which of the following is correct according to the passage?
(a) The platypus is a kind of mammal.
(b) The platypus does not like water.
(c) The platypus likes to eat leaves.
(d) The platypus grows to 60cm long.

18. Many people say that the best Western movie ever made was *Stagecoach*, starring John Wayne and directed by John Ford. Cowboy movies were not considered seriously until *Stagecoach* was made and gave a new respectability to the genre. As well as strong characters, the film has many story layers and an exciting plot that includes a spectacular chase scene where Indians attack the stagecoach on a plain. An interesting point of the film is that the supposedly respectable people on the stagecoach turn out to be bad, while the passengers who are looked down on turn out to be good.

Q: Which of the following is correct according to the passage?
(a) *Stagecoach* was spoiled by its weak characters.
(b) Passengers all show a good side in *Stagecoach*.
(c) The movie *Stagecoach* brought respect to Westerns.
(d) A scene with Indians attacking a town appears in *Stagecoach*.

19. Europe's brown bear once lived in the forested areas of the European continent. But farming and hunting since the mid-1800s has reduced the bear's population. The bear is now found in only a few areas in Russia, Scandinavia, Rumania, and Slovenia. The bears used to live across France but disappeared in the 1900s to live only on the slopes of the Pyrénées Mountains. By 1995, only five bears remained in the mountain range, so the French government brought five more from Slovenia and released them on the mountains.

Q: Which of the following is correct according to the passage?
(a) Brown bears live throughout Europe.
(b) Rumania is a home to the brown bear.
(c) Brown bears no longer live in France.
(d) Fewer than five bears live in the Pyrénées.

20. In the Middle Ages, men wore tunics down to their knees. Old men and monks wore longer tunics to the ground, as did kings and noblemen at ceremonies. Men sometimes also wore wool pants under their tunics. This was especially true of men in colder areas or who rode horses. Noblemen often wore tights under their tunics. As for women, they all wore at least one tunic down to their ankles. If they could afford it, women also wore a linen under-tunic and a woolen over-tunic. If it was cold, most people wore wool cloaks outside.

Q: Which of the following is correct according to the passage?
(a) Nobles of the Middle Ages never wore tunics.
(b) Men wore wool pants in the Middle Ages.
(c) Only women wore tights in the Middle Ages.
(d) Women of the Middle Ages wore tunics to their knees.

21.

The Mr. Coffee J2

The Mr. Coffee J2 is your choice for a great inexpensive coffeemaker. It includes standard features like a pause function, a coffee strength selector, cord storage, and a built-in water filter. But something new to the latest Mr. Coffee J2 is a two-hour automatic shutoff and a cleaning cycle. You won't get that in any other models at the same price. The J2 is built with a strong plastic housing. It also comes with a one-year warranty. If you want a great coffeemaker, the Mr. Coffee J2 is for you!

Q: Which of the following is correct according to the advertisement?

(a) It is expensive to buy the J2.
(b) The J2 shuts off automatically.
(c) The body of the J2 is stainless steel.
(d) The J2 is available with a two-year warranty.

22. The City Building Education Program(CBEP) is a program for students from kindergarten through the 12th grade. It uses the stages of city planning to teach reading, writing, and math. Children map and analyze what their own district needs. They look at the housing, transportation, and energy requirements. An architect visits the classroom once a week. With his aid, the students can think of new ways to meet the needs of the city. They can also build models of their creations. CBEP helps children with problem-solving. They observe, analyze, and work on possible solutions.

Q: Why does an architect pay a weekly visit to the classroom?

(a) To plan lessons with the teacher
(b) To assist kids with their program
(c) To hear creative ideas from the students
(d) To give children lectures about architecture

23. Decades ago, "nervous breakdown" was a vague term used by psychiatrists to describe mental problems created by stress or exhaustion. But each generation seems to make its own name for stress-related mental problems. Before the term "nervous breakdown," other names were used, like "melancholia" or "nervous illness." In recent years, psychiatrists have been using the term "burnout syndrome" for people with the same symptoms. Such names seem to come and go depending on what is in fashion.

Q: What can be inferred about "burnout syndrome" from the passage?

(a) It is on the increase.
(b) No one knows what causes it.
(c) It is a new name for an old problem
(d) Psychiatrists disagree on what it means.

24. What are called premium pet foods cost up to three or four times more than brands found in supermarkets. Also, among the premium brands there is a wide price range. However, they all have the same ingredients since they all have to meet the same nutritional standards. For example, 10 premium chicken dinners for dogs were all found to contain the same ingredients. The non-premium brands use the same ingredients, too, but in different quantities. In fact, the first five ingredients of nearly all cat and dog pet foods are the same.

Q: What can be inferred from the passage?

(a) Many pets lack good nutrition.
(b) Pet foods do not differ greatly.
(c) Quality varies widely in pet foods.
(d) Chicken pet food is the most popular.

25.

The Revo Hairdryer

The Revo hairdryer can dry hair faster and with less heat damage than most other dryers. Not only does it have quick drying speeds, it is also very light and compact. This is the kind of hairdryer you can take anywhere.

- Its handle can fold to make it even more compact.

- It can fit in a tiny bag or even the glove compartment of your car.

- The Revo comes with an attachment so you can actually use it in your car.

- Professional tests and owner reviews reveal that it is strong and reliable, too.

Q: What can be inferred about the hairdryer from the passage?

(a) It only has one speed setting.
(b) It is good for traveling.
(c) It is available in many colors.
(d) It costs more than other dryers.

Part IV   Questions 26—35

Read the passage, questions, and options. Then, based on the given information, choose the option that best answers each question.

Questions 26-27

Seeking: Store Manager

We at Sammy's Clothing are looking for a store manager who can start work in January. Aged 20+ only. Must have a high school diploma. Must be able to quickly adjust to a hectic work environment. Must also have excellent people skills. Previous work experience is desirable but not mandatory.

Duties

• Organizing and hanging clothing: must be in good physical condition, and strong enough to move products repetitively

• Managing quality control: need an eye for quality and must be able to find out defects in products

• Keeping our store safe and clean: must make sure that our customers enjoy their shopping without experiencing any inconveniences

• Managing stock: must make sure that every product is always available to our customers.

Working Hours: Monday through Friday 9 A.M. to 6 P.M.

---

26. Q: Which of the following is NOT required as a store manager at Sammy's Clothing?
    (a) The age of 20 or higher
    (b) A high school diploma
    (c) Good social skills
    (d) Job experience

27. Q: Which of the following is correct about the advertised position?
    (a) The person hired is expected to sort out faulty items.
    (b) It involves training new workers.
    (c) It requires working on weekends.
    (d) It is a temporary position.

The Phoenix Times

Little Italy

Little Italy, a popular restaurant in Phoenix, has relocated to 987 Ravenna Boulevard. A local jazz band was invited to perform to celebrate its reopening, and hundreds of loyal customers enjoyed traditional Italian dishes. Mr. Richard Brown, the owner of Little Italy, gave a speech to thank his customers for their continued support.

Little Italy first opened 10 years ago on 117 Apple Street, and it has been one of Phoenix's most popular local restaurants since then. However, the original location was not large enough to accommodate very many customers. In addition, there was no proper parking space. Customers who drove to Little Italy had to use a parking lot which is a few blocks away. "I'm glad that now I can serve more customers in larger premises with a huge parking lot," Mr. Brown said. "I'm sure that this new location will make more people visit our restaurant."

---

28. Q: What is the main purpose of the passage?

    (a) To introduce a traditional Italian dish
    (b) To report on a special event
    (c) To point out parking problems
    (d) To announce the sale of a building

29. Q: What can be inferred about Little Italy from the passage?

    (a) The owner of the restaurant is from Italy.
    (b) It relocated because its previous location was too small.
    (c) It is frequently visited by famous celebrities.
    (d) It used to be unpopular before its relocation.

◀ Paul ≡

Hi, Paul. How are you doing? Actually, I'm thinking about changing careers. I majored in biology and I have been working at a university's health center since graduation. I'm getting more and more tired of giving injections. I'm seriously considering working in the pharmaceutical industry. Can you tell me where I should start?

me

Hello, Laura. I used to work at a hospital and I understand how you feel about your job. Anyway, I recommend gaining at least two years of laboratory experience before you apply for any pharmaceutical company. Since you have worked at a hospital for several years, why don't you look for a job in a hospital lab first? This will make it easier for you to get hired at a drug company.

30. Q: Why did Laura send the message?

(a) To seek advice on a future career
(b) To ask for a reference letter
(c) To ask for a job interview
(d) To find out where a business is located

31. Q: What is needed to get hired at a pharmaceutical company?

(a) Basic knowledge in biology
(b) Work experience as a nurse
(c) Experience as a pharmacist
(d) Laboratory experience

R

Charleston Library Integration Card

As of tomorrow, Charleston is starting a new library service for everyone living in the city. The city will be launching the Charleston Library Integration Card. With this pass, you can access any libraries in the city and check out books and other materials from them. Anyone living in the Charleston area is eligible for the service.

You can sign up for the card by registering at www.charlestoncity.gov. Click the "city libraries" section in the top menu, and a pop-up will help you get a card issued. This service is available not only to the existing library users, but also those who are new to any Charleston libraries. It is expected to take about 5 business days for a new card to be issued and delivered by mail. If you need the service right away, you can print out a temporary pass once you've completed the online registration.

32. Q: Which of the following is correct about the Charleston Library Integration Card?
   (a) Existing library users do not have to sign up to use the new service.
   (b) The card will be issued on the same day of the registration.
   (c) People should visit the library to sign up for the card.
   (d) People can use all the Charleston libraries with the card.

33. Q: What should people do if they need the service urgently?
   (a) Visit the library in person
   (b) Pay an additional fee
   (c) Get a temporary card
   (d) Sign their names

R

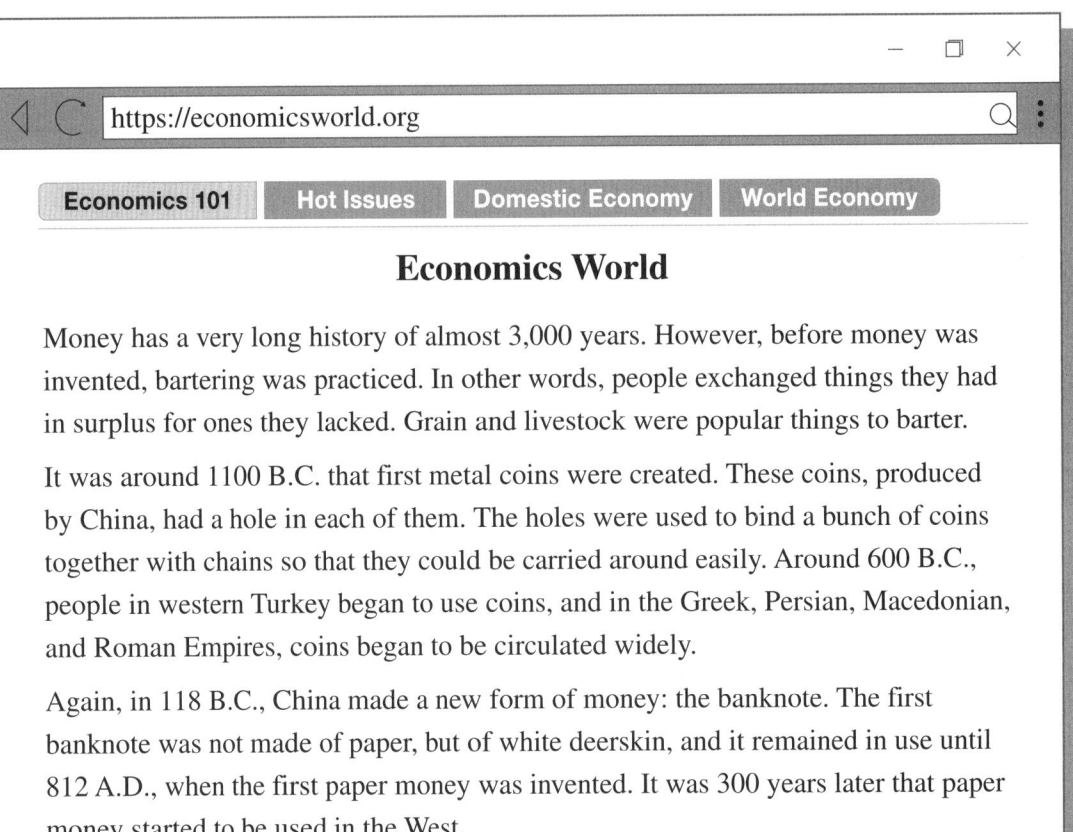

https://economicsworld.org

Economics 101 **Hot Issues** **Domestic Economy** **World Economy**

Economics World

Money has a very long history of almost 3,000 years. However, before money was invented, bartering was practiced. In other words, people exchanged things they had in surplus for ones they lacked. Grain and livestock were popular things to barter.

It was around 1100 B.C. that first metal coins were created. These coins, produced by China, had a hole in each of them. The holes were used to bind a bunch of coins together with chains so that they could be carried around easily. Around 600 B.C., people in western Turkey began to use coins, and in the Greek, Persian, Macedonian, and Roman Empires, coins began to be circulated widely.

Again, in 118 B.C., China made a new form of money: the banknote. The first banknote was not made of paper, but of white deerskin, and it remained in use until 812 A.D., when the first paper money was invented. It was 300 years later that paper money started to be used in the West.

34. Q: What is the passage mainly about?
- (a) The way economy worked in ancient times
- (b) Who first invented the metal coins
- (c) The development of money
- (d) How money is spread throughout the world

35. Q: What can be inferred from the passage?
- (a) Many societies had more grain and farm animals than they needed.
- (b) Paper was invented long before leather banknotes were used.
- (c) Paper money was introduced to the West though Turkey.
- (d) Bartering was widely used in many places when paper money was invented.

You have reached the end of the Reading Comprehension section. Please remain seated until you are dismissed by the proctor. You are NOT allowed to turn to any other section of the test.

Reading
Comprehension

Part I **Questions 1—10**

Read the passage and choose the option that best completes the passage.

R

1. Chavacano, a language spoken by some people in the Philippines,
    _____. Usage depends on the level of familiarity between
    the speaker and the addressee; the status of both in family and society; or the mood of
    the speaker and addressee at the particular moment. The pronouns used by speakers can
    be common, familiar, or formal. The common forms can be used among peers since they
    convey no formality or courtesy in conversation. The common forms can also imply
    crudeness, impoliteness, or hostility.

    (a) makes sense to most French speakers
    (b) uses three different levels of pronouns
    (c) is harder to learn than other languages
    (d) is used by certain mountain tribes

2. Cell phone use _____. Even a good driver turns into
    an idiot when a cell phone goes up to the ear. Drivers who talk on cell phones become
    unaware of their surroundings. They put themselves and others in danger. Drivers who
    use cell phones are three to four times more likely to be in a crash. Using a hands-free
    device does not improve the situation and still distracts the driver. Drivers should pull
    over to the side of the road, park the car, and then use their cell phone.

    (a) has increased on the road dramatically
    (b) magnifies the stupidity of a driver
    (c) is rising while driving is on the decline
    (d) is a necessary evil nowadays

3. Many people say that you should look on the bright side. That might sound like hollow
    advice sometimes, but it turns out that it may help you live longer. According to a
    new study, _____. It found that cheery women were
    significantly less likely to die of cancers or any other diseases than depressed ones. The
    same results also came from men. The findings show that optimistic people seem to seek
    medical advice and follow it, and have more friends that help them deal with stress.

    (a) the same is true for most pessimistic people
    (b) pessimistic women tend to eat well but sleep poorly
    (c) optimists have a lower risk of cancer and early death
    (d) optimistic women are healthier than their male counterparts

4.

Education News

An education panel has _____ at the P.S. 92 school. Ms. Kim, the teacher in question, had been fired for teaching evolutionary theory. The panel says science teacher Marsha Kim will return to P.S. 92 over parents' objections. Dashell Terrone, one of the panel members, says Ms. Kim was within her right to teach evolution. P.S. 92 is not a religious school, but many families in the area are conservative Christians. Manuel Carter, the principal at P.S. 92 who let Ms. Kim go, says that he does not agree with the panel but he respects its decision.

(a) kicked a teacher out
(b) criticized an instructor
(c) commended a professor
(d) reinstated a school teacher

5. Summer this year could be worse than last year for the millions of students that want summer jobs. State and local governments, who are traditionally among the biggest summertime employers, have financial problems and are cutting jobs. Money for job programs is also running out. Private companies are also not hiring as many students and are waiting for the economy to recover. With so many people competing for fewer jobs, students are missing out. For many of them, it will be

_____.

(a) the best time of their lives
(b) a summer without work or money
(c) the last job before they graduate
(d) a difficult summer working in the heat

6. Originally, workmen's clothes were made out of denim and only workmen wore denim. Then Levi Strauss made the first blue jeans out of denim for Californian gold miners in the 1850s. Although it was associated with the working class for a long time, denim gradually grew more popular. By the 1970s, women were wearing denim as much as men. In the 1980s, designer jeans were worn by the middle classes and rich, as they are today. Now nearly everyone has at least one piece of clothing made of denim. Unlike its beginnings, it is now _____.

(a) used to make most jeans
(b) popular with many workers
(c) cheaper for everyone to buy
(d) used in all kinds of fashions

7. *The Cove* won an Academy Award for Best Documentary Film in 2010. The film is about the violent killing of dolphins. This takes place in a national park in Japan by men with spears and knives. Western audiences were horrified by the brutal killing. The film had some excellent camera work. The documentary received mixed reviews from Japanese audiences. Some were shocked to learn about the killings. Japanese people were even more surprised to learn that some of the dolphin meat was fed to Japanese school children. Critics of the film _____.

(a) were impressed by the documentary's style
(b) encouraged protests against the killings
(c) refused to watch previews of the film
(d) described it as biased and misleading

8. A new study now shows that human growth hormone can indeed enhance performance. Researchers in Australia said the hormone benefited athletes in sprint events. This is true especially when a split second can decide the winner, as in running or swimming. A total of 103 male and female athletes were tested over the course of two months. They received injections of either growth hormone or salt water. The hormone improved sprinting on a bicycle by 4 percent. This proves that human growth hormone

_____.

(a) needs to be further tested
(b) boosts athletic performance
(c) should be banned from all sporting events
(d) destroys athletic performance in the long run

9. Stunt pilots are people who perform difficult flying procedures in airplanes, for the purpose of entertainment or to help out during emergencies. Florence Lowe Barnes was one of the earliest women stunt pilots in the United States. A daring pilot, Barnes broke a women's speed record in 1930 by flying 196.19 miles per hour. _____, she was the first woman to fly from Los Angeles to Mexico City. She had learned to fly in 1928 and became so passionate about piloting that by the 1930s, she was working as a stunt pilot in Hollywood.

(a) That is
(b) In addition
(c) For instance
(d) In comparison

10. India's enormous population, relatively low level of development, and weak environmental laws make the problem of pollution a serious one. Surprisingly, though, one of the most harmful forms of pollution, at least in cities, is noise pollution. Traffic, construction, loudspeakers, and the occasional firecracker all contribute to the problem, which has been shown to cause poor mental and physical health in the surrounding population. _____, noise pollution in Mumbai is so bad that the local Awaaz Foundation has filed a lawsuit to force the city to create regulations against it.

(a) In fact
(b) Even so
(c) On the whole
(d) On the contrary

Part II   Questions 11—12

Read the passage and identify the option that does NOT belong.

R

11. Blood Falls is located at the tip of a giant glacier in Victoria Land, East Antarctica. (a) It gets its name not from actual blood but the water there that is rich in iron. (b) When the water trickles out from underground, the iron reacts with the air and quickly forms red rust. (c) It has been found that microbes live in this inhospitable and icy environment on sulfur and iron compounds. (d) The water itself probably comes from an underground lake that has a high concentration of salt.

12. Eating fish has its benefits, but not when the fish we eat are contaminated with toxic mercury. (a) A variety of recent studies analyzed different types of tuna to determine what levels of mercury they contained. (b) While there are some natural sources of mercury, pollution by humans continues to introduce mercury into the environment. (c) One study concluded that yellowfin tuna is preferable to bigeye and bluefin tuna, since it contains less mercury. (d) Another study found that chunk-light canned tuna is safer than solid-white and chunk-white varieties.

Part III **Questions 13—25**
Read the passage, question, and options. Then, based on the given information, choose the option that best answers each question.

R

13.

Technology Today

Robert Chase hopes to help people by developing snake-like robots. He hopes they can search for victims by sliding through small spaces. The robots have cameras and electronic sensors. Their delicate movements can be controlled with a joystick. Chase's robots are designed to be small enough to maneuver through fallen buildings and climb pipes. The robots are about the size of a human arm or smaller. In natural disasters like earthquakes or tsunamis, snake robots can help rescuers find injured people.

Q: What is the passage mainly about?

(a) Snake-like robots for rescue operations
(b) Robots taught to behave like a snake
(c) The smallest robot in the world
(d) The working principles of snake-like robots

14. The railroad was an important development for society. It followed a schedule. Thus, it made precise timekeeping important. However, it was not the first system to do so. Throughout history merchants have been selling items at daybreak. People have also been celebrating events together. This means that they roughly agreed with their neighbors as to the time of day. Society needs to agree on the time. Or else everyday life would be a mess.

Q: What is the main idea of the passage?

(a) Some of our traditions are timeless.
(b) Timekeeping has an ancient history.
(c) The railroad helped people follow a schedule.
(d) An accepted way of measuring time is necessary.

15. Alfred Nobel was a Swedish chemist. When he died, he donated his money to create the Nobel Prize, which is awarded in five categories: chemistry, physics, medicine, literature, and peace. Nobel Committees send invitations to hundreds of scientists and scholars. They ask them to suggest names for the Nobel Prizes. When received, each committee discusses the suggested names and makes a short list of possible winners. A vote is taken for the prize-winner. The Nobel Peace Prize is presented at Oslo University, while other prizes are given at a ceremony in Stockholm. Each Nobel winner gives a Nobel lecture when claiming the prize.

Q: What is the passage mainly about?

(a) The Nobel Prize winners in different fields
(b) The organization of the Nobel Committee
(c) The work done by a Swedish scientist
(d) How Nobel Prizes are awarded

16. The ice of Antarctica is largely untouched and clean. This is perfect for scientists who want to find particles created in the early days of our Solar System. Some scientists have found a few particles after drilling into the ice. When they looked at the chemical makeup of the particles, they could prove that they came from space and have not changed in 4.5 billion years. The little particles may be as old as the sun and are similar to the kinds of particles that come from comets.

Q: What is the passage mainly about?

(a) Analyzing particles from space
(b) Drilling for old comet particles
(c) Looking in Antarctica for space rocks
(d) Finding ancient particles in Antarctica

17.

Warranty

Thank you for purchasing an Electro Times product. This warranty protects you for one year. It starts on the day you buy your product.

- If the product breaks, we will repair it for you.
- You will not need to pay for the repair. We will also cover your shipping costs.
- If we cannot repair the product, we will send you a replacement.

Please keep this warranty in a safe place. If there are problems with your product, you will need to send a copy of the warranty. Without it, you cannot have your product repaired or replaced.

Q: Which of the following is correct according to the warranty?

(a) It expires after a year of the purchase.
(b) It does not include delivery costs.
(c) It must be presented with a purchase receipt.
(d) It only covers partial repair costs.

18. Spain colonized the Florida peninsula in the 1500s. However, Native Americans in Florida and English colonists challenged Spain in the 1600s. Spain lost Florida when Britain gained control of the area in 1763. Florida was returned to Spain 20 years later, after the British were defeated in the American Revolution. But Americans wanted control of Florida. In 1819, Spain and the US signed the Florida Purchase Treaty. In the treaty, Spain agreed to hand over the remainder of Florida to the United States.

Q: Which of the following is correct according to the passage?

(a) Florida was colonized in the 1600s.
(b) Florida came under US control in 1763.
(c) Britain controlled Florida for two decades.
(d) Britain and the US signed a treaty over Florida.

19. Maté, pronounced "mah-tay," is a South American drink. It is prepared by steeping dry leaves and twigs of yerba maté in hot water. Traditionally, the cup is shared among close friends and family members. The people drink it using the same straw. The author Robert Heinlein wrote about "water brothers," people who become closer when they drink from the same glass. Similarly, those who share the maté cup have a bond. They share the health and meditation of yerba maté. Thus, it becomes a sign of acceptance and friendship.

Q: Which of the following is correct according to the passage?

(a) Yerba maté is made by using iced water.
(b) Yerba maté is drunk in one-shot from a glass.
(c) Drinking maté is a means of social bonding.
(d) Maté does not have any health properties.

20.

Dear Governor Rosedale,

I am writing to oppose the state's landfill project in Clifton Woods. The potential harm of this facility far outweighs the benefits. We do not need or want a garbage complex of this size in the area. The region offers great opportunities for outdoor recreation. People like to hike, camp, and fish there. Every visitor comments on the peace and beauty of Clifton Woods' natural environment. They do not want to smell trash and hear garbage trucks. Please preserve this region for its forest and wildlife.

Q: Which of the following is correct according to the letter?

(a) The state plans to clean up Clifton Woods.
(b) The wildlife is damaging the local park lands.
(c) The Clifton Woods area attracts many skiers.
(d) The government wants to build a garbage dump.

21. Burning Man is an annual festival. It ends in September on the Labor Day holiday in the United States. The festival takes place in the Black Rock Desert, about 90 miles from Reno, Nevada. However, the specific location can change from year to year. In addition to being a festival, Burning Man is a social experiment where a temporary city with its own street grids, laws, and social customs is created. Everyone is encouraged to participate. Burning Man gets its name from a special ritual in which the festival goers burn a large wooden sculpture of a man.

R

Q: Which of the following is correct according to the passage?

(a) The festival takes place in Reno, Nevada.
(b) Burning Man is strictly an invitation-only event.
(c) The festival is held annually at the same location.
(d) Attendees burn a wooden figure during the festival.

22. Braces help straighten teeth by putting steady pressure on your teeth. Springs or rubber bands can be used to move teeth in a specific direction. The pressure causes the tooth to loosen from the gums. When the tooth stops moving, the bone grows in to provide support to the tooth in its new place. This movement should be gradual. Otherwise, the patient risks losing teeth. By wearing braces over time, teeth are moved into their proper position. Most people wear braces for two to three years.

Q: What may happen if the braces move teeth too quickly?

(a) Teeth will fall out.
(b) The braces will break.
(c) The rubber bands will snap.
(d) Teeth will straighten faster.

23. Etiquette is more than knowing whether your bread plate goes on the left or right side of your dinner plate. It is about how you present yourself. Having good etiquette shows that you are comfortable around people. So, during a business lunch it is important to have good etiquette. Clients want to be able to trust you. They want to know that you have consideration for others. For them, your etiquette shows a level of maturity and sophistication. Many business deals have failed because someone did not have the proper manners.

Q: What can be inferred from the passage?

(a) Some people are uncomfortable paying too much attention to etiquette.
(b) Business etiquette is essentially about copying others' manners.
(c) Showing good etiquette is essential in business deals.
(d) Good etiquette guarantees your success in business.

24. On the Cheyenne River Sioux Reservation, unemployment is at 85 percent. To make matters worse, the area was struck by a terrible snowstorm last January. The storm knocked down thousands of power lines and left the residents without water, electricity, or heat for weeks in below-zero temperatures. All this time, the government did nothing. Then in February, a one-minute commentary on prime-time TV spoke of the crisis and called for donations. That brought in nearly a million dollars, and after that the government suddenly decided to help the reservation community.

Q: What can be inferred from the passage?

(a) Government authorities created the TV commentary.
(b) Thousands of businesses were affected by the snowstorm.
(c) People on the reservation fixed the power lines themselves.
(d) Without media action, the government would not have helped.

25.

Nutrition Labels on Restaurant Menus

One lawmaker in California wants chain restaurants to put nutritional information on their menus, and the U.S. Congress is deciding on bills that protect restaurants from obesity-related lawsuits. This raises the question: are restaurants responsible for the health of their customers? Fast-food restaurants say they are not the only ones with high calorie meals. They want other establishments, not just fast-food and chain restaurants, to reveal information. If these bills pass, we may soon see details on calorie, fat, and sodium content alongside prices on menus.

R

Q: What can be inferred from the passage?

(a) The U.S. will cease being the country with the most overweight people.
(b) Restaurants have started adding nutritional information on menus.
(c) Some diners blame fast-food restaurants for their health problems.
(d) The Californian lawmaker became obese after eating at chain restaurants.

Part IV Questions 26—35

Read the passage, questions, and options. Then, based on the given information, choose the option that best answers each question.

Questions 26-27

Happy Paws

Pets such as cats and dogs have been our best friends. As a pet owner, don't you want to give these furry friends special gifts once in a while? Then why not try Happy Paws?

Newly opened on February 2, our store carries a wide range of items from organic pet foods to interactive pet toys. Every product in our store will just make your eyes pop out of your head! You can bring your pets to our store and let them try any product they choose before you purchase. In order to celebrate our grand opening, we offer a 30% discount on every product until the end of the week.

Only a block away from Victoria subway station, Happy Paws is conveniently located. Just drop by and see what we have. We are open from 10 A.M. to 9 P.M. seven days a week.

If you have any questions, call us at 555-2349, or visit our Web site at www.happypaws.com.

---

26. Q: Which of the following is correct about Happy Paws?

   (a) It mainly sells pet foods.
   (b) It has a large car park.
   (c) Every item is 30% off during the sale.
   (d) It is closed on weekends.

27. Q: What can be inferred about Happy Paws from the passage?

   (a) It helps people adopt cats and dogs.
   (b) It sells products online.
   (c) It opened a week ago.
   (d) It is easily accessible by subway.

Opinions > Letters

The Edinburgh Times

R

To the Editor:

As Christmas is just around the corner, many newspapers run headlines about Christmas events. However, as an animal rights activist, I find yesterday's article about reindeer imported in the UK for Christmas very disturbing.

Reindeer need a natural environment where they can live in herds, freely moving and finding food. The new environment like the UK is nothing like their natural home. They are put at Christmas attractions with a crowd of noisy people around them, who often want to touch and feed them. They are housed in a group in a tiny place such as Santa's grottos, and are fed unfamiliar food. Moreover, it is often the case that people who take care of them do not understand their needs.

Obviously, their physical and mental health will suffer greatly here in the UK. We should give some thoughts to these poor animals to stop this cruel treatment of them.

28. Q: What is the main point of the passage?

(a) We must preserve reindeer's natural habitats.
(b) It is necessary to train people to better care for reindeer.
(c) Reindeer must not be exploited for entertainment.
(d) Reindeer must be replaced with different animals for Christmas seasons.

29. Q: What can be inferred from the passage?

(a) The basic needs of reindeer are often neglected in the UK.
(b) Some reindeer are adopted as exotic pets in the UK.
(c) More and more people are opposed to importing reindeer in the UK.
(d) The UK has few places where reindeer can be raised healthily.

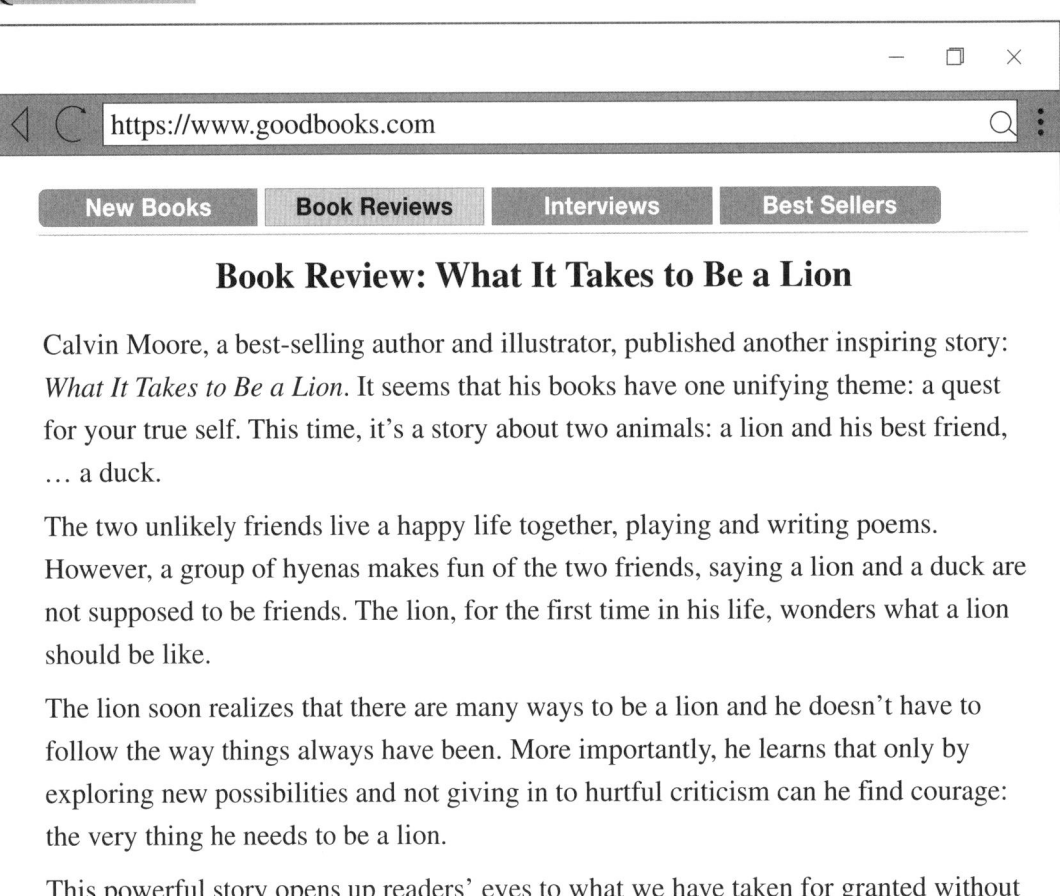

Book Review: What It Takes to Be a Lion

Calvin Moore, a best-selling author and illustrator, published another inspiring story: *What It Takes to Be a Lion*. It seems that his books have one unifying theme: a quest for your true self. This time, it's a story about two animals: a lion and his best friend, … a duck.

The two unlikely friends live a happy life together, playing and writing poems. However, a group of hyenas makes fun of the two friends, saying a lion and a duck are not supposed to be friends. The lion, for the first time in his life, wonders what a lion should be like.

The lion soon realizes that there are many ways to be a lion and he doesn't have to follow the way things always have been. More importantly, he learns that only by exploring new possibilities and not giving in to hurtful criticism can he find courage: the very thing he needs to be a lion.

This powerful story opens up readers' eyes to what we have taken for granted without even questioning.

30. Q: Which of the following is correct about Calvin Moore?

(a) *What It Takes to Be a Lion* is his debut work.
(b) He has published several nonfiction books before.
(c) *What It Takes to Be a Lion* mainly deals with his childhood.
(d) His books have a common underlying theme.

31. Q: What makes the lion think about how a lion should be?

(a) Becoming friends with a duck
(b) Being questioned about his friendship with a duck
(c) Being abandoned by his parents
(d) Seeing his friend bullied by hyenas

Ancient Greece is known for the Olympics. Every four years, the greatest sporting event was held at Olympia to honor the greatest god, Zeus. Before the Olympics began, every battle had to cease so that people could safely travel to Olympia. The first Olympics were made up only of footraces, but other events like wrestling, boxing, javelin and discus throwing were included in the games. The games were always played between individuals from different city states, not between teams. The Olympic Games were often violent. Some athletes were even killed during the games. The winner of each event wore a wreath of olive leaves, but there were other ways to reward them. For example, the Sicilian people had hundreds of chariots pulled by white horses to welcome the winner of the 200-meter race. Some winners were given money prizes when they went back to their communities.

The Greek Olympic Games continued until A.D. 393, when they were banned by a Christian Roman emperor for being pagan. It was about 1,500 years later that the Olympics were reborn by Pierre de Coubertin. The first modern Olympics were held in Athens, Greece in 1896.

32. Q: Which of the following events was NOT newly included in the Greek Olympic Games?
(a) Wrestling
(b) Boxing
(c) Javelin throwing
(d) Footraces

33. Q: Why were the ancient Olympic Games stopped?
(a) The fairness of the games was often questioned.
(b) They were considered to be against Christian beliefs.
(c) Too many competitors died during the games.
(d) Frequent wars in Greece made it impossible to continue the Olympics.

R

To whom it may concern:

Hello. My name is Jacob Miller. I teach at Atlanta Middle Special-Needs School. As you can guess from the school name, we educate special-needs students. I read from your Web site that famous Impressionist artworks will be exhibited in your museum next week.

I am worried about one thing: many of our students have behavioral problems, and this may cause other visitors troubles. So is it possible that we can specially reserve a date for our students, either before or after the closing day of the exhibition? I realize that it opens on October 19 and closes on October 30. I know this is not an easy request, but this is too great an opportunity for our kids to miss out on. Many studies show that classic arts positively affect children with behavioral problems. If a special reservation is impossible, can you recommend a date when the museum is less crowded?

I will be awaiting your reply.

Sincerely,

Jacob Miller
Atlanta Middle Special-Needs School

34. Q: What is the main purpose of the e-mail?

(a) To schedule a museum visit
(b) To find out how classic artworks affect children
(c) To ask when the exhibition opens and closes
(d) To apologize for inconveniences caused by the students

35. Q: What can be inferred from the passage?

(a) The writer wants a special viewing so as not to disrupt other visitors.
(b) The museum does not open on weekends.
(c) The writer is a big fan of Impressionist paintings.
(d) The school that the writer works at specializes in art.

You have reached the end of the Reading Comprehension section. Please remain seated until you are dismissed by the proctor. You are NOT allowed to turn to any other section of the test.

Reading
Comprehension

Part I   **Questions 1—10**

Read the passage and choose the option that best completes the passage.

R

1.

To the Editor,

I'm writing in response to the article "Child Labor in the Developing World," published on October 18. The problem is not the evil factory owners but it is consumers like you and me. We are always trying to save money but we need to stop and ask ourselves how it is possible to make something so cheaply. Chances are that it was made by child laborers, as many cheap articles of clothing come from India and China. Child labor and child slavery are common in these countries. We must stop buying cheap clothing made in these places. We might be helping a system that

_____.

(a) makes clothing expensive
(b) produces attractive items
(c) provides jobs to people
(d) uses children as slaves

2. The Masai Mara National Reserve is the most famous reserve in East Africa. It is unfenced and next to the Serengeti National Park. This allows the wildlife to roam freely between Kenya and Tanzania in search of food. The best time to visit is during the dry season, from July to March. Tall grasses can hide animals in the wet season. _____, it is much easier to view the animals. While there, you can view wildlife such as lions, leopards, and hyenas.

(a) When the grasses are low to the ground
(b) As the sun starts to rise over the horizon
(c) In the time when most tourists stay away
(d) During the period when the weather gets cooler

3. Knitting with cotton is _____. Wool is popular among knitters because it is easy to work with. However, some people are allergic to it. In that case, cotton is a good replacement. Cotton is especially good for light clothing. Unlike wool, cotton can be washed in a washing machine. Cotton is often used for summer clothing. It is great for those with sensitive skin as well. Cotton yarn is less expensive than wool yarn. It holds together well and gets softer as time passes.

(a) much better for younger people
(b) different from knitting with wool
(c) excellent for your fingers and hands
(d) simple and often preferred to other fabrics

4.

> **Health News**
>
> People are always trying to find ways to lose weight. Scientists in California may have found a secret ingredient that helps dieters lose weight. A chemical found in peppers was shown to boost energy burning in bodies. In an experiment, those who were given high doses of this chemical burned more body fat than people who had been given pills that did nothing. The researchers believe that the pepper chemical works by attaching itself to another type of receptor. This receptor helps signal to the brain and then starts a process that
>
> _____.

(a) causes the body to burn calories
(b) increases the temperature of cells
(c) decreases a person's desire to eat food
(d) makes the brain release more chemicals

5. We hope you enjoy your visit to Terra. We make food from fresh, locally grown ingredients. Our upstairs restaurant serves a fixed-course menu. Or if you prefer, you can order à la carte from our downstairs café menu. We strive to choose the very best produce in season for our meals. The majority of our ingredients _____. Our meats come from the nearby Berkshire Estate and most of our fruits and vegetables are produced in Froghollow just outside the city. We believe that dining is more than just food on a plate.

(a) come from wherever they are in season
(b) are sold at supermarkets nationwide
(c) have been organically grown by us
(d) are from local farms and suppliers

6. Artists use different styles in their paintings and drawings. Before the abstract movement, artists showed only things that were able to be recognized. These were things like people, animals, or places. Abstract artists did not follow this style. Rather, they used color and shape in their paintings to show emotions. Jackson Pollock is an example of an abstract artist. He dripped and tossed paint onto canvases in what appeared to be random patterns. Indeed, the viewer may not see any specific objects. They are not painted to look like something specific. This means an abstract painting

_____ .

(a) is a better representation of an object
(b) will show exactly what an object looks like
(c) is done with methods similar to traditional art
(d) will sometimes look nothing like what exists in nature

7.

Dear Constance,

I adopted a kitten that _____ . Max was fun to have around at the beginning. However, I'm having difficulties with him now. He jumps on me early in the morning, pees on the carpet, etc. I know these things are not his fault. Still, they are really annoying. My job is making me busier and I have less time and patience for him, too. I don't want to abandon Max, but I regret that I adopted him more and more each day. What should I do? Please help!

Regards,

Sheila

(a) has become a problem
(b) my boyfriend doesn't like
(c) bothers the cats around him
(d) takes up too much of my time

8. A common assumption is that when a bone breaks, it heals _____.
   This idea has been shown to be false, however. During the healing process, the site
   of the fracture sees an increase in calcium levels as the bone repairs itself. This may
   make it seem as if the site of the fracture is stronger than the rest of the bone. This
   misinterpretation is enhanced by the rest of the bone weakening from lack of use during
   healing. Once healing is complete, strength levels even out along the entire bone.

   (a) more quickly when left unused
   (b) faster on one side than on the other
   (c) as a result of increased calcium levels
   (d) to become stronger than it was before

9. A lot of critics doubt the value of political opinion polls. They see them as "infotainment"
   used by news media to make news stories more interesting and attract audiences. Some
   critics even accuse the media of being "opinion makers," manufacturing public political
   opinion. They might do this by designing poll questions that result in a particular
   response or "force" certain choices. _____, responses can vary depending on
   the wording of the questions. So the public is actually tricked into giving biased answers
   to political questions, which are then treated as real political opinion.

   (a) Even so
   (b) Despite that
   (c) In other words
   (d) On the contrary

10. The World Wildlife Fund for Nature (WWF) is an international organization. It is
    devoted to protecting the environment. It focuses on saving animals. Its goals are to
    be admired. Yet it has been in some trouble. _____, it had a fight with an
    organization in Cambodia last year. The WWF claimed the Mekong dolphins were being
    killed by pollution. In fact, most dolphins died from fishing-related accidents. A local
    person said the WWF made up numbers to raise money from donors.

    (a) For example
    (b) Regardless
    (c) In addition
    (d) Above all

Part II **Questions 11—12**

Read the passage and identify the option that does NOT belong.

11. Austria is an ideal destination for families with young children. (a) Youngsters will love touring the Danube River by boat, floating past ancient castles. (b) Kids ages four and up will not want to miss the opportunity to see an underground salt lake on a tour of the Salzburg salt mines. (c) With an old fort for kids to explore and plenty of space for playing, the Vienna Woods is another worthwhile daytrip that will delight children. (d) Vienna is the cultural heart of Austria, with more than a quarter of the country's population.

12. You probably have not heard of it but the dhole is a type of wild dog in India that is very social. (a) This endangered animal lives and travels with other dholes in packs of 8 to 12. (b) Typically, you will find that there are more males than females in each pack. (c) Unlike with other dog relatives, the pack gets along well and fighting is rare. (d) There are even reports of dholes becoming violent and attacking humans.

Read the passage, question, and options. Then, based on the given information, choose the option that best answers each question.

R

13. Movies can be powerful. They can change the way people think and feel. That is why Thai filmmaker Rutt Jumpamule made his movie. It is a touching animation called *Sunset Love Song*. He made the film after his friend's brother killed himself. Jumpamule said he wanted his movie to give advice to viewers. He wanted to help other people like his friend. *Sunset Love Song* is about a boy and a girl who live in Bangkok. They feel lonely and are going through some tough times. It sounds simple but the movie has a deeper message.

    Q: What is the passage mainly about?
    (a) The suicide of a friend's brother
    (b) One man's artistic production
    (c) The power of movies
    (d) Living in Bangkok

14. Vegetables are good for you, but they can also make you sick. Sometimes raw vegetables like spinach and lettuce have bacteria on them. It could be because the farming water was unsafe. Or it could be because the people who handled them did not wash their hands. Some bacteria, such as E. coli, can be deadly. Therefore, it is wise to buy produce from responsible vendors. You could also cook the vegetables to kill the bacteria.

    Q: What is the main idea of the passage?
    (a) You must be careful with certain produce.
    (b) Vegetables are not that good for you.
    (c) Vegetables have to be cooked.
    (d) Bacteria can be dangerous.

15. Roy Pearson, a judge in Washington, D.C., went to the dry cleaners to pick up a suit he had cleaned. However, he discovered that the pants did not match his jacket, and he became very angry. The dry cleaners found the matching pants several days later yet Pearson denied they were his pants. He demanded that the cleaners pay him $1,000, the full price of the suit, but they insisted that the pants were his and refused to pay him the money. Pearson sued them for $67 million.

Q: What is the best title for the news report?

(a) Angry Lawyer Takes Legal Action
(b) Judge Takes Cleaners to Court
(c) Pants Do Not Match Jacket
(d) Dry Cleaners Win Lawsuit

16. Parents may give their children an allowance, sometimes for doing extra work around the house. Some children earn a weekly allowance while others earn it monthly. It helps the child learn the value of money. The children are then expected to buy their own things with their allowance. The goal is to show young people how to save and spend. Saving helps children understand that some purchases require sacrifice. They learn that they should not spend all their money at once. They have to cut costs and plan for the future.

Q: What is the best title for the passage?

(a) Teach Kids How to Earn Money
(b) Pay Your Children Money for Work
(c) Allowances Are Healthy for Your Children
(d) Kids Can Learn about Money with Allowances

17. The sun causes water to evaporate. The water changes from liquid to gas and rises up. These gases cool and later form clouds in the sky. This process is called condensation. When clouds become too heavy, the water falls back down to the ground. This can be in the form of snow or rain. The water will then evaporate again. It is a continuous movement of water on, above, and below the surface of the Earth. The entire process is called the water cycle.

Q: Which of the following is correct according to the passage?

(a) The sun is responsible for life on Earth.
(b) Condensation occurs very quickly.
(c) Water is heaviest in liquid form.
(d) The water cycle never stops.

18. Electronics such as laptops, smartphones, and e-book readers, may be causing people to lose sleep. They shine bright light into our eyes right before we go to bed. Scientists think they may trick our brains. They make the brain think it's daytime. This might cause sleeping problems. E-book readers like the iPad shine light directly into the reader's eyes. It does it at a distance that is closer than watching TV. Scientists recommend reading regular books instead because they help relax people.

Q: Why are people losing sleep according to the passage?

(a) They are not reading traditional books.
(b) They are exposed to too much daylight.
(c) Their eyes cannot adjust to the light.
(d) Electronics are fooling their brains.

19. The Wampanoag tribe is a Native American tribe. They lived in the Northeast of the United States. The tribe roamed the area and set up villages. That was in the early 1600s, before many Europeans settled in America. The Wampanoag farmed when they could. They also fished for food. The people started to die when Europeans arrived in 1614. The Europeans brought new diseases. The Wampanoag were not used to these germs. By 1620, 5,000 Wampanoag people remained. Over half of them had been killed by disease.

Q: Which of the following is correct according to the passage?

(a) The Wampanoag died of the diseases Europeans had brought with them.
(b) The European settlers took away land from the Wampanoag.
(c) The Europeans set out to kill many Wampanoag people.
(d) The Wampanoag no longer exist in the United States.

20. A star is made of gases. As its gases burn, they give off light and heat. When the gas runs out, the star stops burning and begins to die. As the star cools, the outer layers of the star pull in toward the middle. The star becomes smaller and smaller. The space resulting from the dead star is a black hole. Think of the Earth being made into the size of a marble. That is how tightly this black hole is packed. Gravity pulls the star in toward its center.

Q: Which of the following is correct according to the passage?

(a) The Earth can become a black hole.
(b) Stars repel gravity as they die.
(c) A black hole has no light.
(d) Living stars have gases.

21. The neighborhood of Harlem in New York City has long been an important African American cultural center. In the 1920s, it was the heart of the African-American art scene and the site of the Harlem Renaissance. The Harlem Renaissance was a cultural movement created by African-American artists, writers, and scholars. Individuals moved from other parts of the country to Harlem, where they formed a community and supported the work of their peers. This environment helped important African-American artists and writers overcome the racial discrimination that was common at the time to join the ranks of America's most celebrated cultural heroes.

Q: Which of the following is correct according to the passage?
(a) Harlem recently became a center for Black artists.
(b) Artists from Harlem traveled all over the United States.
(c) African-American artists helped each other in 1920s Harlem.
(d) Racism in the 20s prevented Blacks from forming artistic communities.

22.

City Organic Gardening Festival

For ten years now, City Organic Gardening has been helping low-income, disabled, and elderly citizens start their own organic produce gardens.
In celebration of the current fall harvest, we invite you to join us at our City Festival this Sunday, October 16, at the Bill Lamar Farm.

- There will be great food, great music, and lots of interesting people to meet.

- Tickets can be purchased through our website or in person at Winston Natural Foods for $35.

- All proceeds go towards City Organic Gardening's continuing efforts to turn our neighbors' gardening dreams into reality.

Q: Which of the following is correct about the festival?
(a) It is organized mainly for disadvantaged youth.
(b) It coincides with this season's fall harvest.
(c) It will feature a lot of interesting animals.
(d) It is sponsored by Winston Natural Foods.

23. Louisa May Alcott is the author of many books, her most famous being *Little Women*, published in 1868. It is a story about four sisters in the 19th century and the difficulties for women growing up in that time. Alcott was born in 1832, a time when women did not enjoy equal rights. Alcott never married because she wanted to remain free. She continued to write books. Like other authors, she used her writing to change the way people think.

Q: What can be inferred from the passage?

(a) Married women lacked certain freedoms.
(b) Alcott never dated any men in her lifetime.
(c) *Little Women* was a popular book in the 1800s.
(d) Alcott wanted equal rights for whites and blacks.

24. Sometimes art fades, tears, or gets damaged. Professional restorers will try to make an artwork look like the original. However, restorers tend to influence the work, too. They might choose to remove a layer of paint or brighten colors. In doing so, they may change the art according to their tastes. Restorers use science to decide how to restore an artwork. Science can reveal the elements that make up a painting. However, scientists cannot make known the true intention of the artist. The best and safest approach would be to leave it alone.

Q: What can be inferred from the passage?

(a) The science behind restoration is complicated.
(b) The author is not a supporter of art restoration.
(c) Restoring is a field that requires years of study.
(d) Art restorers have backgrounds as artists themselves.

25.

The Love Boys' self-titled debut album was laughed at by listeners and critics all over the world. Generally, listeners complained that the band's music was girlish pop. That didn't stop the boys from putting together a second album, however. Soon to be released, it has a harder and more mature style, with several songs that might earn the band some respect. The album's cover has popped up on various music websites, showing the boys with designer clothes and neat haircuts. Unfortunately, that has convinced critics that the Love Boys' new album might deliver more of the same.

Q: Which statement would critics most likely agree with about the Love Boys?

(a) Their second album will be a big improvement.
(b) They are only capable of playing lame pop music.
(c) Their first album was unfairly reviewed by listeners.
(d) They will become world famous with the second album.

Part IV **Questions 26—35**

Read the passage, questions, and options. Then, based on the given information, choose the option that best answers each question.

Questions 26-27

I have wanted to be a cartoonist since I first created my own cartoon. Every time I came up with good ideas, I developed them into a full story by drawing cartoons. I was happiest when I saw my friends read my works and burst into laughter. A cartoon is a great way of conveying stories because you can use both pictures and words. My parents always praised my story-telling ability and drawing skills.

But when I told my parents about my dreams, they were not very happy about it. They said it's OK to draw cartoons for a hobby, not for a profession. Instead, they want me to become a teacher because it is a stable job. I understand their concerns; not all cartoonists are paid well. But I do know that a lot of cartoonists have become successful and feel rewarded as they see many readers enjoy their works. I want to do what I feel passionate about, not what my parents want me to do.

26. Q: What is the writer mainly writing about in the passage?

(a) The difficulty of choosing a right career
(b) The reason his parents failed as cartoonists
(c) His disagreement with his parents over his dream
(d) How difficult it is to succeed as a cartoonist

27. Q: Which of the following is correct about the writer?

(a) He has decided to follow his parents' advice.
(b) He knows few cartoonists who are successful.
(c) His parents believe cartoonists do not earn enough money.
(d) He dropped out of college to become a cartoonist.

House for Sale

Don't miss this rare opportunity to own a 3-story house with a garden that is surrounded by beautiful nature. Construction is nearly done and it will be ready for move-in soon. Equipped with 5 bedrooms, 3 bathrooms and 2 garages, it is perfect for a big family with children! This location has large open space for family gatherings. In addition, powered by solar energy and built in an energy-efficient way, this house will surely free you from worries about electricity costs. Most importantly, the house is just five minutes away from parks, and a few bus stops away from the downtown area. See complete details below:

- Price: $237,000   - Bedrooms: 5   - Bathrooms: 3

- Fireplace: N/A   - Garages: 2   - Garden: available

Posted by: Willow Realty | (907) 555-9887 | Carrielorene@willowrealty.com

28. Q: Which of the following is NOT a feature of the house advertised?

  (a) Multiple basements
  (b) A place for family activities
  (c) More than one parking garage
  (d) A cost-efficient energy source

29. Q: What can be inferred about the house from the advertisement?

  (a) It has been well maintained by former owners.
  (b) It is a newly built house.
  (c) It is a few bus stops away from parks.
  (d) It is designed for senior citizens.

R

A Notice from CEO

This upcoming October marks the 10th anniversary of the *Grow Your Own* magazine. Since we published the first issue of our magazine 10 years ago, we have provided our readers with brilliant ideas for making beautiful home gardens. More and more readers have recognized our efforts by buying and subscribing to our magazine. Now we have a circulation of 22,000, and this number continues to grow.

This month, our magazine was chosen as Best Hobbies & Craft Magazine at the Annual Media Awards. As CEO, I would like to hold a party to celebrate this event and mark our 10th anniversary. I want to use this opportunity to thank all of our staff for their contributions to our success. The party will be held on October 1, at 6 o'clock in the reception hall.

30. Q: Which of the following is correct about *Grow Your Own*?

(a) It's a magazine on professional farming.
(b) It is published weekly.
(c) Its subscribers get a 20% discount.
(d) It offers useful tips for gardening.

31. Q: Why does the CEO want to hold a party?

(a) He launched a new magazine.
(b) The magazine won an award.
(c) The number of subscribers reached 22,000.
(d) He is retiring in October.

Opinion > Column

The Brantford Times

Money vs. Cultural Legacy

Brantford City Park is not just a tourist attraction; it is also an archaeological hot spot with ancient ruins, some of which date back 12,000 years. They must be preserved by all means. However, the current mayor, William Green, does not seem to be interested in preserving them. The park has been poorly managed since he took office three years ago. This is not because the city is short on money. He has cut the funding for the park management by 50% to use that money for his election promises.

One of the promises is to bulldoze some of the archaeological sites, and then build new resorts there to create jobs. This is how he won the voters' hearts in the last elections. Sadly, many people who voted for him do not seem to care about the consequences of their choices. This is sure to cause serious damage to our cultural treasures. We must act now before our children are deprived of a chance to enjoy and learn from cultural heritage.

32. Q: What is the main purpose of the passage?
   (a) To assert that the park budget needs to be cut
   (b) To explain how tourist resorts help the local economy
   (c) To show how poorly wildlife is treated by the park
   (d) To protest about some political decisions

33. Q: What can be inferred about William Green from the passage?
   (a) He is unlikely to carry out his election promises.
   (b) He is trying his best not to ruin the archaeological sites.
   (c) He recently increased budget for park management by 50%.
   (d) His plans to build resorts are supported by many people.

R

https://biology101.org

≡ MENU

Insects Kingdom

Both bees and wasps make hexagonal cells to construct their nests, but bees' nests are different from wasps' in some ways. Bees create their building material, or wax, which is produced in the form of thin flakes from their abdomen. They knead the wax using saliva until it becomes soft enough to build homes. A group of cells comprises a comb. Some parts of it are assigned to store honey and pollen, and other parts to rear the young. Bees build vertical combs with their cell openings facing upward so that they can hold liquid honey.

Many species of wasps, on the other hand, use wood for building material. They scrape wood from twigs and posts, and then mix it with saliva to make paper-like material. Because wasps usually feed on other insects and do not store food in the cells, their combs are built horizontally with the cell openings facing downward.

34. Q: What is the passage mainly about?
   (a) What bees and wasps feed on
   (b) What material is used for bees' and wasps' homes
   (c) The reason why comb cells are hexagonal
   (d) How bees and wasps build their homes differently

35. Q: What can be inferred about bees and wasps from the passage?
   (a) Bees' nests are stronger than wasps'.
   (b) Their nests need to be constantly maintained.
   (c) What they eat affects how they shape their nests.
   (d) Wasps usually construct their nests in dead trees.

You have reached the end of the Reading Comprehension section. Please remain seated until you are dismissed by the proctor. You are NOT allowed to turn to any other section of the test.

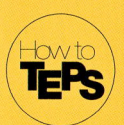

How to TEPS

출발부터 다른, 실력 향상 프로젝트 뉴텝스 독해

NEW
TEPS
입문편 실전 250+ 독해

넥서스TEPS연구소 지음

Reading

모바일 단어장
VOCA TEST
정답 자동 채점

부가 제공 자료 www.nexusbook.com

 모바일 단어장

 모바일 VOCA TEST

 정답 자동 채점

 어휘 리스트 & 테스트

 ACTUAL TEST 3회분 수록

정답 및 해설

NEXUS Edu

NEW TEPS

입문편
실전 250+

독해

Reading

정답 및 해설

NEXUS Edu

1

음악을 틀 때 여러분의 노트북 스피커에서 나오는 처량하기 짝이 없는 깡통 찌그러지는 소리와는 이제 작별하세요. 베리테크 SJ-11 휴대용 스피커로 여러분은 더 이상 수준 이하의 소리를 참아가며 들으실 필요가 없습니다. SJ-11은 효과적인 재생 볼륨과 오늘날 소형 스피커에서 볼 수 있는 최상의 저음부를 결합한 이중 스피커 장치가 특징입니다. USB 케이블을 노트북이나 기타 다른 휴대용 기기에 꽂고 음악 재생 장치의 플레이를 누른 다음 놀랄 준비를 하세요.

(a) 스피커에 배터리를 갈아 끼우실
(b) 올바른 USB 케이블 잭을 찾으러 다니실
(c) 이동 중에 손상을 입을까 봐 걱정하실
(d) 더 이상 수준 이하의 소리를 참아가며 들으실

가이드라인 휴대용 스피커를 광고하는 글로, 빈칸에는 새로 나온 휴대용 스피커의 장점이나 효과에 관한 내용이 와야 자연스럽다. 빈칸 앞에서 스피커의 소리에 대해 언급했고 효과적인 재생 볼륨 등을 강조했으므로 소리와 관련된 특징이 올 것이라고 예상할 수 있다. 따라서 (d)가 정답이다.

sad 처량한, 실망스러운 **tinny** 깡통 찌그러지는 소리가 나는 **portable** 휴대용의 **playback** 재생 **bass** 최저음 **compact** 소형의 **plug** 플러그를 꼽다 **USB** 컴퓨터와 주변기기 연결을 위한 표준 규격(Universal Serial Bus) **settle for** ~을 불만스럽지만 받아들이다 **substandard** 수준 이하의

2

과학자들은 벌이 자신들이 발견한 꽃들 사이에 최단 거리로 나는 법을 알고 있다는 것을 발견했다. 설령 그들이 꽃을 발견하는 순서는 다를지라도 말이다. 컴퓨터라면 그런 어려운 문제를 풀 수 있겠지만, 벌은 핀 머리만한 크기의 뇌로 일을 한다. 사실상 그들은 수백 송이의 꽃들까지 이동하는 법과 최단 거리 이동법을 알고 있어야 하며, 그런 다음 서식지에 오는 길을 알아내야 한다. 이는 지극히 한정된 숫자의 뇌 신경세포를 사용해서 복잡한 문제를 해결하는 일이다. 과학자들은 어떻게 벌이 최단 노선으로 나는 법을 금방 배우는지 전혀 알지 못한다.

(a) 최상의 꽃들이 있는 곳을 알아낼 수 있다
(b) 밤에 서식지에 오는 가장 빠른 길을 찾아낸다
(c) 최단 노선으로 나는 법을 금방 배운다
(d) 정확히 목표로 한 꽃까지 바로 날아간다

가이드라인 벌이 수많은 꽃들 사이를 최단 거리로 이동하는 법을 알고 있다는 사실을 과학자들이 발견했다는 내용이다. 이와 관련해 마지막 문장은 과학자들이 그러한 사실을 발견하기는 했지만 구체적인 방식은 알지 못한다는 내용이 되어야 알맞다. 따라서 앞에서 발견한 벌의 특성을 나타내는 (c)가 정답이다.

in nature 사실상, 현실적으로 **amount to** ~에 해당하다 **complex** 복잡한 **limited** 한정된 **neuron** 뉴런, 신경세포

3

저희는 여러분이 파리, 브뤼셀, 베를린 등 유럽의 멋진 도시들을 편안하게 여행하실 수 있도록 환상적인 유로트래블 상품을 제공하고 있습니다. 이것들은 유로트래블에서 마련한 다양한 종류의 인기 있는 단기 도시 휴가들 중 일부입니다. 짧지만 완벽한 휴가를 위해서 유럽의 여러 유서 깊은 도시 중에서 선택하실 수 있습니다. 새로운 문화 및 역사, 풍경을 받아들일 수 있는 단기 휴가지로서 유로트래블 도시 휴가보다 더 나은 종류는 없습니다. 여러분의 휴가는 기차나 항공, 자동차로 짜질 수 있습니다. 자신에게 보상해주고 저희가 짧은 휴가로 여러분을 재충전해 드리겠습니다.

(a) 유럽 도시들 중 한 곳의 패키지 관광에 여러분을 모셔
(b) 짧은 휴가로 여러분을 재충전해
(c) 영국 전역의 여행지로 여러분을 나르도록 해
(d) 여러분의 사업상 모든 준비를 하도록 해

가이드라인 여행사에서 유럽 도시 여행 상품을 광고하는 내용이다. quick city breaks, short holiday 등에서 단기 휴가를 원하는 사람들을 위한 여행임을 반복해서 강조하고 있는데, (b)의 short getaway가 이것과 가장 어울린다. 따라서 (b)가 정답이다.

deal 거래 **with ease** 쉽게 **break** 휴가 **take in** 받아들이다 **organize** 조직하다 **treat oneself** (큰맘 먹고) 즐기다 **recharge** 재충전하다 **getaway** 단기 휴가 **destination** 목적지 **make arrangements** 준비하다

4

편집자께,

6월 6일자 '회복 선상에서'라는 제목의 기사는 우리 경제의 실제 현황을 충분히 설명하지 못했습니다. 소비자들이 경기 회복을 돕는 데 큰 역할을 하고 있는 것은 사실이지만, 기업 부문은 제 역할을 하지 못하고 있습니다. 소비자들이 지출과 구매를 더 많이 하고 있는 반면, 기업들은 더 많은 사람들을 고용하는 대신 계속해서 현재 직원들에게 더 많은 일을 주고 있습니다. 아니면 일을 외주하고 있는데, 때로는 해외 기업에 일을 줍니다. 그들은 이윤을 내고 경제가 회복하기 시작하는데도 불구하고 여전히 이런 행태를 계속하고 있습니다. 소비자들이 자신들의 힘만으로 국가 경제를 바로잡을 수는 없기 때문에 이런 일이 계속되어서는 안 됩니다.

더그 월터스 보냄

(a) 다른 기업들에 외주하는 데 의존하다
(b) 자신들의 힘만으로 국가 경제를 바로잡다
(c) 돈이 전혀 없다면 돈을 쓴다
(d) 기업들이 모두 해주기를 바라다

가이드라인 경제 회복을 위해서 소비자들은 자신들의 역할을 하고 있는 반면에, 기업들은 여전히 자기 욕심만 챙기고 있음을 비판하고 있다. 소비자들의 노력만으로는 경제 회복을 이룰 수 없다는 내용이 되어야 가장 어울리므로 (b)가 정답이다. (d)는 기업들이 제 역할을 못하고 있다는 앞 내용에 상반된다.

entitle 제목을 붙이다 **recover** 회복하다 **sector** 부문, 분야 **hire** 채용하다 **outsource** (일을) 외부에 위탁하다 **overseas** 해외의 **profit** 이익, 수익 **rely on** ~에 의존하다

1 시간이 지나면서 집은 날씨, 공기 질의 변화, 그리고 특히 집 아래 토양의 움직임으로부터 영향을 받는다. 오래된 집과 지면 상태가 불안정한 지역의 집은 이러한 요인들 때문에 위험해질 수 있다. 그러므로 집주인은 집과 집의 토대에 영향을 주는 모든 구조적 변화에 관하여 잘 알고 있어야 하는데, 이를 위해 구조 공학팀을 고용하면 간단히 해결된다. 구조 공학자들은 최신 컴퓨터 영상 장비를 사용하여 집의 안정성을 평가하고 지속적으로 주시해야 할 약한 부분을 찾아낼 수 있다.

(a) 비교해 보면
(b) 그러므로
(c) 그러나
(d) 사실

가이드라인 　집은 시간이 지나면서 기후나 공기 질 변화와 같은 요인들 때문에 위험해질 수 있으므로 구조 공학자들을 고용하여 안정성을 평가받아야 한다는 내용이다. 오래된 집들이 여러 요인들 때문에 위험해질 수 있다는 빈칸 앞 문장과, 집주인은 집과 집의 토대에 영향을 주는 모든 구조적 변화에 대해 잘 알고 있어야 한다는 빈칸 뒤 문장은 서로 인과 관계이므로 (b) Therefore(그러므로)가 적절한 접속사이다.

affect ~에 영향을 미치다　**earth** 땅　**beneath** ~아래에
unstable 불안정한　**ground** 땅바닥, 토양　**foundation** 토대
structural engineering 구조 공학　**equipment** 장비, 용품
assess 평가하다　**keep an eye on** ~을 계속 지켜보다, 주시하다

2 빛이 잘 드는 저희 카페는 베델의 아름답고 유서 깊은 파크 힐 지역의 중심부에 자리하고 있습니다. 저희 베델 주스의 모든 주스와 스무디, 셰이크는 주문할 때 바로 짜거나 혼합해서 최상의 신선함을 보장합니다. 게다가 화학 물질이나 방부제 처리한 과일이나 채소는 절대 사용하지 않습니다. 고객을 존중하며 주스의 천연 재료 외의 다른 것은 쓸 생각을 하지 않습니다. 공정을 기술과 과학으로 여기며, 저희 목표는 맛이 좋고 건강에 좋은 방식으로 이로운 성분을 혼합한 상품을 제공하는 것입니다.

(a) 비록 그렇다 하더라도
(b) 게다가
(c) 그럼에도 불구하고
(d) 다른 한편

가이드라인 　주문하면 바로 만들기 때문에 최대한 신선함을 유지하고 있다는 장점을 소개하는 내용이 빈칸 앞에 나오고, 빈칸 뒤에 나오는 화학 물질이나 방부제를 사용하지 않는다는 점은 부가적인 장점에 해당된다. 따라서 '게다가'라는 뜻의 (b) In addition이 적절하다.

heart 중앙　**historic** 역사상 유명한　**squeeze** 짜내다　**blend** 섞다　**order** 주문하다　**ensure** 보증하다　**ultimate** 최상의
vegetable 채소　**chemical** 화학 물질　**preservative** 방부제
ingredient 성분　**beneficial** 이로운　**flavorful** 맛이 좋은

3 낭상엽 식물에 속하는 대부분의 종들은 곤충을 잡아먹기 때문에 육식성으로 여겨지는데, 아직 남아 있는 약 50곳의 대규모 부지에서 자란다. 그것들은 대부분이 국립공원이나 보존 지구로 되어 있는 지역들에서 대규모로 자라기 때문에 멸종 위험으로부터 안전하다고 여겨진다. 그렇기는 하지만, 이 식물들은 인간의 개발로 인한 서식지 파괴 때문에 다른 곳에서는 급속도로 희귀해지고 있다. 수질 오염과 침입종의 증가 또한 문제가 되고 있다. 한 세대가 가기 전에 이 지역들의 낭상엽 식물은 틀림없이 사라져 버릴 것이다.

(a) 만약 그렇지 않으면
(b) 그렇기는 하지만
(c) 그런 이유로
(d) 특히

가이드라인 　낭상엽이라는 식물 종에 대한 글이다. 빈칸 앞에서는 이 식물이 보호 구역에서 멸종 위험이 없다고 말했는데 빈칸 뒤에서는 다른 지역에서 급속도로 희귀해지고 있다고 했으므로, 서로 상반되는 내용이 이어지고 있다. 따라서 역접을 나타내는 (b) Even so가 가장 적절하다.

species (생물) 종　**pitcher plant** 낭상엽 식물(주머니 모양의 잎을 가진 식충 식물)　**carnivorous** 육식성의　**consume** 소비하다, 먹다
insect 곤충　**remaining** 남아 있는　**extinction** 멸종
conservation area 보존 지구　**rare** 드문, 희귀한　**habitat**
서식지　**destruction** 파괴　**pollution** 오염　**invade** 침입하다

4 자원의 지속 가능성은 단지 환경적 균형 유지만을 의미하지는 않는다. 그보다는 생활 및 복지의 모든 측면을 포괄한다. 그것은 또한 미래와도 관련이 있는데, 자원의 지속 가능성이란 오늘날 우리의 요구를 충족시키는 것이 미래의 사람들에게 해가 되지 않도록 이루어져야 한다는 것을 의미하기 때문이다. 다시 말하면, 우리의 행동이 미래에 끼칠 영향을 고려하지 않은 채 현재 우리가 필요로 하는 것들에만 기초하여 결정을 내릴 수는 없다는 말이다. 젊은이들로 하여금 자원의 지속 가능성과 그들의 행동이 미래의 젊은이들에게 어떤 영향을 끼칠 것인가에 대해 생각해 보도록 하는 것이 중요한 것도 바로 이러한 이유 때문이다.

(a) 하지만
(b) 아무튼
(c) 다시 말하면
(d) 동시에

가이드라인 　현재의 요구를 충족함이 미래에 해가 되지 않도록 이루어져야 한다는 빈칸 앞 문장과, 미래에 끼칠 영향을 고려해서 결정을 내려야 한다는 뒤 문장 내용은 표현만 다를 뿐 같은 의미로 이어지고 있다. 따라서 앞에 말한 요점을 다시 한번 강조할 때 쓰이는 (c) In other words가 가장 적절하다.

sustainability 자원의 지속 가능성　**maintain** 유지하다
environmental 환경의　**facet** 양상, 측면　**meet one's needs**
~의 요구를 충족시키다　**the youth** 젊은이들

1 두 명의 심리학자들이 교사의 태도가 학생들의 학습에 영향을 주는 방식을 연구해 오고 있다. (a) 특히, 그들은 여성 수학 강사와 그들이 가르치는 초등학교 여자 아이들의 관계에 집중했다. (b) 교사가 자신의 수학 실력에 자신감이 부족한 경우에 여학생들은 남자 아이가 여자 아이보다 수학을 더 잘한다고 믿는 경향이 많았다. (c) 초등학교 교사 10명 중 9명은 여성인 것으로 추산되고 있다. (d) 그러므로, 연구에 따르면 여학생들은 교사의 수학 불안에 의해 부정적인 영향을 받는 경향이 있다.

가이드라인 교사의 태도가 학생들의 학습에 미치는 영향을 다루는 연구로 여성 수학 교사와 여자 초등학생들의 수학 학습의 관련성에 대한 내용이다. 자신감이 부족한 여교사가 여학생들에게 부정적인 영향을 준다는 결론인데, (c)는 흐름과 무관한 통계 사실에 불과하므로 어울리지 않는다.

psychologist 심리학자 **attitude** 태도 **instructor** 강사 **elementary-school** 초등학교 **lack** 부족하다 **confidence** 자신감 **estimated** 추정된 **tend to** ~하는 경향이 있다 **negatively** 부정적으로 **anxiety** 불안

3 로스앤젤레스의 한 학교 교사가 25,000달러의 상금을 받았다. (a) 진 맥칼리스터는 재능 있는 교사에게 수여하는 25,000달러의 상금을 받고 깜짝 놀랐다고 말했다. (b) 하지만 교사 시험에서 맥칼리스터는 성적이 우수하여 그녀가 속한 지구에서 가장 유능한 교사 상위 5%에 들었다. (c) 당연히 그녀의 기량은 그녀가 재직하는 학교인 파인우드 초등학교가 최근 몇 년간 학업 성과 면에서 두드러진 향상을 보이는 데 도움을 주었다. (d) 파인우드 초등학교는 로스앤젤레스 남동부에 위치해 있으며, 그곳 학생들 대다수는 여전히 영어를 배우고 있다.

가이드라인 한 학교 교사가 재능을 인정받아 상금을 수상했다는 소식을 전하고 있다. (c)까지는 모두 그녀가 상금을 수상한 것과 관련된 내용인데, (d)는 이와 무관하게 그녀가 재직하는 학교에 대한 소개를 하고 있으므로 글의 요지에서 벗어난다. 따라서 (d)가 정답이다.

award 상을 주다 **talented** 재능 있는 **score** 점수를 내다 **district** 지역, 지구 **effective** 유능한 **academic performance** 학업 성과

2 태국 요리를 대표하는 음식 하나를 들라면 전 세계로 수출되는 '팟 타이'라는 요리일 것이다. (a) 쌀국수와 소스를 섞어 재빨리 볶은 향미 그윽한 팟 타이는 중국의 조리 전통에 그 기원을 두고 있다. (b) 중국 요리의 영향은 아시아에 매우 널리 퍼져 있다. (c) 국수와 볶는 방식은 모두 태국의 북쪽 인접국으로부터 물려받았다. (d) 하지만 생선 소스와 타마린드와 같은 태국 특유의 재료를 첨가함으로써 그 향미는 태국의 특성을 띠게 되었다.

가이드라인 태국의 대표 요리인 '팟 타이'에 관한 글이다. 팟 타이가 중국 요리에 기원을 두고 있지만, 중국 요리가 얼마나 아시아에 퍼져 있는지를 말하는 (b)는 주제를 벗어난 이야기이므로 내용과 어울리지 않는다.

cuisine 요리 **plate** 한 접시의 요리 **flavorful** 풍미 있는, 맛이 좋은 **stir-fry** 프라이팬을 흔들면서 센 불로 볶다 **root in** ~에 기초를 두다 **inherit** 물려받다 **tamarind** 타마린드(열대산 콩과의 상록수) **take on** (특성을) 띠다

4 유럽의 정부 당국은 중동 지역의 폭력 사태가 유럽에서도 폭력을 조장하고 있음을 우려하고 있다. (a) 이스라엘이 취한 조치로 인해, 유대인들은 인종차별주의에 직면하고 있고, 유럽 거리에서 공격을 받았다. (b) 이스라엘에서 팔레스타인 부모 밑에서 태어난 27세 사람이 그곳에서 두 명의 이스라엘 젊은이를 쏜 혐의로 기소되었다. (c) 하지만 그런 공격의 배후에 있는 사람들은 그것을 정당화하며, 그것은 중동 사태에 대한 당연한 반응이라고 말한다. (d) 유럽의 정치인들은 앞장서서 유대인에 대한 이런 식의 폭력에 대해서는 절대 정당한 이유가 없다는 점을 밝힐 필요가 있다.

가이드라인 중동 지역의 폭력 사태가 유럽에 끼치는 영향과 그 배후에 있는 사람들에 맞서 정치인들이 어떻게 해야 하는지를 언급하고 있다. 하지만 (b)는 이스라엘 내에서의 폭력 사태를 예로 들고 있으므로 글의 흐름에서 벗어난다.

concerned 걱정하는 **violence** 폭력 **inspire** 조장하다 **Jew** 유대인 **be confronted with** ~에 직면하다 **racism** 인종차별주의 **be accused of** ~의 혐의로 고발되다 **justify** 정당화하다 **reaction** 반응 **state** 말하다 **reason** 이유

1 캠덴 이네즈가 5년 전에 캄보디아로 여행을 갔을 때 그녀는 오직 편안한 휴가만을 기대하고 있었다. 하지만 그녀는 그곳에서 목격한 빈곤, 특히 캄보디아 청소년들의 가난한 생활에 큰 충격을 받았다. 그래서 그녀는 본국인 캐나다로 돌아온 후 캄보디아 청소년 교육 기금을 창설했다. 그 이후로 매년 캠덴은 자신의 웹사이트를 통해 모은 기부금으로 구입한 책과 연필, 공책, 기타 교육용 자재들을 가지고 캄보디아를 방문했다. 그녀의 기록에 따르면 그동안 그녀는 3천 명 이상의 캄보디아 학생들에게 학용품을 주었고, 그 수는 지금도 계속 늘어나고 있다.

Q. 이 지문의 제목으로 가장 적절한 것은?
(a) 가난한 나라의 학생을 돕는 방법
(b) 한 교사가 캄보디아 학교에서 자원 봉사하다
(c) 캄보디아에 학용품이 필요한 이유
(d) 한 여성이 캄보디아 학생들을 위해 자선 사업을 벌이다

가이드라인 캄보디아를 여행하던 한 캐나다 여성이 그곳 청소년들의 빈곤한 생활 모습에 충격을 받고 그들을 돕기 위해 자선 사업을 벌이기 시작했다는 내용의 글이므로 (d)가 제목으로 가장 적절하다. 교사에 대한 언급은 없었으므로 (b)는 오답이다.

nothing more than 오직 **relaxing** 편한, 마음을 느긋하게 해주는 **poverty** 빈곤 **educational supplies** 교육용 자재 **purchase** 구입하다 **donation** 기부 **collect** 모으다 **record** 기록 **school supplies** 학용품 **and counting** 계속해서 증가하여

2 때때로, 한 언어는 그것을 말하는 사람에게 다른 언어 사용자와 다른 식으로 일상적인 사물을 인식하도록 영향을 줄 수 있다. 일례로 투바어의 iy란 단어는 '언덕의 짧은 쪽'을 의미한다. 이 단어를 사용함으로써 투바족 사람들은 영어 사용자와 다른 식으로 언덕을 바라본다. 영어에는 언덕을 나타내는 단어로 'steep(가파른 비탈)', 'slope(경사)', 'rise(오르막)' 등이 있지만 언덕의 한 쪽과 다른 쪽을 구별하는 단어는 없다.

Q. 지문의 주된 내용은?
(a) 언어가 주변 세계를 바라보는 시각에 영향을 주는 방식
(b) 투바어에 언덕을 나타내는 단어들이 있는 이유
(c) 투바족 사람들이 자연을 독특한 방식으로 보는 이유
(d) 영어와 투바어의 다른 점

가이드라인 언어가 다르면 사물을 바라보는 시각도 각각 다르다는 내용으로 첫 번째 문장에 주제가 드러나 있다. 따라서 정답은 (a)이다. (d)는 지문에 나온 한 가지 예일 뿐 주 내용과는 거리가 멀다.

influence 영향을 미치다 **perceive** 인지하다 **object** 사물 **Tuvan** 투바족의(구소련의 투바 자치 공화국 및 그 인근 지역에 거주하는 종족) **steep** 비탈길 **slope** 경사지, 비탈 **rise** 오르막

3 뽕나무버섯은 1제곱마일 이상의 군락지에 자라서 수백 년 동안 살 수 있는 인상적인의 버섯종이기는 하지만 나무에는 해롭다. 숲의 건강이라는 측면에서 보면 그것은 반갑지 않은 존재가 된다. 그것은 나무와 다른 식물들의 목질에서 자라며, 숙주를 죽일 정도로 급속히 퍼질 수 있다. 숙주가 일단 죽으면 뽕나무버섯은 계속해서 목질을 먹고 산다. 결국 그 수가 늘어나 다른 나무를 덮치게 되는 것이다.

Q. 뽕나무버섯에 대한 요지는?
(a) 놀라운 특성을 많이 갖고 있다.
(b) 숲을 파괴할 수 있다.
(c) 죽은 물질을 먹고 사는 걸 좋아한다.
(d) 나무에서 나무로 급속히 퍼진다.

가이드라인 나무에 해를 끼치는 뽕나무버섯에 대한 글이다. 나무와 기타 식물들에 기생하다가 결국 숙주를 죽이고 다른 나무로 옮기기 때문에 숲을 파괴할 수 있다는 (b)가 요지로 적절하다. (d)는 세부 내용일 뿐 요지로 보기에는 미흡하다.

honey fungus 뽕나무버섯 **colony** (동일 지역에 서식하는 동식물의) 군집 **presence** 존재 **unwelcome** 반갑지 않은 **health** 건강, 번영 **wood** 목질 (줄기 내부의 단단한 부분) **host** (기생 생물의) 숙주 **overtake** 불시에 닥치다, 엄습하다

4 편집자께,
    공립학교에 대한 기금 축소 문제를 다룬 〈학교 구매 목록〉을 게재하신 것을 축하드립니다. 오늘날에는 학교에서 학생들에게 자신이 쓸 비품들을 준비하라고 요구할 수밖에 없습니다. 반면에 예전에는 학교에서 그것들을 제공했습니다. 이는 부끄러운 일입니다. 특히 정치 지도자들이 대기업들을 돕고 있는 경우에는 말입니다. 그들은 월스트리트 CEO들이 세금을 회피하도록 해주고, 은행과 기업들을 구제하고, 보조금과 환경 파괴에 대한 낮은 벌금으로 대규모 정유업체와 농산업 관련 기업들을 지원하고 있습니다. 이는 이 나라의 우선순위가 어디에 있는지를 보여주고 있습니다. 미국 아이들이 다른 여러 선진국들의 학생보다 학업이 뒤처지는 것은 당연합니다.

브라이언 그린

Q. 편지에서 필자의 요지는?
(a) 학교들은 현 경제 상황에서 어려움을 겪고 있다.
(b) 연방 정부의 지원이 교육이 아닌 대기업으로 가고 있다.
(c) 미국의 교육은 현재 다른 국가들에 비해 뒤처져 있다.
(d) 대기업들은 정부로부터 막대한 혜택을 받고 있다.

가이드라인 학교에 대한 기금 축소에 대해 반대하는 입장을 피력하며 학교 지원에 쓰여야 할 재정이 은행과 대기업에 쓰이고 있는 현실을 비판하고 있으므로 (b)가 가장 적절하다.

shrink 줄다 **supply** 공급품 **disgrace** 수치 **bail out** 자금을 지원해서 구제하다 **corporation** 기업 **agribusiness** 농기업 **subsidy** (국가의) 보조금 **fine** 벌금 **priority** 우선순위 **federal** 연방 정부의

1 저희 집에 오신 걸 환영합니다! 저희는 수상 경력이 있는 이곳 레드 카티지 B&B에서 40년 이상을 살면서 영업해 오고 있습니다. 레드 카티지는 1838년 무렵 이 지역 석재로 지어졌고, 1979년에 저희가 구입해서 숙박 시설로 개조했습니다. 이 집은 0.25에이커 크기의 정원이 있으며, 정원에 있는 커다란 나무들은 1840년부터 있었습니다. 넓은 주차장과 차양이 쳐진 진입로를 구비하고 있습니다. 1층에는 정원을 조망할 수 있는 응접실과 식당이 있습니다. 모든 객실은 2층에 있으며, 겨울에는 진짜 벽난로가 마련되어 있고 UHD TV도 구비되어 있습니다.

Q. 광고 내용과 일치하는 것은?
(a) 주인은 최근에 레드 카티지를 개조했다.
(b) 레드 카티지는 원래 숙박 시설로 지어졌다.
(c) 레드 카티지의 나무들은 1838년에 심어진 것이다.
(d) 객실은 2층에 위치해 있다.

가이드라인 숙박 시설을 광고하는 글이다. (d)의 on the upper floor는 마지막 문장의 upstairs를 달리 표현한 것이므로 (d)가 정답이다.

award-winning 상을 받은 **Bed and Breakfast** 아침식사를 제공하는 숙박 시설(B&B) **renovate** 개조하다 **situated** 위치하고 있는 **sheltered** 비바람이 들이치지 않는 **driveway** (도로에서 차고까지의) 진입로 **ground floor** (영국) 1층 **upstairs** 2층에, 위층에 **log fire** 벽난로 **flat** 평평한 모양의

2 인간이 컴퓨터를 사용한 지는 비교적 얼마 안 되지만 그 사용 방법은 이미 발전해 왔습니다. 마우스가 딸린 키보드가 그 동안 표준 인터페이스였지만 최근 몇 년 사이에 많은 장치들이 이를 대체하고 있습니다. 터치스크린 기술은 사람들이 컴퓨터와 소통하는 방식에 상당한 영향을 미쳤습니다. 예전에는 사용자들이 마우스 포인터와 클릭으로 탐색을 한 반면, 이제는 손짓과 손가락 두드리기에 의존하고 있습니다. 미래에는 터치 방식이 완전히 사라지고 움직임을 감지하거나 구두 명령을 인식하게 될지도 모릅니다.

Q. 지문 내용과 일치하는 것은?
(a) 컴퓨터는 발전해 왔지만 인터페이스는 그렇지 못하다.
(b) 키보드는 컴퓨터에서 그 무엇으로도 대체할 수 없는 부분이다.
(c) 터치스크린은 컴퓨터와의 소통에 크게 영향을 미치지 못했다.
(d) 음성 인식이 훗날 컴퓨터를 통제하는 데 널리 쓰일지도 모른다.

가이드라인 인간과 컴퓨터를 연결해 주는 장치인 인터페이스가 그동안 어떻게 발전해 왔는지를 설명하는 글이다. 마지막 문장을 통해 (d)가 정답임을 알 수 있다. 인터페이스가 그동안 발전해 왔고, 키보드 방식이 서서히 사라지고 있으며, 터치스크린 기술이 컴퓨터와의 소통 방식에 상당한 영향을 미쳤다고 했으므로 나머지 선택지들은 오답이다.

manner 방식, 태도 **evolve** 발전하다 **interface** 인터페이스 (사용자와 컴퓨터를 연결해 주는 장치) **device** 장치 **considerably** 상당히 **interact** 소통하다 **navigate** (인터넷을) 돌아다니다 **mouse pointer** 마우스 포인터(마우스를 움직일 때 화면에 나타나는 화살표 모양의 표시) **irreplaceable** 그 무엇으로도 대체할 수 없는

3 고객님께,

귀하의 미결제 잔액을 즉시 지불해 주십시오. 일전에 말씀드렸듯이, 귀하의 수표가(첨부한 복사본을 참조하십시오) 잔액 부족으로 인해 금융 거래 기관에서 지급되지 않고 반송되었습니다. 잔금을 납부하는 방법은 여러 가지가 있습니다. 귀하의 수표를 현금이나 신용카드, 자기앞 수표로 즉시 대체하실 수 있습니다. 하지만 은행 수표는 예금을 하지 않으면 반송될 것입니다. 수표 반송 수수료는 35달러임을 알려드립니다. 이 문제가 조만간 해결되지 않을 경우 법적인 조치를 취할 수밖에 없습니다. 이 경우 미수금 처리 대행사 고용 비용을 처리할 벌금이 청구됩니다.

재무팀 본부장
켈리 윌슨 드림

Q. 편지 내용과 일치하는 것은?
(a) 남자의 처음 납입금이 잘못 반송되었다.
(b) 납부 형태로 은행 수표를 선호하고 있다.
(c) 이 문제가 해결되지 않을 시 벌금이 청구될 것이다.
(d) 미수금 처리 대행사 비용은 추가로 35달러에 이를 것이다.

가이드라인 마지막 문장에서 미결제 잔액 연체 시 법적인 조치를 취하게 되면 벌금 청구(the charging of fines)가 있을 것이라고 했으므로 (c)가 정답이다.

outstanding 미결제의; 눈에 띄는 **balance** 잔액, 잔고 **attached** 첨부한 **financial** 금융의 **institution** 기관, 시설 **cashier's check** 자기앞수표 **deposit** 예금하다 **resolve** 해결하다 **legal action** 소송 **collection agency** 미수금 처리 대행사

4 7월에, 캐나다의 노바스코샤 주에 있는 케짐쿠직(약칭 '케지') 국립공원을 캐나다 왕립 천문 학회에서 밤하늘 보호지구로 지정했다. 이것은 캐나다에 12곳밖에 없는 그러한 보호지구 중 한 곳이다. 케지는 404평방 킬로미터에 달하는 언덕과 수로를 포괄하고 있다. 그렇기에, 그것은 광공해가 극히 적어 별을 관측할 수 있는 뛰어난 밤하늘을 가진 황야 지역이다. 공원 관계자들은 방문객들에게 무료로 천문학의 밤을 제공할 계획이며, 야외 천문관과 망원경도 설치할 계획이다.

Q. 지문 내용과 일치하는 것은?
(a) 케지는 7월에 국립공원이 되었다.
(b) 케지는 노바스코샤에 있는 12곳의 밤하늘 보호지구 중 한 곳이다.
(c) 케지 관계자들은 별 관측 시설 확장을 바라고 있다.
(d) 케지 방문객들은 천문관과 망원경을 즐길 수 있다.

가이드라인 캐나다의 케지 국립공원이 별을 관측할 수 있는 뛰어난 환경 때문에 밤하늘 보호지구로 지정되었다는 내용이다. 공원에서 방문객들을 위해 천문관과 망원경을 설치할 계획이라고 했으므로 별을 관측할 수 있는 시설을 확장하려는 의도임을 알 수 있다. 따라서 (c)가 정답이다.

province (행정 구획) 주(州), 지방 **name** 명명하다, 지정하다 **preserve** 보호구역 **astronomical** 천문학의 **waterway** 수로 **wilderness** 황야, 미개지 **light pollution** 광공해(지나친 인공조명으로 별빛을 볼 수 없는 환경) **install** 설치하다 **planetarium** 천문관 **telescope** 망원경 **stargaze** 별을 쳐다보다 **facilities** 시설

1   초기 인류는 음식을 자르는 데 쓸 도끼로 사용할 수 있도록 날카로운 날을 만들기 위해 돌을 깎았다. 최근까지 가장 오래된 이런 종류의 도끼는 2~3만 년 전 것이었다. 이것들은 유럽에서 발견되었고, 그래서 이런 종류의 도구는 유럽에서 빙하기 말에 숲에서 살고 있던 사람들이 발명한 것으로 여겨졌다. 하지만 35,500년 된 돌도끼가 호주 북부 지역에서 발견되었는데, 이것은 여태껏 이 종류 중 발견된 것 중에서 가장 오래된 것이다. 이는 호주 원주민들이 세계에서 최초로 도끼를 사용한 사람들이었을 수 있다는 말이다.

Q. 이 발견이 초기 인류에 대해서 우리에게 전하는 바는?
(a) 그들은 자연적으로 만들어진 돌도끼를 사용했다.
(b) 그들은 약 3만 년 전에 처음으로 도끼를 만들었다.
(c) 그들은 이전에 생각했던 것보다 앞서 도끼를 만들었다.
(d) 그들은 유럽에서 호주 북부로 이동했다.

가이드라인   호주에서 발견된 돌도끼는 이제까지 가장 오래된 것으로 알려진 유럽에서 발견된 돌도끼보다 더 앞선 것으로, 초기 인류가 도끼를 만든 시기가 더 오래 전임이 입증된 것이므로 (c)가 정답이다.

carve 조각하다   **edge** 가장자리, (칼)날   **ax** 도끼   **aboriginal** (호주) 원주민의   **previously** 이전에, 미리   **migrate** 이동하다

3   꿈에 관한 전문가들은 꿈이 의미 없는 정신의 산물은 아니라고 말한다. 자는 동안 사람은 다섯 단계의 수면을 거친다. 처음은 두 단계의 얕은 수면이고, 다음은 두 단계의 깊은 수면, 그리고 마지막으로 다섯 번째 단계는 눈동자가 빠르게 움직이는 렘(REM) 수면이다. 대부분의 사람들은 꿈이 렘 단계에서 이루어진다고 생각하지만, 꿈은 네 번째 단계에서도 이루어진다. 단계별로 각기 다른 기능을 한다. 네 번째 단계의 꿈은 사물의 기억과 관련이 있는 반면, 다섯 번째 단계의 꿈은 좀 더 정서적이고 줄거리가 있는 내용을 담고 있다.

Q. 네 번째 수면 단계의 요소는?
(a) 사람들이 얕은 수면에 진입한다.
(b) 눈동자가 빠르게 움직이는 일이 일어난다.
(c) 기억과 관련 있는 꿈을 꾼다.
(d) 정서적인 내용이 꿈을 차지한다.

가이드라인   꿈을 수면의 다섯 단계와 연결 지어 설명하고 있다. Stage four dreams relate to memories of things에서 (c)를 확인할 수 있다. (a)는 1, 2단계에, (b)와 (d)는 5단계에 해당한다.

expert 전문가   **meaningless** 의미 없는   **go through** 겪다   **stage** 단계, 시기   **rapid** 빠른   **function** 기능   **relate to** ~와 관련 있다   **emotional** 감정적인   **content** 내용   **enter into** ~을 시작하다

2   고래는 수세기 동안 셰틀랜드 제도의 전통과 문화의 일부분이었으며, 그곳에서 최소 천 년 동안 고래잡이가 성행해 온 것으로 여겨지고 있다. 셰틀랜드 포경 산업과 가장 밀접히 관련된 종은 둥근머리돌고래로, 전통적으로 '몰이'라고 알려진 방식으로 사냥되었다. 고래를 포위하기 위해 이용가능한 모든 배들이 나갔기 때문에 '몰이'는 마을 전체의 참여가 필요했다. 어부들은 고래들이 갇혀서 더 쉽게 죽일 수 있는 만 쪽으로 고래들을 천천히 그리고 조심스럽게 몰았다.

Q. 고래잡이배들이 '몰이'에 참가할 때 벌어지는 일은?
(a) 어부들이 셰틀랜드 제도 밖으로 고래들을 쫓아낸다.
(b) 배 조종사들이 협동하여 고래를 만 쪽으로 몬다.
(c) 한 번에 한 마리만 해변으로 몰아서 죽인다.
(d) 둥근머리돌고래는 그물에 잡히면 익사한다.

가이드라인   '몰이'라고 하는 셰틀랜드 제도의 전통적인 고래잡이 방식을 소개하는 글이다. 먼저 배들이 고래를 포위한 다음 천천히 조심스럽게 만(bay) 쪽으로 고래를 몰았다고 했으므로 (b)가 정답이다.

associate 연관 짓다   **encircle** 둘러싸다   **stranded** 오도 가도 못하게 된   **whaler** 고래잡이배   **operator** 운전하는 사람   **coordinate** 조화하여 움직이다   **herd** (짐승을) 몰다   **net** 그물로 잡다

4   일본의 한 기업이 베트남에 두 곳의 원자력 발전소를 건설한다는 계약 협상을 성공적으로 마쳤다. 이 회사는 프랑스와 러시아를 포함한 경쟁국들을 물리쳤다. 이 계약은 베트남 2기 원자력 사업의 일부이다. 역시 두 곳의 원자력 발전소를 건설하기로 한 1기 사업의 계약은 러시아가 따냈다. 에너지 재팬 사의 대변인은 베트남 정부가 거래에 임하는 데 매우 협조적이라고 밝혔다. 또한 이 계약으로 에너지 재팬이 다른 개발도상국에서 원자력 발전소 계약을 성사시키는 데 도움이 될 거라고 말했다.

Q. 베트남의 원자력 사업에서 앞서 있었던 일은?
(a) 일본이 건설을 하기로 베트남과 계약했다.
(b) 러시아가 원자로 두 개의 계약을 따냈다.
(c) 모두 합쳐 원자로 네 개를 일본이 건설했다.
(d) 일본이 베트남에 건축 설계도를 주었다.

가이드라인   질문에서 happened previously라고 한 것에 주의해야 한다. 일본이 계약을 따낸 것은 2기 사업(the second stage)이고, The contract for the project's first stage 이하에서 러시아는 1기 사업에서 두 곳의 원자력 발전소를 건설하기로 계약했다고 했으므로 (b)가 정답이다.

successfully 성공적으로   **negotiate** 협상하다   **contract** 계약   **nuclear power plant** 원자력 발전소   **beat** (게임·시합에서) 이기다   **spokesperson** 대변인   **cooperative** 협조적인   **approach** 접근   **developing country** 개발도상국   **reactor** 원자로

1 대부분의 학교 환경에서, 시험은 오직 학생이 배운 지식을 측정하기 위한 목적으로 치러진다. 하지만 연구에 따르면 시험은 실제로 학습 과정에 도움이 될 수 있고 학생이 자신이 배운 내용을 기억하는 것을 도울 수 있다. 정보를 기억하는 가장 효과적인 방법은 이미 알고 있는 지식과 연결하는 것이다. 이런 연결은 학습을 하면서도 가능하지만 최근 실험들에 의하면 시험 과정에서 더욱 강하게 일어나는 것으로 밝혀졌다. 이 연구에 근거해서 일부 전문가들은 학교에서 연습 시험을 더 늘릴 것을 요구하고 있다.

Q. 지문에서 추론할 수 있는 것은?
(a) 시험이 갖고 있는 잠재력이 대개 학교에서 간과된다.
(b) 시험은 정보 사이의 연관성을 시험해야 한다.
(c) 정부는 시험을 늘릴 것을 지시할 것이다.
(d) 대부분의 학생들은 좋은 학습 습관을 모르고 있다.

가이드라인 학교에서 시험은 학생이 배운 지식을 측정하기 위한 목적으로만 치러지지만 사실 그 효용은 더 많다는 내용이므로 일선 학교에서 그 가치를 잘 모르고 있다는 (a)를 추론할 수 있다.

environment 환경 **aid** 도움을 주다 **experiment** 실험 **make a connection** 연결하다 **potential** 잠재력, 가능성

2 일인극 〈이건 내 일이에요〉가 이번 주에 상연을 시작했다. 이것은 연극 대부분 동안 전화 통화를 하면서 자신의 사업체가 무너지지 않도록 구하려고 애쓰는 미스터 필터라는 남자에 관한 것이다. 익살스러운 장면들도 있고 연기도 괜찮았지만, 지루함을 없애줄 만큼 연극이 다채롭고 힘이 있지는 않다. 대부분 시간 동안 미스터 필터는 혼잣말을 하기 때문에 너무 단조롭다. 어떤 때는 금붕어에게 말을 걸기도 하지만, 이쯤 되면 관객은 금붕어만큼이나 갇힌 기분이 들면서 동시에 그 장면에 싫증이 나기도 한다.

Q. 이 비평의 필자가 가장 동의할 만한 것은?
(a) 〈이건 내 일이에요〉는 다소 과소평가되고 있다.
(b) 사람들은 〈이건 내 일이에요〉에 지루해할 것이다.
(c) 〈이건 내 일이에요〉는 관객들에게는 너무 복잡하다.
(d) 관객은 〈이건 내 일이에요〉가 너무 짧다고 여길 것이다.

가이드라인 연극에 대한 필자의 평가가 들어간 구절들을 찾아본다. weariness, just too dull, tired of 등의 지루하다는 평가가 반복해서 나오고 있으므로 (b)라고 보는 것이 가장 적절하다. 지루한 것은 더 길게 느껴지므로 (d)는 오히려 반대되는 내용이다.

fall apart 부서지다, 무너지다 **reasonable** 적당한, 괜찮은 **varied** 다양한 **weariness** 지루함 **dull** 따분한 **goldfish** 금붕어 **trapped** 좁은 장소에 가둔 **underrate** 과소평가하다

3 캘리포니아에 있는 나파와 소노마 밸리를 들어본 적이 있으실 테지만, 집에서 훨씬 더 가까운 곳에서 좋은 와인을 구할 수 있다는 사실을 알고 계셨나요? 스톤월 마을은 여러분을 미국 남부의 최고 포도원 투어에 초대합니다. 와인 생산은 이 지역의 오랜 전통이지만, 최근에야 방문객들에게 포도원의 문을 열었습니다. 이는 다른 와인 지역을 방문하기 귀찮게 하던 인파가 없다는 것을 의미합니다. 스톤월에 오셔서 와인 투어의 색다른 면모를 경험해 보시는 게 어떻습니까?

Q. 광고에서 추론할 수 있는 것은?
(a) 스톤월은 와인 관광객들 사이에 잘 알려져 있다.
(b) 나파와 소노마는 유명한 와인 관광지이다.
(c) 소노마 밸리 와인은 스톤월의 것보다 더 좋다.
(d) 스톤월 주변에는 아주 많은 수의 와인 공장이 있다.

가이드라인 첫 문장에서 나파와 소노마 밸리는 이미 알고 있을 것이라고 추측하고 있고 새로운 곳으로 스톤월을 소개하는 내용이므로 먼저 이야기한 이 두 곳은 잘 알려진 와인 관광지임을 추론할 수 있다. 따라서 (b)가 정답이다.

hear of ~에 대해 듣다 **vineyard** 포도원 **region** 지역 **chore** 하기 싫은 일 **winery** 포도주 양조장

4 최근 설문 조사에 따르면, 미국인들의 약 60%가 환경 보호에 대해 강한 책임감을 느낀다고 한다. 대부분 사람들은 자신의 행동이 환경 보호에 도움을 주고 있다고 여겼다. 그들은 포장재나 캔을 재활용하고, 에너지 효율적이고 재활용 제품을 구입하는 것이 많은 도움이 된다고 말했다. 10명 중에서 6명가량은 카풀이 도움이 될 거라고 말했다. 많은 응답자들은 이런 행동들이 환경을 구할 것이라고 말했다. 하지만 그들이 하는 구체적인 행동에 대해서 질문하면, 그들이 하는 행동과 모든 사람이 환경을 위해서 해야 한다고 말한 행동 간에는 차이가 있었다.

Q. 설문 조사로부터 미국인들에 대해 추론할 수 있는 것은?
(a) 대부분은 환경 문제에 대해서 잘 모르고 있다.
(b) 태도가 항상 행동을 반영하지는 않는다.
(c) 약 40%가 환경에 해를 끼친다.
(d) 카풀에 대한 시각이 바뀌고 있다.

가이드라인 설문 조사에서 대부분의 사람들은 환경 보호를 위해 무엇을 해야 할지는 잘 알고 있지만, 정작 이를 실천하지는 못한다는 것을 알 수 있다. 따라서 (b)가 가장 알맞은 추론이다.

approximately 대략 **responsibility** 책임감 **packaging** 포장재 **energy efficient** 에너지 효율적인 **carpool** 카풀[승용차 함께 타기]을 하다 **respondent** 응답자 **specific** 특수한, 구체적인 **ignorant** 무지한 **reflect** 반영하다

Unit

○8 유형별 독해 전략

Answers ▷

1 (c) **2** (a) **3** (c) **4** (b)

5 (d) **6** (c) **7** (b) **8** (b)

○ 본책 P. 98

1-2 ◁ 매기

〈나〉

안녕, 매기. 올랜도의 생활은 어떠니? 네가 이사한 지 벌써 2개월이 다 되어가는구나. 우리가 함께 재미있게 지내던 날이 그립다. 그런데, 좋은 소식이 있어. 남편과 나는 5월에 올랜도에 가서 딸을 위해 임대할 아파트를 찾아볼 예정이야. 딸이 그곳 대학에 합격했거든. 우리는 한 주 동안 그곳에 머물 예정이니까 시내에 나올 예정이라면 나에게 알려줘. 우리는 킹스턴 호텔을 예약했어. 우리 다시 만날 수 있기를 바라!

〈매기〉

안녕, 수지. 정말 좋은 소식이다. 네가 오면 기필코 만나야지! 뉴욕에서 네가 잘 지내기를 바란다. 올랜도는 재미있는 활동 면에서는 뉴욕과 비교할 수 없지만, 대신 아름다운 날씨와 자연이 있어. 이곳 생활은 뉴욕보다 느긋해. 새로운 생활 스타일에 적응하기는 쉽지 않지만, 우리는 둘 다 잘 해내고 있어. 로버트는 법률 업무를 즐기고 있고, 나는 현지 대학에서 일자리를 잡았어. 여기에는 가볼 곳이 많아. 5월에 너를 빨리 봤으면 좋겠다!

Q1. 수지가 메시지를 보낸 이유는?

(a) 매기의 딸에게 좋은 대학을 추천하기 위해서

(b) 매기에게 임대할 좋은 아파트가 있는지 물어보기 위해서

(c) 매기에게 올랜도를 방문할 계획을 알리기 위해서

(d) 매기에게 올랜도의 생활이 어떤지 물어보려고

Q2. 채팅 메시지로부터 매기에 대해 추론할 수 있는 것은?

(a) 뉴욕에 살았었다.

(b) 뉴욕에 방문하길 원한다.

(c) 올랜도에서 태어났다.

(d) 새로운 도시에서 사는 것이 수월하다고 느낀다.

가이드라인 Q1. 수지는 올랜도로 이사한 매기에게 문자를 보내면서 딸이 올랜도에 있는 대학에 합격하여 그곳 아파트를 보러 갈 예정이라며 만날 수 있으면 만나자고 하므로 정답은 (c)이다.

Q2. 첫 번째 메시지에서 매기는 수지와 함께 살았던 도시를 떠나 올랜도로 이사하였음을 알 수 있다. 두 번째 메시지에서 수지는 뉴욕에 거주하고 있음을 알 수 있다. 이를 종합해 볼 때, 매기는 뉴욕에 살았다가 올랜도로 이사하였음을 알 수 있으므로 정답은 (a)이다.

rent 임대하다 **admit** 입학을 허가하다 **downtown** 시내의 **definitely** 기필코 **compare** 비교하다 **compensate for** ~을 보완하다 **land a job** 직장에 안착하다 **recommend** 추천하다

3-4 https://www.americanwildlifezoo.org

표 | 오시는 길 | 동물 | **새 소식** | 자주 묻는 질문

미국 야생 동물원 소식

미국 최대의 동물원인 미국 야생 동물원은 고객님께 환영받을 소식을 알리게 되어 기쁩니다. 10월 10일 사파리 공원이 3개월간 보수공사를 마치고 재개장하여, 관람객들에게 더 사실적인 사파리 경험을 선사할 수 있게 되었습니다. 대부분의 사파리 동물을 수용했던 오래된 개별 울타리 대신, 세심하게 가려진 울타리가 공원의 경계선을 따라 설치되었습니다. 저희는 여러분이 진짜 아프리카의 동물 서식지에 발을 들여놓은 느낌이 들게 될 것이라고 자신합니다. 앞으로의 모든 사파리 관광은 직원이 특별 제작된 오프로드 자동차를 이용하여 안내해 드릴 것이며, 이것은 실제 아프리카 사파리에서 여러분이 경험하는 것과 똑같이 동물과 대면하게 될 것입니다.

또 다른 좋은 소식이 있습니다! 구름 표범 한 쌍이 우리 동물원에서 새로운 보금자리를 마련했습니다! 아름다운 야생 고양잇과 동물은 2개월 전에 수입되어, 성공적으로 새 환경에 적응하여 대중에게 공개될 준비가 되었습니다!

Q3. 사파리 공원에 취해진 변화는?

(a) 공원은 아프리카 원주민 관광 가이드를 고용했다.

(b) 오래된 울타리가 더 튼튼한 것으로 대체되었다.

(c) 울타리는 좀 더 자연스러운 풍경을 위해 가려졌다.

(d) 동물의 각 종류는 개별 우리에 수용되었다.

Q4. 지문으로부터 구름 표범에 대해 추론할 수 있는 것은?

(a) 열대 우림에 살았었다.

(b) 본래 서식지는 미국이 아니다.

(c) 완전한 성체는 아니다.

(d) 다른 사파리 동물과 함께 수용될 것이다.

가이드라인 Q3. 보수 공사는 아프리카 현지 같은 느낌을 살리려고 울타리를 가리는 작업이었으므로 정답은 (c)이다.

Q4. 미국 소재의 동물원에 3개월 전에 수입된 구름 표범이 현지 적응을 성공적으로 마쳤다고 한 내용으로부터 구름 표범은 미국에서 서식하는 동물이 아닌 외래종임을 알 수 있다. 따라서 정답은 (b)이다.

authentic 진짜의 **individual** 개별적인 **enclosure** 울타리를 친 구역 **conceal** 감추다 **encounter** 대면, 마주침 **import** 수입하다 **the public** 일반인들 **replace** 대체하다 **scenery** 풍경, 경치

롤링 록스 2집

리사 파커

내가 처음 롤링 록스의 새 앨범 표지를 처음 봤을 때 머리를 긁적이지 않을 수 없었다. 처음 앞면에 제목을 위한 빈 네모 칸과 마주하게 되고, 뒷면에는 제목이 없는 열 곡을 볼 수 있다. 표지 안쪽에는 회색 페이지밖에 없는 책자가 들어있다. 그것들은 나에게 앨범과 노래 제목이 무엇인지는 당신에게 달려있다는 무언의 메시지를 전달하는 것 같았다. 그것이 다가 아니다. 곡을 듣기 위해 CD를 플레이어에 넣으면 더욱 혼란에 빠지는데, 노래의 가사는 무작위로 조합된 음절로 구성되어있다.

팬의 반응은 명확하게 나뉜다. 일부는 완전히 혁신적이라고 생각해서 이 앨범을 좋아한다. 그러나 다른 팬들은 전에는 겪어보지 못한 접근법에 완전히 혼란스러워한다.

나는 이번 새 앨범이 흔히 알려진 기호 사용을 피함으로써 청자를 완전히 낯선 경험으로 던져 넣어 스스로 해석하도록 만든다는 면에서 흥미로운 것 같다.

Q5. 앨범에 대한 글쓴이의 요지는?
(a) 과잉 치장된 상징 때문에 그 의미가 불명확해졌다.
(b) 확연한 록 콘셉트에 기반한다.
(c) 의도하고자 했던 정서적인 메시지를 효과적으로 전달하지 못한다.
(d) 표지 디자인과 곡은 청자 스스로 분석하도록 만든다.

Q6. 지문의 내용과 일치하는 것은?
(a) 각 곡은 다른 언어로 쓰여있다.
(b) 새 앨범은 팬에게 널리 사랑받는다.
(c) 앨범과 곡 제목이 없다.
(d) 많은 장르가 새 앨범에 혼합되었다.

가이드라인 Q5. 앨범 표지는 제목이 없는 빈칸에, 노래도 전부 제목이 달리지 않았을 뿐만 아니라, 곡도 알 수 없는 무작위 음절로 이루어졌다고 했다. 글 마지막에서 이번 앨범은 청자 스스로 해석하게 만든다는 면에서 흥미롭다고 했으므로 정답은 (d)이다.

Q6. 새 앨범의 표지에 앨범 제목과 곡 모두 이름이 없다고 했다. 따라서 정답은 (c)이다.

cannot help -ing ~하지 않을 수 없다 **scratch** 긁적거리다 **nothing but** ~뿐인 **solid** 단색의 **whatever** 어떤 ~이든 **puzzled** 혼란스러운 **syllable** 음절 **ground-breaking** 혁신적인 **perplexed** 당혹스러운 **interpret** 해석하다 **on one's own** 스스로 **unfamiliar** 낯선 **excessively** 지나치게 **stylize** 스타일화하다 **symbolism** 상징 **distinctly** 확연히 **genre** 장르

과일과 채소 생산의 진화

오늘날 우리가 먹는 많은 과일과 채소는 고대시대에 먹었던 것과는 확연하게 다르다. 비록 고대의 포도, 자두, 배, 사과, 오렌지는 현대의 모습과 비슷하지만, 많은 과일과 채소는 인간이 농경을 개발한 이래로 극적으로 바뀌었다.

예를 들어 자줏빛이나 흰색 뿌리 모양을 지닌 야생 당근은 오늘날 이것이 무엇인지 알아볼 수 없다. 오늘날 우리가 아는 당근은 인간에게 맞게 개량한 결과물이다. 많은 과일도 극적인 변화를 겪었다. 야생 복숭아가 하나의 예이다. 체리 모양의 이 과일은 베어먹을 수 있는 과육이 거의 없고, 흙 맛과 짠맛이 나는데, 기원전 4000년에 중국에서 처음으로 개량되었다. 그것은 개선되어 60배 더 크고, 즙이 더 많고, 당도가 더 높은 오늘날의 복숭아가 되었다. 인간은 또한 한 식물 품종으로 콜리플라워, 브로콜리, 양배추, 방울다다기양배추 등 다양한 식품을 개발하기도 했다.

Q7. 과일과 채소에 대한 글쓴이의 요지는?
(a) 변화를 겪은 것은 채소보다 과일이 더 많다.
(b) 많은 고대 과일과 채소는 개량되어 오늘날의 형태를 갖추었다.
(c) 오늘날의 과일이 고대 과일과 똑같다는 증거가 거의 없다.
(d) 인간에게 맞게 개량되기 전에는 위험해서 먹을 수 없었다.

Q8. 같은 식물 품종에서 탄생한 농산물이 아닌 것은?
(a) 콜리플라워
(b) 당근
(c) 양배추
(d) 방울다다기양배추

가이드라인 Q7. 과일과 채소는 많은 경우 고대의 형태와 다른 모습을 취하는 것들이 많은데, 이는 인간에 알맞게 개량한 결과물이라는 것이 이 글의 요지이다. 따라서 정답은 (b)이다.

Q8. 콜리플라워, 브로콜리, 양배추, 방울다다기양배추는 하나의 식물 품종을 활용하여 탄생한 변종들이다. 여기에 속하지 않는 것은 (b)이다.

remarkably 눈에 띄게 **dramatically** 극적으로 **unrecognizable** 알아볼 수 없는 **outcome** 결과물 **domestication** 인간에게 맞도록 개량함 **undergo** 겪다 **drastic** 급격한 **flesh** (과일의) 과육, (사람의) 살, (동물의) 고기 **domesticate** (인간에 맞게) 개량하다 **modify** 수정하다, 바꾸다 **variety** 품종 **cauliflower** 콜리플라워 **Brussels sprout** 방울다다기양배추 **enhance** 강화하다 **evidence** 증거

본책 P. 120

1 나이 든 여성들은 초콜릿을 먹으면 심장 질환에 걸릴 확률이 낮아진다. 이는 70세 이상 여성 1,266명을 대상으로 한 연구에서 밝혀졌다. 그들은 최소한 일주일에 한 번 초콜릿을 먹거나 마시면 심장 질환에 걸리거나 그로 인해 사망할 확률이 35% 낮아졌다. 그리고 거의 60%는 심장마비로 사망할 확률이 줄어들었다. 이는 2018년의 또 다른 연구와도 일치하는 것으로 보이는데, 그 연구에서는 다크 초콜릿을 먹으면 심장 및 혈관 질환을 예방하는 데 도움이 된다는 것이 밝혀졌다. 물론 이 결과는 초콜릿을 매일 먹는 것이 아니라 적당하게 섭취했을 경우에 해당한다.

(a) 다른 여성들보다 노화 속도가 느려지게 된다
(b) 심장 질환에 걸릴 확률이 낮아진다
(c) 의료 서비스가 필요할 확률이 50% 감소한다
(d) 더 행복해하고 외로움은 덜 느끼는 것으로 보고된다

가이드라인 초콜릿 섭취가 나이 든 여성들에게 미치는 영향이 무엇인지를 알아야 한다. less likely to get sick or die from heart disease와 less likely to die from heart failure에서 심장 질환과 관련이 있음을 알 수 있다. 따라서 (b)가 정답이다.

at least 최소한 **be less likely to** ~할 가능성이 더 적다 **heart failure** 심장마비 **blood vessel** 혈관 **moderate** 적당한 **consumption** 소비 **reportedly** 전하는 바에 따르면

2 플라시보를 이용한 실험은 어떤 경우에는 전적으로 신뢰할 수 없다. 플라시보는 실험에 참여한 사람들에게 주는 가짜 약으로, 다른 사람들에게 준 진짜 약의 효과와 비교할 수 있도록 하기 위함이다. 하지만 한 연구에서 플라시보의 부적절한 성분을 사용한 의학 연구에서 몇 가지 심각한 문제점들이 발견되었다. 일부의 경우, 연구 결과들은 시험 중인 진짜 약에 대해 그릇되지만 긍정적인 인상을 주었다. 예를 들어, 한 암 치료제에 관한 연구에서 락토오스 플라시보가 사용되었다. 그런데 암 환자들은 락토오스를 복용하면 위장 장애를 겪을 수 있다. 그 말은 진짜 약을 복용한 사람들은 그런 장애를 겪지 않았다는 뜻으로, 진짜 약이 효과가 더 좋은 것처럼 보이게 만든다.

(a) 여전히 신약을 시험하는 최선의 방법이다
(b) 어떤 경우에는 전적으로 신뢰할 수 없다
(c) 이미 병을 앓고 있는 사람들에 따라 다르다
(d) 항상 의심스러운 명성을 얻었다

가이드라인 플라시보를 이용한 연구에서 심각한 문제점들이 발견되었는데, 진짜 약의 효과에 대해 잘못된 정보를 준다는 내용이다. 따라서 그 실험 결과를 전적으로 신뢰할 수 없다는 (b)가 가장 적절하다.

placebo 플라시보, 위약(심리적 안정을 위한 가짜 약) **effectiveness** 효과 **inappropriate** 부적절한 **ingredient** 성분 **falsely** 그릇되게 **impression** 인상 **lactose** 락토오스, 젖당 **unreliable** 신뢰할 수 없는 **dubious** 의심스러운, 불확실한

3 제1형 당뇨를 가진 사람들은 면역 체계가 인슐린을 생성하는 세포를 파괴한다. 다시 말하면, 인슐린을 생성하지 못하는 것이다. 제2형 당뇨를 가진 사람들은 인슐린을 생성할 수는 있지만, 양이 충분하지 않거나 신체에서 제대로 사용되지 못한다. 그들에게는 소위 말하는 인슐린 내성이라는 것이 있는데, 이 때문에 포도당이나 혈액이 신체 세포 속으로 들어가지 못하게 된다. 그 결과 포도당이 세포 속으로 들어가는 대신 혈액 속에 쌓여, 신체 세포가 제대로 기능하지 못하는 결과를 낳는다. 그 결과 탈수, 신경 손상, 모세혈관 손상 같은 문제들이 발생한다.

(a) 더구나
(b) 그와 대조적으로
(c) 그럼에도 불구하고
(d) 그 결과

가이드라인 빈칸 앞은 포도당이 신체 세포 속으로 들어가지 못한다는 내용이고, 빈칸 뒤는 포도당이 혈액 속에 쌓여 제 기능을 하지 못하게 된다는 내용이다. 앞의 것이 원인이 되어 뒤의 결과가 나타났다고 보이므로 (d) Consequently가 가장 적절하다.

diabetes 당뇨병 **immune system** 면역 체계 **properly** 적절하게 **what is called** 소위 **resistance** 저항력, 내성 **glucose** 포도당 **blood sugar** 혈당 **build up** 축적되다 **dehydration** 탈수

4 사람들이 병원 치료를 찾는 가장 주된 이유 중 하나가 요통이다. (a) 요통으로 인한 경제적 비용이 미국에서만 일년에 약 2천억 달러로 추정된다. (b) 척추 사이에 있는 디스크에 문제가 생기면 허리 통증이 일어난다. (c) 척추 디스크는 뼈에 있어서 완충제와 같은 것으로, 외층과 내층으로 되어 있다. (d) 디스크가 제자리를 벗어나거나 뭔가가 내층을 외층으로 밀어낼 때 통증이 생긴다.

가이드라인 (b) 이하는 주로 요통을 유발하는 원인에 대해서 말하고 있지만 (a)는 그와 상관없는 요통으로 인한 경제적 비용에 대한 내용을 다루고 있어 연결이 자연스럽지 않다. 따라서 (a)가 정답이다.

estimate 추정하다 **disc** 디스크, 추간 연골 **vertebra** 등골뼈, 척추골 **spine** 등뼈, 척추 **cushion** 완충제 **outer** 외부의 **inner** 내부의 **layer** 층, 켜 **out of place** 제자리에 있지 않은

5 조울증 치료에는 약물 치료와 함께 '상담' 요법 같은 심리 치료가 중요하다. 이것은 조증과 울증 증상을 수반하는 질병이다. 상담 요법에서 환자는 문제를 일으키는 기분과 행동, 생각에 대해서 서로 이야기한다. 상담 요법은 일반적으로 사람들이 사회에서 제 역할을 할 수 있는 능력을 해치는 문제점을 이해하고 극복하는 데 도움을 준다. 비슷한 목적을 띤 다른 치료법들은 좀 더 구체적인 분야에 초점을 둔다. 몇몇 예를 들자면, 스트레스를 줄이기 위한 행동 요법, 사고방식을 변화시키기 위한 인지 요법, 환자들이 일상생활을 계속하는 데 도움을 주기 위한 사회 리듬 요법 등이 있다.

Q. 지문의 주된 내용은?
(a) 어떤 조울증 심리 치료가 가장 좋은지
(b) 조울증 치료법이 현재 얼마나 많이 있는지
(c) 조울증 환자에 대한 여러 가지 심리 치료법
(d) 조울증 치료로서의 상담 요법

가이드라인 조울증 치료 중 심리 치료를 다루고 있는 글로, 앞부분은 상담 요법을 설명하고 있지만 Other therapies 이하에서 행동 요법, 인지 요법, 사회 리듬 요법 같은 다른 심리 치료법들을 소개하고 있다. 따라서 (c)가 지문의 전체 내용을 가장 잘 나타내고 있다.

medication 약물 치료 **psychotherapy** 심리 치료 **treatment** 치료 **bipolar disorder** 조울증 **mania** 조증 **depression** 우울증 **overcome** 극복하다 **behavioral** 행동의 **cognitive** 인지의 **daily routine** 일상사

6 조사원들이 의학적 조언을 구하기 위해 전국의 건강식품 매장 직원들을 방문했을 때, 직원들은 비싼 제품 판매에 주력했다. 건강식품 직원들이 비과학적이고 그릇된 충고를 준 것은 88%였다. 하지만 약국 직원들이 과학적이고 옳은 충고를 제시한 것은 73%였다. 이것이 놀랍지 않은 이유는 약사들은 수년간의 힘든 훈련을 이수하고 윤리 규약을 따라야 하기 때문이다. 반면에 건강식품 매장에서는 자격 조건이 스타벅스에서 일하는 사람보다 나을 게 없는 사람들을 마구잡이로 채용할지도 모른다.

Q. 건강식품 매장에 대해서 추론할 수 있는 것은?
(a) 약국에서 사는 것보다 저렴하다.
(b) 사소한 의학적 문제에 대해서 도움을 줄 수 있다.
(c) 불필요한 제품을 판매하는 경우가 많다.
(d) 직원들에게 커피숍과 비슷한 수준의 임금을 지불한다.

가이드라인 건강식품 매장에서는 비싼 제품 판매에만 주력하고 대부분의 의학적 조언은 틀린 것이라고 했으므로, (c)라는 추론이 가장 타당하다. (b)는 약국에 대해서 가능한 추론이고, 가격이나 직원 임금에 대한 언급은 전혀 없으므로 (a)와 (d)는 근거 없는 내용이다.

surveyor 조사원 **unscientific** 비과학적인 **misleading** 호도하는; 오해의 소지가 있는 **pharmacy** 약국 **pharmacist** 약사 **complete** 완수하다 **tough** 힘든 **code** 규약 **ethics** 윤리 **qualification** 자격 **wage** 임금[급료]

7-8 **아름다움과 건강을 함께!**

여러분은 엄격하게 열량이 제한된 식사에 지치셨나요? 아니면 체중 감량 목표를 위해 건강하고 영양가가 골고루 들어있는 끼니를 준비하기에는 너무 바쁘신가요? 의지력이 부족하다고 자신을 책망하지 말고 저희 이지다이어트100을 사용해 보세요! 저희 한 달짜리 프로그램을 신청하시면, 여러분 댁으로 신선한 식사를 배송해 드립니다! 저희 식품은 여러분의 식욕을 제어하고 신진대사를 증가시키면서 건강한 삶을 위해 필요한 필수 영양분을 모두 제공합니다.

저희는 천연 재료만을 이용하기 때문에 다이어트 제품을 사용하면서 종종 경험하는 부작용에 대해 걱정하지 않으셔도 좋습니다. 게다가 저희 제품은 유기농 식품만 이용해서 만들었고, 첨가물이나 보존제가 전혀 없습니다. 그리고 여러분은 배송 시간과 빈도수를 여러분의 일상생활 방식에 맞출 수 있습니다. 555-2345로 전화하셔서 오늘 다이어트를 시작하세요!

Q7. 지문의 주요 목적은?
(a) 균형 있는 식사의 중요성을 강조하려고
(b) 생활 양식이 일상의 식사에 어떤 영향을 미치는지 보여주려고
(c) 체중 감량 프로그램을 홍보하려고
(d) 의지력을 높이는 법을 가르치려고

Q8. 지문으로부터 추론할 수 있는 것은?
(a) 소비자는 식사가 배달되는 시간과 빈도를 결정할 수 있다.
(b) 신진대사가 높은 사람들이 이 프로그램을 이용한다.
(c) 이 프로그램이 효과를 보려면 적어도 1년이 필요하다.
(d) 이 프로그램은 유기농 식품만을 이용하기 때문에 매우 비싸다.

가이드라인 Q7. 이지다이어트100은 1달짜리 프로그램으로 식욕을 억제하고 신진대사를 촉진하는 동시에 하루에 필요한 영양분을 모두 제공하는 식사를 배달해 준다고 했으므로 정답은 (c)이다.

Q8. 지문 마지막 부분에서 생활 패턴에 맞춰서 제품이 배송되는 시간과 빈도수를 조정할 수 있다고 했으므로 정답은 (a)이다.

strict 엄격한 **calorie-controlled** 열량이 제한된 **well-balanced** 균형 있는 **weight loss** 체중 감소 **blame** 비난하다. 탓하다 **lack** 부족 **willpower** 의지력 **sign up for** ~을 신청하다 **appetite** 식욕 **boost** 증가시키다 **metabolism** 신진대사 **nutrient** 영양분 **side effect** 부작용 **experience** 경험하다 **additive** 첨가제 **preservative** 보존제 **adjust** 조정하다 **frequency** 빈도수

Unit 02 주제별 독해 전략

➡ 본책 P. 130

1

여러분은 아프리카가 언론에서 보이는 곳과는 다르다는 것을 알게 될 겁니다. 물론, 아프리카 대륙을 여행하는 것이 항상 쉬운 일은 아니며, 어려움에 맞닥뜨릴 수도 있습니다. 때로 실망스럽기도 하고, 여행 계획에 큰 차질이 생길 수도 있습니다. 하지만 TV에서 본 것 때문에 그릇된 인상을 갖지는 마세요. 아프리카 전역이 내란이나 기근, 폭력적인 범죄로 몸살을 앓는 것은 아닙니다. 멋진 풍경과 야생 동물을 비롯한 놀랍고 흥미로운 이 대륙에는 훨씬 더 많은 것들이 있습니다. 여러분은 또한 따뜻하고 솔직한 아프리카 사람들을 좋아하게 될 겁니다.

(a) 대체로 여행하기에 힘든 곳이다
(b) 조심하지 않으면 위험할 수 있다
(c) 언론에서 보이는 곳과는 다르다
(d) 여행객들을 위한 최고의 시설을 갖추고 있지 않다

가이드라인 필자는 But 이하에서 TV에 비춰지는 아프리카의 부정적인 이미지에 현혹되지 말고 놀랍고 흥미로운 아프리카를 여행하라고 적극적으로 권하고 있다. 마지막 문장의 You'll also love와도 문맥상 어울리는 것은 (c)이다.

encounter 마주치다 **hardship** 곤경 **frustrating** 실망스러운 **arrangement** 준비 **disaster** 대실패, 재난 **civil war** 내란 **famine** 기근 **violent** 폭력적인 **continent** 대륙 **scenery** 풍경 **wildlife** 야생생물 **warmth** 따뜻함

2

고객님께,

추수감사절 맞이 연례 10% 특별 할인행사를 알려드립니다! 이달에 한해서 다음 품목들에 대해 모든 온라인 주문 및 매장 구매 시 할인해 드립니다. 주방용품, 가전제품, 사이드 테이블, 램프, 기타 가정용 가구와 정리용품까지, 매장의 모든 것들을 마음대로 고르세요. 이번 10% 할인은 11월에만 가능합니다. 소중한 고객이 되어 주신 데 대한 감사의 표시이므로, 이번 할인행사를 이용하시기를 바랍니다. 구매 주문서를 보내 주시거나 여러 매장 중 어느 곳이든 방문해 주세요. 기억하세요, 할인행사는 11월 1일에 시작합니다.

홈스터프 관리자 매트 스컬리 드림

(a) 여러분의 빠른 답변을 기대합니다
(b) 이번 마감 세일 동안 모두 판매해야 합니다
(c) 할인행사는 11월 1일에 시작합니다
(d) 이것은 내년까지 유효한 한시적 할인행사입니다

가이드라인 빈칸 앞에 Remember로 보아 빈칸에는 다시 한번 강조하고 싶은 내용이 들어갈 것임을 알 수 있다. For this month only와 available in the month of November only에서 기간이 한시적임을 거듭 강조한 것으로 보아 (c)가 가장 알맞다.

annual 연례의 **Thanksgiving** 추수감사절 **offer** (짧은 기간 동안의) 할인 **purchase** 구매 **kitchenware** 주방용품 **appliance** 가전제품 **furnishings** 비품, 가구 **organizational** 정리의 **valued** 귀중한 **take advantage of** ~을 활용하다 **closing sale** 마감 세일

3

샌디에고에는 잘 알려진 공장 직영 아웃렛을 비롯하여 쇼핑할 장소들이 많다. 샌디에고의 아웃렛은 전통 쇼핑몰과 경쟁하고 있는 인상적인 복합 단지이다. 아웃렛은 인기 있는 브랜드들을 선보이고 있는데, 저마다 매장을 가지고 있다. 어떤 사람들은 모두가 진짜 아웃렛은 아니며, 가격을 할인하지도 않을 수 있다고 말한다. 그럼에도 불구하고 값싸고 좋은 물건들을 찾아볼 수 있으며, 특히 이런 이유로 많은 쇼핑객들이 이 아웃렛에 온다. 사람들이 실제로 유명 브랜드를 싸게 구입하는지 여부는 확실하지 않다. 하지만 자신들이 그렇게 하고 있다고 확신하므로 계속해서 다시 방문하고 있는 것이다.

(a) 실제로
(b) 그러므로
(c) 게다가
(d) 그럼에도 불구하고

가이드라인 빈칸 앞에서는 이 아웃렛이 진정한 의미의 아웃렛이 아니며 가격 할인을 하지 않을 수도 있다고 했지만 빈칸 뒤에서는 값싸고 좋은 물건들을 찾아볼 수 있다고 했다. 서로 대립되는 내용이 이어지고 있으므로 (d) Nonetheless가 알맞다.

factory outlet 공장 직판장 **complex** 복합 단지 **rival** 경쟁하다 **high-profile** 인기가 많은 **bargain** 싸게 산 물건 **specifically** 특히 **name brand** 유명 상표 **unclear** 불확실한

4

여행 중에는 돈을 도둑맞을 위험이 항상 존재한다. (a) 셔츠 안에 착용하거나 허리에 두를 수 있는 돈주머니가 달린 벨트가 여러 가지로 다양하게 나와 있다. (b) 하지만 여행 중에 몇 가지 상식적인 규칙만 따르면 돈을 잃어버릴 위험을 줄일 수 있다. (c) 집에서는 모든 은행 카드를 한 곳에 보관할지 모르지만, 여행 중에는 그렇게 하면 안 된다. (d) 여행 중에 카드를 모두 잃어버리면 대체하기 어려우므로 서로 다른 장소에 각각 보관해야 한다.

가이드라인 (b), (c), (d)는 여행 중에 돈을 도둑맞지 않기 위해서 지켜야 할 규칙들에 대해서 말하고 있지만, (a)는 돈주머니가 달린 벨트의 종류에 대해서 말하고 있으므로 글의 흐름과 맞지 않다.

a variety of 다양한 **wrap** 감싸다 **common sense** 상식 **replacement** 대체, 교체

5 영국의 케임브리지 시는 800년이 넘는 역사를 가진 대학의 본고장으로, 단순한 대학이 이상이다. 이곳은 지금 관광객을 위해 탈바꿈하고 있다. 학생들은 졸업 후에도 그곳에서 일을 구하여 머물거나 창업하는 쪽을 택하고 있다. 런던과 비슷한 활기 넘치는 새로운 빵집과 술집, 식당들이 개업했다. 고대 유물 박물관은 현재 현대 예술품과 더불어 고대 예술 작품도 전시하고 있으며, 미술관들이 새로 생겨나고 있다. 이제 명성 있는 대학도 비수기 동안은 일반 여행객들을 호텔 투숙객으로 받고 있다. 고전적인 옛 도시가 진정 활기를 되찾고 있다.

Q. 지문의 요지는?
(a) 관광객들은 케임브리지를 보고 놀랄 것이다.
(b) 케임브리지는 일반 대중을 위해 현대화하고 있다.
(c) 케임브리지에서 새로운 사업들이 생겨나고 있다.
(d) 케임브리지는 학생들에게 더 많은 것을 제공한다.

가이드라인 케임브리지 대학이 있는 케임브리지 시에 부는 변화의 바람을 소개하고 있다. re-creating itself for tourists, being rejuvenated에서 알 수 있듯이, 관광객들을 맞이하기 위해 현대화를 모색하고 있으므로 (b)가 정답이다. (c)도 언급된 내용이기는 하지만 요지로 보기에는 지엽적이다.

home (사물·사상 등의) 고향, 발상지 re-create 개조하다 graduation 졸업 run 운영하다 lively 생기 넘치는 antiquities 유물, 골동품 prestigious 명성 있는 off-season 비수기의 classic 고전적인, 최고 수준의 rejuvenate 활기를 되찾게 하다 modernize 현대화하다 the public 대중, 일반 사람들

6 현대 여행의 한 가지 특징은 사람들이 제트 비행기나 고속열차, 속도가 빠른 자동차를 타고 항상 급하게 전 세계를 여행한다는 것입니다. 이것이 재미있을 수도 있지만 그런 여행은 다른 도시나 민족, 문화를 잠깐 힐끗 보는 것뿐입니다. 익스플로러 관광은 여러분이 방문하는 나라를 알아가는 시간을 마련해 드립니다. 차를 타고 지나가면서 버스 창문으로 보는 대신, 멈춰서 걸으며 가이드를 동반하고 관광하도록 해드립니다. 지역민들과 대화를 나누고, 지역 음식과 음료를 맛보고, 그들의 문화를 경험할 시간을 가질 수 있습니다.

Q. 익스플로러 관광 운영진들이 가장 동의할 만한 것은?
(a) 현대적 버스는 관광용으로 최상이다.
(b) 걷는 관광은 귀중한 여행 시간을 낭비하게 만든다.
(c) 여행하려면 체력이 좋고 건강해야 한다.
(d) 여행은 상호작용적 경험을 얻는 것이다.

가이드라인 익스플로러 관광이라는 여행사에서 다른 곳과 차별화된 여행 프로그램을 홍보하고 있다. 수박 겉핥기식의 여행이 아니라 충분한 시간을 들여 직접 체험할 수 있도록 해준다고 했으므로 (d)가 이 여행사의 취지와 가장 부합한다.

rush 서두르다 bullet train 고속열차 brief 짧은 glimpse 힐끗 보기 local 지역만; 지역의 ideal 이상적인 sightseeing 관광 fit (몸이) 탄탄한, 건강한 interactive 상호작용하는

7-8 나는 기차를 타고 여행을 많이 한다. 나의 모든 기차 여행 중에서 최고인 것은 캘리포니아 제퍼를 타고 한 여행이었다. 이것은 북아메리카를 횡단하며 멋진 경치를 즐길 수 있는 여행 중 하나이고, 여행객들이 7개 주를 통과하며 광활한 지역을 여행할 수 있다. 여정에서 탑승자들은 로키산맥, 눈 덮인 시에라 네바다 산맥, 글렌우드 협곡 등 숨 막히는 아름다운 자연을 엿볼 수 있다.

게다가 캘리포니아 제퍼에서 가장 좋아하는 것은 식사를 제공하는 종업원이 있는 식당차이다. 나는 기차 여행만이 줄 수 있는 이런 예스러운 매력을 좋아하는데, 특히 여러 날을 걸쳐 여행하는 긴 여정에서는 특히 그러하다. 마지막으로 긴 여행 시간 덕에 나는 동료 여행자들을 알 기회를 가질 수 있다. 긴 기차 여행은 나처럼 사교적인 사람들이 새로운 사람들을 만날 훌륭한 기회이다! 창을 통해 보이는 아름다운 자연은 다른 여행객들과 이야기할 수 있는 많은 이야깃거리를 제공한다.

Q9. 지문의 주된 내용은?
(a) 캘리포니아 제퍼를 타면서 보이는 아름다운 풍경
(b) 캘리포니아 제퍼가 여행객들에게 매력적인 이유
(c) 여행객들이 캘리포니아 제퍼를 탑승할 때 필요한 것들
(d) 이용 가능한 다양한 미국 횡단 철도

Q10. 캘리포니아 제퍼에 대해서 지문의 내용과 일치하는 것은?
(a) 여정의 모든 구간을 통과하려면 7일이 소요된다.
(b) 북아메리카와 남아메리카 둘 다 통과한다.
(c) 여행객들에게 식사 서비스가 제공된다.
(d) 캘리포니아주 안에서 운영되는 열차 시스템이다.

가이드라인 Q7. 캘리포니아 제퍼를 타면 7개 주를 통과하면서 아름다운 경치를 볼 수 있고, 기차만의 매력이라고 할 수 있는 식당차를 이용할 수 있으며, 동료 여행객들과 사귈 기회를 얻을 수 있는 점 등이 나열되어 있으므로 주제로 적절한 것은 (b)이다.

Q8. 글쓴이가 캘리포니아 제퍼를 타면서 가장 좋아했던 것은 식당차를 이용할 수 있는 점이었다고 했으므로 정답은 (c)이다.

top ~보다 뛰어나다, 최고이다 scenic 경치가 아름다운 cover (여러 지역에) 걸치다 scope 범위 terrain 지역 state 주(州) breath-taking 숨 막히게 아름다운 canyon 협곡 dining car 식당차 waitstaff 종업원들 old-fashioned 예스러운 charm 매력 especially 특히 multi-day 여러 날의 length 길이 fellow 동료 excellent 훌륭한 sociable 사교적인

1 아담 지너의 최근 앨범 〈사랑과 잎〉은 느긋한 페이스로 팬들을 놀라게 할 것 같다. 만약 당신이 지너의 빠른 비트와 논란 많은 가사에 익숙해져 있는 사람이라면 아마 〈사랑과 잎〉에 매우 실망할 것이다. 이 앨범은 결코 질이 떨어지는 앨범이 아니다. 노래들은 세심히 공들여 만들어졌고, 지너의 목소리는 여느 때와 다름없이 매혹적이다. 하지만 음반의 분위기는 이 가수가 평소 내던 것보다 훨씬 더 부드럽다. 이것이 지너의 새로운 방향을 나타내는 것인지 단지 오락 차원으로 내놓은 것인지는 시간만이 가르쳐 줄 것이다.

(a) 즉시 베스트셀러가 되다
(b) 대중들 사이에 심각한 논쟁을 불러일으키다
(c) 느긋한 페이스로 팬들을 놀라게 하다
(d) 음악가의 새로운 방향을 보여주는 전조이다

가이드라인 어떤 가수의 새로 나온 앨범을 비평하는 글로, 두 번째 문장에서 기존의 그의 음악 스타일과 다른 분위기의 앨범에 팬들이 실망할 것이라고 했으므로 빈칸에는 예전 분위기와 대조되는 내용이 와야 한다. 따라서 예전의 빠른 장단과는 다른 느긋한 페이스가 언급된 (c)가 적절하다.

controversial 논란이 되는　**lyrics** 가사　**craft** 공들여 만들다　**captivating** 매혹적인　**mellow** 부드럽고 풍부한　**offering** 내놓은 것　**represent** 표현하다　**direction** 방향　**laid-back** 느긋한

2 예술 가곡은 가수들이 겁을 낼 수 있는데, 노래 전체를 다른 도움 없이 단독으로 불러야 하기 때문이다. 예술 가곡은 주로 독창회에서 부르는 서정적인 노래로, 피아노 반주를 수반한다. 그런데 이것은 아주 재능 있는 가수들에게조차도 복잡하고 힘들 수 있다. 가수는 단 하나의 목소리로 이야기와 언어, 멜로디, 감정 모두를 표현해야 한다. 그들은 또한 피아노 반주와 조화를 이루어야 한다. 예술 가곡은 오페라 의상이나 조명, 오케스트라 선율처럼 위안이 될 만한 게 아무 것도 없어서, 모든 실수가 단번에 들리게 된다. 예술 가곡을 제대로 부르기 위해서는 진정한 재능이 필요하다.

(a) 노래 전체를 다른 도움 없이 단독으로 부르다
(b) 각기 다른 종류의 곡조를 매우 많이 알다
(c) 높은 음과 낮은 음에 많이 이르다
(d) 모든 분야의 오케스트라 음악에 전문가가 되다

가이드라인 A singer needs to express … all in a single voice에서 자신의 목소리 하나에 모든 것을 표현해야 한다고 했고, Art songs have none of the comfort 이하에서는 전혀 외부적인 도움을 받지 못한다고 했으므로 (a)가 가장 알맞은 이유이다.

art song 예술 가곡　**intimidating** 위협적인　**lyrical** 서정적인　**recital** 독창회　**accompany** 수반하다　**challenging** 힘든, 어려운　**narrative** 설명, 이야기　**costume** 의상　**do A justice** A를 정확히 처리하다

3 송 왕조(960～1279년)가 몰락한 이후로, 중국 궁정 예술가 스타일과 기법은 전문 작업장으로 흡수되었다. 이것이 명 왕조(1368～1644년) 때 절파 회화 창설로 이어졌다. 절파 전문 화가들은 붓과 색에 통달하였고, 대개 궁정 화가들보다 뛰어난 미술 작품을 생산해냈다. 그렇다 할지라도, 전문적인 회화가 궁정 회화의 명성을 얻게 된 것은 19세기에 접어들고도 한참이 지난 후였다. 이는 그것이 학문적 예술이라기보다 상업적이었기 때문이었다. 하지만 그것을 저급하게 여기는 것은 부당한 일이었다.

(a) 사실상
(b) 그렇다 할지라도
(c) 그 결과로
(d) 그런 경우에는

가이드라인 빈칸 앞에서는 전문 화가들의 기량이 궁정 화가들보다 뛰어나다고 했는데, 빈칸 뒤에서는 이들이 오랫동안 인정받지 못했다고 했으므로 서로 대조를 이룬다. 따라서 (b)가 정답이다.

decline 쇠퇴, 몰락　**dynasty** 왕조　**technique** 기법, 기술　**court** 궁정　**professional** 전문의; 전문가　**school** 학파　**master** 숙달하다　**superior to** ~보다 뛰어난　**court painter** 궁정 화가　**prestige** 명성　**commercial** 상업적인　**rather than** ~라기보다　**scholarly** 학문적인　**unjust** 부당한

4 진정성이야말로 브루스 리(이소룡)의 젊은 시절에 대한 새 영화의 핵심이다. (a) 감독의 주된 관심사는 누가 브루스 리 역할을 할 것이며, 또 그가 얼마나 그럴듯하게 연기할 것인가였다. (b) 감독은 가족들의 추억으로부터 이 쿵후 스타의 유년 시절과 청년 시절을 종합해냈다. (c) 리의 가족은 가족들의 생활을 여러모로 자세히 말해주었고, 감독은 사실에 충실하도록 각별한 주의를 기울였다. (d) 그 때문에 영화로 제작될 대본을 만들어내는 것은 어려운 작업이었지만, 그들은 결국 해냈다.

가이드라인 브루스 리의 젊은 시절을 다룬 영화 제작에 대한 내용이다. 첫 문장에서 영화의 핵심이 진정성이라고 밝혔듯이, 감독은 사실에 충실하기 위해서 브루스 리의 가족들 얘기에 전적으로 토대를 두었다고 했다. 그런데 (a)에서는 감독의 주된 관심사가 브루스 리의 역할이라고 말하고 있으므로 문맥상 어울리지 않는다.

authenticity 진정성　**believable** 믿을 만한　**filmmaker** 영화 제작자　**piece together** 종합하다　**childhood** 어린 시절　**adulthood** 성년　**loyal** 충실한　**script** 대본

5 우리 공연 예술 고등학교는 학문과 공연 예술에 열정을 가진 학생들을 위한 혁신적이고 흥미로운 학교입니다. 2015년에 설립된 공연 예술 고등학교는 예술적, 학문적으로 특별한 능력을 지닌 학생들을 환영하며 재능 육성에 헌신하고 있습니다. 우리 학교는 학업 외에도 음악, 드라마, 댄스, 시각 예술에 집중하고자 하는 젊은이들의 요구를 충족시키고자 마련되었습니다. 우리 학교는 예술 공연과 학문 추구 둘 다에 있어서 최고를 지향합니다. 학생들은 점심 식사 전에 학업을 마치고, 오후에는 예술 수업에 전념하게 됩니다.

Q. 광고에 나온 학교에 대한 주된 요지는?
(a) 일차적으로 공연 예술에 중점을 두고 있다.
(b) 다른 예술 학교들과 다르다.
(c) 가장 재능 있는 젊은 예술가들만을 위한 것이다.
(d) 학업과 예술적 우수성의 균형을 맞추고 있다.

가이드라인 공연 예술 고등학교라는 명칭에서 알 수 있듯이 예술계 고등학교이지만, academic studies, academic pursuits를 반복해 언급하면서 학업도 똑같이 중시하고 있다고 했으므로 (d)가 가장 알맞다. (b)는 다른 예술학교와 비교해서 설명한 부분이 없으므로 맞지 않다.

performing arts 공연 예술 **innovative** 혁신적인 **passion** 열정 **establish** 설립하다 **be dedicated to** ~에 헌신하다 **meet the needs of** ~의 요구를 충족시키다 **encourage** 장려하다 **pursuit** 추구 **prior to** ~보다 전에 **primarily** 주로

6 현재 샌더스 갤러리에서는 화가 스티븐 홀리스의 작품이 전시 중이다. 전시 목록에는 테러리스트의 공격으로 부서진 버스를 천사가 둘러싸 논란이 되고 있는 벽화도 포함되어 있다. 홀리스는 자신의 작품을 변호하며, 그것은 종교적 신념의 영향력과 그릇된 사고가 행동으로 옮겨질 때의 결과에 대해서 사람들이 의문을 제기하도록 하기 위해 제작된 것이라고 말했다. 하지만 버스 테러로 인한 희생자 유가족들은 이 전시품에 감정이 상했다. 그들은 이 사건이 예술 작품으로 표현하기에는 너무 최근 일이라며 불만을 제기했다. 사실상 테러리스트의 공격에 대한 조사가 아직 진행 중이다.

Q. 지문으로부터 추론할 수 있는 것은?
(a) 홀리스는 훌륭한 화가로 인정받지 못하고 있다.
(b) 홀리스의 작품 대부분은 폭력을 다루고 있다.
(c) 희생자 가족들이 가장 반대하는 것은 홀리스가 택한 타이밍이다.
(d) 홀리스의 작품에 거부감을 갖는 사람들 대부분은 종교인이다.

가이드라인 테러 사건을 모티브로 한 화가의 그림이 논란이 되고 있다는 내용이다. 불만을 제기하는 사람들의 주장은 이 사건이 예술 작품화되기에는 너무 최근 일이라는 것이므로, 화가가 작품을 만든 타이밍이 안 좋았다는 것을 알 수 있다. 따라서 (c)가 정답이다.

mural 벽화 **wreckage** 잔해 **surround** 둘러싸다 **defend** 변호하다 **faith** 신념 **relative** 친척 **victim** 희생자 **exhibition** 전시 **upsetting** 화나게 하는 **investigation** 조사 **in progress** 진행 중인 **object** 반대하다

7-8

현대 미술관

파블로 피카소의 초기 작품

파블로 피카소는 자신의 79년이라는 경력을 통해서 다양한 회화 양식을 개발했다. 그의 예술은 청색 시대, 장미 시대, 아프리카 시대, 입체주의 등 몇 개의 시대로 나뉠 수 있다.

청색 시대는 20세기 초에 시작되었다. 청색 시대 작품은 주제나 색을 통해서 슬픈 분위기를 투영한다. 청색 시대의 빈번했던 소재는 엄마와 자녀, 가난하거나 눈먼 사람 등이었다. 아마도 가장 유명한 작품은 〈늙은 기타리스트〉로 잿빛 푸른색을 사용해서 가난에 찌든 음악가를 묘사한 그림일 것이다.

청색 시대 작품에 반영된 슬픈 분위기는 그의 가까운 친구의 죽음으로 촉발되었다. 언젠가 피카소는 "나는 카사헤마스가 죽었다는 소식을 듣고 파란색으로 그리기 시작했다"라고 말했다. 청색 시대는 1904년까지 계속되었고, 이후 장미 시대로 넘어가서 서커스 공연자와 같은 연예인들을 그렸다.

Q7. 피카소의 청색 시대에 대해서 지문의 내용과 일치하는 것은?
(a) 아프리카 미술의 영향을 받았다.
(b) 그의 경력에서 가장 긴 시기이다.
(c) 주로 나이 든 음악가를 묘사했다.
(d) 비극적인 사건으로 시작되었다.

Q8. 청색 시대 작품의 소재에 관해 추론할 수 있는 것은?
(a) 그들은 피카소가 자신만의 아프리카 스타일을 개발하는 데 도움을 주었다.
(b) 피카소는 긍정적인 기운을 표현하기 위해 그들을 청색으로 그렸다.
(c) 그들은 대부분 장애를 가진 재능있는 음악가들이었다.
(d) 사회에서 가난하고 소외받는 자들이 그림의 대상으로 자주 선택되었다.

가이드라인 Q7. 피카소가 친구가 죽었다는 소식을 접하고 청색으로 그림을 그리기 시작했다고 했으므로 정답은 (d)이다.

Q8. 청색 시대 작품은 엄마와 아들, 가난한 사람, 눈먼 사람을 그린 작품이 많이 있다고 했다. 따라서 주된 소재로 사회의 약자들이 선정되었다는 것을 추론할 수 있으므로 정답은 (d)이다.

contemporary 현대의 **work** 작품 **style** 양식, 스타일 **throughout** ~을 통해서, ~내내 **career** 경력 **Cubism** (미술 운동) 입체파 **and so on** 기타 등등 **project** 투사하다, 투영하다 **frequent** 빈번한 **subject matter** 소재 **ashen** 잿빛의 **portray** 묘사하다 **poverty-stricken** 가난에 찌든 **reflect** 투사하다, 투영하다 **provoke** 촉발시키다 **learn of** ~에 대해 알게 되다 **depict** 묘사하다 **entertainer** 연예인 **performer** 공연자 **affect** 영향을 주다 **mainly** 주로 **spark** 촉발하다

1 일련의 연구에 의하면 나이가 적든 많든 자매가 있는 사람이 없는 사람보다 더 행복하고 낙천적인 경향을 가진 것으로 밝혀졌다. 이를 설명해줄 수 있는 한 이론에서는 여성이 남성보다 자신의 감정을 더 많이 이야기하기 때문이라고 한다. 그리하여 자매가 있는 사람은 더욱 의미 있는 감정상의 대화를 나눔으로써 만족감을 얻는다. 하지만 좀 더 심도 있게 분석한 결과, 이것이 전부가 아니었다. 감정상의 문제를 이야기하지 않을 때에도 자매간의 대화가 행복감을 증대시켰다고 사람들은 보고하고 있다. 그러므로 아마 가장 중요한 것은 대화하는 행위 그 자체일지도 모른다.

(a) 대화하는 행위 그 자체
(b) 자매를 몇 명 가지고 있는지
(c) 누가 대화를 시작하는지
(d) 당신의 감정을 이해하는 것

가이드라인 마지막 문장에 So가 있는 것으로 보아 빈칸에는 이 글의 결론이 올 것임을 짐작할 수 있다. 자매간의 대화는 어떤 주제를 갖고 이야기해도 만족감을 준다는 것이 주된 내용이므로 (a)가 결론으로 적절하다.

subject 연구 대상, 피실험자   **optimistic** 낙관적인   **explanation** 설명   **emotional** 감정적인   **satisfaction** 만족   **sisterly** 자매의

2 교사의 경험과 교과 과정, 학교에서의 사교 생활이 아이들의 학습에 영향을 끼칠 수 있다는 것은 이미 알려진 바이다. 하지만 새로운 연구에서 이 목록에 다른 중요한 요소를 추가했다. 물리적 환경 역시 중요하며 아이의 학습을 위태롭게 할 수 있다는 것이다. 또한 학생 수가 급격히 변화하는 학교도 학습에 부정적인 영향을 끼칠 수 있다. 연구에 따르면, 이 두 가지 환경은 주로 저소득층 지역에서 생기는데, 그 지역에서는 아이들이 다니는 학교 건물이 더 열악하다. 또한 이 아이들은 더 자주 학교를 바꾸는 경향이 있다. 연구 결과는 열악한 건물이 학생들의 성취도에 악영향을 끼친다는 것을 입증하고 있다.

(a) 저소득층 지역에서 더 자주 발생한다
(b) 학생들의 성취도에 악영향을 끼친다
(c) 학생들이 학교에 덜 다니도록 만든다
(d) 교사와 학생이 상호작용하는 방식에 영향을 끼친다

가이드라인 학습에 영향을 끼치는 요소로 물리적 환경과 전학률을 새롭게 제시하고 있다. 마지막 문장의 low building quality는 앞에서 말한 Physical environment의 한 예이므로, put a child's learning at risk와 비슷한 의미의 (b)가 들어가야 알맞다.

curriculum 교과 과정   **physical** 물리적인   **put A at risk** A를 위태롭게 하다   **rapidly** 급격하게   **negative** 부정적인   **low-income** 저소득의   **district** 지역   **achievement** 성취도   **interact** 상호작용하다

3 특수 교육 교사는 단순한 교육자가 아니다. 그들은 장애와 법적 권리, 기술, 의학, 건강에 대해 상당한 지식을 가지고 있어야 한다. 하지만 거기서 끝나지 않고, 부모를 상대하는 데도 노력해야 한다. 부모의 지지와 이해는 특별한 요구를 갖고 있는 학생들을 가르칠 때 중요하다. 그러므로 특수 교육 교사는 부모를 상대하는 법을 배워서 그들이 자녀의 특별한 요구를 이해하도록 도와야 한다. 특수 교육 교재는 이 과정을 보조하는 데 특히 유용할 수 있다. 이를 통해, 부모는 자녀들이 학교 수업에 뒤처지지 않고 따라가도록 돕는 법을 배울 수 있다.

(a) 그러나
(b) 그러므로
(c) 그 대신에
(d) 그렇지 않으면

가이드라인 빈칸 앞에서 특수 교육 교사는 부모를 상대하는 능력을 필요로 한다고 했고, 빈칸 뒤에서는 교사가 부모를 상대하는 법을 배워야 한다는 내용이 나온다. 빈칸 앞뒤 내용이 인과 관계에 있으므로 (b)가 알맞다.

educator 교육자   **disability** 장애   **deal with** ~을 다루다   **parental** 부모의   **assist** 돕다   **keep up with** ~을 뒤처지지 않고 따라가다

4 영국의 저소득층 주택단지의 혼잡은 누가 봐도 실패의 상징으로 여겨진다. (a) 그곳은 미국에서 빈민가라고 불리는 곳과 유사하며, 똑같은 문제들로 가득 차 있다. (b) 마약으로 인해 빈곤과 폭력이 일상적이고, 야망이 없는 젊은이들은 희망 없는 미래를 마주하고 있다. (c) 이런 곳들은 물리적 의미에서 덫일 뿐만 아니라, 거주자들이 감정적으로도 덫에 갇힌 것처럼 느껴 희망을 잃게 만든다. (d) 저소득층 주택단지가 빈민가로 비춰질지라도, 그 안에는 사회적으로 많은 차이가 있다.

가이드라인 영국의 저소득층을 위한 주택단지가 실패로 돌아가 결국 미국의 빈민가와 같은 처지에 놓이게 되었다는 내용으로, (b)와 (c)는 그곳의 비참한 현실을 언급하고 있다. 반면에 (d)는 영국의 저소득층 주택단지가 실제로는 미국의 빈민가와 다르다는 말을 하고 있으므로 앞부분의 내용과 상반된다.

housing project (정부 자금으로 개발된) 저소득층 주택단지   **failure** 실패   **ghetto** 빈민가   **poverty** 빈곤   **ambition** 야망   **hopeless** 희망 없는   **trap** 덫; 덫으로 잡다   **resident** 주민, 거주자   **emotionally** 감정적으로

5   지난해에 4학년생과 8학년생에 대해 국가 간 비교를 하는 설문조사가 이루어졌다. 조사에서 미국의 학생들이 과학 분야에서 아시아와 유럽의 여러 나라 학생들에 비해 뒤처지고 있는 것으로 드러났다. 그래서 미국의 교육 전문가들은 미국의 과학 교육에 어떤 문제가 있는지 파악하려 애쓰고 있다. 한 가지 문제는 '시험에 대비해 가르치는 것', 즉 학생들이 시험에 나오는 것 이상을 생각하기보다는 시험에 통과할 정도로만 가르친다는 것이다. 또 한 가지 문제는 학생들이 과학은 너무 어렵다고 느껴서 과학 공부를 하지 않는다는 것이다. 하지만 좀 더 광범위한 사회 현상에도 잘못이 있을 수 있는데, 우리 문화가 지성보다는 유명인과 돈을 더 높이 평가하기 때문이다.

Q. 지문의 주된 내용은?
(a) 미국 학생들이 과학을 싫어하는 이유
(b) 미국 학생들이 교육을 받지 못하게 된 배경
(c) 미국에서 과학 교육이 실패하고 있는 이유
(d) 아시아와 유럽이 과학 분야에서 미국을 앞서게 된 배경

가이드라인   미국 교육가들이 제기한 과학 교육에 대한 문제점 (what is wrong with the nation's science education)에 대해 One problem, Another problem 이하에서 이유를 제시하고 있다. 따라서 '미국 과학 교육의 문제점'이라는 질문을 달리 표현한 (c)가 정답이다.

comparison 비교 **grader** ~학년생 **be behind in** ~에 뒤처지다 **phenomenon** 현상 **be to blame** 책임이 있다 **value** 소중히 여기다 **celebrity** 유명인 **intellect** 지성; 지식인 **beat** 이기다

6   교육부 자료 분석에 따르면, 전체 학교의 12%에 해당하는 미국의 약 1,700개 고등학교가 '중퇴자 공장'이라고 불릴 수 있다고 한다. 이 학교들은 고학년으로 진학하는 신입생이 60%도 되지 않는다. 이런 학교 대부분은 가난한 시골 지역이나 대도시에 위치해 있다. 그 중 최소 20%는 각기 다른 8개 주에서 졸업률이 60% 미만이다. 사우스캐롤라이나와 플로리다가 가장 심각한 주로, 50% 이상의 학교가 중퇴자 공장으로 간주된다.

Q. 미국에 대해서 지문 내용과 일치하는 것은?
(a) 일부 학교는 중퇴율이 12%이다.
(b) 중퇴자 공장 학교는 모두 가난한 도시에 있다.
(c) 일부 학교는 졸업생이 60% 미만이다.
(d) 플로리다는 중퇴율 면에서 사우스캐롤라이나보다 상황이 더 안 좋다.

가이드라인   미국 고교의 중퇴율이 심각할 정도로 높다는 내용이다. At least 20% of them in eight different states have graduation rates less than 60%에서 (c)가 정답임을 알 수 있다. 중퇴자 공장이라고 불리는 학교는 가난한 시골 지역이나 대도시에 있다고 했으므로 (b)는 옳지 않다.

analysis 분석 **dropout** 중퇴(자) **freshman** 신입생 **make it through** 통과하다 **senior year** 고학년 **rural** 시골의 **graduation** 졸업

7-8   아이큐와 수학 실력의 관계를 연구하는 연구자들은 5학년에서 10학년까지의 3,500명의 학생을 추적했다. 흥미롭게도 그들은 아이큐가 초기의 수학 실력을 예상할 수 있는 지표는 될 수 있지만, 반드시 장기적인 수학 실력을 예측하는 것은 아니었다. 더 높은 아이큐를 가진 학생들은 초기 단계에서 수학에서 더욱 높은 성취도를 보였다. 하지만, 장기적으로 더 높은 성취도에 기여했던 것은 지능이 아니라 성실성, 즉 열심히 공부하는 것이었다.

사실, 조사 결과는 뻔한 사실을 재확인시켜준 것이다. 인생에서 다른 모든 것과 마찬가지로 수학은 처음에는 쉽지만, 점점 어려워지면서 우리가 포기하도록 만든다. 상황이 어려워질 때 좋은 결과를 내는 것은 바로 성실한 태도인 것이다.

문제는 성실성은 내재적이어야 한다. 칭찬이나 상과 같은 외부적 동기, 즉 외적 보상은 내재적 동기보다 장기적으로 효과가 없다. 따라서 내재적 동기를 자극하고 강화하는 것이 수학 실력을 키우는 열쇠이다.

Q7. 지문의 요점은?
(a) 수학 실력을 높임으로써 성실성을 강화할 수 있다.
(b) 성실성이 더 높은 사람들이 결국 수학에서 더 좋은 결과를 보인다.
(c) 내재적 동기를 강화하는 것만으로는 수학 실력을 개선하기는 힘들다.
(d) 높은 아이큐는 수학 실력과 거의 관계가 없다.

Q8. 지문으로부터 추론할 수 있는 것은?
(a) 아이큐가 높은 사람들이라고 해서 장기적으로 반드시 수학을 잘 하지는 않았다.
(b) 아이큐가 낮지만, 상대적으로 성실한 사람들이 수학을 잘할 가능성이 가장 크다.
(c) 아이큐가 더 높은 사람들이 수학이 어려워질수록 더 높은 성취도를 보였다.
(d) 아이큐가 높지만 낮은 성실도를 보인 사람들은 빨리 수학을 포기했다.

가이드라인   Q7. 아이큐와 수학 실력의 연관성을 연구하는 과정에서 장기적으로 수학 실력에 영향을 미치는 요인은 아이큐가 아니라, 성실하게 공부하는 태도라는 것이 밝혀졌다고 하므로 정답은 (b)이다.
Q8. 아이큐가 높은 사람들이 처음에 좋은 수학 성취도를 보였지만, 장기적인 수학 실력을 예측할 수 있는 것은 아니었다고 했으므로 정답은 (a)이다.

researcher 연구자, 연구원 **link** 관계 **track** 추적하다 **grade** 학년 **interestingly** 흥미롭게도 **indicator** 지표 **initial** 처음의 **predict** 예상하다 **performance** 성취도 **at the beginning** 처음에는 **intelligence** 지능 **enable** 가능하게 하다 **in the long term** 장기적으로 **finding** 조사 결과 **confirm** 확인하다 **obvious** 뻔한, 명백한 **achieve** 성취하다 **intrinsic** 내재적인 **extrinsic** 외부적인 **motivator** 동기를 주는 것 **reward** 상, 보상 **praise** 칭찬 **strengthen** 강화하다 **key** 열쇠

1 보험 회사의 시각에서 볼 때 아마추어 달리기 선수들은 <u>유리한 고객이 될 수도 있고 불리한 고객이 될 수도 있다.</u> 한편으로, 장거리 달리기 습관을 가졌다는 것은 대체로 그 사람이 일반적인 피보험자들보다 체력이 더 좋다는 것을 의미하며, 체력이 더 좋다는 것은 그 사람이 건강을 유지할 것이기 때문에 보험 회사가 보험금을 덜 지불해도 된다는 것으로 해석된다. 또 다른 한편으로, 빈번한 달리기는 또한 스포츠 관련 질병의 원인이 될 수 있다는 점이다. 예를 들어, 달리기를 하는 많은 사람들이 그것으로 인해 골절상이나 기타 질병에 시달린다.

(a) 가장 소중한 유형의 고객
(b) 사업 모델에 이득
(c) 유리한 고객이 될 수도 있고 불리한 고객이 될 수도
(d) 보험 시장에서의 골치 아픈 변동

가이드라인 보험 회사의 입장에서는 달리기를 취미로 가진 사람이 이득 또는 손해가 될 수도 있다는 내용이다. 빈칸 다음 On the one hand 이하에서는 이득을, On the other hand 이하에서는 손해의 경우를 설명하고 있으므로 주제문이 되는 첫 문장의 빈칸에는 그 둘을 포함하는 (c)가 적절하다.

in the eye of ~이 보는 바로는 **insurance company** 보험 회사
an insured person 피보험자 **translate** 의미하다, 번역하다
suffer (부상을) 겪다 **bone fracture** 골절 **condition** 질환

2 건설업계에서 <u>최고의 작업팀을 구성하는 것</u>이 항상 쉽지만은 않다. 한 가지 문제점은 이 사업이 고용 변동성이 크다는 것이다. 이 때문에 건설직 인력 채용이 어려워진다. 적임자들을 더 수월하게 찾으려면 어디에 구인 광고를 낼지를 아는 것이 중요하다. 그 다음에는 최고의 팀을 만들기 위해서 지원자들을 제대로 분석해야 한다. 기억해야 할 몇 가지 핵심 사항은, 이 과정에서 꾸물거리지 않아야 한다는 것이다. 모든 지원자들의 요구를 확인하고, 그 지역 건설 기준 및 급여를 확실히 알아 두어야 한다.

(a) 건설 공사에서 막대한 이익을 창출하는 것
(b) 최고의 작업팀을 구성하는 것
(c) 사람들이 당신의 건설 공사에 투자하도록 하는 것
(d) 적당한 건설 회사를 찾는 것

가이드라인 빈칸 뒤에 건설업계의 고용 변동성이 커서 인력 채용이 어렵다는 보충 설명이 나오고 있으므로 빈칸에도 이와 관련된 내용이 들어가야 한다. 인력 채용과 관련이 있는 (b)가 정답이다.

construction 건설 **employment** 고용 **go up and down** 오르내리다 **recruiting** 인력 채용 활동 **employee** 직원
job opening (직장의) 빈자리 **appropriately** 적절하게
applicant 지원자 **verify** 확인하다 **candidate** 후보자
profit 이익

3 광고는 소기업주에게 가장 비용이 많이 드는 것 중 하나이다. 하지만 잠재 고객들에게 메시지를 전달할 수 있는 저렴한 방법들이 있다. 한 가지는 여러분의 상호가 적힌 재사용할 수 있는 견고한 가방을 나누어 주는 것이다. 누구나 수신된 대부분의 정크 메일은 버리지만, 괜찮고 쓸모 있는 가방을 버리는 사람은 거의 없다. 이것은 항상 고객들에게 여러분의 회사를 상기시켜 줄 것이다. 게다가 공공장소에서 그 가방을 사용할 때마다, 여러분의 상호는 새로운 고객에게 노출된다. 가방은 어떤 사업이라도 가치를 더해 주어 판매를 늘려 주고 여러분의 상호와 브랜드, 서비스를 사람들의 마음에 각인시킬 수 있다.

(a) 그러나
(b) 그렇지 않으면
(c) 게다가
(d) 그럼에도 불구하고

가이드라인 비싼 광고비를 내는 대신 상호가 적힌 가방을 나눠 주라는 조언을 하고 있다. 빈칸 앞에서 가방이 사람들에게 회사를 상기시켜 줄 거라는 장점을 언급했고, 빈칸 뒤에서도 새로운 고객에게 상호를 노출시키는 기회가 된다는 또 다른 장점을 말하고 있다. 따라서 첨가, 보충을 뜻하는 (c) In addition이 알맞다.

expense 비용 **potential** 잠재적인 **give away** 공짜로 나눠 주다
reusable 재사용할 수 있는 **junk mail** 정크 메일, 광고 메일
be exposed to ~에 노출되다 **generate** 산출하다

4 고마트 사는 올마트 홀딩 사의 지분 51%를 매입하기 위해 25억 달러의 현금을 제안했다고 발표했다. (a) 이것은 아랍에미리트연합의 성장하는 소매 시장에 진입하기 위한 고마트 사의 첫 번째 시도이다. (b) 약 1,600명의 직원을 가진 올마트는 두바이 판매점에서 예전처럼 영업을 계속할 것이다. (c) 또한 만약 계약이 계획대로 진행된다 하더라도 아랍에미리트연합 증권거래소에 계속 상장되어 있을 것이다. (d) 이사진은 이 그룹들의 힘이 합쳐지면 업계 선두가 되는 데 중요한 발판이 될 거라고 말했다.

가이드라인 고마트 사가 아랍에미리트연합의 소매 시장에 진출하기 위해 올마트 사를 인수하려 한다는 소식을 전하고 있다. (a)에서 이제 겨우 시장 진입 단계라고 했는데, (d)에서 업계 선두가 된다는 것은 글의 흐름에서 벗어난다.

attempt 시도 **retail** 소매점 **approximately** 대략
as usual 평상시처럼 **outlet** 대리점 **stock exchange** 증권거래소
the board 이사회

5 크롬 스터티스틱스 직원 여러분들께 다시 한번 상기시켜 드립니다. 헬스존이 9월 14일 금요일 댈러스 사무실을 직접 내방해 직원 독감 예방 프로그램을 실시할 예정입니다. 이 프로그램은 정보 자료 및 독감 예방 주사 등 직원들에게 올 시즌 독감 예방에 필요한 모든 것을 제공합니다. 어떤 직원이 독감에 걸리면 평균 3일의 노동이 사라진다는 사실을 떠올려 보세요. 크롬 스터티스틱스 사의 건강은 물론이고 여러분 자신의 건강을 위해서 이번 직원 독감 예방 프로그램 참여를 진지하게 고려해보실 것을 요청하는 바입니다.

Q. 공고의 주된 내용은?
(a) 곧 있을 직장 백신 접종 프로그램
(b) 전 직원에 대한 의무 건강 검진
(c) 크롬 스터티스틱스와 헬스존의 합병
(d) 병가에 대한 회사 규정 변경

가이드라인 의료업체가 직장을 직접 방문해 직원 독감 예방 프로그램을 실시한다는 공고문이므로 (a)가 정답이다. 참여가 의무적이라는 말은 언급되지 않았으므로 (b)는 오답이고, 어떤 직원이 독감에 걸리면 평균 3일을 쉰다고 했을 뿐 (d)에 대한 언급도 없다.

reminder 상기시켜 주는 편지 **conduct** 수행하다 **on-site** 현장의 **vaccination** 예방 접종 **shot** 주사 **in the interest of** ~을 위해 **upcoming** 곧 있을 **compulsory** 의무적인 **merge** 합병하다 **policy** 정책, 방침 **sick day** 병으로 인한 휴가일

6 직원 의료 서비스 비용 증가를 걱정하는 고용주들이 새로운 경향을 만들어내기 시작했다. 그들은 이제 직원 건강 보험 부양가족들이 자격이 있는지를 확인하고 있다. 예전에는 회사에서 이렇게 하지 않았다. 대신에 대체로 자율 시행 제도에 의존해서 그저 직원들의 말을 믿었다. 하지만 이제 많은 회사들이 회계 감사관들을 고용해서 자격 없는 부양가족을 위해 돈을 지급할 필요가 없도록 하고 있다. 회계 감사관들은 결혼 증명서나 출생증명서 같은 서류를 조사하여 모든 직원의 배우자나 자녀와 같은 부양가족을 확인한다. 자격 없는 부양가족이 발견되는 대부분의 경우, 직원들은 악의 없는 실수를 저지른 것이다.

Q. 지문으로부터 회사 의료보험에 대해서 추론할 수 있는 것은?
(a) 과거에는 훨씬 더 복잡했다.
(b) 회계 감사를 시행하기 위해 돈을 아끼지 않을 것이다.
(c) 예전에는 직원들이 회사를 속이기가 더 쉬웠다.
(d) 고용주들에게 더 많은 비용이 들 것이다.

가이드라인 예전에는 honor system(자율 시행 제도)에 의존해서 직원들의 자율에 맡겼다고 했으므로 마음만 먹으면 부양 관계를 속이기가 더 쉬웠을 것이라고 생각할 수 있다. 따라서 (c)가 정답이다.

employer 고용주 **health-care** 의료 서비스, 보건 **dependent** 부양가족 **valid** 유효한 **honor system** 자율 시행 제도 **hire** 채용하다 **auditor** 회계 감사관 **spouse** 배우자 **examine** 조사하다 **certificate** 증명서 **cheat** 속이다 **costly** 비용이 많이 드는

7-8 **구함: 개 산책 도우미**

9월부터 일할 수 있는 개 산책 도우미를 찾습니다. 관련 자격증은 없어도 되지만 적어도 1년 이상의 경험이 필요합니다. 최소 시간당 15달러가 지급될 것입니다. 급료는 경험과 자격증에 따라서 조정될 수 있습니다. 비흡연자만 지원하시기 바랍니다.

• 시간제이지만 영구직입니다. 3년 이상 일할 수 있는 사람을 원합니다.
• 월요일부터 금요일까지 오후 6시부터 8시까지 근무합니다. 시간을 지켜야 합니다.
• 업무는 3마리의 개를 산책시키는 것이 전부인데, 시베리아 허스키 1마리, 웰시코기 2마리를 산책시키는 것입니다.
• 차량과 유효한 운전면허증이 있는 지원자를 선호합니다.

전화번호: 555-3456
주소: 874 폭스가, 미들타운, 오하이오 45042

Q7. 광고의 내용과 일치하는 것은?
(a) 개를 먹이는 것이 업무에 포함된다.
(b) 합격자는 2마리의 개를 돌보게 될 것이다.
(c) 급료는 시간당 계산된다.
(d) 임시직이다.

Q8. 지문으로부터 추론할 수 있는 것은?
(a) 이따금 주말 업무가 요구될 수 있다.
(b) 자격증이 없는 지원자도 고려대상이 될 것이다.
(c) 고용자의 집에 차고가 여러 개 있다.
(d) 합격자에게 식사가 제공될 것이다.

가이드라인 Q7. 지문 초반부에서 적어도 15달러의 시간당 급료가 지급될 것이라고 했으므로 정답은 (c)이다.

Q8. 관련 자격증은 필요 없다고 했는데, 이 말은 자격증이 없어도 고려 대상이 될 수 있다는 말이다. 따라서 정답은 (b)이다.

must 필수 사항 **related** 관련된 **certification** 자격증 **hourly** 시간당의, 시간당 **non-smoker** 비흡연자 **permanent** 영구적인 **call for** ~을 요구하다 **punctuality** 시간을 지키는 것 **duty** 임무, 업무 **be limited to** ~에 제한되다 **vehicle** 차량 **feed** 먹이다 **pay** 급료, 봉급 **calculate** 계산하다 **temporary** 임시의 **position** 직위, 자리 **occasional** 가끔의 **consider** 고려하다 **multiple** 여러 개의

1   심리학에서 소위 긍정 효과는 우리가 좋아하거나 선호하는 사람들에 대한 생각에 영향을 준다. 그 효과로 인해 우리가 좋아하는 사람들의 긍정적 말과 행동은 그들의 타고난 선의 결과로 설명하고, 부정적인 말과 행동에 대해서는 통제할 수 없는 요인 탓이라고 믿는다. 즉, 우리는 그들의 긍정적인 행동은 그들의 진정한 인격을 반영한 것으로 보고, 부정적인 행동은 <u>그들의 잘못이 아니라고</u> 생각한다.

(a) 그냥 설명될 수 없다
(b) 그들의 진정한 자아를 보여준다
(c) 고쳐질 수 있다
(d) 그들의 잘못이 아니다

가이드라인   심리학에서 말하는 긍정의 효과를 설명한 글이다. 마지막 문장의 In other words(즉, 다시 말하면)는 앞 문장을 부연 설명하는 역할을 하므로, 빈칸에는 부정적인 말과 행동은 어떤 통제할 수 없는 요인 탓이라고 생각한다는 앞 문장과 상응하는 내용이 와야 한다. 따라서 부정적인 행동은 그들의 잘못이 아니라고 여긴다는 (d)가 적절하다.

psychology 심리(학)   **positivity** 긍정성   **goodness** 선량함, 착함   **when it comes to** ~에 대해서라면   **factor** 요인   **reflection** 반영   **personality** 인격   **assume** 추정하다   **remedy** 바로잡다, 개선하다

2   일부 역사가들은 고대 그리스의 철학자 데모크리토스가 <u>인류 공동체의 역사적 발전</u>에 대해 한 가지 이론을 세웠을 수도 있다고 여긴다. 고대 전통 시각은 인류가 과거에 황금기를 보낸 뒤 쇠락했다는 것이었다. 하지만 데모크리토스의 생각일 가능성이 높은 다른 대안 이론은 인류는 과거에 황금기를 가졌던 적이 없으며 동물과 비슷한 삶을 살았다고 주장한다. 시간이 지나면서 인류 공동체는 생존과 문화를 목적으로 점차 발전하고 향상되었다. 데모크리토스는 인류 사회가 고대 전설에서 말하는 것처럼 일종의 이상적 황금기가 아니라 작고 보잘것없는 발단에서 생겨났다고 보았다.

(a) 초기 인류의 동물로부터의 진화
(b) 인류 공동체의 역사적 발전
(c) 지상 낙원을 둘러싼 생각들의 기원
(d) 인류가 조화를 이루며 평화롭게 살던 황금기

가이드라인   지문에서 설명하는 데모크리토스의 이론이 무엇에 관한 것인가를 묻는 문제로, 인류가 어떤 과정을 거쳐서 발전해 왔는가에 대한 이론이므로 (b)가 알맞다.

historian 역사가   **philosopher** 철학자   **theory** 이론   **golden age** 황금기, 전성기   **alternative** 대안이 되는   **state** 서술하다   **community** 공동체   **arise** 일어나다   **humble** 초라한   **legend** 전설   **evolution** 진화   **paradise** 낙원

3   앙트완 아놀드(1612~1694년)는 17세기 유럽의 유명한 신학자이자 철학자였다. 그는 뛰어난 경력을 가졌지만, 신학자로서 그의 공적은 역사가에 따라 다르게 받아들여지고 있다. 예를 들어, 존 헤럴드 박사는 아놀드가 당대의 가장 재기 넘치는 신학자였을 것이라고 기록한다. 반면에 리처드 브레넌 박사는 당대의 특정 집단들이 아놀드를 위대한 신학자라고 일컬었지만, 그것은 틀린 것이라고 말한다. 하지만 아놀드가 매우 학식 있는 사람이었다는 데는 누구나 동의한다.

(a) 실제로
(b) 더구나
(c) 반면에
(d) 같은 방식으로

가이드라인   한 신학자에 대해 상반되는 평가를 소개하고 있다. 빈칸 앞뒤로 각각 긍정적인 평가와 부정적인 평가가 나오고 있으므로, 대조를 뜻하는 (c) On the other hand가 들어가야 알맞다.

theologian 신학자   **distinguished** 출중한   **brilliant** 영리한   **hail** 묘사하다   **incorrect** 부정확한   **learned** 학식 있는

4   프레드릭 더글라스(1818~1895년)는 미국의 사회 개혁가이자 작가, 연설가, 정치가이다. (a) 그는 노예로 태어났지만 아는 것이 자유로 가는 길이라고 믿으며 읽고 쓰는 법을 배울 수 있었다. (b) 더글라스는 노예들도 다른 누구만큼이나 똑똑하며 자유로운 미국 시민이 될 자격이 있음을 보여 주었다. (c) 그는 1838년에 노예 신분에서 벗어나 노예 제도 금지 운동의 지도자가 되었다. (d) 곧이어 그는 노예 제도에 반대하는 연설과 노예제 반대 저술들로 뛰어난 명성을 얻었다.

가이드라인   노예 신분에서 사회 지도자로 거듭 난 인물을 소개하고 있다. 노예 제도를 반대하는 사회 개혁가에 중점을 두고 주인공을 설명하고 있는데, (d)는 그의 성공을 개인적인 것으로 묘사하고 있으므로 글의 전체적인 흐름에서 벗어난다. 따라서 (d)가 정답이다.

reformer 개혁가   **statesman** 정치가   **deserve** ~할 자격이 있다   **citizen** 시민   **escape** 벗어나다   **slavery** 노예 제도, 노예 신분   **ban** 금지하다   **reputation** 명성

5 런던 북부에 있는 켄우드 하우스는 영국 문화의 기념비로 영국의 가장 유명한 몇몇 화가들이 그린 작품들을 소장하고 있다. 게인즈버러, 레이놀즈, 호가스 같은 영국 최고 화가들의 작품들이 그곳에 있다. 그곳에는 또한 다른 유럽 화가들의 뛰어난 작품들도 있다. 하지만 유럽의 거장들 때문에 영국의 미술 유산은 약해 보인다. 렘브란트와 베르메르, 기타 네덜란드 화가들의 작품들 때문에 영국 화가들이 빛을 잃어버린 것이다. 유럽 문화의 역사에서, 영국 미술은 놀랄 만큼 천재적인 유럽 화가들에 비해 미술사에 기여한 바가 거의 없다.

Q. 지문의 요지는?
(a) 영국은 위대한 회화 유산이 부족하다.
(b) 켄우드 하우스에 있는 미술 작품은 영국 최고이다.
(c) 유럽 문화는 예전만큼 뛰어나지 않다.
(d) 네덜란드 화가들은 한때 세계 최고였다.

가이드라인 Yet 이하에서 영국 회화가 다른 유럽 지역 회화에 비해 약하고 다소 떨어진다는 평가를 하고 있다. 마지막 문장까지 이런 내용이 이어지고 있으므로 (a)가 지문의 요지로 가장 알맞다. 켄우드 하우스에 대한 소개로 시작하고 있지만, 이는 주제를 끌어내기 위한 도입부에 지나지 않으므로 (b)는 요지라고 보기 어렵다.

monument 기념물 master 거장 heritage 유산 Dutch 네덜란드(인)의 outshine ~보다 우수하다 contribute 기여하다 compare 비교하다 astonishing 놀랄 만한 genius 천재

6 평범한 런던 교외에 가족과 직업을 가진 사십 대 남자 두 명이 음악 분야에 입문했다. 그들은 70년대 레게 음악에 정치나 돈, 지역사회 같은 일상사를 다룬 자신들만의 가사를 덧붙였다. 어떤 노래에서는 신종 플루 발생을 다루고, 또 다른 노래에서는 탐욕스러운 변호사에 대해서 노래한다. 그리고 또 어떤 것에서는 유독성 폐기물 투기에 대해서 항의한다. 그 어떤 주제도 그들의 풍자로부터 안전하지 않으며, 많은 정치인들이 그들의 노래에서 거센 비판을 받는다. 그렇게 유유자적한 음악을 신랄한 가사와 결합하여 듣는 것은 상당히 대조적이다.

Q. 두 음악인에 관해 추론할 수 있는 것은?
(a) 그들의 가정생활이 곡 만들기에 영감을 준다.
(b) 그들의 음악은 진지한 사회 문제를 다룬다.
(c) 그들은 오늘날 레게 노래는 예전의 노래보다 못하다고 믿는다.
(d) 가난한 교외 지역에서 태어나서 자랐다.

가이드라인 두 사람이 만든 노래는 신종 플루, 탐욕스러운 변호사, 유독성 폐기물 투기 등 우리가 진지하게 생각해야 하는 사회 문제들을 다루고 있으므로 (b)를 추론할 수 있다.

suburb 교외 music career 음악 분야에서의 경력 address (문제를) 다루다(tackle) swine flu 신종 플루 outbreak 발생 greedy 탐욕스러운 toxic-waste 유독성 폐기물 dumping 투기 satire 풍자 criticize 비판하다 contrast 대조 inferior to ~보다 하위의

7-8 https://latinamericaculture.com

역사 | 관광지 | 국가 & 정치 | 질의응답 |

라틴 아메리카의 피라미드

많은 사람들은 이집트 하면 피라미드를 떠올리지만, 아메리카 대륙에는 세상 전부를 합친 것보다 더 많은 피라미드가 있다. 메소아메리카인들은 기원전 1000년경부터 스페인 정복이 있었던 16세기 초까지 거대한 피라미드를 건축했다.

가장 오래된 것은 올멕 문명이 건설한 것이다. 이 건축물은 멕시코의 타바스코의 라 벤타에 있다. 이것은 기원전 1000년에서 400년 사이의 어느 시점에 세워졌다. 거의 진흙만으로 이루어진 올멕 피라미드는 신을 숭배하고 정치 종교 지도자를 묻기 위해 세워졌다고 믿어진다.

그러나 이후에 등장한 잉카와 아스텍 피라미드와 같은 다른 메소아메리카의 피라미드와 달리, 라 벤타의 무덤은 하나도 발굴되지 않았는데, 그것은 이 지역의 습한 기후는 사람의 유해를 보존하는 데 도움이 되지 않기 때문이다.

Q7. 지문의 내용과 일치하는 것은?
(a) 가장 오래된 올멕 피라미드는 기원전 400년 전에 지어졌다.
(b) 올멕 문명은 16세기 초기까지 피라미드를 건설했다.
(c) 올멕 피라미드는 정치적 목적만을 위해서 지어졌다.
(d) 라 벤타는 세계의 다른 곳보다 더 많은 피라미드가 있다.

Q8. 라 벤타의 무덤이 발굴되지 않은 이유는?
(a) 이 건축물의 재료는 부서지기 쉽다.
(b) 이 지역의 기후는 유기체 보존에 있어 적합하지 않았다.
(c) 너무 깊은 곳에 있어서 발굴할 수가 없다.
(d) 건축물 내에서 정확한 위치를 찾기 힘들다.

가이드라인 Q7. 가장 오래된 올멕 피라미드는 기원전 1000년에서 400년 사이에 지어졌다고 했으므로 400년 전에 지어졌음을 알 수 있다. 따라서 정답은 (a)이다.

Q8. 라 벤타는 습한 기후 때문에 시체 보존에 도움을 받지 못한다고 했으므로 정답은 (b)이다.

associate 연상하다 combine 합치다 construct 건설하다 conquest 정복 worship 숭배하다 political 정치적인 religious 종교적인 excavate 발굴하다 humidity 습도 preserve 보존하다 solely 단지 ~만 material 재료 remains 유해, 잔해 fragile 부서지기 쉬운 unsuitable 부적합한 organic 유기체의, 생물체의 exact 정확한 location 위치

Unit

07 주제별 독해 전략

Answers

⬤ 본책 P. 180

1 (c) 2 (d) 3 (c) 4 (a)

5 (a) 6 (c) 7 (a) 8 (d)

1 바다뱀은 물속에서 숨을 쉴 수 없는 것 외에는 전 세계 해양 생활에 완전히 적응되어 있다. 바다뱀 대부분은 물 속 수백 미터 아래로 다이빙하여 숨을 쉬러 수면에 나올 때까지 몇 시간 동안 머물 수 있다. 몸통이 육지 뱀보다 더 가늘고 노 모양의 꼬리를 갖고 있어서 뱀장어로 오해받기도 한다. 바다뱀 40여 종 거의 전부가 독을 가진 이빨로 공격할 수 있다. 실제로, 일부 종은 세계에서 가장 치명적인 뱀으로 여겨진다.

(a) 다른 종과 유사성을 갖고 있는 것으로
(b) 독에 의한 공격이 치명적일 정도는 아닌 것으로
(c) 세계에서 가장 치명적인 뱀으로
(d) 물속에서 숨 쉴 수 있는 능력을 발전시킨 것으로

가이드라인 바다뱀의 특징에 대한 글로, 먼저 물속에서 숨을 쉬지 않고 몇 시간 동안 머물 수 있고, 둘째는 체형에 대해서 이야기하고 있으며, 마지막으로 바다뱀 대부분이 독을 가진 이빨로 공격할 수 있다는 점을 들고 있다. 마지막 문장은 In fact로 시작하였으므로 바로 앞 문장과 연결되는 내용이 와야 한다. 따라서 독과 관련된 (b)와 (c) 중에서 문맥상 자연스러운 것은 (c)이다.

underwater 물속에서 **be adapted to** ~에 적응하다 **slender** 가느다란 **paddle-shaped** 노 모양의 **eel** 뱀장어 **deliver** (타격을) 가하다 **fatal** 치명적인 **dose** (어느 정도의) 양 **venom** 독

2 최근 조사에 따르면, 달에 있는 물을 아주 쉽게 이용할 수 있을지도 모른다. 과학자들은 달의 깊고 큰 분화구 바닥에서 달 먼지와 섞인 많은 양의 얼어 있는 물을 발견했다. 과학자들은 그 얼음의 농도는 달 먼지의 약 5~8%로, 사하라 사막의 모래에서 발견되는 수분 농도보다 더 높다고 말한다. 게다가 그 물을 분화구에서 옮기는 것은 쉬운 일이며, 우주비행사들이 그것을 음료수나 연료 제조에 사용할 수 있을 것으로 본다.

(a) 지구의 그것과는 다른
(b) 분화구들 속에는 존재하지 않는
(c) 접근하기가 다소 어려운
(d) 아주 쉽게 이용할 수 있는

가이드라인 달 분화구에서 얼음 형태의 물이 상당량 발견됐고 그 물을 곧 이용할 수 있을지도 모른다는 내용이다. 보통 according to an investigation[a research] 다음에는 주제문이 이어지는 경우가 많은데, 이 글의 결론에 해당하는 마지막 문장의 내용이 빈칸에 오는 것이 적절하다. 따라서 정답은 (d)이다.

lunar 달의 **dirt** 먼지 **crater** 분화구 **concentration** 농도 **astronaut** 우주 비행사 **dissimilar** 다른

3 커피를 특히 다량으로 마시는 것은 여러 가지 건강 문제와 관련이 있어 왔다. 가장 심각한 것 중 하나는 뇌졸중과 관상동맥 심장 질환에 걸릴 위험을 증가시킨다는 것이다. 그래서 어떤 사람들은 커피는 반드시 피해야 한다고 생각한다. 그와는 반대로, 과학적 연구에서 밝혀진 바로는 커피를 마시는 것은 실제로 뇌졸중의 위험을 낮춰줄 수 있고 여러 면에서 유익할 수 있다는 것이다. 수많은 연구에 따르면, 커피는 파킨슨병과 당뇨병, 대장암, 나아가 자살의 위험도 줄여준다. 하지만 물론 다량으로 마셔서는 안 된다.

(a) 물론
(b) 예를 들어
(c) 그와는 반대로
(d) 사실상

가이드라인 빈칸 앞에서는 커피가 건강에 해롭다고 했는데, 빈칸 뒤에서는 커피가 건강에 이로울 수 있다는 연구 결과를 말하고 있다. 서로 대조되는 내용이 이어지고 있으므로 (c) On the contrary가 가장 알맞다.

particularly 특히 **be associated with** ~와 관련이 있다 **be supposed to** ~하기로 되어 있다 **stroke** 뇌졸중 **coronary** 관상동맥의 **altogether** 완전히 **numerous** 수많은 **colon cancer** 대장암

4 친환경 농업은 산업화된 식량 생산을 거부한다. (a) 친환경이라는 이념은 농장 일꾼들에 대한 공정한 대우를 비롯해 광범위한 분야를 포괄한다. (b) 하지만 친환경 농업을 비판하는 사람들은 이 방식으로는 토지 사용은 증가하고 수확은 줄어들 수밖에 없다고 말한다. (c) 또한 전적으로 그렇게 할 경우, 인구 증가로 인해 2030년경에는 불가피하게 식량 부족을 초래하게 될 거라고 덧붙인다. (d) 하지만 입증된 바에 따르면, 친환경 방식으로 농사를 지은 토지는 산업형 농지만큼 생산성이 좋을 수 있다고 한다.

가이드라인 환경을 파괴하지 않는 친환경 농업에 대해 (b)와 (c)는 반대하는 의견이고, (d)는 찬성하는 의견에 해당한다. 친환경 농업을 둘러싼 찬반론을 소개하는 글에서 (a)는 논점과 무관한 이념에 대해 설명하고 있으므로 흐름에서 벗어난다. 따라서 (a)가 정답이다.

sustainable (환경 파괴 없이) 유지되는 **agriculture** 농업 **rejection** 거부 **fair** 공정한 **treatment** 취급 **crop yield** 작물 수확량 **commitment** 전념 **inevitable** 불가피한 **shortage** 부족 **productive** 생산적인

5 과학자들은 개울에 버드나무가 있는 경우, 물 사용량이 엄청나다는 것을 발견했다. 그러므로 버드나무를 없애면 물이 많이 절약될 것이다. 개울에 있는 1헥타르의 버드나무는 일년에 약 5.5메가리터의 물을 사용한다. 이는 일반 가정 17가구가 매년 사용할 수 있는 양에 해당한다. 실험 결과, 버드나무를 개울이나 강 밖으로 꺼내면 우리 수계에 귀중한 물을 보유할 수 있었다. 버드나무를 물을 덜 소비하는 토착 식물로 바꾸는 것도 또 다른 방법이다.

Q. 지문의 주된 내용은?

(a) 물을 절약하기 위해 버드나무 없애기
(b) 버드나무가 인간보다 물을 더 많이 사용하는 이유
(c) 버드나무로 인한 환경 파괴 막기
(d) 버드나무가 수로에서 빨리 성장하는 배경

가이드라인 버드나무는 엄청난 양의 물을 흡수하므로, 물을 절약하기 위해서 버드나무를 다른 곳으로 옮겨 심든지 다른 나무로 대체해야 한다는 내용이다. 따라서 (a)가 가장 알맞다. 버드나무가 환경을 파괴한다는 말은 아니므로 (c)는 알맞지 않다.

willow tree 버드나무 **be located in** ~에 위치하다 **usage** 사용(량)
megaliter 메가리터(백만 리터) **equivalent to** ~에 상당하는
household 가족, 세대 **experiment** 실험 **valuable** 귀중한
river system 수계 **replace A with B** A를 B로 대체하다
native 토착의, 원산의 **vegetation** 식물 **overgrow** 무성해지다
waterway 수로

6 차량은 지구 대기에 많은 온실가스를 더한다. 하지만 차량이 전체 시간의 95%를 보내는 주차 공간의 역할에 대해서는 연구가 별로 이루어지지 않았다. 이 문제를 연구하면서 기후학자들은 미국 도로상에 2억 5천만 대의 자동차 및 트럭이 이용되고 있음을 알았다. 그것들을 수용하기 위해 약 8억 개의 주차 공간이 존재하며, 최소 5억 개는 항상 비어 있는데, 이는 처음 추정치보다 더 많은 것이다. 과학자들이 알아낸 바로는 차량 이동의 95%가 결국에는 무료 주차장에서 운행을 끝내는데, 이는 교통수단 선택에 영향을 끼친다. 따라서 주차 공간은 환경에 지대한 영향을 미치게 된다.

Q. 지문 내용과 일치하는 것은?
(a) 주차 공간은 95%의 경우 꽉 차 있다.
(b) 도로상에는 언제라도 2억 5천만 대의 차량이 다니고 있다.
(c) 비어 있는 주차 공간의 수는 실제보다 적게 추정되었다.
(d) 대부분의 주차 공간은 환경에 거의 영향을 미치지 않는다.

가이드라인 차량 운행뿐만 아니라, 그에 따른 주차 공간의 확대도 환경에 영향을 미친다는 내용이다. 실제 조사 결과를 보니 비어 있는 주차 공간이 추정치보다 더 많았다고 했으므로 (c)가 일치하는 내용이다. 도로를 이용하는 차량 2억 5천만 대는 평균치이지 항상 그렇다는 것은 아니므로 (b)는 알맞지 않다.

greenhouse gas 온실가스 **atmosphere** 대기 **parking space** 주차 공간 **empty** 비어 있는 **transportation** 교통수단
underestimate 실제보다 낮게 어림하다

7-8 미생물 세계

좀비 개미 곰팡이는 놀라울 정도의 사악한 번식 방법을 개발했다. 여러분이 혹시 정글에 가게 된다면 땅 위에 25cm 높이에 달린 나뭇잎을 찾아봐라. 만일 운이 좋으면 턱으로 잎을 힘껏 물고 매달린 개미를 찾을지도 모른다. 이것은 죽은 개미이다.

곰팡이의 포자가 왕개미의 몸으로 들어갈 때, 곰팡이는 내부에서 서서히 개미의 몸을 먹어가는 동시에 그들의 정신을 앗아간다. 곰팡이는 개미를 먹으면서, 개미의 행동을 조정해서 식물에 25cm 높이까지 오르게 하여 마침내 죽기 전에 나뭇잎에 매달리게 한다.

이것은 곰팡이를 도와준다; 개미는 곰팡이가 성장할 수 있도록 완벽한 온도와 습도가 있는 곳에 매달린 것이다. 곰팡이가 숙주 안에서 성장을 마치면, 그것은 개미 몸에서 포자를 뿌린다. 포자는 위에서 떨어지기 때문에 더 넓은 지역으로 쉽게 퍼질 수 있다.

Q7. 지문의 주제는?
(a) 좀비 개미 곰팡이가 번식하는 법
(b) 좀비 개미 곰팡이가 가장 잘 자라는 곳
(c) 왕개미가 발견되는 곳
(d) 다른 동물을 숙주로 이용하는 종

Q8. 좀비 개미 곰팡이가 개미가 특정 높이에 매달리게 만드는 이유는?
(a) 개미를 더 잘 섭취하기 위해서
(b) 개미의 정신과 몸을 더 잘 조종하기 위해서
(c) 천적으로부터 보호받기 위해서
(d) 효과적으로 자라고 퍼지기 위해서

가이드라인 Q7. 지문은 좀비 개미 곰팡이가 개미의 몸에 침투해서 개미의 몸을 먹는 동시에, 개미를 조종해서 자신의 성장에 알맞은 습도와 온도가 있는 곳까지 올라가게 한 뒤, 그곳에 개미가 계속 매달리도록 만든 다음 개미가 죽으면 개미의 몸에서 포자를 퍼뜨려서 번식한다는 내용으로 이 글의 주제로 적절한 것은 (a)이다.

Q8. 곰팡이에 감염된 개미는 땅 위에서 25cm 높이까지 올라간 뒤 거기에서 계속 매달려 있는데, 이 위치는 곰팡이가 성장하기에 알맞은 온도와 습도가 제공되는 높이라고 했으므로 정답은 (d)이다.

fungus 곰팡이 **surprisingly** 놀랍게도 **sinister** 악랄한, 사악한
method 방법 **hang** 매달리다 **tightly** 단단히 **cling onto**
매달리다 **jaw** 턱 **consume** 섭취하다, 먹다 **hijack** 빼앗다
eventually 마침내 **temperature** 온도 **moisture** 습기
host 숙주 **release** 풀어주다 **reproduce** 번식하다 **protect**
보호하다 **natural enemy** 천적 **efficiently** 효과적으로

1 법률 협회는 규제를 받지 않은 유언장 작성자 때문에 문제가 생긴 의뢰인에 대해 수년간 많은 고소를 접수했다. 이런 일이 생기면 변호사는 무자격의 유언장 작성자가 저지른 혼란을 정리해야 한다. 하지만 유언장이 조잡하게 작성되어 있으면 문제가 발생하는 것을 막기가 어려운 경우가 종종 있다. 안타깝게도 희생자들은 대체로 고인의 친척들이다. 법률 협회는 현재 이 문제에 대한 조사를 위해 정보를 모을 예정이다. 그렇게 해서 유언장 작성 업계가 규제를 받는 데 도움이 되길 바란다.

(a) 거짓 유언장을 작성한 이들의 체포
(b) 유언장 작성자를 위한 서비스 향상
(c) 유언장 작성 업계가 규제를 받는 데
(d) 유언장 작성에 대한 대중의 이해도 향상

가이드라인 첫 문장에서 규제를 받지 않은 유언장 작성자 (unregulated will writers) 때문에 문제가 생겼다고 했으므로 법률 협회의 조사로 인해 이 문제가 해결되기를 바란다고 하는 것이 알맞다. 따라서 유언장 작성을 규제하는 것이 해결책이므로 (c)가 정답이다.

complaint 불만, 고소 **client** 의뢰인, 고객 **unregulated** 규제되지 않은 **will** 유언장 **mess** 혼란 **incompetent** 무능한, 무자격의 **deceased** 죽은 **intend to** ~할 예정이다 **gather** 모으다

2 요즘 미국에서는 현 공직자 대신에 정치 배경이 없는 사람을 선출해야 한다고 부르짖는 대중 운동이 펼쳐지고 있습니다. 어느 면에서는 일리가 있을 수도 있지만 저는 일반적으로 그것에 동의할 수 없습니다. 단지 누군가가 정치계에 새로 입문했다고 해서 그 사람이 새로운 생각을 몰고 오거나 그것을 수행할 능력이 있다는 것을 의미하지는 않습니다. 게다가, 만약 이 논리대로 하자면 우리는 이번에 뽑은 사람들을 다음 선거 때는 물러나도록 표를 던져야 할 것입니다. 정치 이방인들을 맹목적으로 지지하는 대신에 우리는 최상의 생각을 가진 후보를 선출해야 합니다.

(a) 지난번 선거와 똑같은 성공을 달성하기 위해서
(b) 정치 이방인들을 맹목적으로 지지하는 대신에
(c) 급진적 운동을 종식시키기 위해서
(d) 직접 출마하기보다는

가이드라인 현 공직자 대신에 정치적 배경이 없는 사람을 선출해야 한다고 주장하는 대중 운동에 반대하는 내용이다. 빈칸 앞까지 그 운동에 반대하는 이유가 열거되고 있으므로 마지막 문장은 이 글의 결론이 되어야 자연스럽다. 따라서 빈칸에는 (b)가 적절하다.

elect 선출하다 **make sense** 이해가 되다 **as a general rule** 일반적으로 **carry out** ~을 수행하다 **furthermore** 더욱이 **logic** 논리 **put an end to** ~을 끝내다 **radical** 급진적인 **run for office** 공직에 출마하다

3 지난 몇 번의 대통령 유세 동안, 우리는 정치인들이 점점 더 많이 인터넷을 사용하는 것을 목격했습니다. 이 모든 것이 어느 대통령후보의 혁신적인 인터넷 사용법에서 비롯되었고, 상황을 완전히 바꾸어 놓았습니다. 그 후, 지난 대통령 유세에서는 또 하나의 큰 변화가 일어났습니다. 더 많은 저소득층 유권자들이 투표소에 가서 훨씬 더 다양한 선거로 이끌었습니다. 마찬가지로, 기록적인 숫자의 저소득층 기부자들이 정치인들에게 기부금을 냈습니다. 지난 선거에서 인터넷 기부금은 이전 선거보다 10배가 많았습니다. 그들은 정치 후보자에게 다른 어떤 곳보다 더 많은 수입을 가져주었습니다.

(a) 하지만
(b) 마찬가지로
(c) 그럼에도 불구하고
(d) 예를 들어

가이드라인 인터넷의 확산으로 인해 대통령 유세에 나타난 큰 변화를 소개하고 있다. 빈칸 앞뒤로 각각 저소득층 유권자들의 투표율이 증가했고 저소득층 기부자들의 기부금이 대단히 많았다고 글이 전개되고 있다. 둘 다 저소득층의 정치적 관심이 증가했음을 의미하는 같은 맥락이므로 (b)가 가장 적절하다.

presidential 대통령의 **diverse** 다양한 **election** 선거 **contribution** 기여, 기부(금) **donor** 기부자

4 네 개 주의 유권자들은 헌법상의 사냥할 권리에 대해 투표를 요구받게 될 것이다. (a) 일부에서는 이 투표가 총기 소지를 찬성하는 단체들이 자신들의 지위를 더 견고히 하기 위해 마련한 것이라고 말한다. (b) 전미 총기 협회는 사냥을 반대하는 단체들에 의한 사냥 및 어획 제한 시도를 중단시키기 위해서 헌법상의 변화가 필요하다고 말한다. (c) 총기 단체들이 사냥 금지를 원하는 동물 보호 단체들보다 자금 및 자원이 더 많은지는 여전히 알려져있지 않다. (d) 그동안 사람들을 더 끌어모으려는 총기 단체와 사업체의 강한 움직임이 있었기 때문에 총기 소지를 찬성하는 단체들은 승리에 대해 확신한다.

가이드라인 투표를 둘러싸고 대립하고 있는 양측으로 총기 소지를 찬성하는 전미 총기 협회와 사냥을 반대하는 동물 보호 단체를 언급하고 있고, 총기 단체는 승리에 자신을 보인다는 내용이다. 총기 단체들이 사냥 금지를 원하는 동물 보호 단체들보다 자금 및 자원이 더 많은지는 여전히 알려져있지 않다는 것은 내용의 흐름상 불필요한 문장이므로 (c)가 정답이다.

voter 유권자 **constitutional** 헌법의 **pro-gun** 총기 소지 찬성의 **secure** 확실한 **rifle** 소총 **association** 협회 **attempt** 시도 **resource** 자원 **movement** 움직임, 운동 **attract** 끌어들이다 **confident** 확신하는

5 누구나 자신이 하는 일에 대해 가끔은 불평을 한다. 하지만 과거에는 친구나 친지들에게 불평을 했던 반면에, 요즘은 소셜 미디어에 표현한다. 그 때문에 법적인 문제를 비롯해서 온갖 종류의 문제가 생길 수 있다. 가장 심각한 법적인 문제가 생길 수 있는 경우는 직원이 고의적으로나 또는 실수로 기밀 정보를 누설하거나, 회사 간부를 비방하거나, 회사 방침에 대해서 불평을 토로할 때이다. 회사가 비밀로 유지하기를 원하는 것이 게재될 때 이는 법적으로 문제가 된다. 그것 말고도, 소셜 미디어 사용자 자신에게도 문제를 초래할 수 있다. 때로 그들이 쓰거나 게재한 내용이 미래의 고용 기회에 지장을 줄 수 있다.

Q. 지문의 요지는?
(a) 표현이 가차 없는 소셜 미디어 메시지는 미래에 문제를 일으킬 수 있다.
(b) 직장에 관한 소셜 미디어 게시물은 여러 가지 문제를 발생시킨다.
(c) 소셜 미디어 이용자는 법적인 문제에 대응해야 할 수도 있다.
(d) 요즘에는 소셜 미디어를 통해 불평을 토로하는 사람들이 더 많아지고 있다.

가이드라인 소셜 미디어를 통해 회사에 대한 불평을 토로하는 일이 많아지면서, 그와 관련된 문제들이 발생하고 있다는 내용이다. 모든 소셜 미디어 게시물이 아니라 회사 관련 게시물을 중점적으로 다루고 있으므로 (b)가 정답이다.

deliberately 고의로   **accidentally** 실수로   **reveal** 드러내다   **classified** 기밀의   **apart from** ~이외에   **harsh** 혹된, 엄격한

6 아프리카계 미국인인 윈스턴 윈체스터는 애버딘 학구를 상대로 연방 소송을 제기했다. 그는 학생 때 끊임없는 인종적 괴롭힘을 당했다고 주장한다. 19세인 학창시절 동안 다른 학생들이 발을 걸어 넘어뜨리고 물건을 던지고 그를 조롱하는 웹사이트를 만들었다고 말했다. 하지만 그가 도움을 요청했을 때 당국에서는 아무 조치도 취하지 않았다. 그가 중학교에서 고등학교로 진학하면서, 괴롭힘은 더 심해졌다. 심지어 윈체스터의 부모가 얻어낸 법원의 접근 금지 명령도 그런 괴롭힘을 막지 못했다.

Q. 윈체스터에 대해서 지문 내용과 일치하는 것은?
(a) 소송의 대상이었다.
(b) 대학의 동급생들이 그를 괴롭혔다.
(c) 학생들이 그의 웹사이트에서 그를 조롱했다.
(d) 중학교 이후에 그에 대한 괴롭힘이 심해졌다.

가이드라인 학교에서의 괴롭힘을 견디다 못해 소송을 제기한 학생에 대한 내용이다. When he went from junior high to high school, the harassment worsened에서 (d)가 일치함을 알 수 있다.

file a lawsuit 소송을 제기하다   **federal** 연방의   **school district** 학구   **claim** 주장하다   **constant** 끊임없는   **bullying** 약자를 괴롭힘   **trip** 발을 걸어 넘어뜨리다   **make fun of** ~을 놀리다   **official** 당국, (고위) 공무원   **junior high (school)** 중학교   **harassment** 괴롭힘   **worsen** 악화되다   **ridicule** 조롱하다

7-8 편집자님께:
보편적인 학교 급식, 즉 공립 학교의 모든 학생에게 무료로 음식을 제공하기 위한 시의 계획은 훌륭한 생각이지만, 많은 사람이 이에 반대 목소리를 내고 있습니다. 나는 어째서 그들이 아이들의 영양을 제공하기 위한 이러한 노력을 막으려 하는지 이해할 수 없습니다. 학생들은 더 잘 자라고 배우기 위해서 잘 먹어야 하며, 공립 학교는 어떤 배경의 학생이건 이들을 교육하기 위해서 최선을 다해야 합니다.

보편적 학교 급식을 반대하는 사람들은 무료 점심은 가난한 학생들에게만 제공되어야 한다고 주장합니다. 나는 이것이 안 좋은 생각이라고 믿습니다. 이것은 가난한 아이들이 자신들이 가난하다고 스스로 밝히라는 것이나 마찬가지이기 때문입니다. 이것은 그들의 자존감에 오랜 상처를 남길 것입니다. 게다가 무료 급식 프로그램은 행정 절차가 이전의 요구 기반 체제보다 더 간편해질 것이므로 비용을 아끼게 될 것입니다.

진정하게 도움이 되는 이러한 계획이 정치적 목적 때문에 폄하되어서는 안 됩니다.

페기 스미스

Q7. 글쓴이가 동의할만한 진술은?
(a) 아이들이 잘 먹도록 도와주는 것은 공교육의 일부이다.
(b) 학교 급식의 질은 개선되어야 한다.
(c) 건강하지 않은 간식은 학교에서 금지되어야 한다.
(d) 공립학교는 점심 가격을 낮춰야 한다.

Q8. 글쓴이가 가난한 학생들에게만 무료 급식을 제공하는 것을 반대하는 이유는?
(a) 그것은 정치적 목적으로 이용될 수 있다.
(b) 공공 서비스를 악화시킬 것이다.
(c) 가난한 학생들을 부끄럽게 만들 것이다.
(d) 납세자의 돈을 낭비하게 될 것이다.

가이드라인 Q7. 글쓴이는 잘 자라고 배우기 위해서 잘 먹어야 하며, 공립 학교는 모든 학생이 잘 배우도록 최선을 다해 도와주어야 한다고 했다. 이를 종합해 볼 때, 글쓴이는 잘 먹이는 것도 공교육의 일부라고 생각하고 있음을 알 수 있다. 따라서 정답은 (a)이다.

Q8. 가난한 학생들에게만 무료 급식을 제공하면, 그 과정에서 자신들의 가정 배경이 밝혀지게 되고, 이들에게 수치심을 주기 때문에 글쓴이는 반대하고 있다. 따라서 정답은 (c)이다.

universal 보편적인   **provide** 제공하다   **public** 공공의, 공립의   **brilliant** 훌륭한   **voice** (의견을) 말하다   **opposition** 반대   **prevent** 막다   **effort** 노력   **nutrition** 영양   **do one's best** 최선을 다하다   **educate** 교육시키다   **background** 배경   **oppose** 반대하다   **scheme** 계획, 체제   **argue** 주장하다   **identify** 밝히다   **last** 계속되다   **damage** 피해, 손상   **self-esteem** 자존감   **administration** 행정   **need-based** 요구를 기반으로 한   **dismiss** 폄하다   **purpose** 목적   **quality** 질, 품질   **unhealthy** 건강에 나쁜   **reduce** 줄이다   **tax payer** 납세자

Reading Comprehension **Actual Test 1**

1 (a)	2 (c)	3 (a)	4 (b)	5 (a)	6 (b)	7 (c)	8 (b)	9 (b)	10 (c)
11 (c)	12 (a)	13 (d)	14 (b)	15 (c)	16 (d)	17 (a)	18 (c)	19 (b)	20 (b)
21 (b)	22 (b)	23 (c)	24 (b)	25 (b)	26 (d)	27 (a)	28 (b)	29 (b)	30 (a)
31 (d)	32 (d)	33 (c)	34 (c)	35 (a)					

Part 1

1 기념일이나 밸런타인데이에 선물이 필요하시다면, 낭만적인 선물 바구니를 보내는 것을 고려해 보세요. 초콜릿이나 치즈, 초콜릿을 입힌 과일, 와인 같은 품목들이 있습니다. 이것들은 대개 바구니나 아니면 다른 종류의 용기에 담긴 여러 개의 더 작은 테마별 선물들로 이루어집니다. 대개는 여러분이 좋아하는 것들을 고를 수 있습니다. 밸런타인데이 같은 특별한 날에 상인들은 인터넷이나 매장에서 시즌별로 선물 바구니를 마련해 놓고 있어, 선택의 폭이 넓습니다.

(a) 낭만적인 선물 바구니를 보내는 것
(b) 꽃 대신 상품권을 주는 것
(c) 모든 쇼핑을 인터넷에서 하는 것
(d) 연인에게 멋진 초콜릿을 사주는 것

가이드라인 빈칸 다음에 basket, gift basket 등의 어구가 반복되어 나오고 있는 것에서 특별한 날 선물로 선물 바구니를 추천하고 있음을 알 수 있다. 따라서 (a)가 가장 적절하다.

item 항목, 품목 **themed** 특정한 테마를 지닌 **container** 용기 **occasion** 특정한 때 **retailer** 소매상인 **seasonal** 계절적인, 시즌 특유의 **voucher** 상품권

2 인구의 연령대가 높아짐에 따라, 가정용 감시 장치를 사용하는 노년층이 더 많아질 것이다. 노인이 곤경에 처할 경우, 감시 장치에 연결된 휴대용 버튼만 누르면, 자동으로 중앙관제 센터에 연락이 되어 문제가 있다고 전달할 수 있다. 그리고 나면 센터에 있는 운영자가 도움을 요청해 친인척들에게 뭔가 문제가 있다고 말해 줄 수 있다. 이러한 장치는 집 안에서 비상사태에 처한 노인들을 돕는 데 아주 유용하다. 그 장치는 GPS 추적도 할 수 있어 집 밖에서도 작동할 것이다.

(a) 시끄러운 경보음을 내는 데
(b) 전자제품을 제어하는 데
(c) 비상사태에 처한 노인들을 돕는 데
(d) 약물로 사고를 방지하는 데

가이드라인 첫 문장에서 더 많은 노인들(elderly people)이 사용할 것이라고 했으며, 문제가 생길 때 도움을 요청하는 장치라고 했으므로 이 장치의 용도로는 (c)가 가장 적절하다.

population 인구, 주민 **age** 나이 들다 **elderly** 연세가 드신 **monitor** 감시 하다 **device** 장치 **automatically** 자동으로 **station** 국, 부서 **operator** (장비를) 조작하는 사람, 운영자 **relative** 관계자 **tracking** 추적 **alarm** 경보 **appliance** 전자제품 **emergency** 비상사태 **medication** 약물

3 캘리포니아 해변에는 파도타기와 관광업, 바다 경관이 있으며, 조만간 파력을 이용한 에너지 혜택도 제공할 것이다. 주 에너지 필요량의 최대 5분의 1을 이 방식으로 얻을 수 있을 것이다. 캘리포니아 공익사업체인 퍼시픽 일렉트릭은 파도로부터 100메가와트의 전기를 발생시킬 파력 에너지 사업을 시작할 계획이다. 업체에서는 파력 에너지를 전기로 전환하는 장치를 수면 아래 놓을 예정이며, 그리고 나면 케이블로 전기를 해변으로 끌어와 거기서 전력망으로 편입될 것이다.

(a) 파력을 이용한 에너지
(b) 풍력 전기
(c) 인공 파도 발생
(d) 더 저렴한 태양 에너지 생산

가이드라인 빈칸 뒤에서 wave energy project, electricity from waves 등의 어구를 통해 파도로부터 전기를 얻는 사업을 소개하고 있으므로 (a)가 정답이다.

surfing 파도타기 **tourism** 관광업 **benefit** 혜택 **up to** 최대 ~까지 **obtain** 얻다, 획득하다 **utility** (수도·전기·가스 등의) 공익사업 **generate** 발생시키다 **electricity** 전기 **convert** 전환하다 **electrical grid** 전력망 **artificial** 인공적인 **production** 생산

4   컨슈머 리포트

비평가들은 대부분 사용자들에게는 8X42의 풀사이즈 프리모 쌍안경이 탁월한 선택이라고 말한다. 렌즈가 고급 쌍안경에 버금갈 정도로 훌륭해서, 가격 대비 품질이 우수하다. 프리모는 대부분의 용도로, 또 대부분의 환경에 사용될 수 있다. 안경 착용자들에게도 편안하게 디자인되었다. 또한 방수가 되고 김 서림 방지가 돼 있어서 어디에나 가져갈 수 있다. 대부분의 평가에서 프리모는 여러모로 쓰임새가 좋은 상품이라고 한다.

(a) 시중에 나와 있는 최고급 브랜드이다
(b) 여러모로 쓰임새가 좋은 상품이다
(c) 고급 쌍안경다운 품질이 부족하다
(d) 아쉽게도 몇몇 부분에서 기대에 못 미친다

가이드라인 프리모 쌍안경을 광고하는 글이다. 용도가 다양하고 디자인이 편안하며, 방수와 김 서림 방지가 돼 있는 것을 제품의 특징으로 언급했는데, (b)가 이 내용을 잘 종합한 선택지이다. 품질이 luxury brand에 못지않다고 한 것이지 luxury brand라는 것은 아니므로 (a)는 알맞지 않다.

critic 비평가 **binocular** 쌍안경 **optic** 렌즈 **nearly** 거의 **luxury** 사치스러운, 고급의 **waterproof** 방수의 **fog-proof** 김 서림 방지의 **review** 비평, 논평 **available** 입수 가능한 **all-round** 만능의 **lack** 부족하다 **fall short** 미달이다, 미치지 못하다

5

새로운 연구에 따르면, 검은머리꾀꼬리라고 알려진 유럽산 조류 개체가 완전히 다른 두 종으로 나뉘었다고 한다. 번식을 시작한 지 30세대도 되지 않아, 예전에는 단일 집단에 속했던 조류가 이제는 서로 다른 두 집단이다. 그들은 같은 숲에 함께 사는데도 두 종이 되었다. 연구 결과 이는 인간의 행동에 의한 것이라고 밝혀졌다. 즉 인간은 멸종 위기에 처한 종의 운명뿐만 아니라 일반 종의 운명에까지 영향을 끼치고 있음을 의미한다.

(a) 완전히 다른 두 종으로 나뉘었다
(b) 멸종될 심각한 위기에 처해 있다
(c) 몇 세대 동안 꾸준히 증가해 왔다
(d) 인간 때문에 터전을 옮길 수밖에 없었다

가이드라인 빈칸에 이어지는 문장들에서 특정 종에 속하는 조류가 두 집단으로 나뉘었다고 설명하고 있으므로 (a)가 가장 적절하다. 이 종의 조류가 멸종 위기에 처한 것은 아니므로 (b)는 알맞지 않다.

population (생물) 개체군, 집단 **blackcap** 검은머리꾀꼬리 **breeding** 번식; 품종 **species** (생물) 종 **influence** 영향을 끼치다 **fate** 운명 **endangered** 멸종 위기에 처한 **split** 쪼개다, 나누다 **separate** 분리된 **distinct** 별개의, 다른 **extinct** 멸종한 **steadily** 꾸준히 **relocate** 이전[이동]하다

6   편집자님께,

저는 6월 2일자 앨리스 블레이크의 기사인 '복지 주의 종말'에 적극 찬성합니다. 이 나라 대다수 사람들의 사고방식은 주 정부에서 그들이 취할 수 있는 것은 무엇이든 얻어내는 것입니다. 이제 선거가 끝났고, 새로운 정부는 이 사안을 중점적으로 다루기를 바랍니다. 사람들이 자기 몫을 내야 할 때입니다. 의료 및 교육 제도는 사용자들이 자신이 받는 서비스에 대해 적은 돈이라도 지불한다면 더 잘 운영될 것입니다. 무료 혜택은 우리의 공공 서비스를 엉망으로 만들어 왔습니다. 사람들은 책임감을 배우고 우리가 받는 서비스에 대해 지불하기 시작해야 합니다.

도널드 핍스터

(a) 사회 빈민자들에게 주어야
(b) 우리가 받는 서비스에 대해 지불하기 시작해야
(c) 복지에 대해 불평을 그만둬야
(d) 더 좋은 정부를 위해 올바르게 투표해야

가이드라인 People have to start paying their way에 필자의 주장이 잘 나타나 있다. 마지막 문장에서 이러한 주장을 다시 한번 강조하고 있는데, 국가로부터 받는 서비스에 대해 자기 몫을 내라는 것이므로 (b)가 가장 알맞다.

editor 편집자 **applaud** 박수갈채를 보내다 **welfare** 복지 **mindset** 사고방식 **hopefully** 바라건대 **issue** 사안 **pay one's way** 자기 몫을 내다

7

노르웨이와 인도네시아는 삼림 벌채, 즉 숲을 베어 태움으로써 발생하는 온실 가스를 줄이려는 인도네시아의 노력을 지원하기 위해 협력하기로 했다. 인도네시아는 노르웨이로부터 지원금 10억 달러의 보조를 받아 숲으로 인한 온실 가스 방출량을 줄이기를 기대한다. 인도네시아는 세계에서 세 번째로 규모가 큰 삼림지역을 갖고 있지만 급속하게 잃어가고 있다. 노르웨이와의 협정은 그 모든 것을 변화시킬 것이다. 이는 거대한 삼림을 잃는 비극을 줄이는 데 있어서 커다란 진전이다.

(a) 삼림 벌채로 돈을 버는 데
(b) 인도네시아 경제가 성장하고 번영하는 것을 돕는 데
(c) 거대한 삼림을 잃는 비극을 줄이는 데
(d) 삼림 벌채 문제를 좀 더 면밀히 연구하는 데

가이드라인 빈칸은 인도네시아가 노르웨이와의 협정을 통해 개선하고자 하는 내용이 들어가야 한다. 앞에서 인도네시아가 급속하게 삼림을 잃어가고 있다고 했으므로, 이와 관련된 (c)가 가장 적절하다.

enter into partnership 협력[제휴]하다 **support** 지지[지원]하다 **reduce** 줄이다 **greenhouse gas** 온실가스 **deforestation** 삼림 벌채 **cut down** 베어 넘어뜨리다 **emission** 방출 **aid** 원조 **rapidly** 급속히 **agreement** 협정 **prosper** 번영하다 **closely** 면밀히

8　천문학자들은 <u>새로운 종류의 도망성</u>이라고 생각되는 것을 발견했다. 이 별은 타란툴라 성운으로부터 비롯되었고 천문학자들은 다른 거대한 별들의 중력에 의해서 일종의 새총 효과로 뿜어져 나왔다고 여긴다. 이것은 시속 40만 킬로미터라는 기록적인 속도로 우주를 지나가고, 이미 375광년을 이동했다. 그러나 이 별의 여정은 폭발하기로 예정된 50만 년 이내에 사라질 것이다.

(a) 가장 빠른 성운계
(b) 새로운 종류의 도망성
(c) 폭발한 별의 잔해
(d) 설명할 수 없는 움직임을 보이는 별

가이드라인　빈칸 다음 문장에서 빈칸에 대한 힌트를 얻을 수 있는데, 굉장히 속도가 빠른 거대한 별이라는 것이다. 이것과 가장 어울리는 것은 (b)의 runaway star이다.

astronomer 천문학자　**originate** 비롯되다, 생기다　**nebula** 성운　**eject** 분출하다　**slingshot** 새총　**gravity** 중력　**massive** 거대한　**record-breaking** 기록적인　**light-year** 광년　**explode** 폭발하다　**runaway star** 도망성　**remains** 유물, 잔해

9　오늘날 대부분의 태평양 연안 국가들은 민주 국가들이다. 하지만 1945년에는 몇 안 되는 국가들만이 민주 국가였다. 제2차 세계대전 말, 많은 태평양 연안국들의 경제는 엉망이었다. 지금 그들은 강하고 생산적이다. 하지만, 우리는 오랜 갈등과 자원을 둘러싼 새로운 경쟁이 지난 70년간 쌓아온 것을 위협할 수 있다는 사실을 망각할 수 없다. 협력은 이를 방지하는 데 도움이 된다. 함께 일하는 것이 결국은 서로 반목하는 것보다 훨씬 더 유익할 것이다.

(a) 그러므로
(b) 하지만
(c) 그래서
(d) 게다가

가이드라인　접속사 문제이므로 접속사 앞뒤의 문장 관계를 잘 살펴야 한다. 지문은 태평양 연안 국가들의 간략한 역사와 현재의 협력 관계에 대한 내용이다. 빈칸 앞은 강력하고 생산적이 되었다는 내용이고, 뒤는 이런 것들이 무너질 수 있다는 내용이 나오고 있으니 역접의 접속사 (b) Still(하지만)이 들어가야 한다.

the pacific 태평양　**democracy** 민주 국가, 민주주의　**economy** 경제　**in ruins** 엉망이 된　**productive** 생산적인　**conflict** 분쟁, 혼란　**competition** 경쟁　**resource** 자원　**threaten** 위협하다　**cooperation** 협조, 협동　**prevent** 예방하다, 방지하다　**ultimately** 결국, 궁극적으로　**fruitful** 결실 있는, 비옥한　**thus** 그러므로　**still** 아직도, 그러나　**therefore** 그러므로, 그 결과　**furthermore** 더욱이, 게다가

10　유대교 안에는 두 개의 주요한 전통이 존재하는데, 정통파와 개혁파이다. 동일한 기원에서 유래하지만, 개혁파와 정통파 유대교는 여러 면에서 서로 다르다. 정통파 유대인은 성서와 교리를 글자 그대로 이해하여, 앞으로 올 성서 속의 메시아와 약속의 땅, 성서에 적힌 사후의 삶에 대해 매우 엄격한 믿음을 가지고 있다. <u>그와 대조적으로</u> 개혁파 유대인은 성서와 역사적 교리에 접근하는 방법이 좀 더 개념적이다. 개혁파 유대교는 성서를 너무 문자 그대로 받아들이지는 않는다.

(a) 그래서
(b) 더구나
(c) 그와 대조적으로
(d) 이를 증명하기 위해

가이드라인　유대교의 두 분파를 설명하고 있다. 빈칸 앞에서는 Orthodox Judaism을, 빈칸 뒤에서는 Reform Judaism을 설명하고 있는데, 입장이 서로 대조적이다. 따라서 '그와 대조적으로'라는 뜻의 (c) By contrast가 가장 적절하다.

religion 종교　**judaism** 유대교　**orthodox (Judaism)** 정통파 (유대교)　**reform (Judaism)** 개혁파 (유대교)　**branch** 분파　**differ** 다르다　**jew** 유대인　**literal** 글자 그대로의　**scripture** 성서　**strict** 엄격한　**messiah** 메시아　**conceptual** 개념의　**demonstrate** 증거를 들어 설명하다

Part 2

11　지난 세기 동안, 유럽의 삶의 질은 가지고 있는 지위에 의해 결정되었다. (a) 이러한 지위는 획득할 수 없었고, 어느 집안에 태어나느냐에 달려 있었다. (b) 만약 가난한 집안에 태어났다면, 빈곤한 삶이 되는 것이었다. (c) 발트 3국은 유럽에서 가장 높은 빈곤율을 겪었다. (d) 개인이 아무리 열심히 일해도, 자신의 사회적 위치를 바꾸는 것은 불가능했다.

가이드라인　유럽에서는 집안에 따라 사회적 지위가 결정된다는 내용인데, (c)에서 특정 국가들의 빈곤율을 언급한 것은 주제에서 벗어난다.

determine 결정하다　**status** 지위, 신분　**attain** 획득하다　**poverty** 빈곤　**no matter how** 아무리 ~할지라도

12 수백만 달러어치의 마약이 조직범죄 전담반에 의해 시드니에서 압류되었다. (a) 처음에 법원은 이 불법 약물에 관한 수색 영장 발부를 거절했다. (b) 경찰은 어제 렌터카를 세우고 수색한 끝에 마약을 압류했다. (c) 28세의 운전자는 조직범죄단에 마약을 공급한 혐의로 기소되었다. (d) 그는 어제 법정에 출두했고 시드니 중앙 법원에 출두할 때까지 보석이 기각되었다.

가이드라인 경찰의 마약 압류 소식을 전하고 있다. (b)에서 렌터카를 수색했고 (c)에서 운전자를 기소했다는 것은 앞뒤가 맞는 내용이지만, (a)에서 법원이 수색 영장 발부를 거절했다는 것은 다음 문장들과의 연결이 자연스럽지 못하기 때문에 어색하다.

drug 마약, 약물 **worth** ~의 가치가 있는 **seize** 붙잡다
organized crime 조직범죄 **squad** (경찰서의) 반, 팀 **search
warrant** 수색 영장 **be charged with** ~의 혐의로 기소되다
court 법정 **refuse** 거부하다, 거절하다 **bail** 보석 **appearance**
출현, 출두

Part 3

13   비즈니스 뉴스
음료업계는 워싱턴에 도입되는 탄산음료세를 무산시키는 데 실패했다. 이 업계는 최근에 뉴욕에서 유사한 세금에 반대하는 데 성공했다. 그러나 워싱턴 의회는 탄산음료에 세금을 부과하는 것에 대해 더 진지해서 세금에 찬성하는 투표를 했다. 탄산음료세는 학교나 도로에 사용되는 기금을 마련하는 좋은 방법이다. 그와 동시에 다른 어떤 것보다 사람들을 살찌우는 주범인 탄산음료를 마시는 사람들이 줄어들 것이기 때문에 비만을 예방할 수 있다. 당연히 음료업계는 이 결정에 동요하고 있다.

Q: 지문의 요지는?
(a) 워싱턴의 세금이 증가하고 있다.
(b) 탄산음료세로 인해 뚱뚱해지는 사람들이 줄어든다.
(c) 탄산음료세는 음료업계를 뒤흔들고 있다.
(d) 워싱턴은 탄산음료에 새로운 세금을 도입했다.

가이드라인 워싱턴에서 탄산음료에 새로운 세금을 도입했으며, 이를 막으려는 음료업계의 노력이 무산되었다는 내용이므로 (d)가 가장 적절하다. (b)는 세금 도입으로 인한 결과로서 부분적으로 언급된 내용일 뿐이다.

beverage 음료 **defeat** 패배시키다; 무산시키다 **soda tax**
탄산음료에 부과 되는 세금 **council** 의회 **vote in one's favor**
~에 찬성하는 투표를 하다 **raise** 올리다 **at the same time**
동시에 **obesity** 비만 **understandably** 당연히

14 기업들에 대해서 불만을 제기하고 싶어 하는 소비자들에게 많은 웹 사이트가 열려 있다. 그중에는 트위터나 페이스북 같은 사이트들이 있다. 이들은 부정직하거나 나쁜 제품을 만들거나 뭔가 조금 잘못된 행동을 하는 기업들에 대해서 세상에 불만을 제기하는 방법을 사람들에게 제공해준다. 소셜 미디어 경로를 통해서 소비자들은 이제 더 많은 힘을 가진다. 좋은 기업들은 만족하지 못한 소비자가 인터넷에서 불만을 제기할 경우, 사업에 지장을 줄 수 있다는 것을 실감한다. 이는 그들에게 나쁜 광고와 같은 것이다.

Q: 지문의 요지는?
(a) 소비자들은 인터넷 업체들을 걱정시킨다.
(b) 소비자들은 인터넷에서 불만을 제기할 힘을 갖고 있다.
(c) 소비자들은 제품 결함에 대해 가장 많은 불만을 제기한다.
(d) 소비자들은 특정 웹 사이트들을 매우 인기 있게 만들고 있다.

가이드라인 소비자들이 인터넷을 통해 기업에 대한 불만을 제기함으로써 막강한 영향력을 행사하게 되었다는 내용이므로 (b)가 가장 적절하다. 나머지는 언급되지 않은 내용이다.

individual 개인 **dishonest** 부정직한 **slightly** 약간
corporation 기업 **realize** 깨닫다 **advertising** 광고 **faulty**
결함이 있는, 잘못된

15 샌프란시스코는 미국에서 최초로 비닐 쇼핑백을 금지한 도시였다. 이것의 목표는 사람들이 재사용할 수 있는 백을 사용하게 하기 위함이었다. 비닐봉지의 문제점은 그것들이 쓰레기장에 묻혀 수백 년간 그대로 남아 있거나, 결국 바다로 흘러 들어가 해양 동물을 죽인다는 것이다. 하지만 비닐봉지가 금지된 이후, 사람들은 종이봉지에 식료품을 담기 시작했다. 이것 역시 환경 문제를 야기한다. 그래서 현재 샌프란시스코 당국은 계산대에서 비닐봉지와 종이봉지 모두를 금지하고자 한다.

Q: 샌프란시스코에 대한 지문의 주제는?
(a) 너무 많은 종이봉지를 사용하는 사람들
(b) 쇼핑객들이 즐겨 사용하는 봉지의 종류
(c) 일회용 쇼핑백의 금지
(d) 플라스틱 사용을 반대하는 당국

가이드라인 샌프란시스코에서는 환경 보호 차원에서 비닐봉지와 종이봉지처럼 쓰고 버리는 쇼핑백을 금지하고자 한다는 내용이므로 (c)가 가장 적절하다. 비닐봉지 사용을 금지한 것이지 플라스틱 사용을 금지한 것은 아니므로 (d)는 알맞지 않다.

ban 금지하다 **plastic bag** 비닐봉지 **reusable** 재사용할 수 있는
bury 묻다 **rubbish dump** 쓰레기장 **marine** 해양의 **grocery**
식료품 **authorities** 당국 **check-out counter** 계산대
disposable 처분할 수 있는

16 청소년 스포츠 부상 문제가 증가하고 있다. 이전에는 전문 선수들만이 심한 부상을 입곤 했다. 하지만 이제 고등학생, 심지어 중학생 운동선수까지도 심한 부상을 입고 있다. 이런 증가에는 여러 원인이 있다. 주로 청소년 스포츠가 매우 조직화되어 있으며 부모, 자원봉사자 및 감독들이 지나친 요구를 한다는 것이다. 그들은 훈련과 최고가 되기 위한 경쟁을 강조한다. 때로는 올림픽 선수들을 배출하기도 한다. 하지만 반복되는 훈련은 뼈와 근육에 엄청난 무리를 준다.

Q: 뉴스 보도의 제목은?
(a) 아이들의 조직화된 스포츠 참여
(b) 청소년 스포츠 부상의 흔한 발생
(c) 조직화된 스포츠에서 아이들을 훈련시키는 방법
(d) 청소년 스포츠 부상의 주요 원인

가이드라인 청소년 스포츠 분야에서 심한 부상이 증가하고 있다고 말하고, 그 원인을 규명하는 보도이다. 심각한 스포츠 부상은 원래 성인 전문 선수에게 더 흔했으나 청소년 스포츠가 조직화되고 부모와 감독들이 청소년들에게 힘든 훈련을 시키기 시작하면서 부상이 늘고 있다고 했으므로 (d)가 어울린다.

professional 전문적인 **athlete** 운동선수 **severe** 심각한 **volunteer** 자원봉사자 **coach** 코치, 감독 **demanding** 지나친 요구를 하는 **emphasize** 강조하다 **training** 훈련, 교육 **compete** 경쟁하다 **spot** 장소, 지점 **enormous** 엄청난 **muscle** 근육 **participation** 참가 **occurrence** 발생

17 오리너구리는 호주 동부에 사는 특이한 포유동물이다. 그것은 먹이를 찾아 헤엄치기 좋은 호수나 강 옆에 있는 땅에 집을 짓는다. 먹이로 벌레나 해양 곤충을 먹는다. 오리너구리는 물갈퀴가 달린 발을 가지고 있으며 또한 오리 주둥이처럼 생긴 코를 가지고 있다는 점을 제외하면 비버와 약간 닮았다. 오리너구리는 길이가 약 30에서 45cm까지 자랄 수 있다. 그들은 따뜻하게 유지하기 위해 털로 덮인 외피를 가지고 있다. 오리너구리의 또 다른 특이한 점은 다른 포유동물들처럼 새끼를 낳는 대신 알을 낳는다는 것이다.

Q: 지문 내용과 일치하는 것은?
(a) 오리너구리는 포유동물의 일종이다.
(b) 오리너구리는 물을 좋아하지 않는다.
(c) 오리너구리는 나뭇잎을 즐겨 먹는다.
(d) 오리너구리는 길이 60cm까지 자란다.

가이드라인 첫 문장에서 a strange mammal이라고 했으므로 (a)가 옳은 진술이다. 헤엄치기 위해 호수나 강 옆에 집을 짓는다고 했고, 최대 30cm까지 자랄 수 있으므로 (b)와 (d)는 둘 다 틀린 내용이다.

platypus 오리너구리 **mammal** 포유동물 **worm** 벌레 **insect** 곤충 **webbed** 물갈퀴가 있는 **duck-billed** 오리 주둥이 같은 **length** 길이 **furry** 털로 덮인 **give birth** 새끼를 낳다

18 많은 사람들은 지금까지 만들어진 최고의 서부 영화가 존 웨인 주연에 존 포드가 감독한 〈역마차〉라고 한다. 카우보이 영화는 〈역마차〉가 만들어져서 이 장르에 존경할 만한 새로운 가치를 부여하기 전에는 진지하게 여겨지지 않았다. 이 영화는 강한 등장인물들뿐만 아니라 여러 이야기 전개와 인디언들이 평원에서 역마차를 공격하는 볼만한 추격신을 포함해 흥미로운 줄거리를 가지고 있다. 이 영화의 흥미로운 점은 역마차에 타고 있는 점잖을 것 같은 사람들이 악한 것으로 판명되고, 반면에 업신여김을 받던 승객들은 선한 것으로 판명된다는 것이다.

Q: 지문 내용과 일치하는 것은?
(a) 〈역마차〉는 나약한 등장인물들 때문에 망쳤다.
(b) 〈역마차〉에서 승객들은 모두 선한 역할이다.
(c) 영화 〈역마차〉는 서부 영화에 존경심을 가져왔다.
(d) 〈역마차〉에는 인디언들이 마을을 공격하는 장면이 나온다.

가이드라인 *Stagecoach* was made and gave a new respectability to the genre에서 〈역마차〉라는 영화로 서부 영화가 인정을 받게 되었다고 했으므로 (c)가 옳은 내용이다.

stagecoach 역마차 **star** ~을 주연으로 하다 **character** 등장인물 **layer** 층 **spectacular** 구경거리의 **plain** 평원 **supposedly** 아마 **turn out** ~인 것으로 드러나다 **passenger** 승객 **look down on** ~을 업신여기다

19 유럽의 불곰은 예전에는 유럽 대륙의 삼림 지역에 살았다. 그러나 1800년대 중반 이래로 농업과 사냥이 이 곰의 개체수를 감소시켰다. 이 곰은 현재 러시아와 스칸디나비아, 루마니아, 슬로베니아의 몇몇 지역에서만 발견된다. 이 곰은 예전에는 프랑스 전역에 살았지만 1900년대에 사라져서 피레네 산맥 경사지에만 살고 있다. 1995년 무렵, 불과 다섯 마리의 곰만 산맥에 남아서 프랑스 정부는 슬로베니아에서 다섯 마리를 더 데려와 산맥에 풀어 주었다.

Q: 지문 내용과 일치하는 것은?
(a) 불곰은 유럽 전역에 산다.
(b) 루마니아는 불곰의 근거지이다.
(c) 불곰은 더 이상 프랑스에 살지 않는다.
(d) 다섯 마리도 안 되는 곰들이 피레네 산맥에 산다.

가이드라인 현재 불곰의 근거지로 러시아와 스칸디나비아, 루마니아, 슬로베니아를 언급했으므로 (b)가 정답이다. 원래 있던 다섯 마리에 슬로베니아에서 추가로 다섯 마리를 더 데려와 풀어서 현재는 열 마리가 있다고 볼 수 있으므로 (d)는 옳지 않다.

continent 대륙 **disappear** 사라지다 **slope** 경사면, 비탈 **mountain range** 산맥 **release** 풀어 놓다 **throughout** ~의 도처에

20 중세 시대에는 남자들이 무릎까지 오는 튜닉을 입었다. 나이 든 남자와 수도승은 왕이나 귀족이 의식에서 입는 것처럼 땅까지 이르는 더 긴 튜닉을 입었다. 남자들은 때로 튜닉 아래에 모직 바지를 입기도 했다. 이는 특히 더 추운 지역에 사는 남자들이나 말을 타는 남자들의 경우에 해당했다. 귀족들은 흔히 튜닉 아래에 타이츠를 입었다. 여자들의 경우에는 모두 발목까지 내려오는 튜닉을 적어도 하나 입었다. 여유가 있을 경우에는, 여자들도 튜닉 아래에 속옷을 입거나 튜닉 위에 모직을 입었다. 추울 때는 대다수 사람들이 밖에서 모직 망토를 입었다.

Q: 지문 내용과 일치하는 것은?
(a) 중세 시대의 귀족은 전혀 튜닉을 입지 않았다.
(b) 중세 시대에 남자는 모직 바지를 입었다.
(c) 중세 시대에는 여자들만 타이츠를 입었다.
(d) 중세 시대 여자들은 무릎까지 오는 튜닉을 입었다.

가이드라인 중세 시대의 주된 의상인 튜닉을 중심으로 설명하고 있다. Men sometimes also wore wool pants under their tunics에서 남자는 모직 바지를 입었다고 했으므로 (b)가 옳은 내용이다.

middle ages 중세 **tunic** 튜닉 (짧은 스커트) **monk** 수도승 **nobleman** 귀족 **tights** 타이츠 (꼭 끼는 바지) **ankle** 발목 **linen** 내의류 **woolen** 모직물의 **cloak** 외투, 망토

---

21 미스터 커피 J2

미스터 커피 J2는 저렴하면서도 뛰어난 커피메이커입니다. 이것은 정지 기능이나 커피 농도 선별, 전기 코드 보관, 내장형 정수 필터 같은 일반적인 특징들을 포함하고 있습니다. 하지만 최신 미스터 커피 J2의 새로운 점은 두 시간마다 자동으로 전원이 꺼지고 주기적으로 세척한다는 것입니다. 동일한 가격에 다른 어떤 모델에서도 그런 기능은 얻지 못할 것입니다. J2는 플라스틱으로 된 단단한 덮개로 제작되어 있습니다. 또한 일년 보증서가 첨부됩니다. 성능이 뛰어난 커피메이커를 원하신다면, 미스터 커피 J2를 찾아 주십시오!

Q: 광고 내용과 일치하는 것은?
(a) J2는 사기에 비싸다.
(b) J2는 자동으로 전원이 꺼진다.
(c) J2의 몸체는 스테인리스로 되어 있다.
(d) J2는 2년짜리 보증서를 얻을 수 있다.

가이드라인 커피메이커를 광고하는 글이다. 이 기계만의 특별한 기능으로 a two-hour automatic shutoff를 언급했는데, 이것에 해당하는 것이 (b)이다.

inexpensive 저렴한 **standard** 표준의, 일반적인 **feature** 특징 **pause** 정지 **function** 기능 **strength** 농도 **selector** 선별 **storage** 저장, 보관 **built-in** 내장형의 **latest** 최신의 **automatic** 자동의 **shutoff** 정지, 차단 **housing** 기계 부품을 덮는 단단한 덮개 **warranty** 보증서

---

22 도시 건설 교육 프로그램(CBEP)은 유치원에서부터 12학년까지의 학생들을 위한 프로그램이다. 이 프로그램은 도시 계획 단계를 이용해서 읽기, 쓰기, 수학을 가르친다. 아이들은 자신들의 지역에 필요한 것을 지도에 표시하고 분석한다. 그들은 주택, 교통 및 에너지 관련 요건을 살펴본다. 건축가가 교실을 일주일에 한 번 방문한다. 그의 도움으로 학생들은 도시의 요구를 충족시키는 새로운 방법을 생각해낼 수 있다. 또한 그들은 자신들이 만들려는 것의 모델을 작성할 수 있다. CBEP는 아이들의 문제 해결을 돕는다. 그들은 가능한 해결책을 관찰하고, 분석하고, 개선하기 위해 애쓴다.

Q: 건축가가 교실에 매주 방문하는 이유는?
(a) 교사와 수업을 계획하려고
(b) 프로그램에 관해 아이들을 도우려고
(c) 학생들로부터 창의적인 아이디어를 들으려고
(d) 아이들에게 건축에 관한 강의를 하려고

가이드라인 아이들이 도시 건설 계획에 관한 교육을 통해 다양한 분야의 학습 효과를 얻을 수 있는 도시 건설 교육 프로그램을 소개하고 있는 글이다. 그 중에서 건축가가 교실을 일주일에 한 번 방문하는 이유는 학생들이 새로운 해결 방법을 생각해내는 것을 돕기 위한 것이므로 정답은 (b)이다.

analyze 분석하다 **district** 지역 **transportation** 교통, 수송 **requirement** 요구사항 **architect** 건축가 **aid** 지원 **meet** 충족시키다 **work on** (해결하기 위해) 애쓰다 **solution** 해결 **architecture** 건축

---

23 몇십 년 전에는, '신경 쇠약'이 정신과 의사들이 스트레스나 피로로 인해 생기는 정신적 문제를 설명하기 위해 사용하는 모호한 용어였다. 그러나 각각의 세대는 스트레스와 관련된 정신적 문제에 대해 고유의 명칭을 만들어내는 것 같다. '신경 쇠약'이라는 용어 이전에는 '우울증'이나 '불안증' 같은 다른 명칭들이 쓰였다. 최근 몇 년간, 정신과 의사들은 같은 증상을 지닌 사람들에게 '탈진 증후군'이라는 용어를 사용해 왔다. 그러한 명칭들은 무엇이 유행하느냐에 따라 생겨나고 사라지는 것 같다.

Q: 지문으로부터 '탈진 증후군'에 대해 추론할 수 있는 것은?
(a) 증가하고 있다.
(b) 원인이 무엇인지 아무도 모른다.
(c) 오래된 질환에 대한 새로운 명칭이다.
(d) 정신과 의사들은 그것이 의미하는 바에 대해 의견을 달리 한다.

가이드라인 동일한 증상에 대해 nervous breakdown, melancholia, burnout syndrome으로 용어만 바뀐 것이므로 추론할 수 있는 것은 (c)이다. 특정한 증상에 대해 공통적으로 쓰는 용어이므로 이는 의사들이 의견 일치를 본 것이라고 할 수 있어 (d)는 옳지 않다.

nervous breakdown 신경 쇠약 **psychiatrist** 정신과 의사 **exhaustion** 기진맥진, 노이로제 **melancholia** 우울증 **burnout** 소진, 탈진 **syndrome** 증후군 **be in fashion** 유행하다 **disagree** 의견이 다르다

24 소위 고급 애완동물 사료는 슈퍼마켓에서 볼 수 있는 상표들보다 서너 배까지 가격이 더 나간다. 또한 고급 상표들 중에도 폭넓은 가격대가 존재한다. 하지만 모두 동일한 영양 기준을 충족시켜야 하기 때문에 원료는 모두 같다. 예를 들어, 애완견을 위한 고급 치킨 사료 10가지는 모두 동일한 원료를 함유하고 있는 것으로 밝혀졌다. 일반 상표들 역시 동일한 원료를 사용하지만, 양이 다르다. 실제로 거의 모든 고양이나 개 사료의 다섯 가지 주된 원료는 동일하다.

Q: 지문으로부터 추론할 수 있는 것은?
(a) 많은 애완동물들에게는 양질의 영양이 부족하다.
(b) 애완동물 사료들은 크게 다르지 않다.
(c) 애완동물 사료의 품질은 천차만별이다.
(d) 치킨이 들어간 애완동물 사료가 가장 인기가 좋다.

가이드라인 ▶ 애완동물 사료에 대해서 same ingredients라는 어구가 반복되고 있으므로 애완동물 사료는 가격의 폭만큼 크게 다르지 않다고 볼 수 있다. 따라서 (b)가 정답이다.

premium 고가의, 우수한 **price range** 가격대 **ingredient** 성분, 재료 **meet** 충족시키다 **nutritional** 영양의 **quantity** 분량 **vary** 다양하다

---

25 **레보 헤어드라이어**
레보 헤어드라이어는 대부분의 다른 드라이어보다 더 빠르게 더 적은 열 손상을 입으며 머리를 말릴 수 있다. 이것은 건조 속도가 빠를 뿐만 아니라, 매우 가볍고 크기가 작다. 이것은 어디에나 가지고 갈 수 있는 종류의 것이다.
• 훨씬 더 작게 하기 위해 손잡이를 접을 수 있다.
• 작은 가방이나 심지어 자동차 앞 좌석 사물함에도 들어갈 수 있다.
• 레보는 부착할 수 있는 장치가 함께 들어 있어 실제로 자동차에서 사용할 수 있다.
• 전문적인 테스트와 사용자 평가를 통해 튼튼하고 믿을 만하다는 것도 증명되었다.

Q: 지문으로부터 헤어드라이어에 대해서 추론할 수 있는 것은?
(a) 속도 설정이 한 가지밖에 없다.
(b) 여행용으로 좋다.
(c) 여러 색상으로 구입 가능하다.
(d) 다른 드라이어보다 비싸다.

가이드라인 ▶ 헤어드라이어 광고이다. 가장 큰 특징으로 가볍고 크기가 작아 어디에나 휴대할 수 있다는 점을 강조하고 있다. 따라서 여행용으로도 좋다고 볼 수 있어 (b)가 정답이다.

damage 손상 **light** 가벼운 **compact** 소형인 **fold** 접(히)다 **glove compartment** 자동차 앞 좌석 사물함 **attachment** 부착(물), 연결 장치 **professional** 전문적인 **review** 비평 **reveal** 드러내다, 나타내다 **reliable** 신뢰할 수 있는

Part 4

26-27 **구함: 매장 관리자**
저희 새미 클로딩은 1월부터 일할 수 있는 매장 관리자를 찾습니다. 20세 이상만 가능. 고등학교 졸업장이 있어야 함. 분주한 업무 환경에 빠르게 적응할 수 있어야 함. 대인관계 능력이 훌륭해야 함. 이전 업무 경험이 있으면 바람직하지만 필요한 것은 아님.

업무
• 옷 정리 및 걸기: 건강 상태가 양호하고 제품을 반복해서 옮길 수 있을 만큼 힘이 세야 함.
• 품질 관리: 품질에 대한 안목이 있고 제품에서 결함을 찾아낼 수 있어야 함
• 매장을 안전하고 청결하게 관리하기: 고객이 아무런 불편 없이 쇼핑을 즐길 수 있도록 해야 함
• 재고 관리: 모든 제품이 언제나 고객들이 살 수 있도록 해야 함

업무 시간: 월요일부터 금요일까지 오전 9시부터 오후 6시까지

Q26. 새미 클로딩에서 매장 관리자로 일하기 위해 필요한 것이 아닌 것은?
(a) 20세 이상의 나이
(b) 고등학교 졸업장
(c) 훌륭한 사회성
(d) 업무 경력

Q27. 광고된 직위에 대해서 지문 내용과 일치하는 것은?
(a) 고용된 직원은 결함 있는 제품을 골라내야 한다.
(b) 새 직원을 훈련하는 것이 포함된다.
(c) 주말에 일해야 한다.
(d) 임시직이다.

가이드라인 ▶ Q26. 광고문 첫 단락 마지막에서 업무 경험이 있으면 좋지만 필요한 것은 아니라고 했으므로 정답은 (d)이다.

Q27. 두 번째 업무 내용에서 제품에서 결함을 찾아낼 수 있어야 한다고 했으므로 정답은 (a)이다.

manager 관리자 **diploma** 졸업장 **adjust** 적응하다 **hectic** 숨 가쁘게 바쁜 **people skills** 대인관계 기술 **previous** 이전의 **experience** 경험; 겪다, 경험하다 **desirable** 바람직한 **mandatory** 필요한 **organize** 정리하다 **physical** 신체의 **repetitively** 반복적으로 **manage** 관리하다 **quality control** 제어, 관리 **an eye for** ~에 대한 안목 **defect** 문제, 결함 **make sure** 반드시 ~하다 **inconvenience** 불편 **stock** 재고 **available** 이용 가능한, 입수할 수 있는 **be expected to** ~해야 한다 **sort out** 골라내다 **faulty** 결함 있는 **involve** 포함하다 **require** 필요하다 **temporary** 임시의

28-29 지역 뉴스 > 음식 　　　　피닉스 타임스

리틀 이탈리아

피닉스에 있는 인기 식당인 리틀 이탈리아는 라벤나대로 987번지로 이전했다. 현지 재즈 밴드가 재개장을 기념하는 공연을 하기 위해 초대되었고, 수백만 명의 단골들이 전통 이탈리아 요리를 즐겼다. 리틀 이탈리아 소유주인 리처드 브라운 씨는 자신의 고객들에게 계속된 지원에 대해 감사하기 위해 연설을 했다.

리틀 이탈리아는 10년 전에 애플가 117번지에서 처음 개장했고, 그 이후 지금까지 피닉스에서 가장 인기 있는 식당 중 하나가 되었다. 그러나 원래 위치는 너무 작아서 많은 손님을 수용할 수 없었다. 게다가 제대로 된 주차 공간이 없었다. 리틀 이탈리아로 자가용으로 오는 고객들은 몇 블록 떨어진 주차장을 이용해야 했다. "이제 저는 큰 주차장이 있는 더 큰 부지에서 더 많은 손님을 대접할 수 있어서 기쁩니다. 이 새 장소로 인해서 더 많은 분이 우리 식당에 찾아올 것이라고 확신합니다"라고 브라운 씨가 말했다.

Q28. 지문의 주요 목적은?
(a) 전통 이탈리아 요리를 소개하기 위해
(b) 특별한 행사에 대해 보도하기 위해
(c) 주차 문제를 지적하기 위해
(d) 건물 매매를 발표하기 위해

Q29. 지문으로부터 리틀 이탈리아에 대해서 추론할 수 있는 것은?
(a) 식당 소유주는 이탈리아 출신이다.
(b) 이전 장소가 너무 협소해서 이사했다.
(c) 유명 인사들이 자주 방문한다.
(d) 이사 전에는 인기가 없었다.

가이드라인 Q28. 한 식당이 애플가에서 라벤나대로로 이전하면서 재개장 기념행사를 열었다는 것이 주요 내용이므로 정답은 (b)이다.

Q29. 처음 애플가 식당은 장소가 좁아서 많은 손님을 수용할 수 없었고 주차장도 없었는데, 새로 이전한 라벤나대로 식당은 장소가 훨씬 크고 넓은 주차장이 있어서 더 많은 손님이 찾아올 수 있다는 내용으로부터 장소가 협소해서 이사했음을 추론할 수 있다. 따라서 정답은 (b)이다.

relocate 이전하다, 이사하다 **boulevard** 대로, 큰 거리
perform 공연하다 **celebrate** 축하하다, 기념하다 **reopening** 재개장 **hundreds of** 수백 명의 **loyal** 단골의 **traditional** 전통의 **owner** 소유주 **continue** 계속하다 **support** 지원 **location** 위치, 장소 **accommodate** 수용하다 **in addition** 게다가 **proper** 적당한 **serve** 대접하다 **premises** 부지, 장소 **point out** 지적하다 **previous** 이전의 **frequently** 자주 **celebrity** 유명인 **unpopular** 인기 없는

30-31 ◁ 폴

〈나〉

안녕, 폴. 어떻게 지내? 사실 나 직종을 바꿀까 생각 중이야. 나는 생물학을 전공했고, 졸업 이후 계속 대학 보건소에서 일하고 있어. 나는 주사를 놓는 것에 점점 싫증이 나고 있어. 나는 제약업계에서 일하는 것에 대해 진지하게 고려하고 있어. 내가 어디서부터 시작해야 하는지 말해줄 수 있니?

〈폴〉

안녕, 로라. 나는 병원에서 일한 적이 있어서 네가 일에 대해 어떻게 느끼는지 이해해. 아무튼 나는 네가 제약회사에 지원하기 전에 적어도 2년의 실험실 경력을 쌓는 것을 추천해. 네가 몇 년간 병원에서 일했으니, 병원 실험실 업무를 찾아보는 것이 어떠니? 이렇게 하면 네가 제약회사에 취직하는 것이 훨씬 쉬워질 거야.

Q30. 로라가 메시지를 보낸 이유는?
(a) 미래의 진로에 대한 조언을 구하기 위해
(b) 추천서를 부탁하기 위해
(c) 취업 면접을 요청하기 위해
(d) 사업체가 어디 있는지 알아내기 위해

Q31. 제약 회사에 취직하기 위해 필요한 것은?
(a) 생물학에 대한 기본 지식
(b) 간호사로서의 경력
(c) 약사로서의 경력
(d) 실험실 경력

가이드라인 Q30. 로라는 현재 대학 보건소 업무에 싫증을 느낀다며 제약회사에 취직하려면 어떻게 해야 하는지 묻고 있다. 따라서 정답은 (a)이다.

Q31. 폴은 제약회사에 취직하려면 우선 실험실 경력을 쌓으라고 조언하고 있으므로 정답은 (d)이다.

major in 전공하다 **graduation** 졸업 **give an injection** 주사를 놓다 **seriously** 진지하게 **consider** 고려하다 **pharmaceutical** 제약의 **industry** 산업 **recommend** 추천하다 **laboratory** 실험실 **apply for** 지원하다 **hire** 고용하다 **seek** 구하다, 추구하다 **advice** 조언, 충고 **career** 경력 **reference letter** 추천서 **business** 사업체 **knowledge** 지식 **pharmacist** 약사

32-33　　찰스턴 도서관 통합 카드

　　내일부터 찰스턴은 우리 도시에 사는 모든 분을 위해 신규 도서관 서비스를 시작합니다. 시는 찰스턴 도서관 통합 카드를 개시합니다. 이 출입증으로 여러분은 시의 어느 도서관이든 출입해서 책과 다른 자료들을 대출할 수 있습니다. 찰스턴 지역에 거주하는 분은 누구나 서비스를 이용할 자격이 주어집니다.

여러분은 www.charlestoncity.gov에 등록하시면 카드를 신청할 수 있습니다. 상단 메뉴에서 "시립 도서관"을 클릭하시면 팝업 창이 뜨면서 여러분이 카드를 발급받을 수 있도록 안내할 것입니다. 이 서비스는 기존의 도서관 이용자뿐 아니라 찰스턴 소재 도서관에 처음 오시는 분들도 이용할 수 있습니다. 새 카드가 발급돼서 배송되기까지 영업일 5일 정도 걸릴 것으로 예상됩니다. 서비스가 즉시 필요한 경우, 여러분은 온라인 등록을 마치면 임시 통행증을 인쇄할 수 있습니다.

Q32. 찰스턴 도서관 통합 카드에 대해서 지문 내용과 일치하는 것은?
(a) 기존 도서관 이용자들은 새 서비스를 위해 등록할 필요가 없다.
(b) 카드는 등록한 날짜에 발급될 것이다.
(c) 카드를 신청하려면 도서관에 방문해야 한다.
(d) 카드가 있으면 찰스턴 소재의 모든 도서관을 이용할 수 있다.

Q33. 서비스가 급하게 필요한 사람들이 해야 하는 일은?
(a) 직접 도서관에 방문하기
(b) 추가 요금을 내기
(c) 임시 카드를 받기
(d) 서명하기

가이드라인　Q32. 첫 번째 단락에서 새로 출시되는 카드를 발급받으면 찰스턴에 있는 모든 도서관을 이용할 수 있다고 했으므로 정답은 (d)이다.

Q33. 신규 카드 서비스를 이용하려면 온라인 등록 후 임시 카드를 인쇄할 수 있다고 했으므로 정답은 (c)이다.

as of (시작되는 시간ㆍ날짜가) ~부터　**launch** 개시하다, 출시하다　**integration** 통합　**pass** 통행증　**access** 이용하다, 접근하다　**material** 자료　**eligible** 자격이 있는　**sign up for** ~을 신청하다　**register** 등록하다　**section** 구역, 부분　**issue** 발급하다　**available** 이용 가능한　**existing** 기존의　**expect** 예상하다　**business day** 영업일　**deliver** 배달하다　**temporary** 임시의　**complete** 완료하다　**registration** 등록　**urgently** 급하게　**in person** 직접　**additional** 추가의

34-35　https://economicsworld.org

기초 경제학 | 핫 이슈 | 국내 경제 | 국제 경제

경제학 세상

화폐는 약 3,000년이라는 긴 역사가 있다. 그러나 화폐가 고안되기 전에는 물물교환이 이루어졌다. 다시 말해서, 사람들은 나머지로 남는 것들을 주는 대신 부족한 것들을 얻어왔다. 곡물과 가축은 물물교환의 인기 품목이었다.

처음 금속 동전이 만들어진 것은 기원전 1100년이었다. 이 동전은 중국이 만들었는데, 각 동전에 구멍이 하나가 있었다. 그 구멍은 줄로 묶어서 묶음으로 만들어 편리하게 들고 다니기 위한 것이었다. 기원전 600년 서터키의 사람들이 동전을 사용하기 시작해서, 그리스, 페르시아, 마케도니아, 로마제국에서 동전이 널리 유통되기 시작했다.

다시 기원전 118년에 중국에서 새로운 형태의 화폐가 탄생하였는데, 바로 지폐였다. 첫 지폐는 종이가 아니라 흰 사슴 가죽으로 만들었다. 이 지폐는 종이 지폐가 발명된 기원후 812년까지 쓰였다. 서양에서 종이 지폐가 쓰인 것은 300년 후였다.

Q34. 지문의 주제는?
(a) 고대에 경제가 작동된 방식
(b) 누가 금속 동전을 최초로 만들었나
(c) 화폐의 발전
(d) 어떻게 돈이 세상에 퍼지게 되었나

Q35. 지문으로부터 추론할 수 있는 것은?
(a) 많은 사회에서 곡물과 가축은 필요 이상 갖추고 있었다.
(b) 종이는 가죽 지폐가 쓰이기 오래 전에 발명되었다.
(c) 종이 지폐는 터키를 통해서 서양으로 도입되었다.
(d) 물물교환은 종이돈이 발명될 때 많은 지역에서 널리 이루어졌다.

가이드라인　Q34. 지문은 물물교환을 통해 경제가 돌아가다가 금속 동전, 가죽 지폐, 종이 지폐 순으로 이루어진 화폐의 발전에 관해 설명하고 있으므로 정답은 (c)이다.

Q35. 물물 교환은 나머지 품목을 주고 필요한 물건을 받아오는 방식으로 이루어지는데, 곡물과 가축이 물물교환에 자주 쓰였다는 내용에서, 곡물과 가축을 풍족하게 가지고 있었던 사회가 많았다는 것을 알 수 있다. 따라서 정답은 (a)이다.

almost 거의　**invent** 발명하다　**barter** 물물교환하다　**practice** 실행하다　**in other words** 다시 말해서　**exchange** 교환하다　**in surplus** 잉여로　**lack** 부족하다　**grain** 곡물　**livestock** 가축　**metal** 금속　**produce** 생산하다　**bind** 묶다　**bunch** 묶음　**circulate** 유통시키다　**banknote** 지폐　**deerskin** 사슴 가죽

Reading Comprehension Actual Test 2

➔ 본책 P. 214

1 (b)	2 (b)	3 (c)	4 (d)	5 (b)	6 (d)	7 (d)	8 (b)	9 (b)	10 (a)
11 (c)	12 (b)	13 (a)	14 (d)	15 (d)	16 (d)	17 (a)	18 (c)	19 (c)	20 (d)
21 (d)	22 (a)	23 (c)	24 (d)	25 (c)	26 (c)	27 (d)	28 (c)	29 (a)	30 (d)
31 (b)	32 (d)	33 (b)	34 (a)	35 (a)					

Part 1

1
필리핀에서 일부 사람들이 쓰는 차바카노어는 세 가지 다른 단계의 대명사를 쓴다. 용법은 화자와 청자 간의 친근함 정도, 가족과 사회에서 둘의 지위, 그 당시 화자와 청자의 기분 등에 달려 있다. 화자가 사용하는 대명사는 일반적인 것, 친숙한 것 또는 형식적인 것일 수 있다. 일반적인 형식은 대화에서 형식이나 예의를 전하는 것이 아니므로 동년배 사이에 사용될 수 있다. 또한 상스러움, 무례함 또는 적대감을 암시할 수도 있다.

(a) 대부분의 불어 화자들에게 의미가 통한다
(b) 세 가지 다른 단계의 대명사를 쓴다
(c) 다른 언어들보다 배우기 어렵다
(d) 일부 산악 부족들에 의해 사용된다

가이드라인 필리핀의 한 지역에서 사용되는 언어의 특징을 설명하고 있다. 세 가지 대명사의 종류가 제시되었고 각 용법이 어떤 경우에 쓰이는지 설명하고 있으므로 가장 어울리는 빈칸 내용은 (b)이다.

the Philippines 필리핀 **usage** 사용, 용법 **depend on** ~에 달려 있다 **familiarity** 친숙도, 익숙함 **addressee** 수신인, 듣는 사람 **status** 상태, 지위 **particular** 특정한 **pronoun** 대명사 **formal** 형식적인, 정중한 **peer** 동료, 동년배 **convey** 전달하다 **formality** 형식, 관습 **courtesy** 예의, 공손 **imply** 함축하다, 함의하다 **crudeness** 상스러움, 조잡함 **impoliteness** 무례함 **hostility** 적대감, 적의 **tribe** 부족

2
휴대 전화 사용은 운전자의 어리석음을 증폭시킨다. 훌륭한 운전자조차도 휴대 전화를 귀에 갖다 대면 바보로 돌변한다. 휴대 전화로 통화하는 운전자들은 주변을 인식하지 못하게 된다. 그들은 자신과 다른 사람들을 위험에 빠뜨린다. 휴대 전화를 사용하는 운전자들은 사고 날 확률이 서너 배 정도 더 높다. 핸즈프리 장치를 사용한다고 해서 상황이 더 나아지는 것은 아니며, 여전히 운전자의 주의를 분산시킨다. 운전자들은 길옆으로 차를 세운 다음 휴대 전화를 사용해야 한다.

(a) 도로상에서 극적으로 증가했다
(b) 운전자의 어리석음을 증폭시킨다
(c) 운전이 감소하는 반면 늘어나고 있다
(d) 오늘날 필요악이다

가이드라인 지문은 운전 중 휴대 전화 사용의 위험성에 대한 내용이다. 휴대 전화 사용이 운전자의 주의력을 떨어뜨리므로 사고 위험을 높인다는 것이 전체 내용이다. 빈칸은 단락 맨 첫 문장에 있으므로 이 내용을 포괄할 수 있는 주제문이 나와야 한다. 따라서, 운전자들을 어리석게 만들어버린다는 (b)가 적합하다.

cell phone 휴대 전화 **turn into** ~로 변하다 **unaware** 인식하지 못하는 **surroundings** 환경 **put ~ in danger** ~을 위험에 빠뜨리다 **distract** 분산시키다 **pull over** (차를) 세우다 **dramatically** 극적으로 **magnify** 확대하다 **be on the decline** 감소하고 있다 **necessary evil** 필요악

3
많은 사람들이 긍정적으로 생각해야 한다고 말한다. 그것은 때로 공허한 충고처럼 들릴지 모르지만, 사실 오래 사는 데 도움이 되는 것으로 밝혀졌다. 새로운 연구에 따르면, 낙천적인 사람들은 암에 걸리거나 일찍 사망할 위험이 낮다고 한다. 연구는 명랑한 여성들이 우울한 여성들보다 훨씬 더 암이나 다른 질병에 걸릴 확률이 낮음을 발견했다. 같은 결과가 남자들한테서도 나왔다. 연구 결과에 따르면 낙천적인 사람들은 의학적 충고를 구하고 따르는 경향이 있으며, 친구들도 많아 스트레스에 대처하는 데 도움이 된다고 한다.

(a) 대부분의 비관적인 사람들에게도 마찬가지다
(b) 비관적인 여성들은 식사는 잘 하지만 잠은 잘 못 자는 경향이 있다
(c) 낙천주의자들은 암이나 조기 사망 위험이 낮다
(d) 낙천주의 여성들은 자신과 상응하는 남성들보다 건강하다

가이드라인 긍정적인 태도가 건강에 미치는 영향에 대한 글이다. 문두에서 긍정적인 태도를 가지라는 표현이 소개되면서 이를 뒷받침하는 연구 결과가 뒤따르고 있다. 따라서 새로운 연구가 밝혀낸 내용은 (c)가 가장 적절하다. 이 결과에서 남녀 차이는 보이지 않았으므로 (d)는 적절하지 않다.

look on the bright side 긍정적으로 생각하다 **hollow** 공허한 **turn out** 판명되다 **significantly** 훨씬 **be less likely to** 덜 ~하는 경향이 있다 **die of** ~로 사망하다 **optimistic** 낙천적인 **the same is true for** ~도 마찬가지다 **pessimistic** 비관적인 **tend to** ~하는 경향이 있다 **have a lower risk of** ~의 위험이 적다 **early death** 조기 사망 **counterpart** 상대편

4 교육 뉴스

교육 위원회가 P.S. 92학교의 한 <u>교사를 복직시켰다</u>. 문제의 교사인 김 선생은 진화론을 가르쳤다는 이유로 해임되었다. 위원회는 과학 교사 마샤 김이 부모들의 반대에도 불구하고 P.S. 92로 돌아올 것이라고 말했다. 위원회 위원 대셀 테론은 김 선생이 진화론을 가르칠 권리가 있다고 말했다. P.S. 92는 종교적인 학교가 아니지만 그 지역의 많은 가족들은 보수적인 기독교인들이다. 김 선생을 해고했던 P.S. 92의 마뉴엘 카터 교장은 자신은 동의하지 않지만 위원회의 결정을 존중한다고 말했다.

(a) 교사를 쫓아냈다
(b) 강사를 비판했다
(c) 교수를 칭찬했다
(d) 교사를 복직시켰다

가이드라인 주제문이 제시되는 첫 문장에 빈칸이 나와 있다. 지문의 내용은 진화론을 가르쳤다는 이유로 해임되었던 교사가 보수적인 기독교도인 학부모들의 반대에도 불구하고 다시 학교로 돌아오게 되었다는 것이다. 따라서, 교육 위원회가 교사를 복직시켰다는 (d)가 정답이다.

panel 위원회 **in question** 문제의, 논의 중인 **fire** 해고하다 **evolutionary** 진화의 **objection** 이의, 반대 **evolution** 진화 **conservative** 보수적인 **Christian** 기독교인(의) **principal** 교장 **kick out** 쫓아내다 **instructor** 교사 **commend** 칭찬하다 **professor** 교수 **reinstate** 복직시키다

5

올 여름은 여름 아르바이트 자리를 원하는 수백만 명의 학생들에게 작년보다 상황이 더 나쁠 수 있다. 주 정부 및 지방 정부는 전통적으로 하절기 최대의 고용주로 꼽히는데, 재정 문제를 겪고 있어 일자리를 줄이고 있다. 취업 프로그램 지원 비용도 바닥이 나고 있다. 사기업들도 예년처럼 많은 학생들을 채용하지 않고 경제가 회복되기를 기다리고 있다. 너무나 많은 사람들이 더 적은 일자리를 놓고 경쟁하고 있어, 학생들은 기회를 놓치고 있다. 대다수에게는 <u>일자리나 돈이 없는 여름</u>이 될 것이다.

(a) 인생 최고의 시기가
(b) 일자리나 돈이 없는 여름이
(c) 졸업하기 전 마지막 일자리가
(d) 열기 속에서 일하는 힘든 여름이

가이드라인 경제 침체로 인해 학생들이 여름 방학 동안 아르바이트 자리를 얻는 것이 어려울 것이라는 내용이다. 따라서 이러한 상황을 가장 잘 나타낸 것은 (b)이다.

state (미국의) 주(州) **traditionally** 전통적으로 **employer** 고용주 **financial** 재정의 **run out** 다 떨어지다, 바닥나다 **hire** 채용하다 **compete** 경쟁하다 **miss out** 좋은 기회를 놓치다

6

원래 노동자들의 옷은 데님으로 만들어졌고 노동자들만이 데님을 입었다. 그러다가 리바이 스트라우스가 최초로 1850년대에 캘리포니아의 금광 광부들을 위해 데님으로 청바지를 만들었다. 데님은 오랫동안 노동자 계층과 관련이 있었지만, 점차 보편적이 되었다. 1970년대 무렵, 여성들도 남성들만큼이나 데님을 입었다. 1980년대에는 오늘날과 마찬가지로 디자이너가 만든 청바지를 중산층과 부유층이 입었다. 이제는 거의 모든 사람이 데님으로 만든 옷을 적어도 한 벌은 가지고 있다. 초기와는 달리, 이제 데님은 <u>모든 종류의 의류에 사용되고</u> 있다.

(a) 대부분의 청바지를 만드는 데 사용되는
(b) 많은 노동자들에게 인기 있는
(c) 누구나 살 수 있을 만큼 더 저렴한
(d) 모든 종류의 의류에 사용되는

가이드라인 청바지가 거쳐온 역사를 설명하고 있다. 빈칸이 있는 문장이 '초기와는 달리'라는 말로 시작하고 있으므로, 노동자들만이 데님을 입던 초기와 대조되는 내용이 들어가야 한다. 따라서 노동자들이 입는 옷 외에도 다양한 의류에 사용되고 있다는 (d)가 가장 적절하다.

originally 원래 **workman** 노동자 **clothes** 옷, 의복 **make A out of B** B로 A를 만들다 **denim** 데님 천; 진 바지 **gold miner** 금광에서 일하는 광부 **be associated with** ~와 관련 있다 **working class** 노동자 계층 **gradually** 점차 **middle class** 중산층

7

〈더 코브〉는 2010년 아카데미 최우수 다큐멘터리상을 수상했다. 영화는 돌고래를 잔인하게 죽이는 것에 관한 것이다. 사건은 일본의 한 국립공원에서 작살과 칼을 든 사람들에 의해 일어났다. 서구의 영화 관객들은 잔인한 도살에 충격을 금치 못했다. 영화에서는 몇몇 뛰어난 카메라 기법이 돋보인다. 일본 관객들로부터는 엇갈린 반응을 받았다. 일부는 그런 살해가 이루어진다는 것을 알고 충격을 받았다. 일본 사람들은 일부 돌고래 고기가 일본의 어린 학생들에게 공급된다는 사실에 더욱 경악했다. 〈더 코브〉를 비판하는 사람들은 <u>영화가 편향되어 있고 관객을 오도한다고 묘사했다</u>.

(a) 다큐멘터리의 스타일에 감동받았다
(b) 도살에 대한 항의 시위를 장려했다
(c) 영화의 예고편 보기를 거부했다
(d) 편향되어 있고 관객을 오도한다고 묘사했다

가이드라인 〈더 코브〉라는 다큐멘터리 영화와 그를 둘러싼 엇갈린 반응에 대한 글이다. 일부는 영화의 고발 내용에 충격을 받았다는 내용이 나온 다음, Critics가 주어로 나오는 문장이 이어지고 있다. 그렇다면 비판하는 입장에서 부정적인 내용이 나와야 하므로 (d)가 자연스럽다. 이미 영화를 보고 비판하는 것이므로 (c)는 어울리지 않는다.

cove 작은 만 **spear** 창, 작살 **brutal** 잔인한, 잔혹한 **critic** 비평가, 비판하는 사람 **protest** 항의하다 **biased** 편향된 **misleading** 오도하는

8　새로운 연구에 따르면, 인체의 성장 호르몬은 실제로 성과를 개선시킬 수 있다고 한다. 호주 연구자들은 호르몬이 단거리 경주에서 선수들에게 도움을 줬다고 말한다. 이는 특히 달리기나 수영에서처럼 몇 분의 1초가 승자를 결정지을 수 있는 경우에 그렇다. 총 103명의 남녀 운동선수들이 2개월간에 걸쳐 테스트를 받았다. 그들은 성장 호르몬과 식염수 중 하나를 투여받았다. 성장 호르몬은 자전거 단거리에서 4퍼센트까지 성적을 올렸다. 이는 인체의 성장 호르몬이 <u>운동 성과를 향상시킨다</u>는 것을 증명한다.

(a) 테스트가 더 필요하다
(b) 운동 성과를 향상시킨다
(c) 모든 운동 경기에서 금지되어야 한다
(d) 장기적으로 운동 성과를 망친다

가이드라인　성장 호르몬은 실제로 성과를 개선시킬 수 있다는 새로운 연구 조사를 발표하는 글이다. 빈칸은 결론부에 있으므로 전체 내용을 요약하는 문장을 선택하면 된다. 따라서 운동 성과를 향상시킨다고 하는 (b)가 정답이다. (a)와 (c)는 언급되지 않았고, (d)는 주제와 일치하지 않는 내용이다.

growth hormone 성장 호르몬　**enhance** 개선하다, 향상하다
over the course of ~에 걸쳐　**injection** 주입, 주사　**sprint** 단거리 경주, 스프린트　**boost** 밀어 올리다, 부양하다　**ban** 금지하다
destroy 파괴하다, 망치다

9　스턴트 비행사는 오락 목적이나 위급 상황 시 구출을 위해 어려운 비행 과정을 수행하는 사람들이다. 플로렌스 로우 반즈는 미국의 초창기 여성 스턴트 비행사 중 한 명이었다. 대담한 비행사였던 반즈는 시속 196.19마일로 비행함으로써 1930년에 여성 최고 속도를 갱신했다. 게다가 그녀는 로스앤젤레스에서 멕시코시티까지 비행한 최초의 여성이었다. 그녀는 1928년에 비행을 배웠고 항공기 조종에 굉장한 열정을 갖게 되어 1930년대에는 할리우드에서 스턴트 비행사로 일했다.

(a) 즉
(b) 게다가
(c) 예를 들면
(d) 비교해 보면

가이드라인　미국의 초창기 여성 스턴트 비행사였던 플로렌스 로우 반즈를 소개하는 글이다. 빈칸 앞에서 여성 최고 기록을 갱신했다는 내용에 이어 빈칸 뒤에서 또 다른 기록을 언급하고 있으므로 첨가 및 보충을 나타내는 (b)가 알맞다.

stunt pilot 스턴트 비행사　**perform** 수행하다　**procedure** 과정
help out 구출하다　**emergency** 위급 상황　**daring** 대담한
passionate 열정적인

10　인도는 엄청난 인구와 비교적 낮은 개발 수준, 그리고 허술한 환경법 등으로 인해 공해가 심각한 문제가 되었다. 하지만 놀랍게도, 적어도 도시에서 가장 해로운 공해 중의 하나는 바로 소음 공해이다. 그 원인으로는 차량과 건설 현장, 확성기, 그리고 간헐적인 폭죽 등이 있는데, 소음 공해는 정신적으로나 육체적으로 주변 사람들의 건강에 해를 주는 것으로 드러났다. 실제로 뭄바이의 소음 공해는 너무 심각해서 현지의 아와즈 재단이 강제로라도 시 당국이 규제안을 마련하도록 하기 위해 소송을 제기했을 정도다.

(a) 실제로
(b) 그렇기는 하지만
(c) 대체로
(d) 그와는 반대로

가이드라인　인도의 심각한 소음 공해에 관한 글이다. 빈칸 앞까지는 소음 공해의 원인과 사람들에게 끼치는 폐해를 설명하고, 빈칸 뒤에서는 실제적인 대응 사례를 들고 있으므로 빈칸에 알맞은 연결어는 (a)이다.

enormous 엄청난　**population** 인구　**development** 발전
construction 건설　**loudspeaker** 확성기　**occasional** 가끔의
firecracker 폭죽　**contribute to** ~의 원인이 되다　**mental** 정신의　**physical** 신체의　**file a lawsuit** 소송을 제기하다
regulation 제재

Part 2

11　블러드 폭포는 남극 동부의 빅토리아 랜드에 있는 거대한 빙하의 끝에 위치해 있다. (a) 이 이름은 실제 피가 아니라 철분이 풍부한 그곳 물에서 유래한 것이다. (b) 물이 지하에서 흘러나올 때 철분이 공기와 반응하여 붉은 녹을 형성한다. (c) 이 황량하고 얼어붙은 환경에서 미생물들이 유황과 철 화합물을 먹고 살아간다는 사실이 밝혀졌다. (d) 물 자체는 염분 농도가 짙은 지하 호수에서 왔을 것이다.

가이드라인　블러드 폭포라고 불리는 남극의 폭포가 어떻게 해서 특유의 붉은 색깔을 띠게 되었는지를 설명하는 글이다. 지하 호수에서 온 물에 포함된 철분이 산화작용을 일으켜 붉은 녹을 형성하게 되었다는 내용이다. (c)에서 미생물에 대한 이야기는 전체 내용과는 다소 거리가 있다.

falls 폭포　**be located at** ~에 위치하다　**tip** 끝, 단　**giant** 거물, 거인　**glacier** 빙하　**Antarctica** 남극　**actual** 실제의　**rich in** ~가 풍부한　**iron** 철(분)　**trickle out** 흘러나오다　**underground** 지하　**react with** ~과 반응 하다　**form** 형성하다　**rust** 녹
microbe 세균, 미생물　**inhospitable** 불친절한, 박대하는　**icy** 냉랭한　**environment** 환경　**sulfur** 유황　**compound** 혼합물, 화합물　**concentration** 집중, 농도

12 생선을 먹는 것은 이롭지만 생선이 유독성 수은으로 오염되었을 때는 아니다. (a) 최근의 다양한 연구에서 여러 종류의 참치를 분석해서 수은 함량치를 알아보았다. (b) 천연 수은도 존재하기는 하지만, 인간에 의한 오염이 수은을 환경에 계속 유입시키고 있다. (c) 한 연구는 수은이 덜 함유되어 있기 때문에 황다랑어가 눈다랑어나 참다랑어보다 낫다고 결론을 내렸다. (d) 다른 연구는 으깬 살 소형 참치 캔이 으깬 흰살과 통흰살 종류보다 더 안전하다는 것을 밝혀냈다.

가이드라인 생선에 포함된 유독성 수은 수치에 관한 연구결과를 소개하는 글로, 참치 종류에 따른 수은 함량 비교를 다루는 내용인데 천연 수은과 인간에 의한 수은 오염을 제시하는 (b)는 흐름에 맞지 않는다.

benefit 혜택 **contaminate** 오염시키다 **toxic** 유독한 **mercury** 수은 **tuna** 참치 **determine** 결정하다 **yellowfin** 황다랑어 **preferable** 보다 바람직한 **bigeye** 눈다랑어 **bluefin** 참다랑어 **variety** 종류; 여러 가지를 주워 모은 것

Part 3

13 테크놀로지 투데이

로버트 체이스는 뱀 같은 로봇을 개발하여 사람들을 도우려 한다. 그는 로봇들이 작은 공간을 미끄러져 다니며 피해자들을 수색할 수 있기를 바란다. 로봇에는 카메라와 전자 센서가 달려 있다. 그들의 섬세한 움직임은 조이스틱으로 조절할 수 있다. 체이스의 로봇들은 무너진 건물 사이를 교묘히 이동하고 파이프를 타고 올라갈 수 있도록 충분히 작은 크기로 만들어졌다. 그 로봇들은 사람 팔 이하의 크기이다. 지진이나 해일과 같은 자연재해에서 뱀 로봇들은 구조대원들이 상처 입은 사람들을 찾아내는 것을 도울 수 있다.

Q: 지문의 주제는?
(a) 구조 작업을 위한
(b) 뱀처럼 움직이도록 가르친 로봇
(c) 세상에서 가장 작은 로봇
(d) 뱀 같은 로봇의 작동 원리

가이드라인 로버트 체이스가 개발한 뱀 모양의 인명 구조 로봇을 소개하고 작동에 대해 간단히 설명하고 있다. 지문의 핵심은 이 로봇이 뱀과 같은 모양과 움직임으로 인명 구조에 사용된다는 것이므로 답은 (a)가 되어야 한다.

robot 로봇 **search for** ~을 찾다, 탐색하다 **victim** 희생자, 피해자 **slide** 미끄러지다, 활주하다 **electronic** 전자의 **delicate** 섬세한 **movement** 운동, 움직임 **joystick** 조이스틱 **maneuver** 교묘하게 이동하다, 작전 행동을 취하다 **disaster** 재해, 재앙 **earthquake** 지진 **tsunami** 해일 **rescuer** 구조대원 **principle** 원리, 원칙

14 철도는 사회의 중요한 발전이었다. 철도는 일정을 따랐다. 그래서, 정확하게 시간을 지키는 일이 중요해졌다. 하지만 철도가 그렇게 한 최초의 시스템은 아니었다. 역사 전반에 걸쳐 상인들은 새벽에 물건을 팔았다. 사람들은 또한 행사를 함께 축하했다. 이는 사람들이 하루 중 어떤 시간으로 이웃과 대략 합의를 보았음을 의미한다. 사회는 시간에 대해 합의할 필요가 있다. 그렇지 않으면 일상생활은 엉망이 될 것이다.

Q: 지문의 요지는?
(a) 일부 전통은 시간을 초월한다.
(b) 시간 엄수는 고대에서 온 것이다.
(c) 철도는 사람들이 일정을 따르도록 도왔다.
(d) 일반적으로 인정된 시간 측정 방법이 필요하다.

가이드라인 철도의 도입은 사회에 시간 엄수 개념이 정착되는 데 도움을 준 예였으며, 그밖에 물건 매매, 공동 행사 등에서 사회 구성원들은 시간을 정하고 지켜야 했다는 내용이다. 따라서 정답은 사회에서 일반적으로 받아들여지는 시간 측정이 필요하다는 (d)이다.

follow a schedule 일정을 따르다 **precise** 정확한, 정밀한 **timekeeping** 시간 엄수 **merchant** 상인 **daybreak** 새벽 **celebrate** 축하하다 **mess** 혼동, 엉망진창 **timeless** 영원한, 시간을 초월한 **ancient** 고대의 **accepted** 일반적으로 인정된

15 알프레드 노벨은 스웨덴의 화학자였다. 그는 세상을 떠나면서 돈을 기부하여 노벨상을 만들도록 했다. 노벨상은 화학, 물리학, 의학, 문학, 평화 이렇게 다섯 개 부문에서 시상한다. 노벨 위원회는 수백 명의 과학자들과 학자들에게 초청장을 보낸다. 그들에게 노벨상 후보를 지명해 달라고 요청하는 것이다. 이름을 받으면 각 위원회는 제안된 이름에 대해 의논하고 수상 후보자 명단을 좁힌다. 수상자를 뽑는 투표가 이루어진다. 노벨 평화상은 오슬로 대학교에서 발표되며 다른 상들은 스톡홀름의 시상식에서 주어진다. 각 노벨상 수상자는 노벨상을 받을 때 수락 연설을 한다.

Q: 지문의 주제는?
(a) 다양한 분야의 노벨상 수상자들
(b) 노벨 위원회 조직
(c) 스웨덴 과학자가 이룬 업적
(d) 노벨상이 수여되는 과정

가이드라인 노벨상이 어떻게 만들어졌는지, 어떤 절차를 거쳐 시상되는지를 설명하고 있는 글이다. 노벨상이 수여되는 과정이 주된 내용이라 할 수 있다. 따라서 (d)가 정답이다.

Swedish 스웨덴의 **donate** 기부하다, 기증하다 **the Nobel Prize** 노벨상 **chemistry** 화학 **physics** 물리학 **medicine** 의학 **prize-winner** 수상자 **ceremony** 식, 의식 **field** 분야 **organization** 조직, 기관

16 남극 대륙의 얼음은 대부분 손대지 않은 채로 깨끗하다. 이는 우리 태양계의 초창기에 만들어진 미립자를 발견하고자 하는 과학자들에게 이상적이다. 일부 과학자들은 얼음에 구멍을 뚫어서 몇몇 미립자를 발견했다. 그들은 이 미립자의 화학 성분을 살펴보고, 그것들이 우주에서 왔으며 45억 년간 변하지 않았다는 것을 증명할 수 있었다. 이 미립자들은 태양만큼이나 오래되었을 수도 있으며 혜성에서 온 미립자의 종류와 유사하다.

Q: 지문의 주제는?
(a) 우주에서 온 미립자의 분석
(b) 오래된 혜성 미립자를 수색하기 위한 구멍 뚫기
(c) 남극 대륙에서 우주 암석 찾기
(d) 남극 대륙에서 오래된 미립자 찾기

가이드라인 과학자들이 남극 대륙의 얼음에서 오래 전 우주에서 온 미립자를 발견했다는 내용이므로 (d)가 가장 적절하다.

largely 대부분, 주로 **untouched** 손대지 않은, 본래대로의 **particle** 미립자 **solar system** 태양계 **drill** 구멍을 뚫다 **chemical** 화학의 **makeup** 구성, 구조 **prove** 증명하다 **comet** 혜성 **analyze** 분석하다

---

17   품질보증서

일렉트로 타임즈 상품을 구입해 주셔서 감사합니다. 이 보증은 1년 동안 소비자를 보호해 드립니다. 보증 기간은 제품을 구매한 날에 시작됩니다.

• 제품이 고장 나면 수리해 드리겠습니다.

• 수리비용을 지불하실 필요가 없습니다. 또한 배송비도 본사 부담입니다.

• 제품을 수리할 수 없을 경우, 교환품을 보내 드리겠습니다.

이 보증서를 안전한 곳에 보관해 주십시오. 제품에 문제가 있으면 보증서 사본을 보내 주시기 바랍니다. 보증서가 없으면 제품 수리나 교환을 받을 수 없습니다.

Q: 품질 보증서 내용과 일치하는 것은?
(a) 구입 후 1년 뒤에 보증 기간이 끝난다.
(b) 배송비는 포함되지 않는다.
(c) 보증서는 구매 영수증과 함께 제시되어야 한다.
(d) 수리비의 일부만 충당된다.

가이드라인 품질 보증서의 두 번째 문장에서 1년 동안 소비자를 보호한다고 했으므로 정답은 (a)이다.

warranty 보증(서) **purchase** 구매하다 **product** 제품, 상품 **protect** 보호하다 **repair** 수리하다 **shipping cost** 선적료 **replacement** 교체[대체]물, 대체 **copy** 사본

---

18 스페인은 1500년대에 플로리다 반도를 식민지화했다. 하지만 플로리다의 아메리카 원주민들과 영국인 식민지 주민들이 1600년대 스페인에 도전했다. 스페인은 1763년 영국이 플로리다의 지배권을 획득하면서 그 지역을 잃었다. 20년 후, 영국이 미국 독립 혁명에서 패하면서 플로리다는 다시 스페인에게 넘어갔다. 하지만 미국인들은 플로리다 지배권을 원했다. 1819년 스페인과 미국은 플로리다 취득 조약에 서명했다. 조약에서 스페인은 플로리다의 나머지 지역을 미국에 넘기는 데 동의했다.

Q: 지문 내용과 일치하는 것은?
(a) 플로리다는 1600년대에 식민지화되었다.
(b) 플로리다는 1763년 미국의 지배하에 들어왔다.
(c) 영국은 20년 동안 플로리다를 지배했다.
(d) 영국과 미국은 플로리다 관련 조약에 서명했다.

가이드라인 플로리다 지역 지배권의 역사를 간략히 소개하고 있다. 스페인이 최초로 식민지화했지만 이후 영국, 스페인, 미국으로 지배권이 넘어가는 과정과 시기에 대해 설명하고 있다. 플로리다는 1500년대에 식민지화되었고 1763년 영국이 지배하기 시작해서 20년 뒤 스페인에게 지배권이 넘어갔으며, 플로리다 취득 조약에 서명한 것은 스페인과 미국이므로 정답은 (c)이다.

colonize 식민지화하다 **peninsula** 반도 **colonist** 식민지 주민 **challenge** 도전하다 **defeat** 패배시키다 **revolution** 혁명 **purchase** 구입 **treaty** 조약 **hand over** 넘겨주다 **remainder** 나머지

---

19 '마테'라고 발음하는 마테 차는 남미 음료이다. 마테 차는 예르바 마테의 말린 잎과 가지를 뜨거운 물에 우려서 준비한다. 전통적으로 찻잔은 가까운 친구들과 가족 사이에 함께 쓴다. 그것을 마시는 사람들은 같은 빨대를 쓴다. 작가 로버트 하인라인은 '물 형제,' 즉 같은 잔으로 마셔서 더 친밀해진 사람들에 대해 글을 썼다. 마찬가지로 마테 잔을 공유한 사람들은 유대감이 있다. 그들은 예르바 마테의 건강과 명상을 함께 나눈다. 그래서 그것은 수용과 우정의 표시가 된다.

Q: 지문 내용과 일치하는 것은?
(a) 예르바 마테는 얼음물을 써서 만든다.
(b) 예르바 마테는 컵으로 단번에 마신다.
(c) 마테를 마시는 것은 사회적 유대감의 수단이다.
(d) 마테는 건강 성분이 전혀 없다.

가이드라인 남미 지역의 전통적인 음료인 마테 차와 그 사회적 의미에 대해 소개하고 있다. 마테 차는 뜨거운 물에 우려 한 컵으로 친지들과 나누어 마심으로써 사이를 돈독히 하고, 함께 건강과 마음의 평안을 도모하는 것이므로 정답은 (c)이다.

pronounce 발음하다 **steep** 담그다 **twig** 나뭇가지 **yerba maté** 예르바 마테 **traditionally** 전통적으로 **straw** 빨대 **author** 저자, 작가 **similarly** 마찬가지로, 비슷하게 **bond** 유대(감) **meditation** 명상 **acceptance** 허용, 수락 **means** 수단, 방편 **properties** (주로 복수로) 속성, 고유의 성질

20 로즈데일 주지사님께,

주에서 클리프턴 우즈에 쓰레기 매립지를 건설하려는 계획에 반대하기 위해 이 편지를 씁니다. 이 설비의 잠재적 폐해는 이익을 훨씬 넘어섭니다. 우리는 이 지역에 이런 크기의 쓰레기 처리 시설을 필요로 하지도 원하지도 않습니다. 이 지역은 훌륭한 야외 휴양 기회를 제공합니다. 사람들은 그곳에서 하이킹, 캠핑, 낚시 등을 하는 것을 좋아합니다. 모든 방문객들은 클리프턴 우즈 자연 환경의 평화로움과 아름다움에 대해 이야기합니다. 그들은 쓰레기 냄새를 맡거나 쓰레기차 소리를 듣고 싶어 하지 않습니다. 부디 이 지역의 숲과 야생 동물을 보존하여 주시기 바랍니다.

Q: 편지 내용과 일치하는 것은?
(a) 주에서 클리프턴 우즈 정화를 계획하고 있다.
(b) 야생 동물이 지역 공원 부지를 손상시키고 있다.
(c) 클리프턴 우즈 지역은 많은 스키어들을 끌어들인다.
(d) 정부는 쓰레기 폐기장을 건설하고 싶어 한다.

가이드라인 지역 쓰레기 매립지 건설 계획에 반대하기 위한 편지글이다. 클리프턴 우즈 지역 자연 환경을 보존하여 야외 활동을 즐기는 사람들과 지역 주민들에게 평화로운 공간을 제공하는 것이 쓰레기 처리 시설의 장점보다 훨씬 중요하다고 주장하고 있으므로 (d)가 정답이다.

oppose 반대하다 **landfill** 쓰레기 매립지 **outweigh** ~보다 크다

21 버닝맨은 연례 축제이다. 9월 미국의 노동절 휴일에 끝난다. 축제는 네바다 주 리노에서 90마일 정도 떨어진 블랙록 사막에서 개최된다. 하지만 정확한 위치는 매년 바뀔 수 있다. 버닝맨은 축제인 동시에 사회적인 실험이기도 하다. 여기서는 나름의 격자도로, 법, 사회적 관습을 갖춘 임시적인 도시가 탄생된다. 모두가 참여하도록 권장된다. 버닝맨은 축제 참가자들이 사람 형상의 커다란 나무 조각을 불태우는 특별한 축제 의식에서 이름을 따왔다.

Q: 지문 내용과 일치하는 것은?
(a) 축제는 네바다주 리노에서 열린다.
(b) 버닝맨은 오로지 초대받은 사람들만을 위한 행사이다.
(c) 축제는 매년 같은 장소에서 열린다.
(d) 참가자들은 축제 기간 동안 나무 인형을 태운다.

가이드라인 미국 네바다 주 지역에서 벌어지는 연례 축제인 버닝맨에 대한 글이다. 네바다 주 리노에서 90마일 떨어진 곳에서 이루어지며, 모두가 참여하도록 권장되고, 정확한 위치는 매년 달라질 수 있다고 했다. 이 축제에서 사람 형상의 나무 조각을 불태우는 의식이 있다고 했으므로 맞는 답은 (d)이다.

take place 개최되다 **desert** 사막 **in addition to** ~에 더해 **experiment** 실험 **temporary** 임시의 **grid** 격자 **encourage** 권장하다, 격려하다 **participate** 참가하다 **ritual** 의식, 관례 **wooden** 목재의 **sculpture** 조각

22 치열교정기는 치아에 일정한 압력을 가해 치열을 바르게 한다. 스프링이나 고무 밴드를 사용하여 치아를 특정 방향으로 움직이도록 할 수 있다. 압력은 치아가 잇몸으로부터 느슨해지도록 한다. 치아가 움직임을 멈추면 뼈가 자라나 치아가 새 위치에 자리를 잡도록 지지한다. 이 움직임은 서서히 이루어져야 한다. 그렇지 않으면 환자의 이가 빠질 수도 있다. 오랜 시간 교정기를 하면 치아가 적절한 위치로 옮겨지게 된다. 대부분 2~3년 정도 교정기를 착용한다.

Q: 교정기를 너무 빨리 움직일 경우 생기는 일은?
(a) 이가 빠질 것이다.
(b) 교정기가 망가질 것이다.
(c) 고무 밴드가 끊어질 것이다.
(d) 이가 더 빨리 반듯해질 것이다.

가이드라인 치아교정의 원리와 방법, 주의점 등에 대해 이야기하고 있다. 교정기를 너무 빨리 움직이면 어떤 일이 생길 것인지를 묻는 세부사항 질문이다. 단서는 This movement should be gradual. Otherwise ... 부분에서 찾을 수 있다. 서서히 움직이지 않으면 이가 빠질 수도 있다고 했으므로 정답은 (a)이다.

brace 버팀대, 치열교정기 **straighten** 똑바르게 하다, 곧게 하다 **steady** 꾸준한, 일관적인 **pressure** 압력 **gum** 고무, 잇몸 **gradual** 점증적인 **fall out** 싸우다, 떨어져 나가다, 낙오하다

23 에티켓은 단순히 빵을 메인 접시의 오른쪽에 놓아야 하는지 왼쪽에 놓아야 하는지를 아는 것 이상이다. 어떻게 자기 자신을 나타내는가 하는 문제이다. 훌륭한 에티켓을 가지고 있다는 것은 사람들 사이에서 편안하다는 것을 보여준다. 따라서, 비즈니스 오찬 중에 좋은 에티켓을 가지는 것이 중요하다. 고객들은 당신을 믿을 수 있기를 원한다. 또한 당신이 다른 사람을 배려한다는 사실을 알고 싶어 한다. 그들에게는 당신의 에티켓이 성숙과 세련된 정도를 보여주는 것이다. 많은 비즈니스 거래가 적절한 예절을 지키지 못한 사람 때문에 실패했다.

Q: 지문으로부터 추론할 수 있는 것은?
(a) 어떤 사람들은 에티켓에 너무 주의를 기울이는 것을 불편해 한다.
(b) 비즈니스 에티켓은 기본적으로 다른 사람들의 예절을 그대로 따라하는 것이다.
(c) 좋은 예절은 비즈니스 거래에 있어 필수적이다.
(d) 훌륭한 에티켓은 비즈니스의 성공을 보장한다.

가이드라인 에티켓의 진정한 의미와 비즈니스에 미치는 영향에 대한 글이다. 에티켓은 성숙과 세련됨의 징표로써 비즈니스 거래에서도 신뢰를 얻는 길이 된다. 반대로 형편없는 에티켓은 신뢰감을 떨어뜨려 거래를 실패로 이끌기도 하므로 (c)가 정답이다.

etiquette 에티켓, 예절 **trust** 믿다 **consideration** 고려, 배려 **maturity** 성숙 **sophistication** 세련 **deal** 거래 **proper** 적절한 **manners** 예의, 예절 **pay attention to** ~에 주의를 기울이다, 주목하다 **essentially** 기본적으로, 필수적으로 **copy** 복사하다, 따라하다 **guarantee** 보장하다

24 샤이엔강의 수족 보호구역은 실업률이 85%에 이른다. 설상가상으로 이 지역은 지난 1월에 엄청난 눈 폭풍이 강타했다. 폭풍은 수천 개의 송전선을 무너뜨렸고 주민들은 물과 전기, 난방도 없이 영하의 기온에서 수 주 동안 지냈다. 이 시기 내내 정부는 아무런 조치도 취하지 않았다. 그러고 나서 2월에 TV 황금시간대의 1분짜리 논평에서 이 위기에 대해 언급하며 기부를 호소했다. 그로 인해 거의 백만 달러가 모였고, 그 후 정부는 갑자기 보호구역 공동체를 돕기로 결정했다.

Q: 지문으로부터 추론할 수 있는 것은?
(a) 정부 당국에서 TV 논평을 만들었다.
(b) 수천 개의 사업체가 눈 폭풍의 영향을 받았다.
(c) 보호구역의 사람들이 직접 송전선을 수리했다.
(d) 매체의 대응이 없었다면 정부는 원조를 하지 않았을 것이다.

가이드라인 높은 실업률에 이어 눈 폭풍까지 맞고 위기에 처한 아메리카 원주민 보호구역에 대해 정부는 아무 조치도 취하지 않다가 TV 방송이 나가고 난 후에야 원조를 결정했다고 했으므로, TV방송이 없었다면 정부의 원조도 없었을 것이라는 (d)가 알맞다.

Sioux 수족(아메리카 원주민의 한 종족) **reservation** 아메리카 원주민 보호구역 **unemployment** 실업 **to make matters worse** 설상가상으로 **knock down** 무너뜨리다 **power line** 송전선 **resident** 주민 **below-zero** 영하의 **commentary** 논평 **prime-time** 황금시간대의 **donation** 기부

25 국내 소식)정치   캘리포니아 포스트
식당 메뉴의 영양 표기

캘리포니아의 한 국회의원은 체인 음식점이 메뉴에 영양 정보를 기입하기를 원한다. 그리고 미 의회는 비만 관련 소송으로부터 음식점을 보호하는 법안을 결정하고 있다. 여기서 의문이 생긴다. 음식점이 고객의 건강에 책임이 있는가? 패스트푸드 음식점들은 자신들이 고열량 식사를 제공하는 유일한 식당은 아니라고 주장한다. 그들은 패스트푸드나 체인 음식점뿐 아니라 다른 식당들도 정보를 공개하기를 원한다. 이 법안들이 통과되면, 우리는 곧 메뉴 가격 옆에 열량, 지방, 염분 정보를 보게 될 것이다.

Q: 지문으로부터 추론할 수 있는 것은?
(a) 미국은 가장 과체중 인구가 많은 국가에서 벗어날 것이다.
(b) 음식점들은 메뉴에 영양 정보를 추가하기 시작했다.
(c) 일부 식당 이용객들은 자신들의 건강 문제를 패스트푸드 음식점 탓으로 돌린다.
(d) 캘리포니아 의원은 체인 음식점에서 식사를 한 후 비만이 되었다.

가이드라인 메뉴에 영양 정보를 표기하는 것을 둘러싼 논란이 소개되고 있다. 미 의회가 비만 관련 소송으로부터 음식점을 보호하는 법안을 결정하고 있으며, 음식점이 고객의 건강에 책임이 있는가 하는 질문이 제기되고 있다. 따라서 일부 고객이 자신들의 비만에 대해 음식점의 책임을 묻고 있다는 (c)를 추론할 수 있다.

lawmaker 입법자, 국회의원 **nutritional** 영양상의, 영양학의 **congress** 의회 **bill** 법안 **protect** 보호하다 **obesity** 비만 **related** 관련된 **lawsuit** 소송 **raise** 일으키다 **be responsible for** ~에 책임이 있다 **establishment** 영업소, 가게 **reveal** 공개하다, 밝히다 **pass** 통과하다 **detail** 세부사항 **sodium** 나트륨 **content** 내용물 **cease** 그치다, 중지하다 **diner** 식사하는 사람, 손님 **blame** 나무라다, 비난하다

Part 4

26-27   해피 포즈

고양이와 개와 같은 애완동물은 우리의 제일 친한 친구가 되어왔습니다. 애완동물 소유주로서, 여러분은 이 털북숭이 친구들에게 이따금 특별한 선물을 주고 싶지 않으신가요? 그렇다면 해피 포즈에 와보시는 게 어떤가요?

2월 2일에 새로 문을 연 우리 매장은 유기농 사료부터 반응형 장난감까지 다양한 제품들을 취급하고 있습니다. 우리 매장의 모든 제품을 보시면 눈이 휘둥그레질 것입니다. 여러분은 애완동물을 매장으로 데리고 와서 그들이 고르는 어떤 제품이라도 사용해 보게 한 뒤 살 수 있습니다. 개장을 기념하기 위해서 이번 주말까지 저희는 모든 제품을 30% 할인합니다.

해피 포즈는 빅토리아 지하철역에서 한 블록밖에 떨어져 있지 않아서 오시기 편리합니다. 그냥 와서 저희가 무엇을 가졌는지 보시기 바랍니다. 저희는 일주일 내내 오전 10시부터 오후 9시까지 영업합니다.

질문이 있으시면 555-2349번으로 전화해 주시거나, 우리 웹 사이트 www.happypaws.com로 방문해 주세요.

Q26. 해피 포즈에 대해서 지문 내용과 일치하는 것은?
(a) 주로 애완동물 사료를 판다.
(b) 큰 주차장이 있다.
(c) 세일 동안 모든 제품을 30% 할인한다.
(d) 주말에는 영업하지 않는다.

Q27. 지문으로부터 해피 포즈에 대해 추론할 수 있는 것은?
(a) 사람들이 고양이와 개를 입양하도록 도와준다.
(b) 온라인으로 제품을 판매한다.
(c) 1주일 전에 개장했다.
(d) 지하철을 이용하면 쉽게 방문할 수 있다.

가이드라인 Q26. 지문의 중간에서 이번 주말까지 모든 제품을 30% 할인한다고 했으므로 정답은 (c)이다.

Q27. 매장은 지하철역에서 한 블록 떨어진 곳에 있다고 했으므로 정답은 (d)이다.

furry 털북숭이의 **once in a while** 이따금씩 **why not** ~하는 게 어때요? **carry** (제품을) 취급하다 **range** 범위 **organic** 유기농의 **interactive** 반응하는, 상호적인 **eyes pop out of one's head** (눈이 튀어나올 정도로) 너무 놀라다 **purchase** 구입하다 **discount** 할인 **conveniently** 편리하게 **drop by** 들르다 **mainly** 주로 **adopt** 입양하다 **accessible** 접근 가능한

편집자님께:

크리스마스가 다가옴에 따라 많은 신문에서 크리스마스 행사에 대한 제목을 달고 있습니다. 하지만 저는 크리스마스를 위해 영국으로 수입되는 순록에 대한 어제자 기사를 보고 동물 권리 운동가로서 매우 심란했습니다.

순록은 무리를 지어 생활하고 자유롭게 이동하며 먹이를 찾아다닐 수 있는 자연환경이 필요합니다. 영국 같은 새로운 환경은 순록의 자연 상태의 고향과 전혀 같지 않습니다. 그들은 종종 만지고 먹이를 주려고 하는 소란스러운 사람들이 떼 지어 모여 있는 크리스마스 행사지에 놓입니다. 그들은 산타의 굴과 같은 비좁은 곳에 무리 지어 놓여서 낯선 먹이를 먹습니다. 게다가 순록을 돌보는 사람들은 순록이 무엇이 필요한지 알지 못합니다.

영국에서 순록의 몸과 마음의 건강이 심하게 손상되리라는 것이라는 것은 너무 뻔합니다. 우리는 이 불쌍한 동물을 생각해서 그들에 대한 잔인한 처우를 멈춰야 합니다.

Q28. 지문의 요지는?
(a) 우리는 순록의 자연 서식지를 보전해야 한다.
(b) 순록을 더 잘 보살피기 위해 사람들을 교육해야 한다.
(c) 순록은 오락을 목적으로 이용되지 말아야 한다.
(d) 크리스마스 시즌을 위해 순록을 다른 동물로 대체해야 한다.

Q29. 지문으로부터 추론할 수 있는 것은?
(a) 영국에서 순록의 기본 욕구는 종종 무시된다.
(b) 일부 순록은 영국에서 특이한 애완동물로 입양된다.
(c) 영국으로 순록을 수입하는 것을 반대하는 사람들이 늘고 있다.
(d) 영국에서 순록을 건강하게 키울 수 있는 곳이 몇몇 있다.

가이드라인　Q28. 글쓴이는 자연 서식지를 떠나 영국으로 들어온 순록들이 자연 서식지와 전혀 다른 환경에서 크리스마스 행사를 위해 기본 욕구도 무시된 채 이용당하는 것을 막아야 한다고 주장하고 있다. 따라서 정답은 (c)이다.

Q29. 순록은 크리스마스 행사를 위해 수입되는데, 그들이 놓이는 새로운 환경은 자연 서식지와 너무 동떨어지고, 순록을 돌보는 사람조차 순록에게 무엇이 필요한지 잘 모른다는 내용으로부터 순록의 기본 욕구가 무시됨을 알 수 있다. 따라서 (a)가 정답이다.

around the corner (날짜, 장소가) 가까이 있는　**run** (제목을) 싣다　**headline** 기사 제목　**animal rights activist** 동물 권리 운동가　**import** 수입하다　**disturbing** 심란하게 하는　**environment** 환경　**herd** (동물의) 무리　**nothing like** 전혀 ～와 같지 않은　**attraction** 명소, 가볼 만한 곳　**crowd** 무리, 떼　**feed** 먹이다　**house** 수용하다, 보관하다　**grotto** 작은 동굴　**unfamiliar** 낯선　**moreover** 게다가　**it is the case that** ～는 사실이다　**take care of** 돌보다　**needs** 욕구　**obviously** 명백히　**physical** 육체적인　**mental** 정신적인　**suffer** 고통을 당하다　**give thoughts to** ～을 깊이 생각하다　**cruel** 잔인한　**treatment** 처우, 대우

신간 도서 | **서평** | 인터뷰 | 인기 도서

서평: 〈사자가 되기 위해 필요한 것〉

인기 도서 작가이자 삽화가인 캘빈 무어는 또 다른 영감을 주는 이야기 〈사자가 되기 위해 필요한 것〉을 출판했다. 그의 책들은 진정한 자아 탐색이라는 하나의 공통된 주제가 있는 것 같다. 이번에는 두 동물에 대한 이야기이다. 사자와 그의 가장 친한 친구 … 오리이다.

이 두 어울리지 않는 친구는 놀고, 시를 쓰며 함께 행복한 생활을 한다. 하지만 한 무리의 하이에나들이 두 친구를 놀리며 사자와 오리는 친구일 수 없다고 말한다. 사자는 그의 인생에서 처음으로 사자라면 어떻게 행동해야 한다는 것에 대해 고민한다.

사자는 곧 사자가 되는 방법은 많이 있고, 늘 그래왔던 대로 따를 필요는 없다는 것을 깨닫는다. 더 중요한 것은 그가 새로운 가능성을 탐색하고 가슴 아픈 비판에 굴복하지 않을 때만이 용기를 얻을 수 있고, 이 용기야말로 사자가 되기 위해 필요한 바로 그것이다.

이 강력한 이야기는 독자들이 의문을 가지지 않고 당연시하던 것들에 대해 눈을 뜨게 한다.

Q30. 캘빈 무어에 대해서 지문 내용과 일치하는 것은?
(a) 〈사자가 되기 위해 필요한 것〉은 그의 데뷔작이다.
(b) 그는 전에 몇 권의 비소설을 출간했다.
(c) 〈사자가 되기 위해 필요한 것〉은 그의 어린 시절을 다룬다.
(d) 그의 책들은 공통된 주제가 숨어있다.

Q31. 사자가 사자다워지는 것에 대해 고민하게 만든 것은?
(a) 오리와 친구가 된 것
(b) 오리와의 친구관계에 대해 문제를 제기 받은 것
(c) 부모에게 버려진 것
(d) 그의 친구가 하이에나에게 괴롭힘을 당하는 것을 본 것

가이드라인　Q30. 캘빈 무어의 책들은 자아 탐색이라는 공통 주제가 있다고 했으므로 정답은 (d)이다.

Q31. 사자와 오리가 서로 친구라는 이유로 하이에나에게 놀림을 받으면서, 사자는 어떻게 행동해야 하는지 고민하게 된다고 했으므로 정답은 (b)이다.

author 작가　**illustrator** 삽화가　**publish** 출판하다　**inspiring** 영감을 주는　**unifying** 통일된　**theme** 주제　**quest** 탐구, 탐색　**self** 자아　**unlikely** 가능성 없는, 어울리지 않는　**be supposed to** ～해야 한다　**for the first time** 처음으로　**importantly** 중요하게　**explore** 파헤치다　**possibility** 가능성　**give in to** ～에 굴복하다　**hurtful** 상처를 주는　**criticism** 비판　**courage** 용기　**powerful** 강력한　**open up one's eyes to** ～에 눈을 뜨게 하다　**take ～ for granted** ～을 당연히 여기다　**question** ～에 의문을 제기하다

32-33 고대 그리스는 올림픽으로 유명하다. 4년마다 그 최고의 스포츠 축제는 최고의 신 제우스를 숭배하기 위해 올림피아에서 열렸다. 올림픽 시작 전에 사람들이 안전하게 올림피아로 올 수 있도록 모든 전투가 중단되어야 했다. 첫 올림픽은 도보 경주로만 구성되었지만, 레슬링, 복싱, 창던지기, 원반던지기와 같은 다른 종목이 포함되었다. 경기는 언제나 다른 도시국가에서 온 개인 간의 대결이었고, 팀 별로 이루어지지는 않았다. 올림픽 경기는 종종 폭력적이었다. 심지어 어떤 선수들은 경기 도중 사망하기도 했다. 각 종목의 우승자는 올리브 화환을 썼지만 다른 방법으로 보상해 주기도 했다. 예를 들어, 시칠리아 사람들은 200m 경주 우승자를 환영하기 위해 백마가 수백 대의 전차를 끌게 했다. 어떤 우승자는 자신의 고향으로 돌아가서 상금을 받기도 했다.

그리스 올림픽은 기독교 로마 황제가 기원후 393년에 이교도적이라는 이유로 금지되기 전까지 계속되었다. 피에르 드 쿠베르탱에 의해 올림픽이 다시 탄생한 것은 1500년 후였다. 최초의 근대 올림픽은 1896년 그리스 아테네에서 열렸다.

Q32. 그리스 올림픽에서 새로 추가된 종목이 <u>아닌</u> 것은?
(a) 레슬링
(b) 복싱
(c) 창던지기
(d) 도보 경주

Q33. 고대 올림픽 경기가 중단된 이유는?
(a) 자주 경기의 공정성에 의문이 제기되었다.
(b) 기독교 믿음에 반한다고 여겨졌다.
(c) 너무 많은 사람이 경기 도중 죽었다.
(d) 그리스에서의 잦은 전쟁 때문에 올림픽을 계속할 수 없었다.

가이드라인 ▶ Q32. 첫 고대 올림픽은 도보 경주만 있었지만, 나중에 레슬링, 복싱, 창던지기 등 여러 종목이 추가되었다고 했으므로 정답은 (d)이다.

Q33. 두 번째 단락에서 기독교 국가인 로마의 황제가 올림픽을 이단으로 보고 금지했다고 했으므로 정답은 (b)이다.

battle 전투　**cease** 중단되다　**safely** 안전하게　**be made up of** ~로 구성되다　**footrace** 도보 경주　**event** (스포츠) 종목　**javelin** 창　**discus** 원반　**throw** 던지다　**include** 포함하다　**individual** 개인　**wreath** 화환　**reward** 보상하다　**chariot** 전차　**pull** 끌다　**community** 사회, 집단　**continue** 계속하다　**ban** 금지하다　**emperor** 황제　**pagan** 이단의　**reborn** 재탄생된

34-35 담당자님께:

안녕하세요. 제 이름은 제이컵 밀러입니다. 저는 애틀랜타 특수 중학교에서 가르치고 있습니다. 학교 이름을 보면 아시겠지만, 저희는 특수교육대상 학생들을 교육하고 있습니다. 저는 박물관 웹 사이트에서 유명한 인상파 작품이 다음 주에 전시될 것이라는 소식을 읽었습니다.

한 가지가 걱정입니다. 우리 학교의 많은 학생이 문제 행동을 보여, 다른 방문객들에게 방해가 되지 않을까 말입니다. 그래서 우리 학생을 위해 특별히 하루를 예약할 수 있을까요? 전시 시작 전이나 후에 말입니다. 저는 전시가 10월 19일에 시작해서 10월 30일에 끝난다는 것을 알고 있습니다. 이것이 쉽지 않은 부탁이라는 것을 알고 있지만, 이것은 우리 아이들이 놓치기에는 너무 좋은 기회라서요. 많은 연구에서 고전 예술 작품은 행동 문제가 있는 아이들에게 긍정적인 영향을 끼친다는 것을 발견했지요. 만일 특별 예약이 불가능하다면 박물관이 덜 붐비는 날을 추천해 주시겠습니까?

답장을 기다리고 있겠습니다.

제이컵 밀러 드림
애틀란타 특수 중학교

Q34. 이메일의 주요 목적은?
(a) 박물관 방문 일정을 잡으려고
(b) 고전 예술이 아이들에게 어떤 영향을 미치는지 알아보려고
(c) 전시가 언제 시작되고 종료되는지 물어보려고
(d) 학생이 끼친 불편에 대해 사과하려고

Q35. 지문으로부터 추론할 수 있는 것은?
(a) 글쓴이는 다른 방문객을 방해하지 않기 위해서 특별 관람을 원한다.
(b) 박물관은 주말에는 열지 않는다.
(c) 글쓴이는 인상파 그림을 매우 좋아한다.
(d) 글쓴이가 근무하는 학교는 미술을 전문으로 가르친다.

가이드라인 ▶ Q34. 글쓴이는 박물관에 측에 전시 시작 전이나 후에 관람할 수 있는지, 아니면 방문객 수가 적은 날이 언제인지 묻고 있으므로 정답은 (a)이다.

Q35. 글쓴이가 전시회 시작 전이나 후에 특별 예약을 하려는 것은 특수교육대상 학생들이 다른 방문객에게 손해를 끼치는 것을 막기 위한 것이므로 정답은 (a)이다.

educate 교육하다　**special-needs** (장애인들의) 특수 요구　**Impressionist** (예술) 인상파의　**artwork** 예술 작품　**exhibit** 전시하다　**behavioral** 행동의　**cause** 야기하다　**trouble** 문제, 골칫거리　**possible** 가능한　**specially** 특별히　**reserve** 예약하다　**request** 요청　**opportunity** 기회　**miss out on** 놓치다　**classic** 고전의　**positively** 긍정적으로　**impossible** 불가능한　**recommend** 추천하다　**crowded** 붐비는　**await** ~을 기다리다　**reply** 대답, 답장　**disrupt** 방해하다　**specialize in** ~을 전문으로 하다

Reading
Comprehension **Actual Test 3**

◑ 본책 P. 232

1 (d)	2 (a)	3 (b)	4 (a)	5 (d)	6 (d)	7 (a)	8 (d)	9 (c)	10 (a)
11 (d)	12 (d)	13 (b)	14 (a)	15 (b)	16 (d)	17 (d)	18 (d)	19 (a)	20 (d)
21 (c)	22 (b)	23 (a)	24 (b)	25 (b)	26 (c)	27 (c)	28 (a)	29 (b)	30 (d)
31 (b)	32 (d)	33 (d)	34 (d)	35 (c)					

Part 1

1   편집장님께,

10월 18일 발표된 "개발도상국의 아동 노동"에 관한 기사를 읽고 이 편지를 씁니다. 문제는 사악한 공장 소유주들이 아니라 여러분이나 저와 같은 소비자들입니다. 우리는 항상 비용을 절감하기 위해 노력하지만 이제 잠시 멈춰 어떻게 그토록 싸게 물건을 만들어낼 수 있는지 자문해 볼 필요가 있습니다. 그런 물건들은 인도와 중국에서 온 저가 의류처럼 아동 노동에 의해 만들어졌을 가능성이 높습니다. 아동 노동과 아동 노예제도는 이 두 국가에서 흔한 일입니다. 우리는 이들 국가에서 만들어진 저가 의류 구매를 중단해야 합니다. <u>어린이들을 노예로 쓰는</u> 시스템에 일조하게 될 수 있기 때문입니다.

(a) 의류를 비싸게 만드는
(b) 매력적인 품목들을 생산하는
(c) 사람들에게 일자리를 제공하는
(d) 어린이들을 노예로 쓰는

가이드라인   글쓴이는 소비자 자신이 저렴한 물건만을 찾는 행동부터 되돌아봐야 아동 노동 착취를 막을 수 있다고 주장하고 있다. 빈칸이 있는 부분은 주제를 다시 정리하는 문장으로 "우리"는 소비자로서 아동 노동 시스템에 일조하고 있었을지도 모른다는 내용이 되어야 한다. 따라서 (d)가 정답이다.

in response to ~에 대한 반응으로   **chances are that** ~할 가능성이 높다   **laborer** 노동자, 인부   **slavery** 노예제   **clothing** 의류   **attractive** 매혹적인

2   마사이 마라 국립보호구역은 동아프리카에서 가장 유명한 보호구역이다. 이 보호구역은 울타리가 없으며 세렝게티 국립공원과 인접해 있다. 따라서 야생동물들은 먹을 것을 찾아 자유롭게 케냐와 탄자니아 사이를 돌아다닐 수 있다. 방문하기 가장 좋은 때는 7월에서 3월까지인 건기이다. 우기에는 풀이 키가 크게 자라 동물들을 감추어 준다. 풀이 짧게 자랐을 때, 동물들을 보기 훨씬 쉽다. 그곳에서는 사자, 표범, 또는 하이에나 같은 야생동물들을 볼 수 있다.

(a) 풀이 짧게 자랐을 때
(b) 태양이 지평선 위로 떠오를 때
(c) 대부분의 관광객들이 오지 않는 시기에
(d) 날씨가 더 시원해지는 기간에

가이드라인   마사이 마라 국립보호구역과 동물들에 대해 소개하고 있는 글이다. 빈칸은 어떤 경우에 동물들을 더 쉽게 볼 수 있는지를 추론해서 답을 찾으면 된다. 방문하기 좋은 때는 건기라고 했고 우기에는 풀이 길게 자라 동물을 관찰하기 힘들다고 했으므로, 정답은 당연히 풀이 짧게 자랐을 때인 (a)가 될 것이다. 우기와 건기의 대조를 파악하면 풀 수 있는 문제이다.

reserve 보호구역   **unfenced** 울타리가 없는   **wildlife** 야생생물   **roam** 방랑하다, 거닐다   **in search of** ~을 찾아, 추구하여   **dry season** 건기   **grass** 풀   **wet season** 우기   **leopard** 표범   **hyena** 하이에나   **horizon** 수평선, 지평선   **tourist** 관광객, 여행자

3   면으로 뜨개질하는 것은 <u>모직으로 뜨개질하는 것과 다르다</u>. 모직은 작업하기 쉬워 뜨개질하는 사람들 사이에 인기가 있다. 하지만 일부 사람들은 모직에 알레르기가 있다. 그럴 경우, 면은 좋은 대체품이 된다. 면은 특히 가벼운 의류에 적절하다. 모와는 달리 면은 세탁기에서 세탁할 수도 있다. 면은 흔히 여름옷에 사용된다. 또한, 피부가 예민한 사람들한테 좋다. 면직물은 모직물보다 덜 비싸다. 면은 잘 결합되며 시간이 지날수록 부드러워진다.

(a) 젊은 사람들에게 훨씬 더 좋다
(b) 모직으로 뜨개질하는 것과 다르다
(c) 손가락과 손에 매우 좋다
(d) 단순하며 다른 섬유보다 더 선호된다

가이드라인   지문은 면과 모로 뜨개질 할 때를 비교하고 있다. 두 가지를 대조하는 글에서는 흔히 on the other hand, while, unlike, by contrast 등의 전환어구를 볼 수 있으므로, 이 전환어구가 단서가 된다. 뒤에 나오는 내용 전체가 두 직물의 차이점을 열거하는 것이므로 주제문에 해당하는 첫 문장의 빈칸에는 (b)가 들어가야 한다.

knitting 뜨개질   **popular** 인기 있는   **knitter** 짜는 사람, 편물기계   **allergic** 알레르기가 있는, ~가 질색인   **replacement** 교체, 대체   **sensitive** 예민한, 민감한   **yarn** 실, 방적사   **prefer** 선호하다, ~을 더 좋아하다   **fabric** 섬유, 직물

4   건강 뉴스

사람들은 언제나 체중을 줄이는 방법을 찾고 있다. 캘리포니아 과학자들은 다이어트를 하는 사람들의 체중 감량을 도울 비법을 찾았을지도 모른다. 고추에서 발견되는 화학성분이 인체 에너지 소모를 돕는 것으로 알려졌다. 한 실험에서 이 성분을 다량 복용한 사람들은 약효가 없는 약을 복용한 사람들보다 체지방을 많이 연소한 것으로 밝혀졌다. 연구자들은 고추의 화학성분이 다른 유형의 수용체에 부착됨으로써 작용한다고 생각한다. 이 수용체는 뇌에 신호를 보내는 것을 돕고 <u>인체가 칼로리를 연소하도록</u> 하는 과정을 시작하도록 한다.

(a) 인체가 칼로리를 연소하도록 한다
(b) 세포 온도를 높인다
(c) 사람의 식욕을 감소시킨다
(d) 뇌가 화학성분을 더 분비하도록 한다

가이드라인   고추의 화학성분의 다이어트 효과에 대해 설명하고 있는 글이다. 빈칸은 마지막 문장에 있는데, 뇌가 신호를 보내 어떤 과정을 시작하려 한다고 말하고 있다. 이 글의 내용은 다이어트에 대한 것이므로 칼로리를 연소한다는 (a)가 정답이다.

lose weight 체중을 줄이다   **secret** 비밀의   **ingredient** 요소, 성분   **pepper** 고추   **experiment** 실험(하다)   **dose** 복용량   **chemical** 화학의, 화학물질   **body fat** 체지방   **attach** 달라붙다, 첨부하다   **receptor** 수용체, 수용기   **calorie** 칼로리   **temperature** 기온, 온도   **release** 방출하다

5

테라 방문이 즐거우시기를 바랍니다. 저희는 지역에서 재배한 신선한 원료로 음식을 만듭니다. 저희 위층 레스토랑에서는 고정 코스 메뉴를 제공합니다. 아니면 아래층 카페 메뉴에서 따로따로 주문하실 수 있습니다. 저희는 음식을 위해 최고의 제철 재료를 선택하려고 노력합니다. 저희 재료 대부분은 현지 농장과 공급업체로부터 옵니다. 저희 육류는 근처 버커서 대농장에서 오며 과일과 채소는 시 외곽의 프로그할로에서 생산됩니다. 저희는 식사가 단순히 접시에 담긴 음식 이상이라고 생각합니다.

(a) 어디든 제철 지역인 곳으로부터 옵니다
(b) 전국의 슈퍼마켓에서 판매됩니다
(c) 저희가 유기농으로 재배합니다
(d) 현지 농장과 공급업체로부터 옵니다

가이드라인   식당에서 제공하는 재료에 대한 광고문이다. 신선한 현지 산물을 사용한 요리를 자랑하고 있다. 빈칸 바로 뒤를 보면 육류, 과일, 채소는 어디서 오는지 구체적인 산지를 밝히고 있다. 이렇게 구체적인 예시 앞에는 이 예들을 아우르는 일반적인 문장이 나와야 한다. 또한, locally grown, nearby, just outside the city와 같은 말이 있으므로 (a)가 아니라 (d)가 답이 됨을 알 수 있다.

ingredient 성분, 재료   **upstairs** 위층   **à la carte** (각각 가격이 붙어 있는 요리를) 따로 주문한   **strive** 분투하다, 노력하다   **produce** 농산물   **in season** 제철의   **meal** 식사   **majority** 대부분, 대다수   **ingredient** 성분, 재료   **vegetable** 채소   **organically** 유기농으로   **supplier** 공급자, 공급업체

6

예술가들은 회화나 소묘에 다양한 스타일을 사용한다. 추상 운동이 있기 전에 예술가들은 알아볼 수 있는 것들만을 보여주었다. 사람, 동물, 장소 같은 것들이 그 예이다. 추상 미술가들은 이런 스타일을 따르지 않았다. 그들은 색채와 모양을 이용하여 감정을 표현했다. 잭슨 폴록은 추상 미술가의 예이다. 그는 임의의 패턴처럼 보이는 것을 캔버스에 물감을 떨어뜨리거나 섞어서 표현했다. 사실, 감상자는 어떤 특정 물체를 분간할 수 없을 것이다. 이 그림들은 어떤 특정 물체처럼 보이기 위해 그려진 것이 아니다. 따라서 추상화는 <u>자연에 존재하는 어떤 것과도 닮아 보이지 않을 것이다.</u>

(a) 물체를 더 잘 표현한다
(b) 물체가 어떻게 보이는지 정확히 보여줄 것이다
(c) 전통적인 미술과 비슷한 방법으로 이루어진다
(d) 자연에 존재하는 어떤 것과도 닮아 보이지 않을 것이다

가이드라인   추상화의 특징을 소개하고 예를 드는 글이다. 빈칸은 This means an abstract painting으로 시작되고 있으므로 앞의 내용을 받아 추상화에 대해 부연하는 내용을 찾아야 한다. 바로 앞에 나온 내용은 추상화는 어떤 특정 물체처럼 보이기 위해 그려진 것이 아니라는 것이므로, 실제 존재하는 자연의 대상과 닮지 않았다고 하는 (d)가 정답이다.

drawing 그림, 도면   **abstract** 추상의   **recognize** 알아보다   **drip** 떨어뜨리다   **toss** 던지다, 섞다   **viewer** 시청자, 감상자   **representation** 대표, 표현

7

콘스턴스 씨에게,

분양받은 새끼 고양이가 골칫거리가 되었습니다. 맥스는 처음엔 같이 지내기 즐거웠습니다. 하지만 지금은 어려움들이 있습니다. 아침 일찍 저한테 뛰어오르고 카펫에 오줌을 쌉니다. 이런 일들이 맥스의 잘못이 아니라는 건 압니다. 하지만 정말 짜증납니다. 일은 점점 더 바빠지고 맥스를 위한 시간과 인내심도 줄어들고 있습니다. 맥스를 버리고 싶지는 않지만 데려온 것을 매일 점점 더 후회하고 있습니다. 어떻게 해야 할까요? 제발 도와주세요!

쉴라 드림

(a) 골칫거리가 되었습니다
(b) 제 남자친구가 좋아하지 않습니다
(c) 주위 고양이들을 괴롭힙니다
(d) 저의 너무 많은 시간을 차지합니다

가이드라인   자신의 애완동물에 대해 문제점을 토로하면서 어떻게 해야 하는지 조언을 구하는 편지글이다. 지문 전체에서 어떤 어려움이 있는지, 자신의 상황은 어떤지 제시하고 있으며 빈칸은 지문 앞부분이므로 주제문에 해당하는 내용이 들어가야 한다. 따라서 고양이가 문제라는 (a)가 정답이다.

adopt 입양하다   **kitten** 새끼 고양이   **pee** 소변을 보다   **still** 하지만   **annoying** 짜증나는   **patience** 인내심   **abandon** 버리다, 포기하다   **regards** (편지의) 안부 인사   **bother** 성가시게 하다   **take up** 차지하다

8 우리는 대개 부러진 뼈가 나으면 예전보다 그 뼈가 더 강해진다는 생각을 갖고 있다. 하지만 이 생각은 잘못된 것으로 드러났다. 낫는 과정에서, 뼈가 자가 재생할 때 골절 부위에 칼슘 성분이 증가한다. 이 때문에 마치 골절 부위가 나머지 뼈보다 더 강한 것처럼 느껴질 수도 있다. 이런 오해는 치유 기간 동안 나머지 뼈가 사용 부족으로 인해 약해짐으로써 증폭된다. 일단 치유되면 뼈의 강도는 전체적으로 균형이 잡힌다.

(a) 사용하지 않고 내버려 두면 더 빨리
(b) 다른 쪽보다 한 쪽에서 더 빨리
(c) 칼슘 성분이 증가함으로써
(d) 예전보다 그 뼈가 더 강해진다

가이드라인 부러진 뼈가 낫게 되면 그 뼈가 전보다 더 강해진다는 통념은 잘못됐다는 내용이다. 빈칸 다음 문장에서 이는 잘못된 생각으로 드러났다고 했으므로 빈칸에는 뼈가 부러질 때 우리가 흔히 오해하고 있는 명제가 와야 한다. 이어지는 문장들에서 부러진 뼈가 낫게 되면 더 강해진 것처럼 느끼는 것은 착각이며 뼈의 강도가 전체적으로 균형을 이룬다는 말에서 (d)가 정답임을 알 수 있다.

assumption 추정 **heal** 치유되다 **fracture** 골절 **repair oneself** 자가 재생하다 **misinterpretation** 오해 **enhance** 강화하다 **even out** 균형이 잡히다

9 많은 비평가들이 정치적 여론조사의 가치를 의심한다. 그들은 여론조사를 뉴스 매체가 기사를 더욱 흥미롭게 만들어 독자 및 시청자를 끌어들이기 위해 이용하는 '인포테인먼트'라고 생각한다. 일부 비평가들은 매체를 대중의 정치적 의견을 만들어 내는 '여론 제조기'라고 비난하기도 한다. 그들은 특정한 대답으로 이끌거나 정해진 선택을 '강요하도록' 여론조사의 질문을 작성해서 그와 같이 할 수 있다. 다시 말하면, 대답은 질문의 단어 선택에 따라 달라질 수 있는 것이다. 그래서 대중은 정치적 질문에 대해 편향된 대답을 하도록 속는 것이며, 이러한 여론조사가 실제 정치적 의견인 것처럼 여겨진다.

(a) 그렇기는 하지만
(b) 그럼에도 불구하고
(c) 다시 말하면
(d) 그와는 반대로

가이드라인 정치적 여론조사의 신뢰성에 문제를 제기하고 있다. 빈칸 앞 문장에서 여론조사의 질문을 조작해서 자신들이 원하는 대답을 유도한다고 했는데, 이는 빈칸 뒤 문장에서 질문에 따라 대답이 달라진다고 한 말과 같은 맥락이다. 따라서 앞 문장을 부연 설명할 때 쓰는 연결어 (c)가 알맞다.

opinion poll 여론조사 **infotainment** 인포테인먼트 **accuse A of B** A를 B라는 이유로 비난하다 **wording** 표현법 **trick A into -ing** A를 속여 ~하게 하다 **biased** 편향된

10 세계 야생동물 기금(WWF)은 국제적인 기관이다. 환경 보호에 헌신하고 있으며 동물을 구하는 데 중점을 두고 있다. WWF의 목적은 고귀하지만, 문제도 있었다. 예를 들면, 지난해에 캄보디아에서 한 기관과 싸움을 벌인 일이 있었다. WWF는 메콩 돌고래가 환경 오염으로 죽어가고 있다고 주장했다. 사실 대부분의 돌고래들은 낚시 관련 사고로 죽었다. 한 지역 주민은 기부자들로부터 돈을 모금하기 위해 숫자를 조작했다고 말했다.

(a) 예를 들면
(b) 그와 상관없이
(c) 또한
(d) 무엇보다도

가이드라인 세계 야생동물 기금(WWF)을 소개하면서 그 활동과 문젯거리 등에 대해 이야기하고 있다. 직접적인 단서가 되는 빈칸 바로 앞과 뒤를 보면, 바로 앞에서 몇 가지 문제가 있었다고 했고 뒤에는 캄보디아에서 한 기관과 싸움을 벌인 일이 있었다는 내용이 언급되었다. 즉, 빈칸 앞에서 일반적 진술을 하고 빈칸 뒤에서 그에 대한 예를 들고 있으므로 (a) For example이 정답이다.

wildlife 야생동물 **fund** 기금, 모금 **be devoted to** ~에 헌신하다 **focus on** ~에 집중하다, 초점을 맞추다 **claim** 주장하다 **pollution** 오염 **make up** 날조하다 **raise money** 모금하다 **donor** 기증자, 증여자 **regardless** ~와 상관없이

Part 2

11 오스트리아는 어린 아이가 있는 가족에게 이상적인 관광지이다. (a) 어린이들은 배를 타고 고대의 성을 지나며 다뉴브 강을 관광하는 것을 좋아할 것이다. (b) 4세 이상의 아이들은 잘츠부르크 소금 광산 관광의 지하 소금 호수를 볼 기회를 놓치고 싶지 않을 것이다. (c) 아이들이 탐험할 오래된 요새와 놀이 장소가 많은 비엔나 숲은 아이들을 즐겁게 해줄 또 하나의 가 볼 만한 당일 여행지이다. (d) 비엔나는 국가 인구의 4분의 1 이상이 사는 오스트리아의 문화 중심지이다.

가이드라인 아이가 있는 가족에게 이상적인 관광지로 오스트리아를 소개하는 내용이다. 아이들이 좋아할 만한 관광 명소의 세부 정보를 열거하는 데 반해, (d)는 비엔나에 대한 일반적인 소개를 하고 있으므로 흐름에 어울리지 않는다.

destination 도착지 **youngster** 젊은이 **float** 떠가다 **ancient** 고대의 **salt mine** 염전 **fort** 요새 **worthwhile** 가치 있는 **delight** 즐겁게 하다 **quarter** 4분의 1

12 아마 승냥이에 대해 들어본 적이 없겠지만 승냥이는 군집 생활을 하는 인도의 들개 종류이다. (a) 이 멸종 위기의 동물은 8~12마리의 다른 승냥이들과 함께 떼를 지어 생활하고 이동한다. (b) 보통은 각 무리에 암컷보다는 수컷이 더 많다. (c) 다른 개 동족과는 달리 이 무리는 서로 잘 지내며 싸우는 일이 드물다. (d) 승냥이들이 폭력적으로 변해 사람을 공격했다는 보고까지 있다.

가이드라인 ▶ 인도의 들개 종류인 승냥이의 생태에 대한 내용이다. 무리를 짓는 습성, 암컷이 더 많으며 사이좋게 지낸다는 특징들이 나열된다. 하지만, (d)에서 갑자기 폭력적으로 변해 사람을 공격했다는 보고까지 있다는 말이 나와 전체 문맥에 어울리지 않는다. 이 문장이 나오려면 그 전에 승냥이의 공격성이나 폭력성에 대한 언급이 있어야 한다.

dhole 승냥이 **wild dog** 들개 **endangered** 멸종 위기에 놓인 **pack** 그룹, 무리 **typically** 전형적으로, 일반적으로 **relative** 친족 **get along well** 잘 지내다 **violent** 폭력적인, 난폭한 **attack** 공격하다, 습격하다

14 채소는 몸에 좋지만 병을 유발할 수도 있다. 시금치나 양상추와 같은 생야채에는 세균이 붙어 있는 경우도 있다. 이는 안전하지 않은 농경수를 사용했기 때문일 수 있다. 아니면 채소를 다루는 사람들이 손을 씻지 않았을 수도 있다. 대장균과 같은 일부 세균은 치명적일 수 있다. 따라서 책임 있는 판매업체로부터 채소를 구입하는 것이 현명하다. 세균을 줄이기 위해 채소를 익혀 먹을 수도 있다.

Q: 지문의 요지는?
(a) 일부 농산물에는 주의를 기울여야 한다.
(b) 채소는 몸에 그렇게 좋지 않다.
(c) 채소는 익혀 먹어야 한다.
(d) 세균은 위험할 수 있다.

가이드라인 ▶ 이 지문의 요지는 채소는 몸에 좋지만 병을 유발할 수도 있다는 첫 문장에 잘 드러나 있다. 일반적으로 채소는 건강에 좋지만 세균이 붙어 있는 경우가 있다고 말한 후, 그 대응 방법들이 나오고 있다. 따라서 (a)가 정답이다.

vegetable 채소 **spinach** 시금치 **lettuce** 양상추 **bacteria** 세균, 박테리아 **farming water** 농경수, 경작수 **E. coli** 대장균 **deadly** 치명적인, 죽음의 **vendor** 판매업체 **produce** 생산물, 농작물

Part 3

13 영화는 매우 강력할 수 있다. 사람들이 생각하고 느끼는 방식을 변화시킬 수 있는 것이다. 그래서 태국 영화감독 루트 점파물레는 영화를 만들었다. 〈선셋 러브 송〉이라는 감동적인 애니메이션이다. 그는 친구 동생이 자살한 후 그 영화를 만들었다. 점파물레는 그의 영화가 관객들에게 조언을 해줄 수 있기를 바란다고 말했다. 그는 그의 친구와 같은 다른 사람들을 돕고 싶었다. 〈선셋 러브 송〉은 방콕에 사는 한 소년과 소녀의 이야기이다. 그들은 외롭고 힘든 시간을 겪는다. 단순하게 들리지만 영화는 더 심오한 메시지를 담고 있다.

Q: 지문의 주된 내용은?
(a) 친구 동생의 자살
(b) 한 남자의 예술 작품
(c) 영화의 힘
(d) 방콕 생활

가이드라인 ▶ 지문은 태국 영화감독 루트 점파물레의 애니메이션 영화 〈선셋 러브 송〉에 대해 이야기하고 있다. 따라서 (b) One man's artistic production이 정답이다.

filmmaker 영화 제작자, 영화 회사 **viewer** 시청자, 관객 **suicide** 자살 **artistic** 예술적인, 미술적인, 예술을 아는

15 워싱턴 D.C.의 로이 피어슨 판사는 드라이클리닝을 맡긴 양복을 찾으러 세탁업자에게 갔다. 하지만 그는 바지가 상의와 맞지 않는 것을 알고 매우 화가 났다. 세탁업자는 며칠 후 맞는 바지를 찾아냈기 피어슨 판사는 그것이 자기 바지가 아니라고 말했다. 그는 세탁업자에게 양복 전체 가격인 천 달러를 지불하라고 요구했다. 하지만 그들은 그것이 그의 바지라고 주장했고 돈을 지불하기를 거절했다. 피어슨은 그들을 상대로 6천 7백만 달러 상당의 소송을 냈다.

Q: 뉴스 보도 제목은?
(a) 분노한 변호사, 법적 행동을 취하다
(b) 판사가 세탁업자에게 소송을 걸다
(c) 바지가 상의와 맞지 않다
(d) 세탁업자, 소송에 승리하다

가이드라인 ▶ 로이 피어슨이라는 판사가 세탁업자를 상대로 소송을 낸 이야기를 소개하는 보도문이다. Take someone to court는 누군가를 법정으로 데려가다, 즉 소송 걸다는 뜻이므로 (b)가 정답이다.

judge 판사, 심판관 **pick up** (맡긴 물건을) 찾다[찾아오다] **match** 일치하다, 어울리다 **insist** 주장하다, 강요하다 **sue** 고소하다 **legal** 법적인, 법률의, 합법적인 **court** 법정, 재판

16 부모들은 때때로 집안 허드렛일을 돕는 대가로 아이들에게 용돈을 준다. 어떤 아이들은 일주일마다 용돈을 받고, 어떤 아이들은 달마다 받는다. 이것은 아이들이 돈의 가치를 배우는 데 도움이 된다. 그런 다음 아이들은 자신들의 용돈으로 스스로 물건을 사도록 기대된다. 어린 아이들에게 어떻게 저축하고 지출하는지를 보여주는 것이 목표이다. 저축은 어떤 물건을 사는 데는 희생이 필요하다는 사실을 이해하도록 돕는다. 아이들은 모든 돈을 한 번에 써서는 안 된다는 것을 배운다. 그들은 비용을 줄이고 미래를 위한 계획을 세워야 한다.

Q: 지문의 제목은?
(a) 아이들에게 돈 버는 방법을 가르쳐라
(b) 자녀들에게 일을 시키고 돈을 주어라
(c) 용돈은 아이들에게 유익하다
(d) 아이들은 용돈으로 돈에 대해 배울 수 있다

가이드라인 아이들이 집안일을 돕고 용돈을 받는 것의 유익함에 대해 이야기하고 있다. 용돈을 받는 것을 통해 돈의 가치, 저축 및 지출, 예산을 세우는 방법 등을 배울 수 있다고 했으니 (d)가 전체를 포괄하는 가장 좋은 제목이다.

allowance 수당, 용돈 **extra** 여분의, 추가의 **earn** 벌다 **weekly** 매주의 **monthly** 매월 **be expected to** ~할 것으로 예상되다 **goal** 목표 **save** 절약하다, 저축하다 **purchase** 구매, 매입 **sacrifice** 희생 **at once** 즉시, 한 번에 **cost** 비용

---

17 태양은 물을 증발하게 한다. 물은 액체에서 기체로 변해 상승한다. 이 기체들은 식어서 나중에 하늘의 구름을 형성한다. 이 과정을 응결이라고 한다. 구름이 너무 무거워지면 물은 다시 지표로 떨어진다. 이는 눈이나 비의 형태가 될 수 있다. 그런 다음 물이 다시 증발한다. 이것은 지구의 표면과 그 위, 아래로 끊임없이 계속되는 물의 운동이다. 이 전체 과정을 물의 순환이라고 부른다.

Q: 지문 내용과 일치하는 것은?
(a) 지구상의 생물을 책임지는 것은 태양이다.
(b) 응결은 매우 신속하게 일어난다.
(c) 물은 액체 상태에서 무게가 가장 많이 나간다.
(d) 물의 순환은 결코 멈추지 않는다.

가이드라인 형태를 바꾸면서 끊임없이 계속되는 물의 운동, 즉 물의 순환에 관한 글이다. 옳은 내용을 고르는 문제이므로 선택지를 하나하나 확인해야 한다. 물의 순환은 계속되는 운동이라고 했으므로 멈추지 않는다는 (d)가 정답이다.

evaporate 증발하다, 기화하다 **liquid** 액체, 유동체 **gas** 기체 **condensation** 응결, 압축 **continuous** 계속되는, 지속적인 **cycle** 순환, 주기 **responsible** 책임 있는, 책임지는

---

18 노트북, 스마트폰, 전자책 리더 등의 전자제품은 사람들이 잠을 잃게 만들 수도 있다. 그것들은 잠자리에 들기 전에 눈에 밝은 빛을 비춘다. 과학자들은 그 빛이 우리 뇌를 속일 수 있다고 생각한다. 뇌가 아직 낮 시간이라고 생각하도록 하는 것이다. 이렇게 되면 수면 장애가 일어날 수도 있다. iPad와 같은 전자책 리더는 독자의 눈에 직접 빛을 비춘다. TV를 보는 것보다도 더 가까운 거리이다. 과학자들은 긴장을 푸는 데 도움이 되는 일반 책을 읽을 것을 권한다.

Q: 지문에 따르면 사람들이 잠을 잃어버리는 이유는?
(a) 사람들은 전통적인 책을 읽지 않는다.
(b) 사람들이 너무 많은 일광에 노출된다.
(c) 사람들의 눈이 빛에 적응하지 못한다.
(d) 전자제품들이 뇌를 잘못된 판단으로 이끈다.

가이드라인 전자제품이 사람들의 수면 패턴에 미치는 영향에 대해 설명하고 있다. 많은 빛에 노출되어 뇌가 낮 시간이라고 착각하게 되는 것이 그 이유이므로 (d)가 정답이다.

electronics 전자제품 **shine** 빛나다, 눈부시다 **trick** 속이다 **daytime** 낮 시간 **distance** 거리 **recommend** 추천하다, 권고하다 **be exposed to** ~에 노출되다 **adjust** 적응하다 **fool** 속이다, 기만하다

---

19 왐파노아그족은 아메리카 원주민 부족이다. 그들은 미국 북동부에 살았다. 그들은 그 지역을 돌아다니며 마을을 세웠다. 그것은 1600년대 초였고, 유럽인들이 아메리카에 정주하기 이전이었다. 왐파노아그족은 가능하면 경작을 했고 식량을 위해 낚시를 하기도 했다. 1614년, 유럽인들이 도착하면서 왐파노아그족 사람들은 죽기 시작했다. 유럽인들이 새로운 질병을 가져왔던 것이다. 왐파노아그족 사람들은 그 병원균에 익숙하지 않았다. 1620년에는 5천 명의 왐파노아그 부족만이 남았다. 질병에 의해 절반 이상이 목숨을 잃은 것이다.

Q: 지문 내용과 일치하는 것은?
(a) 왐파노아그족은 유럽인들이 가져온 질병 때문에 죽었다.
(b) 유럽 정착민들은 왐파노아그족 사람들로부터 땅을 빼앗았다.
(c) 유럽인들은 많은 왐파노아그족 사람들을 죽이기 시작했다.
(d) 왐파노아그족 사람들은 더 이상 미국에 존재하지 않는다.

가이드라인 왐파노아그 족은 유럽인들이 가져온 질병에 의해 절반 이상이 목숨을 잃었다고 했으므로 정답은 (a)이다.

tribe 부족 **roam** 어슬렁거리다, 배회하다 **settle** 정주하다, 정착하다 **germ** 세균, 병균 **set out** 시작하다, 착수하다

20 항성은 가스로 이루어져 있다. 가스가 연소되면서 빛과 열을 낸다. 가스가 다 떨어지면 항성은 연소를 멈추고 죽게 된다. 항성이 식으면서 외부 층이 중간으로 빨려 들기 시작한다. 항성은 점점 더 작아진다. 죽은 항성으로 인해 생겨난 공간이 블랙홀이다. 지구가 구슬 크기로 줄어들었다고 생각해보자. 블랙홀은 바로 이런 상태로 압축된 것이다. 중력이 항성을 그 중심으로 잡아당기는 것이다.

Q: 지문 내용과 일치하는 것은?
(a) 지구는 블랙홀이 될 수 있다.
(b) 항성들은 죽으면서 중력을 튕겨낸다.
(c) 블랙홀에는 빛이 없다.
(d) 살아 있는 항성들은 가스를 가지고 있다.

가이드라인 항성의 구성과 소멸, 블랙홀에 대해 간략히 소개하고 있는 글이다. 항성은 가스로 이루어져 있다고 했으므로 살아 있는 항성들은 가스를 가지고 있다는 (d)가 정답이다.

give off ~을 발산하다, 방출하다 **pull in** 잡아당기다, 끌다 **result from** ~에서 기인하다 **marble** 구슬 **tightly** 단단히, 꽉 **black hole** 블랙홀 **repel** 튕겨내다, 퇴짜 놓다 **gravity** 중력, 인력

21 뉴욕 시의 할렘 지구는 오랫동안 중요한 미국 흑인 문화의 중심지였다. 1920년대에 미국 흑인 예술 무대의 심장부였고 할렘르네상스의 본거지였다. 할렘 르네상스는 미국 흑인 예술가와 작가, 학자들에 의해 일어난 문화 운동이었다. 개인들이 전국 여러 지역으로부터 할렘으로 이주해 왔는데, 이곳에서 그들은 집단을 형성했고 동료의 작업을 지지했다. 이런 환경은 중요한 미국 흑인 예술가와 작가들이 당대에 흔했던 인종 차별을 극복하고 미국의 가장 유명한 문화적 영웅의 지위에 합류하는 데 도움을 주었다.

Q: 지문 내용과 일치하는 것은?
(a) 할렘은 최근에 흑인 예술가들의 중심지가 되었다.
(b) 할렘의 예술가들은 미국 전역을 여행했다.
(c) 미국 흑인 예술가들은 1920년대 할렘에서 서로 도움을 주었다.
(d) 20년대의 인종주의는 흑인이 예술 집단을 만드는 것을 방해했다.

가이드라인 할렘은 1920년대 흑인 예술가들의 중심지라고 했으므로 최근에 된 것이 아니며, 미국 전역의 예술가들이 할렘으로 모여 서로의 활동을 지지했고, 인종 차별주의를 극복하는 데 도움을 주었다고 했으므로 (c)가 옳다.

art scene 예술 무대 **site** 장소 **create** 만들다 **individual** 개인 **community** 집단 **peer** 동료 **racial discrimination** 인종 차별 **rank** 지위 **celebrated** 유명한 **racism** 인종주의

22
도시 유기농 페스티벌
지난 10년 동안 도시 유기농 협회는 저소득층과 장애인 및 노년층이 자기 소유의 유기농 텃밭을 가꿀 수 있도록 지원해 왔습니다. 이번 가을 수확을 경축하여 저희 협회에서는 10월 16일 이번 주 일요일에 빌라마르 농장에서 열리는 시티 페스티벌에 여러분들을 초대합니다.

- 훌륭한 먹거리와 멋진 음악을 즐길 수 있고, 흥미로운 사람들을 많이 만날 수 있습니다.
- 입장권은 저희 웹사이트를 통해 구입하시거나, 아니면 윈스턴 내추럴 푸드에서 35달러에 직접 구입하셔도 됩니다.
- 모든 수익금은 우리 이웃의 텃밭 가꾸기 꿈을 실현시켜 주기 위한 도시 유기농 협회의 지속적인 노력에 쓰일 것입니다.

Q: 축제에 대해서 지문 내용과 일치하는 것은?
(a) 빈곤층 청년들을 위해 준비된다.
(b) 이번 시즌의 가을 수확과 같은 시기에 벌어진다.
(c) 많은 흥미로운 동물들이 선보일 것이다.
(d) 윈스턴 내추럴 푸드에서 후원한다.

가이드라인 도시 유기농 협회에서 올 추수를 축하하기 위해 축제의 장을 마련했다는 내용이므로 (b)가 정답이다.

organic 유기농의 **elderly citizen** 노인 **produce** 농산물 **in person** 직접 **proceeds** 수익금 **disadvantaged** (사회적·경제적으로) 혜택 받지 못한 **coincide with** ~와 일치하다

23 루이자 메이 올컷은 많은 책을 썼는데, 가장 유명한 책은 1868년 출간된 〈작은 아씨들〉이다. 〈작은 아씨들〉은 19세기 네 자매와 당시에 성장했던 여성들의 어려움에 관한 이야기이다. 올컷은 1832년, 여성들이 동등한 권리를 누리지 못했던 시절에 태어났다. 올컷은 자유롭고 싶었기 때문에 결혼을 하지 않았다. 그녀는 계속해서 책을 썼다. 다른 작가들처럼 그녀도 저작을 통해 사람들의 생각을 바꾸려 했다.

Q: 지문으로부터 추론할 수 있는 것은?
(a) 결혼한 여성들은 일정한 자유를 구속받았다.
(b) 올컷은 평생 데이트를 한 적이 없다.
(c) 〈작은 아씨들〉은 1800년대에 인기 있는 책이었다.
(d) 올컷은 흑인과 백인이 동등한 권리를 갖기 원했다.

가이드라인 〈작은 아씨들〉로 유명한 작가 루이자 메이 올컷을 소개하는 글이다. 자유롭고 싶었기 때문에 결혼하지 않았다는 표현이 있는 것으로 보아 결혼하면 자유를 어느 정도 구속받으리라는 것을 추론할 수 있으므로 답은 (a)이다.

author 작가, 저자 **publish** 출판하다 **century** 세기 **equal** 동등한 **right** 권리 **lifetime** 평생, 일생

24 미술품은 때로 바래고, 찢기거나 손상된다. 전문 복원가들은 미술 작품이 원래대로 보이도록 만들기 위해 노력할 것이다. 하지만 복원가들은 작품에 영향을 끼치는 경향이 있다. 그들은 물감의 층을 없애거나 색채를 좀 더 밝게 하기로 선택할 수도 있다. 그렇게 하면서 그들의 취향에 따라 미술품이 달라지기도 한다. 복원가들은 과학을 이용하여 예술품의 복원 방법을 결정한다. 과학은 그림을 구성하는 요소들을 밝혀낸다. 하지만 과학자들은 예술가의 진정한 의도를 알아낼 수는 없다. 가장 훌륭하고 안전한 접근법은 예술품을 그냥 놓아두는 것일 것이다.

Q: 지문으로부터 추론할 수 있는 것은?
(a) 복원의 배후에 있는 과학은 복잡하다.
(b) 저자는 미술품 복원을 지지하지 않는다.
(c) 복원은 수년간의 연구를 필요로 하는 분야이다.
(d) 미술 복원가들은 그들 자신이 예술가로서의 배경을 갖고 있다.

가이드라인 미술 복원에 대한 내용과 글쓴이의 입장이 드러나 있는 글이다. 가장 훌륭하고 안전한 접근법은 예술품을 그냥 놓아두는 것이라고 했으므로 미술품 복원에 대해 기본적으로 반대하는 입장이라는 것을 알 수 있다. 따라서 정답은 (b)이다.

fade 바래다, 시들다 **tear** 찢다, 쥐어뜯다 **restorer** 복원자, 복원가 **artwork** 미술품 **original** 원본 **brighten** 밝게 하다 **reveal** 밝히다, 폭로하다, 누설하다 **intention** 의도, 취지 **restoration** 복원, 회복

---

25 연예 〉 음악   이스턴 타임즈

러브 보이즈의 동명 타이틀을 단 데뷔 앨범은 전 세계 청자들과 비평가들의 비웃음을 샀다. 대체로 앨범을 들은 사람들은 이 밴드의 음악이 소녀 취향의 팝이라는 불만을 제기했다. 그럼에도 불구하고 이 소년들은 두 번째 앨범을 내놓았다. 더 강하고 성숙한 스타일의 이 두 번째 앨범은 조만간 발표를 앞두고 있으며, 몇 곡은 이 밴드가 인정받게 만들지도 모른다. 앨범 표지가 여러 음악 관련 웹 사이트에 등장하며, 디자이너 의상과 멋진 헤어스타일을 한 소년들을 보여 주고 있다. 안타깝게도, 그 때문에 비평가들은 러브 보이즈의 새 앨범이 기존의 것과 별반 다르지 않을 것이라고 여기게 되었다.

Q: 비평가들이 러브 보이즈에 대해서 가장 동의할 만한 것은?
(a) 그들의 두 번째 앨범은 크게 발전했을 것이다.
(b) 그저 그런 팝음악을 연주할 실력밖에 되지 않는다.
(c) 그들의 첫 번째 앨범은 청자들로부터 부당한 평가를 받았다.
(d) 두 번째 앨범으로 세계적으로 유명해질 것이다.

가이드라인 마지막 문장에서 비평가들의 평가를 짐작할 수 있으며 more of the same은 '기존의 것과 별 다를 바 없는 그저 그런 것'이라는 뜻으로 (b)가 가장 알맞다.

self-titled 동명 타이틀을 한 **debut** 데뷔, 첫 출연 **laugh at** ~을 비웃다 **put together** 구성하다 **mature** 성숙한 **earn respect** 존중을 받다, 인정받다 **pop up** 튀어나오다 **neat** 단정한 **convince** 확신시키다 **be capable of** ~할 능력이 있다 **lame** 어설픈

Part 4

26-27 나는 처음 내 만화를 그렸을 때부터 나는 만화가가 되고 싶었다. 나는 좋은 생각이 떠오를 때마다 만화를 그려서 완전한 이야기로 만들었다. 나는 내 친구들이 내 작품을 읽고 웃음을 터뜨릴 때가 가장 행복했다. 만화는 이야기를 전하는 훌륭한 방법인데, 그것은 그림과 말 둘 다 이용할 수 있기 때문이다. 우리 부모님은 내 이야기 능력과 그림 기술을 칭찬하셨다.

하지만 내가 부모님께 내 꿈에 관해 이야기했을 때 그다지 반기지 않으셨다. 부모님은 취미로 만화를 그리는 것은 괜찮지만 직업으로는 좋지 않다고 말씀하셨다. 대신 그분들은 내가 선생님이 되기를 바라는데, 그것은 안정적인 직업이기 때문이다. 나는 그분들의 걱정을 이해한다. 모든 만화가가 돈을 잘 버는 것은 아니다. 하지만 나는 많은 만화가가 성공했고, 많은 독자가 자신들의 작품을 즐기는 것을 볼 때 보람을 느낀다는 것을 안다. 나는 내가 열정을 느끼는 것을 하고 싶지 부모님이 원하는 것을 하고 싶지는 않다.

Q26. 글쓴이가 지문에서 주로 하려는 말은?
(a) 적당한 직업을 찾는 것의 어려움
(b) 부모님이 만화가로서 실패한 원인
(c) 자신의 꿈에 관한 부모님과의 의견 불일치
(d) 만화가로 성공하는 것의 어려움

Q27. 글쓴이에 대해서 지문 내용과 일치하는 것은?
(a) 그는 부모님의 조언을 따르기로 했다.
(b) 그는 성공한 만화가를 거의 알지 못한다.
(c) 그의 부모님은 만화가의 벌이가 넉넉하지 못하다고 생각한다.
(d) 그는 만화가가 되려고 대학교를 그만뒀다.

가이드라인 Q26. 자신은 만화가가 되고 싶은데 반해서 부모님은 자신이 선생님이 되길 바란다고 말하고 있으므로 정답은 (c)이다.

Q27. 부모님은 만화가가 되고 싶은 자신의 장래희망을 반기지 않고 안정적인 직업인 선생님이 되기를 바란다고 했다. 계속해서 글쓴이는 부모님이 걱정하는 이유, 즉 모든 만화가가 잘 버는 것은 아니라는 점을 언급하고 있다. 이로 미루어보아 부모님은 만화가의 수입이 충분하지 않다고 생각한다는 것을 알 수 있다. 따라서 정답은 (c)이다.

cartoonist 만화가 **cartoon** 만화 **come up with** ~을 생각해내다 **burst into laughter** 웃음을 터뜨리다 **convey** 전달하다 **praise** 칭찬하다 **profession** 직업 **concern** 걱정 **be paid** 보수를 받다 **rewarded** 보람을 느끼는 **passionate** 열정적인 **difficulty** 어려움 **disagreement** 의견 불일치 **drop out** (학교를) 그만 두다

집 판매

아름다운 자연에 둘러싸인 정원이 있는 3층 집을 소유할 수 있는 흔치 않은 기회를 놓치지 마세요. 건축은 거의 다 되었고, 곧 입주할 수 있도록 준비될 것입니다. 5개의 침실에 3개의 욕실에 2개의 차고가 갖춰져 있어서, 아이들이 있는 대가족에 최적입니다! 이곳은 가족 모임을 위한 크고 확 트인 공간이 있습니다. 게다가 태양열로 에너지가 공급되고, 에너지 효율적인 방식으로 지어졌기 때문에, 이 집에서 살면 전기세 걱정은 하지 않아도 됩니다. 가장 중요한 것은 공원이 불과 5분 거리에 있고, 시내에도 몇 버스 정거장 만에 갈 수 있습니다. 아래 자세한 사항을 보세요.

– 가격: 237,000달러   – 침실: 5   – 욕실: 3

– 벽난로: 없음   – 차고: 2   – 정원: 있음

게시: 윌로우 부동산 | 555-9887 | Carrielorene@willowrealty.com

Q28. 광고된 집의 특징으로 언급되지 않은 것은?
(a) 여러 층의 지하실
(b) 가족 활동을 위한 장소
(c) 하나 이상의 차고
(d) 비용 효율적인 에너지원

Q29. 광고로부터 집에 대해서 추론할 수 있는 것은?
(a) 이전 소유주가 관리를 잘했다.
(b) 새로 지은 집이다.
(c) 공원으로부터 몇 버스 정거장 떨어져 있다.
(d) 노인들을 위해 지어졌다.

가이드라인 Q28. 광고에서 집이 3층이라는 내용은 있지만, 지하층이 있다는 말은 없으므로 정답은 (a)이다.

Q29. 건축이 마무리 단계이고, 곧 입주할 수 있다고 했으므로 새로 지어진 집임을 알 수 있다. 따라서 정답은 (b)이다.

rare 흔치 않은 **opportunity** 기회 **own** 소유하다 **story** (건물의) 층 **surround** 둘러싸다 **construction** 건축 **move-in** 입주 **perfect** 완벽한 **location** 장소 **gathering** 모임 **power** 에너지를 공급하다 **solar energy** 태양 에너지 **energy-efficient** 에너지 효율적인 **free A from B** A를 B로부터 해방시키다 **electricity** 전기 **importantly** 중요하게 **downtown** 시내의 **complete** 완전한 **detail** 세부사항 **fireplace** 벽난로 **multiple** 여러 개의 **basement** 지하 **cost-efficient** 비용 효율적인 **design** 제작하다, 고안하다 **senior citizen** 노인

대표로부터의 공지

다가오는 10월은 〈그로우 유어 오운〉지의 10주년이 되는 때입니다. 우리가 10년 전에 첫 호를 출간한 이래로 우리는 독자들에게 아름다운 집 정원을 만들 수 있는 기발한 아이디어를 제공해 왔습니다. 점점 더 많은 독자가 우리 잡지를 사거나 구독함으로써 우리의 노력을 인정했습니다. 이제 우리는 유통 부수가 22,000부가 넘고 이 숫자는 계속 증가하고 있습니다.

이번 달에 우리 잡지는 연례 미디어 시상식에서 최고의 취미 공예 잡지 부문에 선정되었습니다. 대표로서 저는 이번 사건을 축하하고, 10주년을 기념하기 위해서 파티를 열려고 합니다. 저는 이 기회를 이용해서 우리의 성공을 위해 공헌한 모든 직원에게 감사하고 싶습니다. 파티는 10월 1일 연회장에서 6시에 열릴 것입니다.

Q30. 〈그로우 유어 오운〉에 대해서 지문 내용과 일치하는 것은?
(a) 전문 농업에 관한 잡지이다.
(b) 주간 발행된다.
(c) 구독자는 20% 할인받는다.
(d) 정원 가꾸기에 대한 유용한 정보를 제공한다.

Q31. 대표가 파티를 열기 원하는 이유는?
(a) 새로운 잡지를 창간했다.
(b) 잡지가 상을 받았다.
(c) 구독자가 22,000명을 돌파했다.
(d) 그는 10월에 퇴임한다.

가이드라인 Q30. 〈그로우 유어 오운〉은 집 정원 가꾸기를 전문적으로 다루는 잡지이다. 따라서 정답은 (d)이다.

Q31. 두 번째 단락에서 이번 달에 연례 미디어 시상식에서 최고의 취미 공예 잡지(Best Hobbies & Craft Magazine) 부문에 선정되었고, 이를 기념하기 위해 파티를 연다고 했으므로 정답은 (b)이다.

upcoming 다가오는 **mark** (사건이) ~때에 발생하다, 기념하다 **anniversary** 기념일 **publish** 출판하다 **issue** (신문, 잡지 등의) 호 **brilliant** 기발한 **recognize** 인정하다 **effort** 노력 **subscribe to** ~을 구독하다 **circulation** (신문 잡지의) 판매 부수 **craft** 공예 **award** 상 **staff** 직원 **contribution** 공헌 **reception** 연회 **professional** 전문적인 **weekly** 주간의 **subscriber** 구독자 **launch** 개시하다, 시작하다 **retire** 퇴임하다

돈이냐 문화유산이냐

브랜트포드 시립 공원은 그저 관광 명소만이 아니다. 그곳은 고대 유적이 있어 고고학자들의 인기 장소이고, 일부 유적은 12,000년 전까지 거슬러 올라간다. 그곳은 어떤 수단을 써서라도 보존되어야 한다. 그러나 현직 시장 윌리엄 그린은 이를 보존하는 데 관심이 없는 것 같다. 공원은 그가 3년 전에 취임한 이후 형편없이 관리되어왔다. 이것은 돈이 부족하기 때문이 아니다. 그는 공약을 위해 쓰려고 공원 관리 자금을 50% 차감했다.

그의 공약 중 하나가 유적지 일부를 밀어버리고 그곳에 일자리를 창출하기 위해 새 리조트를 세우는 것이다. 이렇게 해서 그가 지난번 선거 때 투표자들의 마음을 얻은 것이었다. 슬프지만 그를 뽑은 사람들은 자신의 선택 결과에 대해 신경 쓰지 않는 것 같다. 이것은 우리의 문화유산에 심각한 손상을 미칠 것이 뻔하다. 우리는 우리의 아이들이 문화유산을 즐기고 배우는 기회를 빼앗기기 전에 지금 행동해야 한다.

Q32. 지문의 주요 목적은?
(a) 공원 예산이 삭감되어야 한다고 주장하기 위해
(b) 관광 리조트가 지역 경제에 어떻게 보탬이 되는지 설명하기 위해
(c) 공원이 야생을 어떻게 형편없이 취급하는지 보여주기 위해
(d) 정치적 결정에 대한 이의를 제기하기 위해서

Q33. 지문으로부터 윌리엄 그린에 대해 추론할 수 있는 것은?
(a) 그는 자신의 공약을 지킬 가능성이 작다.
(b) 그는 고고학 유적지를 손상하지 않기 위해 최대한 노력하고 있다.
(c) 그는 최근 공원 관리 예산을 50% 늘렸다.
(d) 리조트를 지으려는 그의 계획은 많은 사람의 지지를 받는다.

가이드라인　Q32. 글쓴이는 중요한 고대 유적지가 있는 시립 공원의 일부를 헐어버리고 그 위에 리조트를 지으려는 시장의 계획을 비판하고 있다. 따라서 정답은 (d)이다.

Q33. 윌리엄 그린의 공약 중 하나가 일자리 창출을 위해 공원에 리조트를 짓는 것인데, 이 때문에 그가 많은 표를 얻어 당선되었다고 했으므로 많은 투표권자가 그의 공약을 지지한다고 볼 수 있다. 따라서 정답은 (d)이다.

tourist attraction 관광 명소　**archaeological** 고고학의　**hot spot** 인기 장소　**ancient** 고대의　**ruins** 유적, 유물　**date back** (과거로) 거슬러 올라가다　**preserve** 보존하다　**by all means** 어떤 수단을 써서라도　**current** 현재의　**mayor** 시장　**poorly** 형편없이　**take office** 취임하다　**be short on** ~가 부족하다　**funding** 자금　**election** 선거　**bulldoze** 불도저로 밀다　**resort** 리조트　**create jobs** 일자리를 창출하다　**win one's heart** ~의 마음을 얻다　**care about** ~에 신경 쓰다　**consequence** 결과, 후폭풍　**serious** 심각한　**damage** 손상　**cultural** 문화의　**treasure** 보물　**deprive A of B** A에게서 B를 박탈하다　**heritage** 유산　**assert** 주장하다　**wildlife** 야생　**protest** 이의를 제기하다　**unlikely** ~할 가능성이 적은　**carry out** 실행에 옮기다　**support** 지지하다

≡메뉴

곤충의 왕국

꿀벌과 말벌은 집을 짓기 위해 육각형 모양의 방을 만든다. 하지만 꿀벌의 집은 말벌의 집과 몇 가지 면에서 다르다. 꿀벌은 자신의 배에서 얇은 조각 형태로 나오는 건축 재료, 즉 밀랍을 생산한다. 그들은 집을 지을 만큼 부드러워질 때까지 타액을 이용해서 밀랍을 반죽한다. 한 모둠의 방은 벌집(comb)을 이룬다. 벌집 일부는 꿀과 꽃가루를 저장하는 데 할당되고, 다른 부분은 애벌레를 기르는 데 할당된다. 벌집은 방의 입구가 위쪽으로 향한 수직 방향의 벌집을 만드는데, 이는 액체 형태의 꿀을 담기 위함이다.

반면 많은 종류의 말벌은 집 재료로 나무를 이용한다. 그들은 나뭇가지나 줄기에서 나뭇조각을 긁어서 타액과 섞어 종이 같은 물질을 만든다. 말벌은 주로 다른 곤충을 잡아먹고 방에 먹이를 보관하지 않기 때문에, 벌집은 입구가 아래쪽으로 향한 수평 모양으로 만들어진다.

Q34. 지문의 주제는?
(a) 꿀벌과 말벌의 먹이
(b) 꿀벌과 말벌의 집 재료
(c) 벌집 방이 육각형인 이유
(d) 꿀벌과 말벌이 다르게 집을 짓는 방식

Q35. 지문으로부터 꿀벌과 말벌에 대해서 추론할 수 있는 것은?
(a) 꿀벌의 집은 말벌의 집보다 튼튼하다.
(b) 벌집은 계속 유지 보수되어야 한다.
(c) 먹이는 집 모양에 영향을 미친다.
(d) 말벌은 주로 죽은 나무 안에 집을 짓는다.

가이드라인　Q34. 지문은 꿀벌과 말벌이 집을 지을 때 사용하는 재료와 모양이 어떻게 다른지 설명하고 있으므로 정답은 (d)이다.

Q35. 꿀벌의 집이 입구가 위로 향한 수직 모양인 것은 액체 형태의 꿀이 흘러내리지 않도록 하기 위함이고, 반면 말벌의 집이 입구가 아래로 향한 수평 모양인 것은 주요 먹이가 꿀도 아니고 집에 먹이를 보관하지도 않기 때문이다. 따라서 먹이가 집의 형태에 영향을 미친다고 볼 수 있으므로 정답은 (c)이다.

wasp 말벌　**hexagonal** 육각형의　**construct** 건설하다, 짓다　**nest** 집, 보금자리　**material** 물질　**wax** 밀랍　**produce** 생산하다　**flake** 납작한 조각　**abdomen** 배, 복부　**knead** 반죽하다　**saliva** 침, 타액　**comprise** 구성하다　**comb** 벌집에서 육각형 모양의 방 여러 개가 모여 이루는 하나의 단위　**assign** 할당하다　**pollen** 꽃가루　**rear** 기르다, 양육하다　**vertical** 수직의　**upward** 위로　**liquid** 액체의　**scrape** 긁어모으다　**twig** 잔가지　**post** 줄기　**feed on** ~을 먹고 살다　**insect** 곤충　**horizontally** 수평으로　**downward** 아래로　**constantly** 계속해서　**maintain** 유지하다　**shape** 모양을 만들다

Actual Test 1

정답 자동 채점

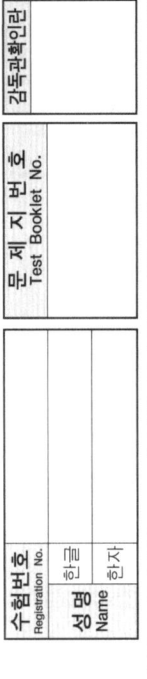

감독관확인란

문 제 지 번 호
Test Booklet No.

고사실란
Room No.

좌석번호
Seat No.

주 민 등 록 번 호
National ID No.

비밀번호
Password

수 험 번 호
Registration No.

수험번호
Registration No.

성 명
Name 한글 한자

독 해
Reading Comprehension

26 27 28 29 30 31 32 33 34 35

1 2 3 4 5 6 7 8 9 10 11 12 13 14 15 16 17 18 19 20 21 22 23 24 25

어 휘
Vocabulary

1 2 3 4 5 6 7 8 9 10 11 12 13 14 15
16 17 18 19 20 21 22 23 24 25 26 27 28 29 30

문 법
Grammar

1 2 3 4 5 6 7 8 9 10 11 12 13 14 15
16 17 18 19 20 21 22 23 24 25 26 27 28 29 30

청 해
Listening Comprehension

1 2 3 4 5 6 7 8 9 10 11 12 13 14 15 16 17 18 19 20 21 22 23 24 25
26 27 28 29 30 31 32 33 34 35 36 37 38 39 40

Actual Test 2

청해 Listening Comprehension

	ⓐ	ⓑ	ⓒ	ⓓ
1	ⓐ	ⓑ	ⓒ	ⓓ
2	ⓐ	ⓑ	ⓒ	ⓓ
3	ⓐ	ⓑ	ⓒ	ⓓ
4	ⓐ	ⓑ	ⓒ	ⓓ
5	ⓐ	ⓑ	ⓒ	ⓓ
6	ⓐ	ⓑ	ⓒ	ⓓ
7	ⓐ	ⓑ	ⓒ	ⓓ
8	ⓐ	ⓑ	ⓒ	ⓓ
9	ⓐ	ⓑ	ⓒ	ⓓ
10	ⓐ	ⓑ	ⓒ	ⓓ
11	ⓐ	ⓑ	ⓒ	ⓓ
12	ⓐ	ⓑ	ⓒ	ⓓ
13	ⓐ	ⓑ	ⓒ	ⓓ
14	ⓐ	ⓑ	ⓒ	ⓓ
15	ⓐ	ⓑ	ⓒ	ⓓ
16	ⓐ	ⓑ	ⓒ	ⓓ
17	ⓐ	ⓑ	ⓒ	ⓓ
18	ⓐ	ⓑ	ⓒ	ⓓ
19	ⓐ	ⓑ	ⓒ	ⓓ
20	ⓐ	ⓑ	ⓒ	ⓓ
21	ⓐ	ⓑ	ⓒ	ⓓ
22	ⓐ	ⓑ	ⓒ	ⓓ
23	ⓐ	ⓑ	ⓒ	ⓓ
24	ⓐ	ⓑ	ⓒ	ⓓ
25	ⓐ	ⓑ	ⓒ	ⓓ
26	ⓐ	ⓑ	ⓒ	ⓓ
27	ⓐ	ⓑ	ⓒ	ⓓ
28	ⓐ	ⓑ	ⓒ	ⓓ
29	ⓐ	ⓑ	ⓒ	ⓓ
30	ⓐ	ⓑ	ⓒ	ⓓ
31	ⓐ	ⓑ	ⓒ	ⓓ
32	ⓐ	ⓑ	ⓒ	ⓓ
33	ⓐ	ⓑ	ⓒ	ⓓ
34	ⓐ	ⓑ	ⓒ	ⓓ
35	ⓐ	ⓑ	ⓒ	ⓓ
36	ⓐ	ⓑ	ⓒ	ⓓ
37	ⓐ	ⓑ	ⓒ	ⓓ
38	ⓐ	ⓑ	ⓒ	ⓓ
39	ⓐ	ⓑ	ⓒ	ⓓ
40	ⓐ	ⓑ	ⓒ	ⓓ

어휘 Vocabulary

	ⓐ	ⓑ	ⓒ	ⓓ
1	ⓐ	ⓑ	ⓒ	ⓓ
2	ⓐ	ⓑ	ⓒ	ⓓ
3	ⓐ	ⓑ	ⓒ	ⓓ
4	ⓐ	ⓑ	ⓒ	ⓓ
5	ⓐ	ⓑ	ⓒ	ⓓ
6	ⓐ	ⓑ	ⓒ	ⓓ
7	ⓐ	ⓑ	ⓒ	ⓓ
8	ⓐ	ⓑ	ⓒ	ⓓ
9	ⓐ	ⓑ	ⓒ	ⓓ
10	ⓐ	ⓑ	ⓒ	ⓓ
11	ⓐ	ⓑ	ⓒ	ⓓ
12	ⓐ	ⓑ	ⓒ	ⓓ
13	ⓐ	ⓑ	ⓒ	ⓓ
14	ⓐ	ⓑ	ⓒ	ⓓ
15	ⓐ	ⓑ	ⓒ	ⓓ
16	ⓐ	ⓑ	ⓒ	ⓓ
17	ⓐ	ⓑ	ⓒ	ⓓ
18	ⓐ	ⓑ	ⓒ	ⓓ
19	ⓐ	ⓑ	ⓒ	ⓓ
20	ⓐ	ⓑ	ⓒ	ⓓ
21	ⓐ	ⓑ	ⓒ	ⓓ
22	ⓐ	ⓑ	ⓒ	ⓓ
23	ⓐ	ⓑ	ⓒ	ⓓ
24	ⓐ	ⓑ	ⓒ	ⓓ
25	ⓐ	ⓑ	ⓒ	ⓓ
26	ⓐ	ⓑ	ⓒ	ⓓ
27	ⓐ	ⓑ	ⓒ	ⓓ
28	ⓐ	ⓑ	ⓒ	ⓓ
29	ⓐ	ⓑ	ⓒ	ⓓ
30	ⓐ	ⓑ	ⓒ	ⓓ

문법 Grammar

	ⓐ	ⓑ	ⓒ	ⓓ
1	ⓐ	ⓑ	ⓒ	ⓓ
2	ⓐ	ⓑ	ⓒ	ⓓ
3	ⓐ	ⓑ	ⓒ	ⓓ
4	ⓐ	ⓑ	ⓒ	ⓓ
5	ⓐ	ⓑ	ⓒ	ⓓ
6	ⓐ	ⓑ	ⓒ	ⓓ
7	ⓐ	ⓑ	ⓒ	ⓓ
8	ⓐ	ⓑ	ⓒ	ⓓ
9	ⓐ	ⓑ	ⓒ	ⓓ
10	ⓐ	ⓑ	ⓒ	ⓓ
11	ⓐ	ⓑ	ⓒ	ⓓ
12	ⓐ	ⓑ	ⓒ	ⓓ
13	ⓐ	ⓑ	ⓒ	ⓓ
14	ⓐ	ⓑ	ⓒ	ⓓ
15	ⓐ	ⓑ	ⓒ	ⓓ
16	ⓐ	ⓑ	ⓒ	ⓓ
17	ⓐ	ⓑ	ⓒ	ⓓ
18	ⓐ	ⓑ	ⓒ	ⓓ
19	ⓐ	ⓑ	ⓒ	ⓓ
20	ⓐ	ⓑ	ⓒ	ⓓ
21	ⓐ	ⓑ	ⓒ	ⓓ
22	ⓐ	ⓑ	ⓒ	ⓓ
23	ⓐ	ⓑ	ⓒ	ⓓ
24	ⓐ	ⓑ	ⓒ	ⓓ
25	ⓐ	ⓑ	ⓒ	ⓓ
26	ⓐ	ⓑ	ⓒ	ⓓ
27	ⓐ	ⓑ	ⓒ	ⓓ
28	ⓐ	ⓑ	ⓒ	ⓓ
29	ⓐ	ⓑ	ⓒ	ⓓ
30	ⓐ	ⓑ	ⓒ	ⓓ

독해 Reading Comprehension

	ⓐ	ⓑ	ⓒ	ⓓ
1	ⓐ	ⓑ	ⓒ	ⓓ
2	ⓐ	ⓑ	ⓒ	ⓓ
3	ⓐ	ⓑ	ⓒ	ⓓ
4	ⓐ	ⓑ	ⓒ	ⓓ
5	ⓐ	ⓑ	ⓒ	ⓓ
6	ⓐ	ⓑ	ⓒ	ⓓ
7	ⓐ	ⓑ	ⓒ	ⓓ
8	ⓐ	ⓑ	ⓒ	ⓓ
9	ⓐ	ⓑ	ⓒ	ⓓ
10	ⓐ	ⓑ	ⓒ	ⓓ
11	ⓐ	ⓑ	ⓒ	ⓓ
12	ⓐ	ⓑ	ⓒ	ⓓ
13	ⓐ	ⓑ	ⓒ	ⓓ
14	ⓐ	ⓑ	ⓒ	ⓓ
15	ⓐ	ⓑ	ⓒ	ⓓ
16	ⓐ	ⓑ	ⓒ	ⓓ
17	ⓐ	ⓑ	ⓒ	ⓓ
18	ⓐ	ⓑ	ⓒ	ⓓ
19	ⓐ	ⓑ	ⓒ	ⓓ
20	ⓐ	ⓑ	ⓒ	ⓓ
21	ⓐ	ⓑ	ⓒ	ⓓ
22	ⓐ	ⓑ	ⓒ	ⓓ
23	ⓐ	ⓑ	ⓒ	ⓓ
24	ⓐ	ⓑ	ⓒ	ⓓ
25	ⓐ	ⓑ	ⓒ	ⓓ
26	ⓐ	ⓑ	ⓒ	ⓓ
27	ⓐ	ⓑ	ⓒ	ⓓ
28	ⓐ	ⓑ	ⓒ	ⓓ
29	ⓐ	ⓑ	ⓒ	ⓓ
30	ⓐ	ⓑ	ⓒ	ⓓ
31	ⓐ	ⓑ	ⓒ	ⓓ
32	ⓐ	ⓑ	ⓒ	ⓓ
33	ⓐ	ⓑ	ⓒ	ⓓ
34	ⓐ	ⓑ	ⓒ	ⓓ
35	ⓐ	ⓑ	ⓒ	ⓓ

Actual Test 3

정답 자동 채점

감독관확인란

문 제 지 번 호
Test Booklet No.

수험번호
Registration No.

성명
Name

한글
한자

고사실란
Room No.

좌석란
Seat No.

주 인 등 록 번 호
National ID No.

비 밀 번 호
Password

수 험 번 호
Registration No.

청 해
Listening Comprehension

1 ~ 25

26 ~ 40

어 휘
Vocabulary

1 ~ 15

16 ~ 30

문 법
Grammar

1 ~ 15

16 ~ 30

독 해
Reading Comprehension

1 ~ 25

26 ~ 35

본인은 필기구 및 기재오류와 답안지 훼손으로 인한 책임을 지고, 부정행위 처리규정을 준수할 것을 서약합니다.

서 약

담안작성시 유의사항

1. 답안 작성은 반드시 컴퓨터용 싸인펜을 사용해야 합니다.

2. 답안을 정정할 경우 수정테이프(수정액 불가)를 사용해야 합니다.

3. 본 답안지는 컴퓨터로 처리되므로 훼손되지 아니하며, 답안지 하단의 타이밍마크(∥∥)를 찢거나, 낙서 등으로 인한 훼손시 불이익이 발생할 수 있습니다.

4. 답안은 문항당 정답을 1개만 골라 ●와 같이 정확히 기재해야 하며, 필기구 오류나 본인의 부주의로 잘못 표기한 경우에는 당 관리위원회의 OMR판독결과에 따르며, 그 결과는 본인이 책임집니다.

   Good ●   Bad ◖ ◐ ⊗ ⊘

5. 감독관의 확인이 없는 답안지는 무효처리됩니다.

출발부터 다르게! 실력 향상 빠르게!

NEW TEPS
입문편 독해

뉴텝스 250+ 목표 대비

- 서울대텝스관리위원회 NEW TEPS 경향 완벽 반영
- 뉴텝스 250점 이상 목표 달성을 위한 최적의 기본서+실전서
- 독해의 기초, 뉴텝스 어휘부터 유형별, 주제별 문제 완벽 분석
- 신유형을 포함한 뉴텝스 독해의 파트별 문제풀이 공략법
- 뉴텝스 독해의 기본기를 위한 유형별, 주제별 어휘 제공
- 뉴텝스 실전 완벽 대비 Actual Test 3회분 수록
- 고득점의 감을 확실하게 잡아 주는 상세한 해설 제공
- 모바일 단어장 및 보카 테스트 등 다양한 부가자료 제공

Reading

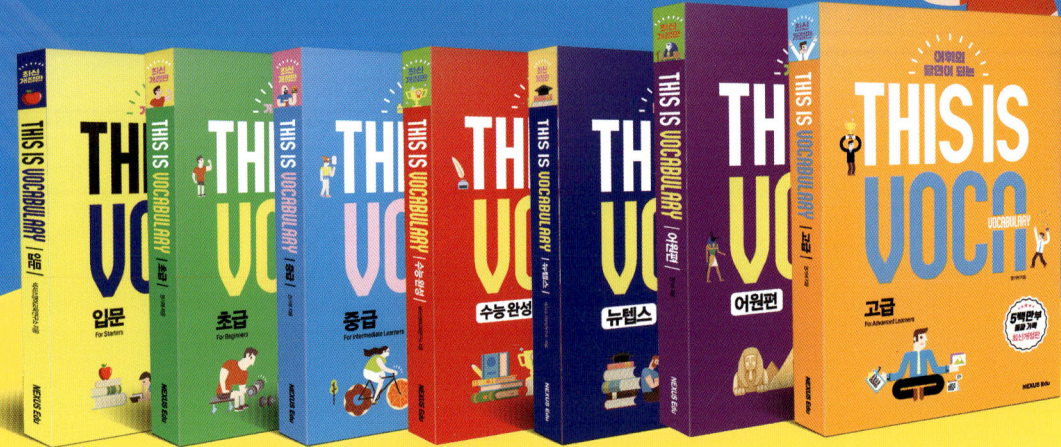